本书受到云南省哲学社会科学学术著作出版专项经费资助

古代云南与东南亚的铜鼓文化交流研究

董晓京 著

中国社会科学出版社

图书在版编目（CIP）数据

古代云南与东南亚的铜鼓文化交流研究 / 董晓京著.—北京：中国社会科学出版社，2021.9

ISBN 978 - 7 - 5203 - 9092 - 7

Ⅰ.①古… Ⅱ.①董… Ⅲ.①铜鼓—文化交流—文化史—云南、东南亚—古代 Ⅳ.①K875.54

中国版本图书馆 CIP 数据核字（2021）第 180324 号

出 版 人	赵剑英
责任编辑	吴丽平
责任校对	李　莉
责任印制	李寡寡

出　　版	中国社会科学出版社
社　　址	北京鼓楼西大街甲 158 号
邮　　编	100720
网　　址	http://www.csspw.cn
发 行 部	010 - 84083685
门 市 部	010 - 84029450
经　　销	新华书店及其他书店
印　　刷	北京明恒达印务有限公司
装　　订	廊坊市广阳区广增装订厂
版　　次	2021 年 9 月第 1 版
印　　次	2021 年 9 月第 1 次印刷
开　　本	710×1000　1/16
印　　张	20.25
插　　页	2
字　　数	320 千字
定　　价	98.00 元

凡购买中国社会科学出版社图书，如有质量问题请与本社营销中心联系调换
电话：010 - 84083683
版权所有　侵权必究

前　言

铜鼓之缘

在笔者的家乡云南，铜鼓是一种常见的器物。无论是在博物馆里，还是在新近的文物考古发掘中，甚至在许多少数民族的日常生活中，都可见到铜鼓的身影。由于见得多了，就有点见怪不怪、习以为常，对铜鼓来由、用途、价值等都不甚了然。笔者和铜鼓真正结缘，始于2003年报考李昆声教授的博士研究生。李昆声教授是铜鼓研究的专家，著作等身，在学界享有盛誉。要报考他的博士研究生，实在是惴惴不安。

先前，笔者师从郑志惠教授在云南大学历史系攻读民族史的硕士学位，为学术生涯打下了基础。笔者非常珍惜在云大历史系的学习机会，因为这里是云南地方史和民族史的研究重镇。笔者的老师，以及老师的老师，都是这个领域的泰斗，如方国瑜先生，是蜚声中外的专家学者，他洋洋13卷的《云南史料丛刊》，简直把有关云南的史料搜罗殆尽。虽然笔者和方先生没有什么接触，但有机会受教于他的嫡传弟子，这是极大的荣幸。在读硕士研究生的三年中，纵览书海，我感到非常的惬意和幸福。由于自己不够努力，连方国瑜先生的《云南史料丛刊》都未能遍览。笔者期待将毕生的精力投入云南地方史和民族史的学习和研究中。硕士毕业后，笔者如愿地进入云南师范大学历史系工作。在师大工作一年的时间里，笔者深感自己的不足，决定继续报考博士研究生。在领导的大力支持下如愿以偿，师从李昆声教授学习考古学。

历史学和考古学，实际是一对孪生兄弟。历史学主要依靠历史文献来认识和研究历史，考古学则主要依靠地下的考古发掘来说明问题。虽然是两个学科，但都属于史学的范畴。很多历史问题除了书本的记载外，出土文物亦是重要的佐证。

在师从李昆声教授从事铜鼓的学习和研究时，有机会亲临云南晋宁石寨山和江川李家山目睹了文物工作者的考古发掘。在云南先后出土的许多重要的青铜器瑰宝中，看到了铜鼓的身影。

早在春秋战国时期，云南古代先民便冶铸出大型青铜器。商代末期云南进入青铜时代。根据大量的出土发掘文物，青铜器的数量巨大，工艺精湛，品种齐全，生产工具、生活用具、祭祀礼器等门类无所不有。特别是一些巨型的青铜器，如云南祥云大波那出土一件公元前5世纪的铜棺，重达257千克。云南江川李家山出土17千克重的牛虎铜案，构思精巧，寓意深远。在出土的青铜乐器中，有编钟、羊角钮钟、葫芦笙和许多铜鼓。这都是中原地区所罕见的。特别是铜鼓，被归入青铜乐器类，将它视为和皮鼓一样的打击乐器。

在阅读了大量的文献，方知铜鼓的学问早已是一门显学，古今中外的学者已做过大量的论述和研究。早在西汉时期，班固《后汉书·马援传》里就提到了铜鼓。司马光在《续资治通鉴》中进一步指出："家有铜鼓，子孙秘传，号为右族。"说明宋代以前中国已经有"家传铜鼓"的习俗。《宋史·蛮夷列传四》记录了铜鼓在西南少数民族祭祀中的重要作用，"击铜鼓、铜沙锣以祀神"。铜鼓成为财富和权力的象征，正如《明史·刘显传》说："得鼓二三，便可僭号称王。"对铜鼓的记载常见于官修正史、私人笔记以及发现铜鼓的滇、桂、黔诸省的地方志书中，这些文献记述了当地铜鼓的来源、形制、花纹和铸造技术、神话传说等。铜鼓还出现在文人墨客的诗词画卷中。有清一代，铜鼓进入了金石学研究的范畴。由此可知，对铜鼓的研究，中国古人已有久远的传承。

西方学者对铜鼓的研究始于19世纪末期。1898年，德国学者迈尔和夫瓦把52面铜鼓分成六类；1902年，奥地利考古学家黑格尔将165面铜鼓划分为四种基本类型和三种过渡类型，由此开启了对铜鼓的分类研究。黑格尔的分类法一直为学者所称道，并被越南和西方学者沿用至今。20世纪三四十年代，欧洲人对铜鼓的研究转向铜鼓的起源问题（起源时间、地点和创造人）及铜鼓的传播上，发表了一系列颇有见解的论文。

如果说中国古人对铜鼓的研究偏重于记述，那么当代学者除注重阐释外，还用西方的类型学来对铜鼓进行分类。20世纪80年代，中国学者根据铜鼓的形制和纹饰，将古代铜鼓分为八个类型。同时，铜鼓的起源也成为学者们关注的焦点。云南省博物馆的李昆声和黄德荣先生发表《谈云南早期铜鼓》一文，从标型学和放射性碳素测定两方面分析了云南早期的万家坝型铜鼓，提出其上限在春秋初期，是我国最古老的铜鼓，由此证明铜鼓起源于云南滇西至滇中一代。1992年，科技考古学者李晓岑等人发表论文《云南早期铜鼓的铅同位素考证》，用科学数据证实了铜鼓发源于滇西至滇中偏西一带。总之，约在公元前7世纪，铜鼓就首先在云南面世了。此外，在铜鼓用途方面，有容器说、乐器说、财富和地位象征说等，众说纷纭，各执一词，似乎都有其道理。在纹饰内涵方面，有人认为几何纹样仅有装饰作用，无实质性意义；写实性纹样则寓有各种含义，比如船纹代表独木船、黄金船、过海船、捕鱼船、交通船、战船、祭祀船和竞渡船等。鸟纹表示"水鹤""犀鸟""雏鸟""朱鹭"等，与古代的农业生态环境密切相关。以上对铜鼓花纹的研究：有的单独解读铜鼓上的各个纹样，持之有据，考证精辟；有的对铜鼓花纹作整体考察，结论言之有理，无可厚非。这些研究有一个共同的出发点，就是都把铜鼓上的花纹看作现实生活的写照。

总而言之，关于铜鼓的起源、类型、传播、用途和纹饰等方面，前人已做了深入的研究。发表了大量的文章，似乎该说的都说了，博士论文研究，从何处入手，才有新意？

笔者发现，铜鼓虽有各种用途，它经历了从容器到炊具、神器、礼器、重器、乐器、贮贝器、装饰器、明器的发展过程，作为礼器和神器是铜鼓最基本最原始的功能，也是铜鼓的根本属性，在任何场合中使用的铜鼓都不能排除其通神祭祖的功能。铜鼓文化实质上是一种宗教文化。

从将铜鼓文化定义为宗教文化这一命题出发，肯定铜鼓最根本的用途是作为神器和礼器这一基本事实，就不难理解铜鼓纹饰的作用是紧密围绕宗教用途这一根本目的的。铜鼓的花纹不仅仅是一种装饰图案，更多的是为了宣传宗教内容，如果将其纳入其植根的土壤——宗教文化中去考察，就不难发现隐藏在花纹之后的奥秘：它们实际上是一种相互关联的宗教符号体系。笔者将这个观点写成文章《石寨山型铜鼓花纹新解》，发表于《思想战线》2007年第6期，算是用"旧瓶装新酒"，多少有些新意，说了一些别人没说过的话。大概由于这样的原因，笔者的博士学位论文《石寨山型铜鼓研究》经过努力终于大功告成，并获得顺利通过。答辩委员会主席、中国古代铜鼓研究会会长蒋廷瑜先生对我的论文做了充分的肯定，并对日后的研究工作提供了热情的关怀和指导。

2012年，我申报国家社科基金项目《古代云南与东南亚的铜鼓文化交流研究》，是想在原来研究的基础上，把对铜鼓的单一的个体研究，放置到铜鼓文化圈内，将中国的铜鼓与东南亚各国的铜鼓进行比较找出其异同，以及内在的文化亲缘关系，并进一步梳理出铜鼓从云南向外传播的路线和途径。幸运的是，项目获得了批准，这也开启了将铜鼓放在较大的视野下来进行研究的巨大工程。

笔者的主要精力开始放到对越南、泰国、缅甸、老挝、印度尼西亚的铜鼓的学习和研究方面。最大的困难是情况陌生，语言不通，资料匮乏。幸好著名东南亚史专家段立生教授雪中送炭，慷慨惠赠我有关的外文资料：《河内铜鼓图册》（*Thanh Hoa Bronze Drums*）越文泰文版；《泰国铜鼓》（*The Bronze Kettle Drums in Thailand*）英文泰文版；《中国—东南亚铜鼓·老挝卷》中英文版。这些珍贵的图文并茂的资料，都是国内难觅的资料。为笔者打开了一扇窗户，眼界大开。用书中的图片逐一和中国博物馆藏图片进行比较，获益良多。笔者还有机会亲赴泰国考察，参观了曼谷泰国国家博物馆和若干府博物馆的馆藏铜鼓，向当地专家讨教，发现了许多有趣的现象。比如泰国北部将铜鼓称为"青蛙锣"，而不是当作鼓，还保存着兰那王国时期国王出巡时"鸣锣开道"的图片，这大概就是泰国铜鼓的基本功用。

正如14世纪，利泰王（Lithai）所撰的《三界经》中首次提到铜鼓："锣鼓喧天，法螺号响，金钟叮当，铜鼓咚咚。"这是泰国文献中关于泰国铜鼓的最早记载。14世纪的大城王朝（又称阿瑜陀耶王朝）皇家法律文书中，有皇家仪式上敲打铜鼓及专司鼓乐官吏的记录。明洪武四年（1371），暹罗国王遣使到中国朝贡，将铜鼓当为贡品。可见铜鼓是泰国人心目中至尊的瑰宝。

越南铜鼓以东山铜鼓为代表，其主要特点是常用于征战，元朝越南使臣陈孚有诗云"金戈影里丹心哭，铜鼓声里白发生"，记载了陈朝（1225—1400）军队使用铜鼓的情况。

越南铜鼓上也常见到手持武器的羽人纹饰。铜鼓作为号令三军的信物，成为战争之神，立庙祀之。河内的一条小巷中迄今还保存着一座建于 1022 年的铜鼓庙，是为了祭祀一面曾帮助越南李朝王子佛玛（Phat Ma）战胜了占巴人进攻的铜鼓，将其奉为神灵顶礼膜拜。这种情况在中国西南乃至东南亚各国实属罕见。

缅甸称铜鼓为"巴栖鼓"（蛙鼓），是重要和神圣的器物。他们用铜鼓击鼓集众、沟通神灵、祭祀死者、祈求降雨、作为彩礼和货币、来庆祝丰收和乔迁之喜。云南和缅甸因跨境民族而产生了相似的铜鼓文化，反映了历史上的民族亲缘关系。

老挝的铜鼓主要是黑格尔Ⅲ型鼓，即中国学者分类法中的西盟型铜鼓。老挝使用铜鼓的民族有克木族、拉棉族、傈僳族、老龙族等，从老挝铜鼓的分布以及和西盟型铜鼓的异同，可以看出中老少数民族的交往和联系。

印度尼西亚是岛国，不同岛屿上，铜鼓的用途各有不同。在图班、塞兰、波尔诸岛发现的小型鼓，多用作殉葬品；在萨拉亚尔岛、桑格昂岛和阿洛尔岛，干旱季节时人们敲击铜鼓，祈求降雨；在巴厘岛，寺庙举行宗教仪式时把莫科鼓作为祭器使用；在阿多纳拉岛，莫科鼓被视为五谷丰登的象征。

通过将云南铜鼓与东南亚各国铜鼓进行比较，发现了许多过去被学者们忽略的细节。有比较才有鉴别，有鉴别才知道异同。铜鼓反映了中国和东南亚民族水乳交融的文化亲缘关系，它证明了中国文化与东南亚文化其实是你中有我，我中有你，不可分割的。特别对于增强中国与东南亚各国的友好关系、相互理解，实现道路相通、文化互鉴、互利共赢，具有重要的价值和现实意义。

因为交流才形成铜鼓文化圈。铜鼓是如何从中国云南传到东南亚地区的？这首先涉及传播的途径，自古云南对外交通就很发达，早在公元前 4 世纪，就有一条蜀身毒道，从四川出发经过云南、缅甸到达印度。此外，还有从滇中沿红河流域通往交趾（今越南北部）的步头路。历代形成的南方丝绸之路和茶马古道，像叶脉一样地将云南和东南亚、南亚连接起来，这正是铜鼓的传播之路。至于铜鼓文化的传播主体，古往今来的商贾、僧侣、官吏、学者皆是铜鼓文化交流的媒介，但最主要的媒体是大量的移民，跨境民族在迁徙的过程中，把铜鼓文化带到东南亚各地。

笔者认为，铜鼓文化圈是一个文化单元，同一文化圈内的国家和地区拥有许多相同或相似的文化，即由铜鼓的社会功能所反映出来的宗教意识、风俗习惯和文化变迁等。铜鼓文化圈内的民族除了具有创造或使用铜鼓这一主要文化特征外，他们在居住环境、生活方式、婚丧嫁娶、节日庆典、音乐舞蹈、神话传说等方面有相似的铜鼓文化要素。

从单个的铜鼓研究，拓展到对铜鼓文化的研究；从对云南石寨山型铜鼓的研究，拓展到将云南铜鼓和东南亚铜鼓进行比较研究，就是笔者从博士学位论文《石寨山型铜鼓研究》到完成国家社科基金课题《古代云南与东南亚的铜鼓文化交流研究》的学术发展历程。其中的甘苦得失大概只有自己知道，不管怎样，《古代云南与东南亚的铜鼓文化交流研究》已经呈现在读者面前，请广大读者和专家不吝赐教。

目 录

绪 论 ……………………………………………………………… (1)

第一章 铜鼓和铜鼓文化圈 ……………………………………… (22)
  第一节 铜鼓的概念及铜鼓收藏 ………………………………… (22)
    一 铜鼓的概念 ………………………………………………… (22)
    二 铜鼓的收藏 ………………………………………………… (24)
  第二节 铜鼓文化的内涵 ………………………………………… (36)
    一 铜鼓文化的概念 …………………………………………… (37)
    二 研究铜鼓文化的意义 ……………………………………… (38)
  第三节 云南与东南亚同属铜鼓文化圈 ………………………… (40)
    一 文化圈概念 ………………………………………………… (40)
    二 铜鼓文化圈的内涵 ………………………………………… (41)
    三 铜鼓文化圈的形成原因 …………………………………… (51)

第二章 云南是铜鼓的发源地和铜鼓文化的中心 ……………… (55)
  第一节 云南是铜鼓的发源地 …………………………………… (55)
    一 云南产生铜鼓的物质条件 ………………………………… (55)
    二 云南产生铜鼓的技术条件 ………………………………… (57)
    三 云南产生铜鼓的人文需要 ………………………………… (62)
  第二节 云南万家坝型铜鼓是目前世界上最早的铜鼓 ………… (65)
    一 云南万家坝型铜鼓的形制、纹饰和铸造水平 …………… (66)
    二 云南万家坝型铜鼓的碳14测年 …………………………… (67)
  第三节 云南万家坝型铜鼓与石寨山型铜鼓的亲缘关系 ……… (68)

一　从时间断代来分析 ………………………………………… (69)
　　二　从考古类型学、墓葬出土情况及科学检测结果分析 ……… (70)
第四节　云南铜鼓家族的衍生与发展 ……………………………… (77)
　　一　云南铜鼓家族的类型、数量和分布 ……………………… (78)
　　二　云南铜鼓家族功用的衍生 ………………………………… (83)
　　三　云南铜鼓家族的发展过程 ………………………………… (89)
第五节　云南铜鼓文化传播到东南亚 ……………………………… (95)
　　一　文化传播的概念和方式 …………………………………… (95)
　　二　云南铜鼓传播到东南亚的主要线路 ……………………… (96)
　　三　民族迁徙是云南铜鼓传播到东南亚的主要方式 ………… (109)
　　四　云南与东南亚的铜鼓文化双向交流 ……………………… (115)

第三章　东南亚各国的铜鼓文化 ………………………………… (118)
第一节　越南的铜鼓文化 …………………………………………… (118)
　　一　越南铜鼓的文献记载 ……………………………………… (118)
　　二　越南东山文化 ……………………………………………… (120)
　　三　越南东山铜鼓研究状况 …………………………………… (122)
　　四　越南东山铜鼓概况 ………………………………………… (126)
　　五　越南东山铜鼓功用及习俗 ………………………………… (161)
　　六　从越南铜鼓看滇越铜鼓文化的交流 ……………………… (165)
第二节　缅甸的铜鼓文化 …………………………………………… (181)
　　一　缅甸铜鼓的文献记载和文物资料 ………………………… (181)
　　二　缅甸铜鼓的研究状况 ……………………………………… (182)
　　三　缅甸铜鼓概况 ……………………………………………… (184)
　　四　缅甸克伦族与铜鼓 ………………………………………… (188)
　　五　缅甸铜鼓的功用及习俗 …………………………………… (190)
　　六　从缅甸铜鼓看滇缅铜鼓文化交流 ………………………… (195)
第三节　泰国的铜鼓文化 …………………………………………… (199)
　　一　泰国铜鼓的文献记载和发现 ……………………………… (199)
　　二　泰国铜鼓研究状况 ………………………………………… (202)
　　三　泰国铜鼓的普查 …………………………………………… (204)

  四　泰国铜鼓的类型 …………………………………………（206）

  五　泰国铜鼓的纹饰及内涵 …………………………………（241）

  六　泰国铜鼓的功用及习俗 …………………………………（246）

  七　从泰国铜鼓看云南与泰国的铜鼓文化交流 ……………（249）

 第四节　老挝的铜鼓文化 ………………………………………（255）

  一　老挝铜鼓的研究状况 ……………………………………（255）

  二　老挝铜鼓概况 ……………………………………………（257）

  三　老挝使用铜鼓的民族及其习俗 …………………………（264）

  四　从老挝铜鼓看云南与老挝的铜鼓文化交流 ……………（272）

 第五节　印度尼西亚的铜鼓文化 ………………………………（275）

  一　印度尼西亚铜鼓的研究状况 ……………………………（275）

  二　印度尼西亚铜鼓概况 ……………………………………（277）

  三　印度尼西亚铜鼓的功用及习俗 …………………………（290）

  四　印度尼西亚与云南的铜鼓文化交流 ……………………（291）

结　语 ………………………………………………………………（295）

 一　铜鼓、铜鼓文化和铜鼓文化圈的内涵 …………………（295）

 二　云南是铜鼓发源地和铜鼓文化中心，云南铜鼓在传播中
实现自身价值 ………………………………………………（296）

 三　蜀身毒道、滇越通道是云南早期铜鼓传播至东南亚的
重要通道 ……………………………………………………（297）

 四　云南与东南亚部分国家的铜鼓文化比较 ………………（297）

 五　铜鼓和东南亚铜鼓文化比较研究的现实意义 …………（301）

参考文献 ……………………………………………………………（302）

后　记 ………………………………………………………………（313）

绪　　论

一　研究意义

铜鼓是一种富有传奇色彩的民族历史文物，约在公元前7世纪产生后流传至今，已有2600余年的历史。铜鼓发源于中国云南省，通过各种方式和渠道流传至中国的贵州、广东、四川、海南、湖南等省，并辐射到东南亚除加里曼丹和菲律宾群岛以外的国家和地区，在中国西南和东南亚形成了铜鼓文化圈。铜鼓文化圈是人类文化形态的一种特殊现象，深受地域、环境、民族、宗教和政治等因素的影响。因此，通过对铜鼓文化的研究，可以看到中国与东南亚两个文明的交流和互动，文化的传承和相互影响，是中国与东南亚文化交流史研究中的一项必不可少的重要内容。

铜鼓文化是中国和东南亚各民族共享的文化，反映出中国与东南亚各民族在思维方式、宗教信仰、价值观念和行为规范等方面的共通性及亲缘关系。对铜鼓文化的研究将有利于增进中国与东南亚各民族的相互了解，进一步发展友好合作关系。

二　研究综述

本书旨在对中国云南和东南亚的铜鼓文化进行比较研究，从而阐明双方铜鼓文化的源流。因此有必要梳理清楚云南铜鼓文化和东南亚铜鼓文化的研究现状，方能在前人研究的基础上有所进步。

（一）云南铜鼓文化的研究现状

新中国成立以来，随着考古事业的发展，在滇、黔、川、桂、粤地区不断有铜鼓从地下发掘出来；另外在这些地区也不断有埋在田间或山野的铜鼓被发现。铜鼓资料的大量出现，极大地激发了考古学家、历史学家以及民族学家等相关领域学者研究铜鼓的热情，他们分别从不同的角度来研究铜鼓，因而一些具有真知灼见的研究成果得以问世，内容包括铜鼓的命名、起源、分类、纹饰、族属、传播、功用等问题，解决了早期铜鼓研究过程中出现的一些争论和疑惑并达成共识，这些成果是铜鼓研究的奠基之作，为日后学者们研究铜鼓奠定了坚实的基础。此外，还成立了以深入开展铜鼓研究为宗旨的群众性学术团体——中国古代铜鼓研究会，创办了《中国古代铜鼓研究通讯》，继续组织翻译国外研究铜鼓的论著，为铜鼓研究提供了组织保证和研究便利。

在关于国内铜鼓的研究成果中，基于本书研究对象为云南铜鼓的关系，以下研究综述将聚焦于云南铜鼓文化的相关研究。

1. 云南铜鼓的综合性研究

就目前的考古资料来看，云南是铜鼓的起源地，这在中国学术界已经达成共识；并且在云南出土了数量不少的铜鼓发掘品。因此关于云南铜鼓的研究成果也较为丰硕，其中综合型的研究有云南省文物考古研究所研究员王大道先生的专著《云南铜鼓》[1]，作者以丰富的资料、科学的考证，介绍了云南铜鼓的起源、发掘、流传、纹饰、类型和使用情况等。

民族考古学家汪宁生教授的文章《中国古代铜鼓》[2]，探讨了铜鼓的各种类型及其"标准器"、年代、分布和相互关系；铜鼓纹饰的文化内涵、铜鼓的使用方法和社会作用以及铜鼓起源问题。

在中国古代铜鼓研究会的组织和倡导下，对铜鼓进行了全面、系统的调查研究，取得了诸多突破性的进展。由中国古代铜鼓研究会组织专家精心撰著的《中国古代铜鼓》于1988年出版，该书是中国学者首部全面研究铜鼓的科学总结，作者在全面把握有关铜鼓的历史文献、当代民族使用铜鼓的大量调查资料以及现代先进的科学测试手段的基础上撰成此书，其科学性已经超越了世界上最早的铜鼓研究著作《东南亚古代金属鼓》，在铜鼓研究史上具有划时代的意义。书中设专章分述了铜鼓的起源、年代、族属、功能、用途、纹饰、冶金、铸造等问题，最重要的贡

---

[1] 王大道：《云南铜鼓》，云南教育出版社1986年版。
[2] 汪宁生：《中国古代铜鼓》，《考古学报》1978年第2期。

献是提出中国铜鼓分类新方法——"八分法",将铜鼓分成八个类型:万家坝型、石寨山型、冷水冲型、遵义型、麻江型、北流型、灵山型、西盟型。① 这八个类型的铜鼓在云南都有发现,其中万家坝型、石寨山型和西盟型铜鼓的标准器都在云南,故以云南的地名来命名这三个类型的铜鼓。

中国古代铜鼓研究会理事长蒋廷瑜先生的著作《铜鼓史话》②《铜鼓艺术研究》③《古代铜鼓通论》④《铜鼓——南国奇葩》⑤《壮族铜鼓研究》⑥《铜鼓文化》⑦,这些著作涉及云南铜鼓的记载、收藏、起源、分布、类型、年代、族属、用途、铸造工艺、装饰等问题。尤其在《古代铜鼓通论》中,还有作者到少数民族地区调查的壮族、布依族、水族、侗族、苗族、瑶族、彝族、佤族等民族使用和保存铜鼓的习俗。

冯汉骥先生的文章《云南晋宁出土铜鼓研究》⑧,分析了晋宁石寨山出土铜鼓的年代、花纹和来源,并认为石寨山铜鼓上的花纹与中原汉族以及楚地有一定的关系。

文山是云南重要的铜鼓分布区,它是云南铜鼓分布最为密集、数量最多和类型最全的地区,也是云南与广西、越南进行铜鼓文化交流的"中转站",对该地铜鼓文化的研究是云南铜鼓文化研究的重要组成部分。云南省博物馆研究员黄德荣先生主编的《文山铜鼓》⑨,汇集了文山州铜鼓的第一手资料,包括八种类型的铜鼓,突破了学术上对云南铜鼓的传统认识,是对云南铜鼓研究的补充和完善。同时该书图文并茂,收录了文山少数民族使用铜鼓的习俗。

云南大学何明教授在其文章《试析云南铜鼓的演进与云南文化发展

---

① 李昆声、黄德荣:《中国古代铜鼓研究会在铜鼓研究中的主导地位》,《中国古代铜鼓研究通讯》2015年第20期。
② 蒋廷瑜:《铜鼓史话》,文物出版社1982年版。
③ 蒋廷瑜:《铜鼓艺术研究》,广西人民出版社1988年版。
④ 蒋廷瑜:《古代铜鼓通论》,紫禁城出版社1999年版。
⑤ 蒋廷瑜:《铜鼓——南国奇葩》,天津科技出版社2001年版。
⑥ 蒋廷瑜:《壮族铜鼓研究》,广西人民出版社2005年版。
⑦ 蒋廷瑜:《铜鼓文化》,浙江人民出版社2007年版。
⑧ 冯汉骥:《云南晋宁出土铜鼓研究》,《文物》1974年第1期。
⑨ 文山壮族苗族自治州文化局编、黄德荣主编:《文山铜鼓》,云南人民出版社2004年版。

之关系》①中就云南铜鼓的发展阶段做了界定,他认为万家坝型铜鼓处于铜鼓的滥觞期,精美富丽的石寨山型铜鼓进入铜鼓的成熟期,瑰丽繁缛的冷水冲型铜鼓属于发展期铜鼓,遵义型铜鼓处于铜鼓的中衰区,麻江型铜鼓有了汉文化元素,西盟型铜鼓则是云南文化边缘地带民族文化的产物。

云南是目前中国发现黑格尔Ⅰ型铜鼓（中国学者分类中的石寨山型铜鼓）中考古发掘品最多的地区②,黑格尔Ⅰ型铜鼓对应的是越南的东山铜鼓中的A、B型,对其形制和花纹进行比较是本书的重要内容。李昆声、黄德荣先生于2016年发表文章《论黑格尔Ⅰ型铜鼓》③,文中统计了截至2016年所发现的中国和东南亚的黑格尔Ⅰ型铜鼓共250面（其中中国境内有73面,东南亚有177面）,包括了中国的石寨山型铜鼓和越南东山铜鼓A、B型以及东南亚诸国与此对应的铜鼓；并将黑格尔Ⅰ型鼓分为石寨山型、东山型和文山型。

2. 云南是否是铜鼓起源地的研究

关于古代铜鼓起源于何地的问题,是百余年来铜鼓研究者众说纷纭、聚讼难决的学术难题④。李昆声、黄德荣先生运用器物类型学的方法研究铜鼓的时代,先后发表文章《谈云南早期铜鼓》⑤和《再论万家坝型铜鼓》⑥,提出滇中至滇西是古代铜鼓的起源地,此观点已被中国绝大多数学者所赞同。

李晓岑等学者在所撰文章《云南早期铜鼓矿料来源的铅同位素考证》⑦中,以科学的数据得出云南早期铜鼓的矿料几乎来源于滇西至滇中滇池的结论,肯定了铜鼓发源地在滇西至滇中偏西一带地区的观点。

---

① 何明：《试析云南铜鼓的演进与云南文化发展之关系》,《云南教育学院学报》1992年第1期。
② 根据李昆声和黄德荣先生的统计,目前中国发现的73面黑格尔Ⅰ型铜鼓（中国学者分类中的石寨山型铜鼓）中,云南有53面,其中考古发掘品有36面。
③ 李昆声、黄德荣：《论黑格尔Ⅰ型铜鼓》,《考古学报》2016年第2期。
④ 关于古代铜鼓的起源地,有起源于印度说、柬埔寨说、越南北方说、中国广东广西西南部说、云南滇池地区说、中国云南滇中至滇西地带说。
⑤ 李昆声、黄德荣：《谈云南早期铜鼓》,《昆明师范学院学报》1980年第2期。
⑥ 李昆声、黄德荣：《再论万家坝型铜鼓》,《考古学报》2007年第2期。
⑦ 李晓岑等：《云南早期铜鼓鼓矿料来源的铅同位素考证》,《考古》1992年第5期。

万辅彬等人合著的《中国古代铜鼓科学研究》[1] 从科技考古的角度，对云南早期铜鼓（万家坝型铜鼓6面，石寨山型铜鼓7面）的矿料来源做了铅同位素考证，也得出云南早期铜鼓的矿料几乎来源于滇西至滇中的滇池一带的结论，用现代的科学数据证明并肯定了铜鼓发源于滇西至滇中偏西一带。另外，实验结果显示，晋宁石寨山铜鼓的矿产地在云南，这个结果证明了有的越南学者坚持的"铜鼓从雒越传到广西和云南"的观点是不能成立的。

徐人平等学者也在《数理统计在古滇铜鼓铅同位素考古中的应用》[2]一文中，用科学方法证明了早期铜鼓万家坝型铜鼓的矿料来源于云南本地，而非来自外地。

由于证据确凿，目前国际学术界普遍接受"中国云南滇中至滇西地带是铜鼓起源地的观点"，但越南仍有一部分学者坚持"古代铜鼓起源地在越南北部"的观点。

3. 云南铜鼓的传播问题研究

万辅彬教授等众多学者根据考古发掘资料提出了铜鼓传播线路的看法[3]，认为铜鼓是以云南的滇西为起点，向东、北、南三个方向传播和发展的。木基元先生在文章《云南型铜鼓传播路线新探》[4] 中，根据在云南永胜军河出土的两面万家坝型铜鼓以及川西南会理县出土的一面石寨山型晚期铜鼓，探讨了云南铜鼓北传的路线。

4. 云南铜鼓纹饰的研究

关于云南铜鼓的纹饰内涵，云南石寨山型铜鼓上瑰丽繁缛的花纹是铜鼓研究者们重点关注的内容，其花纹包括几何性纹样和写实性纹样。多数学者认为几何性纹样在铜鼓上仅起到装饰的作用，无实质意义；写实性纹样则寓有某种含义，但究竟含义如何，众说纷纭，尤其是对船纹和鸟纹的争论最多。

---

[1] 万辅彬：《中国古代铜鼓科学研究》，广西民族出版社1992年版，第71—85页。
[2] 徐人平、朱龙、李晓岑：《数理统计在古滇铜鼓铅同位素考古中的应用》，《昆明理工大学学报》2001年第4期。
[3] 万辅彬：《中国古代铜鼓科学研究》，广西民族出版社1992年版，第84页。
[4] 木基元：《云南型铜鼓传播路线新探》，《云南民族学院学报》1990年第4期。

石寨山型铜鼓上的船纹究竟有什么含义？黑格尔认为它是"独木船"①。戈露波认为它是把死者灵魂送到天堂的"黄金船"②。法国学者巴门特、越南学者陶维英以及我国学者石钟健先生则认为铜鼓上的船纹大部分是过海船③。闻宥先生在《古铜鼓图录》一书中说：船纹"和龙舟竞渡有关"。此后，冯汉骥④、汪宁生⑤、李伟卿⑥等先生先后发表文章表示赞同。黄德荣和李昆声先生通过对铜鼓船纹全面的分析比较，认为铜鼓上的船有多种类型，可分为捕鱼船、交通船、战船、祭祀船、竞渡船、游戏船、海船和图案化船⑦。

而石寨山型铜鼓上鸟纹的寓意，潘世雄认为它是有预测天气本领的"水鹤"，以鹤饰鼓与滨海而居的民族观察风云和祭祀求雨有关，是他们崇拜水鹤的思想反映⑧。易学钟先生认为这种飞鸟是犀鸟，石寨山型铜鼓上的"犀鸟环日"图像，显示了古代农业民族的气象崇拜⑨。越南学者陶维英先生认为它们是传说中的"雒鸟"，是古代骆越人的图腾鸟⑩。也有学者认为这种飞鸟应是"鹭"，它使人联想到渔舟唱晚的喜悦，是渔业民族的化身⑪。祁庆富先生则从生物学和文化学的角度考证，认为石寨山型铜鼓上的鸟纹是"朱鹭"⑫。

---

① ［越南］陶维英：《越南古代史》，刘统文、子钺译，科学出版社1959年版。
② 参见鲍克兰《读东南亚铜鼓考》，载广西壮族自治区博物馆编印《铜鼓研究资料选译》（一），1979年。
③ 参见［越南］居勒尔（U. Gueler）《古代金属鼓研究》，载广西壮族自治区博物馆编印《铜鼓研究资料选译》（五），1983年。
④ 冯汉骥：《云南晋宁出土铜鼓研究》，《考古》1971年第1期。
⑤ 汪宁生：《试论中国古代铜鼓》，《考古学报》1978年第2期。
⑥ 李伟卿：《竞渡——云南少数民族体育考略之一》，载《体育史料》，人民体育出版社1982年版。
⑦ 黄德荣、李昆声：《铜鼓船纹考》，载《中国铜鼓研究会第二次学术讨论会论文集》，文物出版社1986年版。
⑧ 潘世雄：《广西铜鼓纹饰的意义》，载《古代铜鼓学术讨论会论文集》，文物出版社1982年版。
⑨ 易学钟：《铜鼓鼓面"四飞鸟"图像新解》，《考古》1987年第6期。
⑩ ［越南］陶维英：《越南古代史》，刘统文等译，科学出版社1959年版。
⑪ 参见鲍克兰《读东南亚铜鼓考》，载广西壮族自治区博物馆编印《铜鼓研究资料选译》（一），1979年。
⑫ 祁庆富：《早期铜鼓花纹与朱鹮》，《广西民族研究》1992年第2期。

也有学者将石寨山型铜鼓上所有的写实纹样作为一个整体来考察。潘世雄先生认为石寨山型铜鼓的鼓面花纹是天体景象的缩影，鼓身花纹是大地景象的缩影①。庄礼伦先生认为如果把铜鼓装饰艺术的发展分为童年、青年、中年、晚年四个时期，那么石寨山型铜鼓属于青年期，其装饰纹样表现了天上景观、水上景观和地上景观②。郑超雄先生提出中国铜鼓艺术创作经历了初创阶段、规范阶段和鸣放阶段，石寨山型铜鼓是规范阶段的代表，艺术内容以宗教祭祀、图腾崇拜为主题，艺术形式趋于规范、程式化③。

也有学者认为石寨山型铜鼓上的花纹与宗教有关，董晓京在《石寨山型铜鼓花纹新解》④以及《铜鼓花纹：古滇人的宗教绘画》⑤中，认为云南石寨山型铜鼓上的花纹反映了古滇人的原始宗教信仰，是古滇人宗教信仰的图解。

5. 云南铜鼓功能的研究

关于云南铜鼓功能的研究，主要集中于对云南早期铜鼓（万家坝型和石寨山型铜鼓）的研究。

方国瑜先生辑录了散见的传世铜鼓文献于《云南通志·铜鼓考》中，将铜鼓的主要用途分为"西南土人之乐""击鼓赛神""用于战阵""或赏有功""亦以入贡"五种⑥。凌纯声先生认为铜鼓的用途是迎神赛会、邀众对阵、祭祀神鬼、丧葬志哀、作乐欢叙⑦。蒋廷瑜先生的文章《铜鼓与丧葬礼仪》⑧中，阐述了中国和东南亚民族在丧葬礼仪中使用铜鼓的习俗，其中有云南佤族和傣族、越南的芒人、老挝的高人，他们在亲人去

---

① 汪宁生：《试论中国古代铜鼓》，《考古学报》1978年第2期。
② 庄礼伦：《浅谈东南亚古代铜鼓装饰艺术》，载《中国南方及东南亚地区古代铜鼓和青铜文化第二次国际学术讨论会》，广西民族出版社1993年版。
③ 郑超雄：《铜鼓的审美特征杂论》，载《铜鼓和青铜文化的新探索》，贵州人民出版社1997年版。
④ 董晓京：《石寨山型铜鼓花纹新解》，《思想战线》2007年第6期。
⑤ 董晓京：《铜鼓花纹：古滇人宗教绘画》，《中国社会科学报》2013年8月30日第A05版。
⑥ 方国瑜：《云南通志》卷八五《金石考五》，云南人民出版社2007年版。
⑦ 石钟健、凌纯声：《东南亚铜鼓装饰纹样的新解释》，《贵州社会科学》1984年第4期。
⑧ 蒋廷瑜：《铜鼓与丧葬礼仪》，载《南方民族考古》（第三辑），四川科学技术出版社1990年版。

世时，用铜鼓报丧；云南麻栗坡的彝族在为逝者守灵期间，要跳铜鼓舞以寄托哀思。

万家坝型铜鼓的用途，根据考古报告和科学检测可以推断云南出土的最早的万家坝型铜鼓是作为炊具和乐器使用的。

汪宁生先生认为石寨山型铜鼓的使用与文化人类学上的"夸富宴"有关，石寨山型铜鼓是权势和财富的象征，是提高和巩固所有者身份和地位的工具，其社会意义大于实用意义①。席克定和余宏模先生认为石寨山型铜鼓处于滇池地区奴隶制度高度发达时期，铜鼓是奴隶主维护其统治的工具，它是歌舞中的乐器，陈列于各种宗教仪式中的礼器，贮藏贝壳的容器②。黄增庆先生认为各种铜鼓的功能因时、因地、因民族而异，还与各地当时社会的政治、经济和文化风俗紧密相连，但使用铜鼓都是与宗教祭祀有关③。罗安鹄先生提出石寨山型铜鼓的原始功能与我国西南民族的巫术活动有密切关系。④ 蒋炳钊先生认为不能单纯从乐器类中去寻找铜鼓的源流，因为铜鼓的社会作用同中原商周时期奴隶主所享用的礼器或重器一样，随着时代的不同而变化，他提出铜鼓首先是礼器，并在一定的场合兼有乐器的作用⑤。M. P. 色斯特万斯（Michele Pirazzoli, Serstevers）先生则指出石寨山型铜鼓是酋长权威的标志，是在各种场合中必备的具有魔力的乐器⑥。

6. 云南少数民族使用铜鼓习俗的研究

铜鼓的研究既有考古学的意义，也有人类学的意义。通过文化人类学田野调查少数民族使用铜鼓的风俗，不仅帮助我们研究古代铜鼓的功

---

① 汪宁生：《铜鼓与南方少数民族》，吉林教育出版社1989年版，第177页。

② 席克定、余宏模：《试论中国南方铜鼓的社会功能》，载《古代铜鼓学术讨论会论文集》，文物出版社1982年版。

③ 黄增庆：《谈谈铜鼓与宗教祭祀》，载《中国南方及东南亚地区古代铜鼓和青铜文化第二次国际学术讨论会论文集》，广西民族出版社1993年版。

④ 罗安鹄：《谈铜鼓"社会功能"的永恒与变迁》，载《铜鼓和青铜文化研究》，贵州人民出版社2001年版。

⑤ 蒋炳钊：《从铜鼓的社会作用探讨铜鼓的起源》，载《古代铜鼓学术讨论会论文集》，文物出版社1982年版。

⑥ Michele Pirazzoli-T Serstevers, "The Bronze of Shizhai Shan, Their Social and Ritual Significance", *Early South East Asia*, E, P.

用，还可解开古代民族铜鼓习俗之谜。中国较早对少数民族使用铜鼓习俗进行调查的是汪宁生教授，他从60年代开始深入少数民族中调查铜鼓习俗，于1989年出版专著《铜鼓与中国南方少数民族》①，该书引证历史文献，复原了历史上少数民族和今天少数民族使用铜鼓的习俗，这些民族有云南的佤族、克木人、苗族、水族、布依族、壮族和彝族等。

7. 云南铜鼓铸造技术的研究

越南学者范明玄《关于老街1993年所发现之东山铜鼓介绍》，②云南铜鼓的铸造技艺方面，首先采用陶范法，通过这种铸造工艺，可以形成多种复杂的曲线造型，在云南晋宁石寨山初期青铜器和铜鼓中可以看到大量陶范法的应用。但陶范法也有一定的缺陷，这种方法没有解决好铜鼓铸件的气孔和砂眼造成表面粗糙的问题，容易造成铜鼓表面产生裂纹等不良反应。后来古代的滇人采用失蜡法，这种工艺很好地解决了铜鼓成型过程中排除气泡的问题，可以制造出表面光滑、内部结构丰富、造型优美的铜鼓，后期在云南楚雄万家坝发现的铜鼓便是这一工艺的杰作。

8. 云南出土、发现铜鼓的资料和文章

20世纪50年代以后，由于新中国考古事业的蓬勃发展，云南的田野工作收获甚丰，出土了大量铜鼓，与铜鼓共存的还有大量可供断代的出土资料。这些铜鼓的相关资料见于以下考古报告中：1955—1956年，云南晋宁石寨山先后发掘50多座墓，出土铜鼓19面和大量器物。③ 1960年，云南楚雄大海波的一座战国墓中出土一面铜鼓，伴出一批兵器和生产工具。④ 1964年在云南祥云大波那的一座木椁铜棺墓中出土一面铜鼓。⑤ 1972年云南江川李家山古墓群出土铜鼓8面。⑥ 1975—1976年在发掘云南楚雄万家坝春秋战国墓群中，出土铜鼓5面。⑦ 这些考古发掘品有

---

① 汪宁生：《铜鼓与中国南方少数民族》，吉林教育出版社1989年版，第129—158页。
② 范明玄：《关于老街1993年所发现之东山铜鼓介绍》，载《铜鼓和青铜文化的再探索》，广西民族出版社2007年版。
③ 云南省博物馆：《云南晋宁石寨山古墓群发掘报告》，文物出版社1959年版。
④ 王大道、葛季芳、黄德荣：《近年来云南出土的铜鼓》，《考古》1981年第4期。
⑤ 云南省文物工作队：《云南祥云大波那木椁墓清理报告》，《考古》1964年第12期。
⑥ 云南省博物馆：《云南省江川李家山古墓群发掘报告》，《考古学报》1975年第8期。
⑦ 邱宣充、王大道、黄德荣等：《楚雄万家坝古墓群发掘报告》，《考古学报》1983年第3期。

明确的出土地点，而且都有大量的伴出物，文化层清楚。通过碳14测定和对共存器物年代的判断，可对铜鼓的入土年代做出较为可靠的推断。这些铜鼓成为研究传世铜鼓的标准器。由于大量考古材料的出现，长期以来众说纷纭的问题得以解决。

此外，还有王大道先生等的《近年来云南发现的铜鼓》①，云南省博物馆于1959年出版《云南省博物馆铜鼓图录》②，公布该馆收藏的40面铜鼓资料。广西博物馆编印《古代铜鼓历史资料》，并搜集中外铜鼓文献目录编印成《铜鼓文献目录》，这些资料为日后进一步深入研究铜鼓打下了坚实的基础。

（二）东南亚铜鼓文化的研究现状

对东南亚铜鼓的研究始于西方学者，随后由于越南东山铜鼓的出土，越南本国也掀起了铜鼓研究的热潮。20世纪70年代以后，中国学者开始研究东南亚铜鼓，尤其是进入21世纪以后，中国学者研究东南亚铜鼓的成果逐渐增多。

1. 东南亚铜鼓的综合性研究

19世纪后半期，西方学者便开始了铜鼓的研究，1902年维也纳奥匈帝国博物馆人类学、民族学部主任黑格尔出版著作《东南亚古代金属鼓》，他用类型学的方法将165面铜鼓（其中22面为实物，143面为拓片或相片）分成4个主要类型和3个过渡类型，论证了铜鼓形制和花纹的演化，开创了铜鼓科学分类之先河，被后人视为铜鼓研究中的经典著作。同时该书还探讨了铜鼓的纹饰内涵、金属成分、源流族属等方面的问题。黑格尔认为鼓面越大，纹饰越写实性较强的铜鼓，年代就越早。李伟卿先生认为《东南亚古代金属鼓》的历史贡献，集中到一点便是铜鼓的同一性，即所有的类型，都来源于Ⅰ型铜鼓。③

荷兰学者贝特·坎普斯1988年出版著作《东南亚铜鼓——青铜世界

---

① 王大道、葛季芳、黄德荣：《近年来云南出土的铜鼓》，《考古》1981年第4期。
② 云南省博物馆：《云南省博物馆铜鼓图录》，云南人民出版社1959年版。
③ 李伟卿：《关于铜鼓的同一性——为〈东南亚古代金属鼓〉出版百年而作》，《学术探索》2002年第5期。

的余波》①，作者全面具体地论述了东南亚地区铜鼓的装饰、传播地域、尺寸、外观、铸造和使用情况等，尽管书中有值得商榷的概念和观点，但该书对我们研究中国南方古代铜鼓仍有较大的参考价值。

蒋廷瑜先生的文章《铜鼓是东盟古代文化的共同载体》②，详细介绍了东南亚国家收藏铜鼓的情况，并分析了东南亚铜鼓的来源。

梁志明先生和郑翠英女士的论文《论东南亚古代铜鼓文化及其在东南亚文化发展史上的意义》③，从东南亚铜鼓推断出当时的社会组织应为酋邦社会。梁志明先生在另一篇论文《东南亚的青铜时代文化与古代铜鼓综述》④中指出，古代铜鼓的流传是东南亚青铜时代文化的突出特征，铜鼓是东南亚原始文化发展到高级阶段的产物。

李昆声教授和黄德荣研究员的专著《中国与东南亚的古代铜鼓》⑤，对中国铜鼓（万家坝型和石寨山型）和越南东山铜鼓（东山铜鼓 A 型、B 型和 D 型）进行了比较研究，书中收入万家坝型铜鼓 62 面，石寨山型铜鼓 70 面，越南东山铜鼓 113 面，东南亚其他国家铜鼓 27 面，共 272 面，为中外铜鼓研究者提供了方便，并探讨了中国和东南亚铜鼓交流的关系。

万辅彬和韦丹芳教授的专著《东南亚铜鼓研究》⑥，通过田野调查和考古研究，论述了中缅、中老、中越跨境民族以及东南亚国家铜鼓的分布、现状和源流等问题，探讨了中国和东南亚传世铜鼓的特点与联系，展示了中缅、中老、中越跨境民族的铜鼓文化，提出了铜鼓文化圈的概念。

赵橹先生的文章《东南亚铜鼓文化溯源》⑦一文，对广泛分布在东南亚各地的铜鼓源流进行了探索，认为云南中西部是铜鼓的故乡，万家坝

---

① A. J. Bernet Kempers, *The Kettledrums of Southeast Asia: A Bronze Age World and its Aftermath*, Rotterdam: A. A. Balkema, 1988.
② 蒋廷瑜:《铜鼓是东盟古代文化的共同载体》,《广西民族学院学报》2005 年第 1 期。
③ 梁志明、郑翠英:《论东南亚古代铜鼓文化及其在东南亚文化发展史上的意义》,《东南亚研究》2001 年第 5 期。
④ 梁志明:《东南亚的青铜时代文化与古代铜鼓综述》,《南洋问题研究》2007 年第 4 期。
⑤ 李昆声、黄德荣:《中国与东南亚的古代铜鼓》,云南美术出版社 2008 年版。
⑥ 万辅彬、韦丹芳:《东南亚铜鼓研究》,中国科学技术出版社 2018 年版。
⑦ 赵橹:《东南亚铜鼓文化溯源》,《东南亚》1990 年第 2 期。

型铜鼓是迄今出土的铜鼓中年代最早的，但是就铜鼓文化而论，则应溯源到云南洱海区域的古文化。

韦丹芳教授的专著《老挝克木鼓与相邻地区同类型铜鼓研究》[①] 聚焦于中老、中缅跨境民族使用的黑格尔Ⅲ型鼓（中国学者分类中的西盟型铜鼓）上，通过实地调查搜集到中国、老挝、缅甸、泰国和越南的共154面黑格尔Ⅲ型鼓，在此基础上比较研究了中缅、中老跨境民族的铜鼓及相关问题。此研究对中国南方与东南亚地区的科学技术交流等问题的探讨提供了借鉴。

2. 东山铜鼓的研究

蒋廷瑜先生在《东山铜鼓在铜鼓发展史中的地位》[②] 中指出，东山铜鼓是成熟期铜鼓，不是最原始的铜鼓。原始铜鼓是先黑格尔Ⅰ型鼓（中国学者分类中的万家坝型铜鼓）。东山铜鼓是在先黑格尔Ⅰ型铜鼓的基础上发展起来的，是对先黑格尔Ⅰ型铜鼓的完善与提高。

万辅彬、房明惠、韦冬萍等学者所撰文章《越南东山铜鼓再认识与铜鼓分类新说》[③] 用国际视野对越南东山铜鼓和东山文化重新考察，认为东山铜鼓由于其强烈的地域特色和重要的历史地位，在铜鼓分类中扮演着重要的角色。它的早期鼓和晚期鼓都应该单独分类立型，早期型东山铜鼓与石寨山型铜鼓平行发展，晚期型东山铜鼓对中国冷水冲型铜鼓及东南亚各国的铜鼓都产生了深刻的影响。

越南学者范明玄、阮文好和赖文德先生编著的《越南的东山铜鼓（图录）》[④] 一书，是迄今越南学者论著中收集东山铜鼓资料最全面的成果。

越南考古研究所学者阮文好先生在其文章《对F.黑格尔铜鼓分类法的几点认识》[⑤] 中指出东山铜鼓必然是从东山文化遗址出土的，但从东山

[①] 韦丹芳：《老挝克木鼓与相邻地区同类型铜鼓研究》，中国科学技术出版社2014年版。

[②] 蒋廷瑜：《东山铜鼓在铜鼓发展史中的地位》，载《蒋廷瑜集——岭南铜鼓论集》，线装书局2011年版。

[③] 万辅彬、房明惠、韦冬萍：《越南东山铜鼓再认识与铜鼓分类新说》，《广西民族学院学报》（哲学社会科学版）2003年第6期。

[④] Pham Minh Huyen, Nguyen Van Han, Lai Van Toi, *Dong Son Drums in Vietnam*, The Vietnam Social Science Publishing House, Tokyo, 1990.

[⑤] ［越南］阮文好：《对F.黑格尔铜鼓分类法的几点认识》，《中国古代铜鼓研究通讯》2017年第21期。

文化遗址或东山文化分布地区出土的铜鼓，不一定都是东山铜鼓。从现有资料看，东山文化遗址除了出土东山铜鼓以外，还出土了万家坝型铜鼓和石寨山型铜鼓等。因此所谓"东山铜鼓"，不仅是从东山文化遗址出土的，而且更重要的是，它的花纹也是东山文化的，才能称为东山铜鼓。

学者曾瑞莲所译《河山平省铜鼓搜集丰富》[①]，阐述了至1985年越南河山平省搜集到铜鼓82面，其中黑格尔Ⅰ型鼓有22面，黑格尔Ⅱ型鼓（由于这些鼓大部分是在和平省芒族人居住的地区发现的，因此又称为芒族铜鼓）有60面；并介绍了越南芒族人使用铜鼓的习俗。曾瑞莲在所译文章《铜鼓的回响》[②]一文中指出东山铜鼓的各种装饰图案也存在于东山文化的一些器物上。同时认为在越南国土上，铜鼓在国家和人民的各种生活中占有相当高的地位。

美国密执安大学教授卡尔·L.赫特勒在《滇文化、铜鼓在东南亚岛屿及其在东南亚史前史中的意义》[③]一文中探讨了东南亚黑格尔Ⅰ型鼓的分布，他认为东南亚铜鼓上的动物如鸟类、青蛙、鹿、蜥蜴、小象等动物，在东南亚文化尤其在墓葬、占卜和象征丰收、智慧、力量和权威等方面扮演着重要角色，并指出黑格尔Ⅰ型鼓的各种纹饰组合表现的是一个十分复杂的仪式场面，铜鼓在原产地是用于与社会分层和国家权力有关的仪式上的。

3. 东南亚各国铜鼓文化的研究

东南亚地区除菲律宾以外的其他国家都拥有铜鼓，其中以越南的铜鼓最多，是东南亚铜鼓数量最多、分布最集中的地区。其他国家如缅甸、泰国、柬埔寨、老挝、印度尼西亚等也有一些铜鼓，但在数量上远不能和越南相比。

在东南亚国家中，越南是国家层面和学者对铜鼓研究重视程度最高的国家，因此越南学术界对越南铜鼓的研究成果也比较多，其他国家的铜鼓研究成果相对较少。中国和西方学者对东南亚各国的铜鼓有一些研

---

① 曾瑞莲译：《河山平省铜鼓搜集丰富》，《中国古代铜鼓研究通讯》1985年第4期。
② 曾瑞莲译：《铜鼓的回响》，《中国古代铜鼓研究通讯》1987年第5期。
③ ［美］卡尔·L.赫特勒：《滇文化、铜鼓在东南亚岛屿及其在东南亚史前史中的意义》，载四川大学博物馆、中国古代铜鼓研究学会编《南方民族考古》1983年第2辑。

究，这方面的研究状况将在后面章节各国的铜鼓文化中述及，此不赘述。总的来说，东南亚各国铜鼓的研究还有较大的空间。

（三）云南与东南亚的铜鼓文化交流研究现状

关于云南和东南亚的铜鼓文化交流状况，有一些学者对两地的交流途径、交流关系、交流的族群做出过探讨。

中国古代铜鼓研究会的专家于1981年提出："铜鼓在东南亚广泛流传，正是中国南方民族与东南亚各族间长期文化交流的生动例证。"[①] 此后陆续有学者提出越南的铜鼓是由中国云南传播过去的观点，比如蒋廷瑜先生指出：起源于云南滇西地区的铜鼓文化，在公元前4世纪前后，已从滇池流域顺红河东下，与越南北部的青铜文化融合，创造了著名的"东山铜鼓"。[②] 万辅彬教授提出了滇西铜鼓的传播路线，即向东经西洋江、驮娘江而到广西百色盆地的田东，向东沿礼社江至元江顺流而下，到达越南红河流域，再向南沿澜沧江到达泰国。[③] 以上研究成果达成初步共识，即滇西和滇中的铜鼓文化曾通过红河传播至越南。此后，李昆声教授和黄德荣研究员进一步明确了两者之间的关系，他们认为古代云南铜鼓和越南的铜鼓文化是相互交流的关系，而非仅由云南传播至越南；并指出越南东山铜鼓（A型和B型）是在起源于中国云南的万家坝型铜鼓影响下，在越南本国制造的铜鼓。另外，越南东山铜鼓的出现时间稍晚于云南的石寨山型铜鼓，然后与石寨山型铜鼓平行发展，相互交流。[④]

崔剑锋和吴小红教授测量了出土于云南和越南的83件古代青铜器的铅同位素比值，在著作《铅同位素考古研究——以中国云南和越南出土青铜器为例》[⑤] 中，利用检测数据分别探讨了铜鼓的起源、各型铜鼓的分布、滇文化的社会结构、滇文化和越南东山文化、滇文化和汉王朝之间的文化交流、经济交换等问题。此项成果为本书在对云南和越南的铜鼓

---

① 中国古代铜鼓研究会编：《中国古代铜鼓》，文物出版社1988年版，第238页。
② 蒋廷瑜、廖明君：《铜鼓文化》，浙江人民出版社2007年版，第56页。
③ 万辅彬：《中国古代铜鼓科学研究》，广西民族出版社1992年版，第85页。
④ 李昆声、黄德荣：《中国与东南亚的古代铜鼓》，云南美术出版社2008年版，第278页。
⑤ 崔剑锋、吴小红：《铅同位素考古研究——以中国云南和越南出土青铜器为例》，文物出版社2008年版。

比较研究中提供了数据支持。

谢崇安先生的文章《云南石寨山文化与越南东山文化的比较研究》[①]提出在春秋晚期至西汉中晚期，云南石寨山文化对越南东山文化具有持续性影响，就文化源流来说，云南石寨山文化是东亚南部以铜鼓和羊角钮钟为核心组合的上古族群青铜文化的源头，越南北部东山文化是吸收了云南石寨山文化的成分再创造的青铜文明。

日本学者今村启尔在论文《论黑格尔式铜鼓的两个系统》[②] 中提出："东山系是由石寨山系或和石寨山系相近的铜鼓派生出来的。"石寨山系的铜鼓器形是一种"喇叭形腰部"的，而东山系的铜鼓器形是一种"圆筒形腰部"的，并言"石寨山系和东山系铜鼓相比，从整体上来说器形、装饰的变化较少，越南学者认为黑格尔Ⅰ型鼓为东山铜鼓"。

张增祺先生的文章《晋宁石寨山文化与越南东山文化比较研究》[③] 指出云南晋宁石寨山文化与越南东山文化有着比较密切的联系，两地有一些相似的器物和葬式，比如铜鼓、铜戈、铜剑、铜矛、靴形铜斧、铜犁、铜剑、铜镞、铜壶等青铜器以及玛瑙、玉石等装饰品，两地的竖穴土坑墓和仰身直肢葬也大同小异。他认为在春秋至战国中期，滇池区域的青铜器通过元江（红河）河谷和东山文化有过直接接触。

王大道先生在其文章《云南青铜文化及其与越南东山文化、泰国班清文化的关系》[④] 中对云南青铜文化的五个类型、越南的东山文化、泰国的班清文化进行了比较，认为它们都是公元前1000年前后至公元前后分布在不同地域、具有自身特点的独立的青铜文化；其中云南的滇文化发展水平最高，越南和泰国的青铜文化，都或多或少地接受了滇文化的影响，滇青铜文化对红河流域青铜文化、越南东山文化的影响较大。

美国学者邱兹惠教授通过对越南和泰国的7面万家坝型铜鼓进行器

---

① 谢崇安：《云南石寨山文化与越南东山文化的比较研究》，《考古学集刊》2018年第1期。

② ［日］今村启尔：《论黑格尔式铜鼓的两个系统》，载《铜鼓和青铜文化的新探索》，广西民族出版社1991年版。

③ 张增祺：《晋宁石寨山文化与越南东山文化比较研究》，《云南社会科学》1985年第2期。

④ 王大道：《云南青铜文化及其与越南东山文化、泰国班清文化的关系》，《考古》1990年第6期。

型学分析,指出越南和泰国的早期铜鼓虽各有特点,但明显受到了云南万家坝型铜鼓的影响。① 越南学者范明玄指出,越南老街发现的两面万家坝型铜鼓具有奇特的外来风格,其时代大约属于西汉晚期和东汉早期,推测是从中国云南中部偏西地区传播到老街的。② 越南学者阮文好提出,从东山文化器物中发现来自云南的几面万家坝型和石寨山型铜鼓,几件直内、曲援、无胡、内上装饰人头像的铜戈等。这些器物是石寨山成品进入。③

庄礼伦先生在论文《浅谈东南亚古代铜鼓装饰艺术》④ 中指出:居住在越南北部的古代骆越人受石寨山式铜鼓影响,创造出东山式铜鼓,其早期也属石寨山类型,在发展中又形成一些地方特色,如胸部膨大突出,腰部较直,足部较高;在纹饰方面东山式铜鼓则承袭石寨山式铜鼓的基本纹饰及基本布局,又增加一些有地方民族特色的纹饰。

综上所述,我们对以往的研究成果总体认识如下。

首先,以往的研究成果较为丰硕,相对而言,关于云南铜鼓的研究成果远多于东南亚铜鼓的成果,这也是可以理解的,由于语言和地理空间等因素的限制,我国学者对东南亚铜鼓的了解不如国内铜鼓便利;不过自21世纪以来,随着双方互访机会的增多,此方面的成果逐渐增加,未来还将会有更多的成果问世。

其次,国内外的一部分学者通过对云南和东南亚铜鼓的器型学分析以及民族学调查,得出的结论是:中国和东南亚铜鼓有着密切的亲缘关系,云南万家坝型铜鼓、石寨山型铜鼓和东南亚铜鼓相互影响,其文化交流的通道是红河流域。这种观点与笔者及中国老一辈的专家学者的观点大体一致。但是也有部分国外学者持有不同的意见,特别是亲近越南的西方学者和越南本土学者,从民粹主义的观点出发,过分强调越南

---

① [美]丘兹惠:《试论东南亚所见之万家坝式铜鼓》,载《铜鼓和青铜文化的再探索》,民族艺术出版社1997年版。
② [越南]范明玄:《关于老街1993年所发现之东山铜鼓的介绍》,载《铜鼓和青铜文化再探索》,民族艺术出版社1997年版。
③ [越南]阮文好:《论东山文化青铜器的风格和特征》,载《声震神州——文山铜鼓暨民族历史文化国际学术研讨会论文集》,云南人民出版社2005年版。
④ 庄礼伦:《浅谈东南亚古代铜鼓装饰艺术》,载《铜鼓和青铜文化的新探索》,广西民族出版社1991年版。

"东山文化"的独立性和特殊性，把东南亚的铜鼓都归结为发轫于东山文化，漠视中国是铜鼓发源地的基本事实，颠倒是非，混淆黑白，是十分错误的。

以上观点为古代铜鼓研究奠定了坚实的基础，并且具有重要的指导意义。随着时间的推移，中国和东南亚国家不断发现新的铜鼓资料并开展铜鼓文化的田野调查，这些资料使进一步深化研究成为可能和必要。因此，本书拟在前人研究的基础上，对云南和东南亚铜鼓做进一步的梳理和研究，这是本书稿要解决的主要任务。

铜鼓的产生、发展、交流是人类文化交流史研究的一个重大书稿，是一个较为复杂和棘手的问题。其一，在研究方法上需要多学科、多角度来进行综合研究，要把文献资料、口述历史和考古资料结合起来，把继承前人的研究成果和田野调查结合起来，超越国家和民族的界限，摒弃民粹主义和民族沙文主义的观点，实事求是地进行比较研究，弄清来龙去脉，找出其个性和共性，归纳出历史的传承和因果关系。其二，铜鼓作为铜鼓文化的载体，具有物质和精神双重属性。从物质方面来看，铜鼓文化包括了矿产资源、冶炼技术、器物类型、铸造工艺等；就精神层面而言，铜鼓文化产生的社会历史背景，持有者的社会地位和阶级状况，所反映的礼仪风俗、宗教信仰、审美风尚、民族关系等信息，皆可以从中释读出来。因此，关于铜鼓文化的交流应包括物质和精神两方面的内容。其三，以往关于云南与东南亚铜鼓文化的交流，关注对象主要集中于越南。然而老挝、柬埔寨、泰国、缅甸、马来西亚和印度尼西亚等东南亚国家也相继有铜鼓发现，故云南与这些国家的铜鼓文化交流情况亦值得关注。恰恰在这方面欠缺的资料很多，关注的学者较少，在一定程度上可以填补空白。

前人的研究成果，是我们不断攀登的基础。由于铜鼓新资料的不断发现和田野调查工作的开展，有必要利用新的资料作进一步的研究。

三 主要内容、基本思路、研究方法和基本观点

（一）主要内容

本书首先对铜鼓的概念进行界定，弄清楚什么是铜鼓？铜鼓为何产生？有何用途？怎样传播？它所代表的文化含义以及铜鼓文化圈是如何

形成的？铜鼓文化圈的内涵和表征？哪些国家和民族可以被纳入铜鼓文化圈？

其次，对铜鼓发源地的研究也是一个值得关注的问题。铜鼓究竟起源于何处？是像有的西方和越南学者认为的那样，起源于越南东山文化，还是起源于中国云南，关系到正本清源、实事求是的学风和态度。本书通过大量的考古发掘事实，充分证明中国老一辈学者提出的铜鼓发源于滇西，目前出土的万家坝型铜鼓是最原始的铜鼓，后发展为石寨山型铜鼓，并逐渐向越南和东南亚地区传播。

最后，对云南铜鼓进行梳理和"盘点"。通过对越南、泰国、老挝、缅甸和印度尼西亚的铜鼓进行个案调查和研究，找出它们之间以及与中国云南铜鼓之间的异同，进行对比研究，得出合理可信的结论。

铜鼓的传播是一种文化交流，而文化交流通常是要通过人来实现的，古代民族迁徙是铜鼓文化传播的一条重要途径。通过铜鼓分布的地区，可以看出古代民族迁徙的脉络。由此，亦有利于对跨境民族的研究和理解。

通过对中国铜鼓与越南、缅甸、泰国、老挝和印度尼西亚铜鼓的研究，首先弄清楚这些国家现存铜鼓的数量、来源、类型、纹饰、用途、外观特征、存放地点、在民众心目中的地位等问题，归纳出各自的特点，然后再与中国铜鼓相比较，得出科学的结论，提高到理论的高度。对铜鼓问题的研究有利于增进中国与东南亚各国人民的传统友谊，把中央提出的关于"一带一路"倡议的文化相通、民心相通落到实处。

（二）基本思路

对铜鼓的现状进行普查，是对铜鼓比较研究的基础。关于中国的现存铜鼓，由于长期以来中国学者做了深入细致的研究，出版了大量的专著和图册，国家和省市博物馆收集了大量的铜鼓实物。问题难度比较大的是对东南亚各国现存铜鼓情况的了解。一方面，东南亚各国对铜鼓研究的重视程度各有不同，因而存在较大的差异。越南、泰国是研究做得比较好的两个国家，在国家的参与下，有关学者进行了大量的工作，绝大部分铜鼓被纳入国家和地方博物馆的收藏，分类整理出版了一些画册和文献资料。老挝、缅甸、柬埔寨、马来西亚、印度尼西亚等国家和私人也收藏了一些铜鼓，但都是挂一漏万，还有许多铜鼓散落各地。因此，我们的研究只可能尽量利用现有的资料，要彻底普查清楚，还需要较长的时日。

在普查的基础上，我们必须选择具有明显特点的典型器物，进行比较研究，看其与中国铜鼓的亲缘关系，以及附加在它上面的国家和民族文化特点，尽可能地探索这种变化和发展的内部和外在的原因。

（三）研究方法

本书坚持以马克思主义为指导，应用辩证唯物主义和历史唯物主义的观点来分析和观察问题，在具体的研究方法上，充分利用前人的有关论述，即纸上之遗文，广泛深入地阅读，只有站在前人的肩膀上，才能看得深看得远。同时，关注最新考古发掘，掌握新资料，探讨新问题，才能赶上学术发展的新潮流，从而获得新的创见。既要把纸上遗文和实地考察相结合，用文字记载与实物相对照，以证实前人文字记载之对错，又要把实地考察的见闻诉诸文字，上升到理论的高度，以成为研究的结论。

本书将以科学的理论作为指导思想，采用跨学科交叉研究方法，综合运用历史学、考古学、民族学等学科的理论，同时结合文献综合分析法及数据统计法，将书稿研究建立在"格物致知"的基础之上，对铜鼓标本进行实测、观察、比较、归纳，再辅以民族学田野调查，在充分掌握第一手资料的基础上进行研究，力求有所创新。

（四）基本观点

本书的基本观点如下。

1. 云南是铜鼓的发源地

首先，早在古滇国时期（公元前5世纪至公元1世纪，相当于战国到西汉末年），云南古代先民就创造了光辉灿烂的青铜文化，并远远领先于东南亚地区。铜鼓作为青铜文化的一朵奇葩，代表了青铜的冶炼制作技术和生产水平，并蕴含了深刻的人文内涵，成为当时先进文化的代表，这已由云南晋宁石寨山出土的青铜器得到充分证实。除了云南，东南亚地区无论是当时的越南、泰国，或是柬埔寨、老挝、缅甸和印度尼西亚等地区，其青铜器的发展水平都远远落后于云南。西方有学者把东南亚青铜器的发轫归结为越南的东山文化，实际是站不住脚的。

2. 文化传播总是遵循着从高向低传播的规律

先进文明影响后进文明，后进文明接受先进文明；当然不排除在某些方面后进文明反哺先进文明，但并非主流。云南先进的铜鼓文化向东南亚地区辐射传播，如奔腾的江河不可阻挡。

文化的本质就是传播，一旦停止传播，这种文化就失去了生命力。铜鼓文化的传播包括物质和精神两个层面：从物质层面说，包括青铜的冶炼、铜锡合金的比例、铜鼓的浇铸技术、铜鼓的纹饰和造型等，它反映出生产力发展的水平；从精神层面说，铜鼓不仅仅是一种青铜器，它还有丰富的文化内涵，铜鼓的功能经历了从容器到贮贝器、乐器、神器、礼器和国之重器的发展过程，而礼器和神器是铜鼓最基本最重要的功能，铜鼓的产生是为着宗教活动的需要，并在宗教活动中实现其存在价值。此外，铜鼓的花纹不仅仅是一种装饰图案，更多的是为了宣传宗教内容，是宗教的形象化和图解。可以说铜鼓文化从精神层面上看，实质是一种宗教文化。

3. 蜀身毒道（南方丝绸之路）与滇越通道是铜鼓文化传播之路

以往关于铜鼓传播线路的研究中，并未关注到蜀身毒道是铜鼓传播到东南亚的重要线路之一，通过研究，我们发现此条道路上已经出土不少云南早期铜鼓，它们是铜鼓在此条道路上传播的实证。

4. 人是铜鼓文化传播的载体

正是通过人的各种活动，如商业贸易、战争和民族迁徙等途径，将云南铜鼓文化传播到东南亚的越南、缅甸、泰国、老挝、柬埔寨等国家，再通过这些地方传播到东南亚各国，从而形成涵盖中国南部和东南亚的铜鼓文化圈。

四 创新之处

将云南铜鼓和东南亚各国的铜鼓进行比较研究，找出铜鼓发生、发展、传播、迁徙规律，厘清铜鼓的原生态和种种变异，揭示各国铜鼓地位和功能的发展变化，以及产生这种变化的历史和文化原因，并放到铜鼓文化圈里进行梳理和研究，是本书创新亮点。

铜鼓的传播途径与古代丝绸之路的关系十分密切。探索铜鼓的传播路线，可以加深对古代陆上和海上丝绸之路的认识和了解。

通过对铜鼓的研究，把考古学、民族学、文化人类学、历史学、社会学、国际关系史、文献学等学科有机地结合在一起，拓展研究视野。充分利用古代的文献资料、考古发掘的新成果和实地田野调查紧密结合，力图在研究方法上有新的突破。

第 一 章

铜鼓和铜鼓文化圈

第一节 铜鼓的概念及铜鼓收藏

一 铜鼓的概念

铜鼓是广泛流传于中国南方少数民族和东南亚各国的一种青铜器，它凝聚着使用铜鼓民族的价值观念、风俗习惯、社会组织、经济形态、审美情趣以及宗教信仰等历史信息。研究铜鼓不仅可以加强我们对中国南方少数民族和东南亚各国历史与文化的认识，而且可以找到他们之间的相互联系和交流，对于弘扬中国民族文化，加深对东南亚各国民族文化的认识具有重要的现实意义。

什么是铜鼓呢？就其外形来说，铜鼓是用青铜制成的鼓状的容器，是人类早期使用的青铜器之一，是青铜文化的代表。铜鼓的形状，正如唐代杜佑的《通典》中所说："铜鼓，铸铜为之，虚其一面，覆而击其上。"[1] 宋代周去非《岭外代答》云："其制，正圆而平其面，曲其腰，状若烘篮，又类宣坐。"[2] 现代学者们将铜鼓概括为："通体皆铜，平面曲腰，一头有面，中空无底，侧附四耳。"[3] 铜鼓由鼓面、鼓耳、鼓胸、鼓腰、鼓足五部分组成（图1—1），全身装饰着象征性或写实性花纹。

铜鼓的功用，大体上经历了从容器到乐器、贮贝器、神器、礼器的

---

[1] （唐）杜佑撰，王文锦等点校：《通典》卷一四四《乐四·八音》，中华书局1988年点校本，第3674页。

[2] （宋）周去非著，杨武泉校注：《岭外代答校注》卷七《乐器门·铜鼓》，中华书局1999年点校本，第254页。

[3] 蒋廷瑜：《铜鼓》，人民出版社1985年版，第4页。

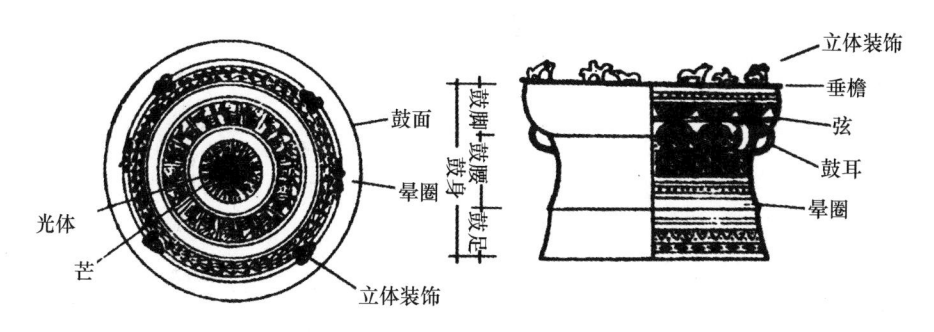

图 1—1　南方铜鼓结构示意图

（采自蒋廷瑜《古代铜鼓通论》，紫禁城出版社 1999 年版）

发展过程，其中神器和礼器是其最基本最重要的功能，反映了铜鼓的本质属性。与此同时，又出现了包括用于炊事、征战、号令、报信、装饰、丧葬、祭祀、祈雨、驱灾、求福、饮宴、歌舞、朝贡等功能，最终成为地位、权力和财富的象征，为国家和私人所收藏。

"铜鼓"一词，最早出现于《后汉书·马援传》："马援出征交趾，得骆越铜鼓，铸为马。"[①]

马援（前14—49年），是西汉末至东汉初人，就是说至迟在公元前1世纪，在汉文典籍里才出现"铜鼓"一词，而铜鼓早在公元前7世纪就已经存在。这究竟是为什么？原因在于铜鼓是由中国西南边疆少数民族所创造的，而这些少数民族一直都没有自己的民族文字，故只有实物而没有文字记载。直到铜鼓被汉族所认识后，才出现"铜鼓"这个词。按汉文的意思，铜鼓就是铜制的鼓状物。

铜鼓的研究和其他文物的研究一样，首先要对其进行分类，此为铜鼓研究之基础。铜鼓研究者根据古代铜鼓的铸造时代、形制和纹饰等特点，对其分类。不同的学者分类不同，国外学术界最早对铜鼓进行分类的是 A. B. 迈尔和 W. 夫瓦，他们于 1897 年在《东南亚的青铜鼓》中，收 52 面铜鼓分为六个类型做了介绍。1902 年奥地利考古学家 F. 黑格尔在其著作《东南亚古代金属鼓》中，将 165 面铜鼓划分为四个基本类型

[①]（南朝宋）范晔撰，（唐）李贤等注：《后汉书》卷二四《马援列传第十四》，中华书局1965年点校本，第840页。

和三个过渡类型（黑格尔Ⅰ型、黑格尔Ⅱ型和黑格尔Ⅲ型）①，这种分类方法在国际上一直沿用至今。此后，我国学者闻宥、黄增庆、汪宁生、李伟卿等先生以及云南省博物馆、广西壮族自治区博物馆尝试从不同角度对铜鼓进行分类。1980年，中国古代铜鼓研究会对中国收藏的1400余面做了全面的对比研究，将花纹和铸造工艺上"大同小异"的铜鼓，按"同类相从"的原则进行归类，正式确立铜鼓型式的八分法，即万家坝型、石寨山型、冷水冲型、遵义型、麻江型、北流型、灵山型和西盟型八个类型。② 中国古代铜鼓研究会的八分法，目前已经被中国学者和日本学者所采纳。

由于铜鼓是少数民族的历史文物，在考古学、文化人类学、历史学、民族学和宗教学的研究中，具有不可替代的重要作用。因此对铜鼓的研究成为中外学者共同关注的一门显学。

云南是铜鼓的起源地。公元前7世纪，在滇西地区出现了最古老的铜鼓，随后流传至滇中、滇东南以及我国西南的四川、贵州、广西、广东、海南等省区；与此同时，也传播到了东南亚的越南、老挝、缅甸、泰国、柬埔寨、马来西亚、印度尼西亚等地，成为各民族以至各国之间文化交流的重要工具。对铜鼓传播路线和传播途径的研究，实际就是对中外文化交流的研究。

二 铜鼓的收藏

铜鼓作为古代中国西南和东南亚少数民族的珍贵文物，长期以来被人们所珍视。历来人们都有收藏铜鼓之习俗，但在不同的时代，不同的国度，铜鼓在收藏者心目中的地位并不一样。

（一）中国的收藏

中国人对铜鼓的收藏经历了从公有到私有，再归属于公有的历程。

在隋以前，铜鼓在南方少数民族中是公共财产，为集体所拥有，是南方民族的神器、礼器和乐器。举凡民族宴享、祭祀、集会、丧葬、征伐等活动中，都免不了要使用铜鼓。

---

① ［奥］弗朗茨·黑格尔：《东南亚古代金属鼓》，石钟健、黎广秀译，上海古籍出版社2004年版，第10页。
② 中国古代铜鼓研究会：《中国古代铜鼓》，文物出版社1988年版，第32页。

自隋以后，随着铜鼓作为权力象征这一作用的增强，铜鼓逐渐为中国南方少数民族地区地方首领所独占，谁拥有铜鼓，谁就可以号令一方。铜鼓也就由公器逐渐变为私器。隋代岭南诸蛮各族"有鼓者号为'都老'，群情推服"[1]。唐代"南蛮酋首之家，皆有此鼓也"[2]。至宋代"始姑镇夷人家有铜鼓，子孙秘传，号为右族"[3]。明代，在少数民族中"藏鼓二三面者，即得僭号为寨主矣"[4]。可见，铜鼓是取得民族首领地位的重要器物。因此，南方少数民族首领大都拥有铜鼓，有的数量甚巨。

铜鼓虽为南方少数民族所创造，但自古以来各民族物质文化交流不断，铜鼓也通过各种渠道传入了汉族地区。主要收藏在以下几种场所：

一是藏于宫廷内府。其渠道或是通过进贡获得铜鼓，例如东汉建武二十四年（48），宋代淳化元年（990），广西南丹刺史莫洪浩派其子向宋王朝进贡铜鼓三面。[5] 广西象州的少数民族也向宋王朝进贡过铜鼓。[6] 或是通过战争掳掠获得铜鼓，南朝梁左卫将军兰钦南征夷僚，从两广地区掳获多面铜鼓进贡皇室。[7] 明代，多次征剿四川都掌蛮，所获大量铜鼓进入了宫廷内府。

二是藏于神祠佛寺。据刘恂《岭表录异》载，唐咸通年间，龚州刺史张直方在州城挖到一面铜鼓，将其带回老家长安，途中嫌铜鼓笨重无用，"遂舍于延庆禅院，用代木鱼，悬于斋室"。同书还记载唐僖宗时，高州太守林霭将州内一牧童挖得的铜鼓转送南海神庙。[8]

---

[1] （唐）魏徵、令狐德棻撰：《隋书》卷三一《志第二六·地理下·林邑郡》，中华书局1973年点校本，第888页。

[2] （唐）刘恂撰：《岭表录异》卷上，鲁迅校勘本，广东人民出版社1983年版，第7页。

[3] （宋）李焘撰，上海师范大学古籍整理研究所、华东师范大学古籍整理研究所点校：《续资治通鉴长编》，中华书局2004年版，第2168页。

[4] （明）朱国帧撰，王根林校点：《涌幢小记》卷四，上海古籍出版社2012年版，第77页。

[5] （元）脱脱等撰，中华书局编辑部点校：《宋史》卷四九四，中华书局1984年版，第14199页。

[6] （南宋）王应麟辑：《玉海》（第四册）卷一五三，江苏广陵书社2016年版，第2816页。

[7] （唐）姚思廉撰，中华书局编辑部点校：《陈书》卷九《列传第三·欧阳頠》，中华书局1972年版，第157页。

[8] （唐）刘恂撰，商璧、潘博校补：《岭表录异校补》卷上，广西民族出版社1988年版，第44页。

三是藏于私家府第。明清以降，私家收藏铜鼓蔚然成风。封建文人士大夫纷纷以收藏铜鼓为乐事，所收集铜鼓或作为案头珍玩，或作传家之宝，或作为珍贵礼品赠予友人。

如上所述，南方铜鼓曾以贡品、战利品和珍玩等形式被内地宫廷内府、神祠佛寺和私家府第所收藏，但并没有得到真正的保护，更谈不上对其进行研究。这是由于铜鼓的产生和流传主要在西南少数民族之中，加之铜鼓上多无铭文，又非三代之物；长期以来"夷夏有别"的思想，使历代的金石学家只潜心于殷周鼎彝的研究，至于铜鼓，在时人眼中算不上是"古物"，金石学家对其兴趣不大，问津者更少，最多将其视为殊方异域的珍奇之物，笔之于书中，或作为猎奇的吟咏之资。因此，大量铜鼓散失，得以保存传世者十之一二。

中华人民共和国成立以后，铜鼓的文物价值逐渐被人们所认识，为了保护好这些珍贵的民族文化遗产，南方各省的各级博物馆对铜鼓的搜集收藏极为重视，不惜人力、物力，到历史上曾经使用铜鼓的地区以及现在使用铜鼓的地区征集铜鼓；另外，考古人员也在考古发掘中不断从地下发现铜鼓。这些从民族地区征集和考古发掘的铜鼓都被收入博物馆中，并得到了科学的保管。铜鼓不仅陈列在博物馆的展厅里供世人观览，同时它也是我们研究民族历史与文化弥足珍贵的实物资料。

综观中国收藏铜鼓的过程，我们可以看到：铜鼓作为中国南方少数民族所创造的一种民族文化瑰宝，一直被历代所收藏。早期的铜鼓，主要用途是作为神器和礼器，用于公共祭祀场合，所以作为"公器"而为公众所收藏。平时藏于地下，遇到盛大的祭典才拿出来使用。随着原始公有制的瓦解，铜鼓作为权力的象征而被少数民族头人私自占有，从而使铜鼓进入私人收藏的阶段。随着中原地区与边疆少数民族联系和交往的日益增强，铜鼓也传入中原地区，但由于受到中原地区大汉族主义思想的影响，铜鼓没有得到真正的保护。传统的古器物学者比较重视铭文，因铜鼓上一般没有铭文，故没有引起他们足够的重视。只有一些曾经在中国作短暂逗留的外国学者发现了铜鼓的价值，不但着手进行研究，还将其带到国外收藏。因此，有许多弥足珍贵的铜鼓至今流落海外。1949年以后，在中国共产党的民族政策指引下，人们逐步认识到铜鼓是中国青铜文化的一枝奇葩，是构成优秀中华文化不可缺少的一部分，铜鼓的收藏和研究得到充分的重视。各省市博物馆不惜耗费巨资征集和收藏铜鼓，使中国的铜鼓收藏进入一个新的阶段。虽然也有许多私人的铜鼓收藏家，但总体来说，仍是以公共博物馆收藏为主。

1979 年，由广西壮族自治区博物馆组成的铜鼓资料搜集组到全国进行调查，搜集了全国 11 个省（市）包括北京、上海、江苏、浙江、湖北、湖南、广东、广西、四川、贵州和云南的博物馆所藏 1383 面铜鼓实测资料。通过这次调查，摸清了全国馆藏铜鼓的家底，用事实说明了中国使用铜鼓的时间最长，历史文献最丰富，馆藏数量最多（超过了世界上其他国家收藏铜鼓的总和），并且有许多绝世珍品，增强了中国人研究铜鼓文化的信心，为以后的研究工作打下了坚实的基础。[①]

1980 年，全国 12 个省市自治区铜鼓普查统计，当时保存在各文博机构、高等院校、科研单位的铜鼓大约 1500 面，分散在民间的铜鼓难以精确统计，估计至少达 800 面以上，其中云南省收藏 150 面，主要集中在云南省博物馆。

1984 年，据李伟卿先生的统计，铜鼓主要分布在北京、上海、四川、贵州、云南、广东和广西壮族自治区，共占中国铜鼓总数的 91%；其余的分散在湖南、湖北、浙江、江苏、安徽、河北、陕西、台湾等省区，其中最多的湖南省为 27 面，最少的河南省仅有两面。中国是现存铜鼓数量最多的国家，总数达 1400 面以上。[②]

铜鼓研究首先应掌握大量实物标本和数据，离开实物便会失掉依据。中国除了公共博物馆收藏的铜鼓，私人手中也收藏着大量铜鼓，目前数据无法确切统计。

另外，中国台湾收藏着为数不少的铜鼓，分别收藏于公立博物馆、公立学校和私人收藏家手中。

台北"故宫博物院"收藏有 11 面铜鼓，其中一部分为原"中央博物院"接收清奉天沈阳行宫旧物，部分是原北京故宫收藏的铜鼓。这些铜鼓著录于清乾隆年间的《西清古鉴》《西清续鉴甲编》和《西清续鉴乙

[①] 中国古代铜鼓研究会、广西民族博物馆编：《中国古代铜鼓实测·记录资料汇编》，文物出版社 2014 年版，第 8—9 页。

[②] 李伟卿：《台湾传世铜鼓及其有关问题》，《云南民族大学学报》1985 年第 1 期。

编》之中。台北"国立"历史博物馆收藏3面铜鼓,其中一面铜鼓面径为119.5—120.0厘米,是北流型铜鼓,与现存于广西壮族自治区博物馆收藏的"铜鼓王"极为相似。值得注意的是,此鼓是1943年滇西抗战时修建滇缅公路时在云南禄丰县出土的,当时由远征军将领黄强收藏,后辗转运往台湾,由"国立"历史博物馆收藏。"国立"台湾大学考古人类学系收藏2面铜鼓,称A鼓和B鼓,A鼓于1934年前入藏,来源不明,属于冷水冲型铜鼓;B鼓于1942年入藏,来自海南岛的黎族,属于北流型铜鼓。"国立"台湾博物馆收藏铜鼓7面。台湾私人收藏铜鼓大多为西盟型铜鼓。总之,目前已知台湾收藏铜鼓有二三十面,以"国立"历史博物馆收藏的大铜鼓最为珍贵。

(二)欧洲的收藏

欧洲并非铜鼓的发祥地,欧洲国家也不制造和使用铜鼓。目前西方国家收藏的铜鼓数量不得而知,但可以肯定的是西方收藏的铜鼓源于中国和东南亚国家。

从17世纪末开始,铜鼓就陆续从中国和东南亚国家流入欧洲,欧洲的很多城市诸如巴黎、伦敦、柏林、汉堡、维也纳、苏黎世、斯德哥尔摩、罗马等城市的博物馆中都有收藏。这些铜鼓或是从殖民地直接掠夺而来,或是从商人手中转购得。

据说欧洲早在1682年就收藏了铜鼓。是年荷兰科学家鲁姆菲乌斯(L. E. Rumphius)赠予意大利托斯卡纳大公爵一面铜鼓,当时西方人并不知铜鼓为何物。至1705年,鲁姆菲乌斯首次撰文介绍印度尼西亚铜鼓,欧洲为数有限的一部分人才对铜鼓有了初步的了解。

1880年,汉斯·威尔切克伯爵从佛罗伦萨的一个古董商人手中买得1面铜鼓。1883年,这面铜鼓在奥地利艺术与工业博物馆第一展厅的青铜展览厅内展出,这件铜鼓形状"像大型釜状器物,物件上铜彩斑斓,它以其罕见的形状,宏大的体态,以及远古时代别具一格的华美装饰,轰动了整个考古界和艺术鉴赏界"[1]。引起了参观者的好奇:它究竟是何物?是作何用途的?来自什么地方?正当大家疑惑不解,议论纷纷之时,一

---

[1] [奥]弗朗茨·黑格尔:《东南亚古代金属鼓》,石钟健、黎广秀译,上海古籍出版社2004年版,第1页。

位曾在暹罗（今泰国）当过三年僧侣，并长期在暹罗王宫供职的奥地利人安东·巴耶尔（Anton Payer）解开了疑团，他在泰国宫廷中见过此物，当时人们轻轻敲击此物向国王致意，因此欧洲人把铜鼓理解为东方的打击乐器。在此次展览会上，德国学者弗朗茨·黑格尔也看到了此面铜鼓。同年8月，他在荷兰阿姆斯特丹举行的国际博览会中国展厅上看到另一面铜鼓，鼓面上有青蛙和骑士塑像，标签上注明："汉，诸葛鼓，得自地下，年代约在3000年前。"两次巧遇使他对铜鼓产生了浓厚兴趣，于是他协助维尔泽伯爵购下此鼓，此鼓后来成为奥地利皇家博物馆民族志学科的征集品。此后不久，黑格尔又为奥地利皇家博物馆征集到了22面铜鼓以及铜鼓拓片。

欧洲人收藏的铜鼓主要存放于欧洲各大城市的博物馆中，目前尚无法统计其确切数量。但可以肯定的是，这些铜鼓大多是在19世纪末20世纪初西方殖民者从中国及东南亚国家获取的。19世纪末越南沦为法国殖民地后，法国殖民官员、古董商、探险家随即在越南大肆搜集文物。1889年，越南和平省沱江流域发现的一面铜鼓被送到巴黎博览会上展览，此后再也没有被送回故乡。1900年，法国古董商将在越南山西、清化等地搜集到的一些铜鼓转卖给法国远东博物院。1902年，原藏于越南平禄县的玉缕鼓送到河内展览后，被法国远东博物院收购，陈列于河内路易·芬诺博物馆内。

目前流落在欧洲的铜鼓估计还有很多，这里难免挂一漏万。

（三）日本的收藏

日本的许多博物馆和美术馆都收藏着铜鼓，但目前我们无法得知具体的数据。只能从中国学者的考察记录中略窥一二。雷从云先生于1981年到日本考察获知，在东京国立博物馆东洋馆中国文物陈列室看到陈列着两面铜鼓，其中1面是冷水冲型铜鼓，传为中国海南出土，是庆应大学藏品；另1面是灵山型铜鼓，传为云南出土，东京国立博物馆藏品。[①]1983年雷从云先生再次出访日本，看到大阪市美术馆收藏着一面北流型

---

① 雷从云：《东京国立博物的中国古代铜鼓》，《中国古代铜鼓研究通讯》1982年第2期。

铜鼓，在大原美术馆收藏有1面西盟型铜鼓。① 王大道先生1984年到日本考察，得知东京国立博物馆有7面，东京国学院大学考古资料馆1面，东京应庆有1面，东京出光美术馆1面，大阪府吹田市区国立民族学博物馆1面，大阪市立美术馆1面，冈山县仓敷市大原美术馆1面。这些铜鼓多数是从中国搜集的，也有的来自越南和泰国等地。②

（四）越南的收藏

越南历史文献中记载了封赠、进贡铜鼓的情况，人们在日食和月食时用铜鼓作为乐器祭拜祖先的情况，还有与铜鼓有关的地名，但无法在历史文献中查证其封建时代的铜鼓收藏。

越南铜鼓主要收藏于各个博物馆中（图1—2）。其来源有二：一是农民在生产生活中挖掘土地、兴修水利时无意中发现了埋在土中的铜鼓，遂将其交给当地文物管理部门保管；二是考古发掘所得，既包括在19世纪末20世纪初，西方殖民者在越南发掘的铜鼓，也包括越南发掘的铜鼓。

图1—2 越南胡志明市博物馆收藏铜鼓（段立生摄）

---

① 雷从云：《收藏在日本博物馆里的几面古代铜鼓》，《中国古代铜鼓研究通讯》1984年第3期。

② 王大道：《日本铜鼓概况》，《中国古代铜鼓研究通讯》1984年第3期。

19世纪末20世纪初,由于殖民主义的疯狂扩张,东南亚各式各样的铜鼓包括不少越南铜鼓被掠入欧洲的各个博物馆。也有部分铜鼓原被西方研究机构购买后,因种种缘故,至今仍存于越南本土,如1928—1934年,法国远东博古学院在广昌和农贡收购了3面颇为优美的铜鼓(编号为Ⅰ.23757,Ⅰ.25966,Ⅰ.26406),现藏于河内历史博物馆。

在越南,铜鼓的发现越来越多,其中河山平省发现和搜集铜鼓最多。1986年,根据河山平省文化通讯局博物保存科的资料,该省已经搜集到82面铜鼓。[①] 越南铜鼓分布最密集的地方,也是东山古老居民的主要居住场所,如宜静省、河南宁省、河山平省、河内等地。[②] 1987年,据不完全统计,越南已经有130面大型和中型铜鼓,还不包括当时用作陪葬品的近100面明器鼓。1988年,范辉通先生在其著作《越南的东山铜鼓》前言中说,越南的东山铜鼓1975年有65面,1985年增至144面。[③] 到20世纪90年代,据越南考古界统计,越南发现铜鼓300多面,其中已查明并分类的东山铜鼓112面,尚无法分类的19面,尚未查实的鼓14面,明器鼓99面。[④] 后来黄春征先生介绍,截至1996年,越南29个省已发现190多面黑格尔Ⅰ型鼓和100余面明器铜鼓。至2001年,据不完全统计,越南已发现220面东山铜鼓(不算明器铜鼓在内)。[⑤] 2004年,据阮文好先生统计,越南共有东山铜鼓250面以及明器鼓100多面。[⑥] 越南拥有的铜鼓数量仅次于中国。

(五)泰国的收藏

泰国铜鼓(图1—3)一般收藏于宫廷、公立或私立博物馆和民间。

目前所知的中国或泰国历史文献中,关于泰国铜鼓的记载较少。14世纪,素可泰王朝国王利泰(Lithai,1347—1370年在位)所撰的《三界经》中就提到铜鼓。《三界经》是泰国人撰写的第一部佛教著作,资料来

[①] 曾瑞莲译:《河山平省铜鼓搜集丰富》,《中国古代铜鼓研究通讯》1986年第4期。
[②] 曾瑞莲译:《铜鼓的回响》,《中国古代铜鼓研究通讯》1987年第5期。
[③] [越南]范辉通:《越南的东山铜鼓》,《中国古代铜鼓研究通讯》1995年第11期。
[④] 何文晋(Ha Van Tan):《越南的东山文化》,越南社会科学出版社1994年版。
[⑤] 黄春征:《东山铜鼓的类型》,载《铜鼓和青铜文化研究——中国南方及东南亚地区古代铜鼓和青铜文化第三次国际学术论文集》,贵州人民出版社2001年版。
[⑥] [越南]阮文好:《论东山文化青铜器的风格和特征》,载《声震神州——文山铜鼓暨民族历史文化国及学术研讨会论文集》,云南人民出版社2005年版。

图1—3 泰国镶金铜鼓（董晓京摄）

源广泛，引用了三十多部佛经，汇集了当时所有佛教的知识，由此可见，铜鼓已成为泰国佛教的一种礼器。阿瑜陀耶王朝初期，波隆摩·戴莱洛迦纳国王（1448—1488年在位）在其制定的《宫廷法》里也提到了铜鼓，说明当时铜鼓已成为泰国宫廷中的一种珍藏品。直到今天，泰国国王出巡时，还用铜鼓开道。

泰国有一部分铜鼓因为种种原因流落异国他乡。19世纪80年代起，泰国有一些黑格尔Ⅲ型鼓（中国学者分类中的西盟型铜鼓）流往西欧，奥地利王国驻曼谷的总领事就曾为奥地利自然历史博物馆征集过泰国铜鼓。除了前文提到的1883年在维也纳青铜器展览会上展出轰动欧洲考古界的那面铜鼓，英国维多利亚女王也珍藏着来自暹罗的大铜鼓。1901年泰国还赠送日本帝国博物馆（今东京国立博物馆）一面黑格尔Ⅲ型鼓。1984年日本鹿儿岛大学新田荣治教授在曼谷一古董店发现了曼谷鼓，1985年此鼓被日本东京出光美术社购得。

随着考古工作的开展和民间新的发现，泰国铜鼓的数量不断增多。1997年，姚舜安和滕成达先生统计，泰国当时仅有铜鼓26面。[①] 2015

---

① 姚舜安、滕成达：《泰国铜鼓述略》，《广西民族学院学报》1997年第3期。

年，笔者专门到泰国进行铜鼓普查①，基本上已经较为全面地掌握了泰国博物馆所藏铜鼓数量，目前泰国有记录的铜鼓共有 71 面，有文、有图、有实物。其中《泰国的铜鼓》中记载的铜鼓有 48 面，通过调查和其他记载所获知的铜鼓有 23 面。② 此外，泰国民间还有大量铜鼓为私人所收藏，但无法进行确切统计。

图 1—4　泰国国家博物馆收藏黑格尔 I 型鼓（廖一璞摄）

（六）缅甸的收藏

缅甸是东南亚比较重要的铜鼓分布区，使用铜鼓的民族主要是佤族、掸族和克伦族。目前缅甸有 64 面铜鼓资料明确可知，其中有 52 面铜鼓拓片资料和 12 面铜鼓文字资料，大多收藏在博物馆中（图 1—5）。民间收藏多少面铜鼓，目前无法确切统计。

---

①　对泰国铜鼓的普查资料，主要来自三个方面：1. 笔者亲临泰国实地调查的结果；2. 根据泰国艺术厅和国家博物馆组织权威专家联合调查编纂的 2003 年版《泰国的铜鼓》（*The Bronze Kettle Drums in Thailand*, Published by Office of National Museums, The Fine Arts Department, 2003.）的统计；3. 利用泰国图书馆所存资料及前人的中、泰文记录进行增补。

②　随着考古工作的开展和人们新的发现，泰国铜鼓的数量随着时间的推移而不断增多。1997 年，姚舜安、滕成达先生所撰文章《泰国铜鼓述略》（《广西民族学院学报》1997 年第 3 期）一文统计，泰国铜鼓有 26 面；2017 年，笔者统计泰国铜鼓有 67 面，泰国黑格尔 I 型铜鼓有 44 面。

图 1—5　缅甸的博物馆展出 1984 年出土的铜鼓

（采自万辅彬、韦丹芳《东南亚铜鼓研究》，中国科学技术出版社 2018 年版）

（七）老挝的收藏

老挝拥有各种类型的铜鼓，种类齐全。2013 年中国广西民族大学民族研究中心与老挝国家社会科学院历史研究所联合开展老挝铜鼓调查，基本穷尽了老挝所有的馆藏铜鼓，计有兰勃拉邦博物馆 63 面、沙湾拿吉博物馆 6 面、占巴塞博物馆 3 面、南塔博物馆 3 面，老挝国家博物馆 6 面，共 81 面铜鼓，囊括了黑格尔铜鼓分类的所有类型。[1]

图 1—6　老挝国家博物馆收藏的铜鼓（廖一璞摄）

---

[1] 李富强：《中国—东南亚铜鼓·老挝卷》（图录），广西人民出版社 2016 年版，第 41 页。

(八) 柬埔寨的收藏

柬埔寨原本是发现铜鼓较多的国家，有很多省如暹粒省、班迭棉芷省、波罗勉省、马德望省、磅湛省、干丹省、宾杜昂省等，都是出土了铜鼓的重要地区，其中波罗勉省的墓葬遗址中至少出土了"几打"铜鼓，班迭棉芷省出土铜鼓20多面，磅湛省至少有3面，干丹省至少有4面。[①]

但遗憾的是，柬埔寨的大部分铜鼓不是科学发掘品，也没有得到较好保护，损失和流失情况比较严重。目前只有少量铜鼓保存在博物馆，大部分铜鼓不知所终。2015年，中国广西民族大学民族研究中心学者到柬埔寨调查铜鼓，但能看到的铜鼓只有12面，分属黑格尔Ⅰ型和黑格尔Ⅲ型鼓。[②]

(九) 印度尼西亚的收藏

印度尼西亚铜鼓有悠久的历史，称谓很多，统称为"纳伽拉"，分布区域自印度尼西亚西边苏门答腊岛至东边巴布亚岛。从数量看，目前印尼共有105面铜鼓，分别为83面黑格尔Ⅰ型鼓，2面黑格尔Ⅱ型鼓，4面黑格尔Ⅳ型铜鼓，10面贝静型铜鼓，6面新型铜鼓；从发现途径看，有出土铜鼓、海捞铜鼓、传世铜鼓和"从天而降"铜鼓；从其来源看，印度尼西亚铜鼓有可能来自中国南方，也有可能因贸易交往而得到。中国赠送的铜鼓，可能是作为定亲物或作为交换物品，也有可能因各种因素，中国人将铜鼓带入印尼后在当地落地生根。[③]

(十) 马来西亚和新加坡的收藏

马来西亚没有原始的开采铜矿和冶炼铜的技术，也没有自己的铜器时代。马来西亚究竟有多少面铜鼓，现在不得而知。我们仅能通过一些著作和报道知其大概。据 M. W. F. 特威迪（Tweedie）所著《史前马来亚》[④] 记载，马来西亚有黑格尔Ⅰ型鼓4面。1926年在彭亨地区滕贝林河

[①] 李富强、王海玲主编:《中国—东南亚铜鼓·柬埔寨卷》（图录），广西人民出版社2018年版，第44页。

[②] 李富强、王海玲主编:《中国—东南亚铜鼓·柬埔寨卷》（图录），广西人民出版社2018年版，第45页。

[③] 唐根基:《印尼铜鼓的来历研究》，《文化与传播》2018年第1期。

[④] M. W. F. 特威迪（Tweedie）著，厦门大学历史系考古教研室印《史前马来亚》，1979年。

畔的都巴色加南曾发现铜鼓鼓面的一部分，藏于莱佛士博物馆。1944 年在雪蓝峨州的克朗发现了一面破残的铜鼓，仅存部分鼓身和不到一半的鼓面。据 B. A. V. 皮柯克的报道，1964 年在马来西亚西海岸甘榜双溪郎发现两面铜鼓，饰有图案化的羽人纹、翔鹭纹间定胜纹和青蛙塑像，显然这两面铜鼓是从外地传入的。1967 年又在马来西亚东海岸发现两面铜鼓。

新加坡至今没有出土铜鼓的记录，铜鼓主要收藏在民间，据饶宗颐先生在《说錞于与铜鼓》一文中说，最著名的是林徐典博士家收藏的两面铜鼓，其中鼓面上有青蛙雕塑的鼓是其先人购自沙劳越；另一面鼓则由中国广西传入新加坡被林氏收藏，应是中国"出口"到新加坡的鼓。① 此外，陈之初香雪斋收藏 3 面铜鼓，都是黑格尔Ⅲ型鼓（西盟型铜鼓），是从缅甸或泰国传入的。

以上所述为东南亚国家的铜鼓收藏情况。铜鼓收藏是铜鼓研究的基础，不了解收藏就谈不上研究。只有在大量收藏的基础上，我们才能进行广泛、系统、深入的研究。

从铜鼓的收藏情况我们可以看出，铜鼓的原产地是在中国西南地区和东南亚的越南、缅甸、泰国、老挝、柬埔寨、马来西亚、印度尼西亚和新加坡等，由此证实铜鼓文化是一个极具地域性的文化，上述原产地无疑是铜鼓的主要收藏地。此后，铜鼓的收藏辗转扩大到中国的北部以及日本、欧美等国家，这使铜鼓研究成为一门众所关注的显学，世界各地的学者都对之进行研究。

第二节　铜鼓文化的内涵

铜鼓自公元前 7 世纪产生至今，已有 2600 余年历史。在漫长的岁月中，中国南方和东南亚广泛使用和传播铜鼓，铜鼓已经融入这一区域各民族的生活习俗中，形成丰富多彩而又独具特色的铜鼓文化。

铜鼓虽只是一个物质载体，但它蕴藏了丰富的文化信息，包括铜鼓制作与使用以及当时人们的宗教信仰、社会习俗、经济生活、礼仪制度

---

① 尹翠君、任立昭：《东南亚铜鼓设计文化的对比分析》，《大众科技》2005 年第 10 期。

等。提出"铜鼓文化"的概念并对其进行阐释，是对铜鼓这一特殊的文化载体进行深入研究的需要，是这一重大学术课题研究发展的必然。①

一 铜鼓文化的概念

首先，我们要了解什么是文化。在学术界，文化的定义具有"多样化"的特点。据统计，关于"文化"的定义至少有两百多种。1871年，英国文化人类学者爱德华·泰勒在《原始文化》一书中提出了文化的概念："文化，或文明，就其广泛的民族学意义来说，是包括全部的知识、信仰、艺术、道德、法律、风俗以及作为社会成员的人所掌握和接受的任何其他才能和习惯的复合体。"②梁启超先生指出："文化者，人类心能所开释出来之有价值的共业也。"③钱穆在《中国文化史导论》中提出他对文化的看法："大体文明文化，皆人类群体生活而言。文明偏在外，属物质方面；文化偏在内，属精神方面。故文明可以向外传播与接受，文化则必由其群体内部精神累积而生。"④梁漱溟先生认为："文化，就是吾人生活所依靠之一切。"⑤季羡林先生认为："文化是迄今为止人类创造的对人类发展有用的物质财富和精神财富的总和。"⑥

综上所述，无论在西方学者还是中国学者心目中，文化是一个非常广泛的概念，它包括了人类迄今为止所创造的物质、精神和制度方面的成果。

赵丛苍教授提出铜鼓文化应包括两方面的含义：一是铜鼓作为器物自身（包括形制和纹饰）所包含的文化内容；二是人们在制作和使用铜鼓的过程中与铜鼓相关的一切活动。⑦

---

① 赵丛苍：《铜鼓·铜鼓文化·铜鼓文化圈》，载《声震神舟——文山铜鼓暨民族历史文化国际学术研讨会论文集》，云南人民出版社2005年版。
② [英] 爱德华·泰勒：《原始文化》，连树声译，广西师范大学出版社2005年版，第1页。
③ 梁启超：《梁启超论中国文化史》，商务印书馆2012年版，第1页。
④ 钱穆：《中国文化史导论》，商务印书馆1996年版，第1页。
⑤ 梁漱溟：《中国文化要义》，上海人民出版社2011年版，第7页。
⑥ 梁志刚：《季羡林谈文化》，《今日中国论坛》2008年第Z1期，第96页。
⑦ 赵丛苍：《铜鼓·铜鼓文化·铜鼓文化圈》，载《声震神舟——文山铜鼓暨民族历史文化国际学术研讨会论文集》，云南人民出版社2005年版。

参考前辈学者的观点，我们是否可以这样定义铜鼓文化：人类迄今为止创造的所有与铜鼓相关的物质文明和精神文明的总和，包括铜鼓的产生、制作、功用、铸造工艺、器物类型、装饰艺术、审美情趣、收藏方法、保存价值以及与铜鼓有关的风俗习惯、典章礼仪、民族特点、民间传说、宗教信仰、传播途径和方式等，都属于铜鼓文化的内涵。

二　研究铜鼓文化的意义

铜鼓文化是人类发展史上某一特定阶段出现的一种特殊的文化形态。从时间上说，它出现于人类文明的早期阶段，是青铜时代的产物，是基于人类掌握青铜冶炼和铸造技术基础上出现的物质文明；从精神的层面说，它与原始宗教的万物有灵崇拜密切相关，与民风民俗有关，与当时的生产关系和生产力的发展水平相适应，反映了当时使用铜鼓民族的精神文明程度。

铜鼓之所以发源于中国西南地区的云南，并向南方各省和东南亚传播，是有着其深刻的历史背景的。总体来说，在古代很长的一段时间内，这些地区都处于相同的社会发展阶段，生产力发展水平相似，宗教信仰相同，民族血脉相通，社会结构相仿，容易形成共同的铜鼓文化和铜鼓文化圈。

铜鼓作为一种特定的文化符号，它传递着许多重要的信息。对铜鼓的研究，不能等同于对一般青铜器的研究。虽然铜鼓本身具有容器、炊具、乐器、礼器、神器、重器等多种功能，但我们不能将其简单地视为一种容器，一种炊具，一种乐器，一种神器，或者作为国之重器来研究。仅仅把铜鼓视作一种器物，这种眼光无疑是肤浅和片面的。我们要重视铜鼓本身所代表的文化，它是一种文化符号，要揭示这种文化符号所包含的内涵。

从某种程度上说，铜鼓和中原地区流传的青铜鼎有相似之处。铜鼓和鼎的材质都是青铜，即红铜和锡之合金。如果说青铜鼎是中国中原地区青铜文化代表的话，那么铜鼓则是中国西南边疆少数民族地区青铜文化的一朵奇葩。

青铜鼎是一种炊具、礼器、神器、重器，是财富和权力的象征。但铜鼎和铜鼓有一点最大的不同，有的铜鼎上镌刻着铭文，记载历史事件。

而铜鼓上基本没有铭文。这是因为中国西南边疆少数民族地区以及东南亚各国，文字出现的时间比较晚，有的地区迄今为止只有民族语言，没有民族文字。他们的历史文化不是靠文字传承，而是靠民间代代相传的口头传说，这些传说有许多不确定的因素，还带有强烈的宗教文化色彩。因此，其民族传统文化应属于宗教文化的范畴。

中国中原传统文化是史官文化。史官文化的最大特点就是通过文字来记载历史。中国的文字出现很早，由原始时期的图画发展而来，故称为象形文字。最初将这种文字刻在甲骨上，称为甲骨文；刻在石鼓上，称为石鼓文；刻在金属上，称为金文。从字体的演变看，由甲骨文发展到大篆、小篆、隶书、楷书，以至现代使用的电脑字体。"鼎"在汉字中包括多层意思。其一，鼎是国家、权威的象征。"皇帝作鼎三，象天地人。""禹收九牧之金，以铸九鼎。"九鼎即九州。其二，鼎是地位、等级的象征。《周礼》：天子九鼎，大夫五鼎，士三鼎。皇帝重臣称为"鼎臣"，朝廷三公、宰相，身居高位称为"鼎席"。其三，鼎是吉祥、美好的象征。"钟鸣鼎食"，"鼎盛时期"。其四，鼎是诚信、信誉的象征，"一言九鼎"。

为什么说中国中原传统文化是史官文化？这是因为史学是中国古代最发达的一门学问，它将天文、历算、法律、职官、文学、艺术等都包括进去。世界上除了中国以外，没有一个国家像中国那样重视历史，保存历史，编写历史，并建立一套相关的史官制度。鼎上铭文记载的就是最简单的历史。《竹书纪年》大概是最早用竹简写成的史书。随着纸的发明，活版印刷的使用，《二十五史》延续不绝。"以铜为镜可以正衣冠，以人为镜可以明得失，以史为镜可以知兴替。"之所以特别重视历史，很大程度源于对祖先的崇拜。祖先所做的一切，皆是后人效法的榜样。史学所提倡的人文精神，顺理成章地成为中华民族的民族精神。形成以历史为依据，重实践、重传统、重祖先、重集体、重功利的民族特点。它以儒家学说为核心，包容道家、法家和诸子百家。它从"天人合一"的观点出发，主张人和自然和谐相处，摆脱宗教天命的桎梏，把天命和人生合二为一。它以德、才、识、学作为衡量一个人的标准，以立功、立德、立言作为人生价值的取向，把修身、齐家、治国、平天下作为人生事业的追求目标，这就是史官文化。

与史官文化不同的是，宗教文化则以口耳相传为主。而中国西南边疆少数民族地区和东南亚各国，都属于宗教文化的范畴。所谓宗教文化，是一种建立在虚幻和想象基础上的文化，基于对神和超自然力的崇拜，感到人生的渺小，把希望寄托于来世。他们想象出来的神的世界，是神圣而又多姿多彩的。他们把对于不可知事物的了解，把个人和人类的命运，都归到神的身上。神是万能的，无所不在的，超越时空和永恒的。生命的价值就在于追求永恒，达到"人神合一"。在解释宇宙起源时，把宇宙说成是神创造的，对神的崇拜和对祖先的崇拜合二为一。对神权的崇拜和对王权的崇拜合二为一。宗教文化以宗教为核心，宗教起着支配一切的作用：人们为宗教而活着，文学为宗教而创立，史学为记录宗教活动而产生，教育依赖宗教而生存，美术雕塑是宗教的图解和形象化，舞蹈是为了酬神和传达神的信息。宗教文化的一个特点是，相信生命轮回、因果报应，劝人行善布施，潜修来世，把毕生精力用于追求虚无缥缈的来世。[①]

由于宗教文化与史官文化有着质的区别，所以以铜鼓为代表的西南边疆少数民族的铜鼓文化，就不大容易向中原地区的史官文化传播。中原地区的一些士大夫之所以收藏了一些铜鼓，完全是出于好奇和猎奇的心理。直到近现代，才有一些学者为了进行研究而收藏铜鼓。相反，云南的铜鼓文化之所以迅速在中国南方各省和东南亚地区传播，是因为他们有着共同的文化氛围和文化基础，以及与之相适应的生产力发展水平和社会意识形态，有着共同的需求。正所谓"同声相应，同气相求"。所以，除云南之外，广西、广东、四川、贵州、湖南才出现大量的铜鼓铸造和收藏，并通过各种渠道流传于东南亚地区，形成铜鼓文化圈。

第三节　云南与东南亚同属铜鼓文化圈

一　文化圈概念

文化圈是社会学和文化人类学描述文化分布的概念，它涉及的地理

[①] 段立生等：《东南亚宗教嬗变对各国政治的影响》，泰国曼谷大通出版社2007年版，第13—23页。

范围比文化区和文化区域更为广泛。该概念最早由德国文化人类学家莱奥·格雷布纳提出，他在1911年出版的《民族学方法论》一书中使用"文化圈"概念作为研究民族学的方法论。他认为，文化圈是一个空间范围，在这个空间内分布着一些彼此相关的文化丛或文化群。从地理空间角度看，文化丛就是文化圈。

文化圈是一个地理空间范围，它在地理上往往是连成一片的，当然也有不连在一起的。连在一起有利于文化的传播和交流。一个文化圈可以包括许多部族和民族，是一个具有相同文化的民族群体。在一个文化圈相关的不同地带，只要有一部分文化元素是相同的，它们就同属一个文化圈。文化圈的概念和国家的概念是不同的，一个国家可以属于同一个文化圈，也可以分别隶属于不同的文化圈；一个文化圈可以包括不同的民族和国家。文化圈还有时间限定，有起始，亦有终结，是特定历史发展阶段的产物。文化圈是独立持久的，可以对外扩张。文化圈的对外扩张是通过文化迁徙来完成的，而人恰恰是文化迁徙的主体。

二 铜鼓文化圈的内涵

关于铜鼓文化圈，学术界已经有几位学者提出了自己的见解。赵丛苍教授较早地提出了"铜鼓文化圈"的概念以及文化圈的要素。他认为凡铜鼓分布的地区，基本可视为同一文化圈。铜鼓文化圈的要素包括三个方面：一是有互为关联的历史；二是有相同或相近的文化崇尚和宗教传统；三是在物质文化遗存尤其是代表性的文化类型品方面具有相同或相关联的代表性器物。[①]

万辅彬和韦丹芳教授指出：铜鼓广泛分布于中国南方与东南亚，是古代文化的共同载体之一，自20世纪以来，中国南方与东南亚先后出土了大量铜鼓，铜鼓在这些地区有着大致相同的社会文化功能，至今在不少民族中还存在活态铜鼓文化，因此上述地区可以看作铜鼓文化圈。[②] 两位学者对铜鼓文化圈的内涵进行了全面的分析。

---

① 赵丛苍：《铜鼓·铜鼓文化·铜鼓文化圈》，载《声震神舟——文山铜鼓暨民族历史文化国际学术研讨会论文集》，云南人民出版社2004年版。
② 万辅彬、韦丹芳：《试论铜鼓文化圈》，《广西民族研究》2015年第1期。

以上几位学者提出了铜鼓文化圈的概念及要素，全面地分析了铜鼓文化圈的内涵，为后来的相关研究奠定了基础并具有参考意义。

我们认为铜鼓文化圈是制造和使用铜鼓的民族所构成的一个共同的文化圈。它以铜鼓为文化的核心，包括铜鼓的产生、制作，铜鼓所代表的文化内涵以及它对人们政治生活和精神层面所产生的影响，并由此决定了人们的风俗习惯和价值观念。它具备许多和其他文化圈不同的特征。

根据文化圈的内涵，我们对铜鼓文化圈所蕴含的内容分述如下。

（一）铜鼓文化圈是一个时空概念

铜鼓文化圈的时间跨度始于青铜器时代至近现代时期，其地理范围包括创造和使用铜鼓的中国西南部和东南亚。

世界上最古老的铜鼓云南万家坝型铜鼓，至迟在春秋早期就产生了[①]，但只有当铜鼓和铜鼓文化开始传播以后，才是铜鼓文化圈的形成时间，此时间并不确定；铜鼓文化圈的下限为现代，当下仍有民族在制造铜鼓。

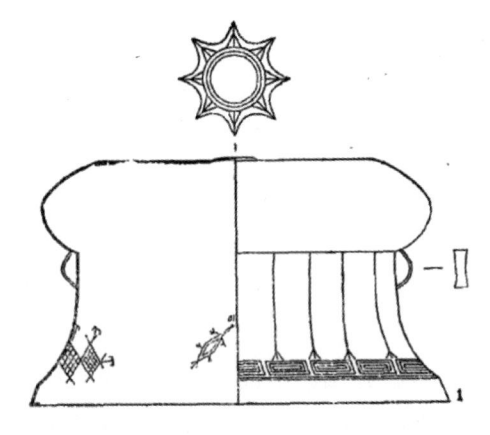

图1—7　云南万家坝型铜鼓

（楚雄万家坝 M23∶159）

铜鼓文化圈的地理范围包括那些发现和使用铜鼓，并产生铜鼓文化的地区。就世界范围而言，铜鼓主要分布于中国西南和东南亚。中国西

---

① 李昆声、黄德荣：《论万家坝型铜鼓》，《考古》1990年第5期。

南包括云南、贵州、四川、广东、广西、海南、湖南等省份。东南亚包括越南、缅甸、老挝、泰国、柬埔寨、印度尼西亚等发现铜鼓的国家。在这些地区中，云南、广西和越南北部是铜鼓文化圈的三大中心地带。

云南中部偏西地区因为出土了大量的时代古老、形态古朴的原始类型铜鼓而被确认为古代铜鼓的发祥地，最古老的铜鼓万家坝型铜鼓产生于滇西，随后向滇中传播，产生石寨山型铜鼓，迄今为止考古发掘出土的石寨山型铜鼓云南最多（38面）；云南东南部的文山地区拥有在册铜鼓138面（2004年统计），目前文山仍有壮族和彝族在使用铜鼓，是铜鼓文化的"活化石"，同时文山的地理位置使其成为云南、广西和越南北部三地铜鼓文化的交汇点。

广西是中国拥有铜鼓数量最多的省份，广西各级文物管理部门收藏铜鼓总数已有610多面，广西因蕴藏铜鼓数量众多，类型齐全，被称为"古代铜鼓的大本营"。云南和广西长期以来有铜鼓文化的交流和互动。蒋廷瑜先生指出：从云南大理和楚雄，经文山广南（特磨道）到广西百色田东（横山寨），在春秋战国时期就已存在一条铜鼓之路。汉代以前，铜鼓文化的重心在云南，铜鼓文化从云南向广西流动；东汉以后，铜鼓文化的重心在广西，以冷水冲型铜鼓为代表的铜鼓文化则从广西往云南流动。[①]

越南是古代铜鼓集中分布的国家之一，就铜鼓的蕴藏量和研究铜鼓的成果而言，是仅次于中国的第二大国。据越南考古界统计，到20世纪90年代，越南发现有300多面铜鼓，其中已查明并分类的东山铜鼓有112面，尚无法分类的有19面，此外尚未查实的鼓有14面，明器鼓有99面。[②] 越南的"东山铜鼓"既与中国西南地区的铜鼓有渊源关系，受到云南和广西铜鼓的影响，但又形成了自己的地方特色，并对东南亚其他地区的铜鼓文化产生深远影响。

古代铜鼓分布在如此广阔的土地上，说明了铜鼓文化具有很强的生

---

① 蒋廷瑜：《"百越古道"中的铜鼓路》，载《广西博物馆文集》，广西人民出版社2015年版，第12辑。

② ［越南］何文晋：《越南的东山文化》，越南社会科学出版社1994年版，第117页。

命力。

此外，中国非铜鼓分布区的博物馆，也收藏着数量不少的铜鼓，如上海[①]、北京、南京、武汉、杭州、南昌、福州、潍坊、济南、合肥、厦门、安阳、新乡、郑州、曲阜、临沂、澳门、西安、天津、沈阳、台北等城市。中国的一些高校博物馆也收藏着铜鼓，比如四川大学历史博物馆、云南师范大学校史馆、云南民族大学博物馆等。

除了中国和东南亚，世界上收藏铜鼓的国家和城市有美国的纽约和芝加哥、英国的伦敦、法国的巴黎、瑞典的斯德哥尔摩、乌克兰意大利的罗马、奥地利的维也纳、日本的东京和大阪、荷兰的阿姆斯特丹等。由于这些地方并没有铜鼓的出土和传世品，也没有使用铜鼓的民族，自然也就谈不上有铜鼓文化，因此它们并不属于铜鼓文化圈，不在本书讨论的范围之内。

(二) 铜鼓文化圈是一个文化单元

铜鼓文化圈是一个文化单元。铜鼓文化圈内的国家和地区拥有许多相同或相似的文化，即由铜鼓的社会功能所反映出来的宗教意识、风俗习惯和文化变迁等。铜鼓文化圈内的民族除了具有创造或使用铜鼓这一主要文化特征外，他们在住居环境和生计方式方面相似，在婚丧嫁娶、节日庆典、音乐舞蹈、神话传说、原始宗教信仰等方面有相似的铜鼓文化要素。

1. 住居环境

文化生态学认为生态环境影响、制约着文化的产生和发展。使用铜鼓的民族大多生活在偏远的山区或平原，这使其铜鼓文化较少发生变迁或者变迁速度减缓。比如缅甸克木人分布在掸邦东北部山区，即缅甸、中国、泰国毗邻的三角地带。[②] 老挝使用铜鼓的克木族和拉棉人居住在老挝东部山区，倮倮族居住在靠近中国边境地区的丰沙里省。我国云南西双版纳唯一保存着铜鼓的克木人村寨曼暖养在20世纪70年代以前生活在山箐里，70年代政府动员克木人下山定居，克木人才相继离开原始生活

[①] 上海博物馆收藏了230多面铜鼓，仅次于广西民族博物馆。不论在中国还是在全世界，收藏铜鼓数量名列第2。

[②] 王国祥：《西双版纳雨林中的克木人》，云南教育出版社2009年版，第51页。

环境，搬到温暖的河谷、坝区聚居。值得庆幸的是，曼暖养寨的克木人虽然多次搬迁，但铜鼓文化仍然比较完整地保存下来了，如今村中妇女人人会演奏铜鼓。

广西河池东兰县拥有538面传世铜鼓，地处桂西北云贵高原南麓，被包围在群山之中，当地村寨流传着"山高石头多，出门就爬坡"的民谣正是东兰路况的真实写照，正是有高山作为天然屏障，东兰县的铜鼓和铜鼓文化才得以保存和传承。广西南丹县拥有380面铜鼓，地处云贵高原向桂西北丘陵过渡的斜坡地带，众山多在海拔600—900米。①

以上地区的共同特点是交通不便，远离现代文明。恰恰是这种相对封闭和隔绝的生活环境，导致使用铜鼓的民族没有被迅速卷入"现代化"浪潮中，较好地保存了铜鼓文化。

2. 生计方式

铜鼓文化圈内的民族在历史上的生计方式大多为刀耕火种。刀耕火种是一种粗放的农业形式，就是人们把待开垦的山林分为若干块，作为自己的轮歇地；各家各户随意砍种，当某地的山林砍种完一轮之后，整个寨子迁徙到其他地方，开始新一轮的砍伐。云南西双版纳的克木人在历史上就以砍烧山地耕种维生，不锄不犁，一年后丢荒，又叫"种懒火地"。到20世纪70年代，大多数克木人村寨迁出山林，搬到河谷或平坝居住，告别刀耕火种的生产方式，下坝区修田种稻，同时仍上山种植部分旱稻。

刀耕火种对生态环境有一定的破坏性，为了维持原有的生活水平和保持生态环境的平衡，以刀耕火种为生计的民族不得不通过地理上的移动来维持生活。因此，他们具有很大的游动性，这就是所谓的生计动迁。

民族的生计动迁会导致文化在空间上的移动，这些使用铜鼓民族的迁徙导致了铜鼓文化的迁徙；并且迁徙会使不同民族群体之间产生广泛的文化借取，而文化的借取是双向的，促成了民族之间的铜鼓文化交流。

3. 节日庆典

铜鼓文化圈内的民族保存着多姿多彩的铜鼓习俗。云南文山地区的

---

① 秦其明主编：《中国新编地方志总目提要》，方志出版社2006年版，第938页。

彝族和壮族在20世纪60年代以前都有保存和使用铜鼓的习惯。如今，虽然他们保存的铜鼓已经为数不多，但是每逢重大节庆的时候，他们都要举行祭鼓仪式，并跳铜鼓舞和唱铜鼓歌，比如丘北壮族的打鼓过年、"三月三祭龙节"；麻栗坡的新寨、城寨以及富宁木央乡的大木香、小木乡、木思，里达镇的里地、龙混、木瓦等地的彝族在"跳宫节""荞菜节"等节庆活动中，仍保存着古朴的使用铜鼓的遗风。① 文山广南那洒镇贵马村壮族过春节时，要祭鼓神。②

云南西双版纳克木人常在丰收节上使用铜鼓。丰收节又叫"新米节"或"冬节"，是克木人为了庆贺丰收的节日。节日当天，克木人取出铜鼓，老人先祈祷，把酒洒在鼓的上侧，再把它揩干净，边擦边对着鼓说一些咒语和吉利话，然后贴上红纸，敲击几声，之后抬到众人欢舞的场地去敲。敲完鼓后，又把酒洒在鼓上，然后把鼓放回原位。③

贵州、云南的瑶族支系布努瑶人逢年过节就敲击铜鼓，求神祭祖，祝福人畜兴旺，五谷丰登。广西瑶族每年欢度年节"达努节"时，最重要的活动就是打铜鼓和跳铜鼓舞；人们还把铜鼓分为公铜鼓和母铜鼓，五人合作进行铜鼓表演：两人打铜鼓，一人打铜锣，一人敲皮鼓，一人舞竹帽。广西南丹县中堡苗族乡苗族同胞十分喜爱古乐铜鼓，每逢红白喜事及传统节日，身着盛装，男女老少云集，开展击鼓活动，热闹非常。缅甸红克伦人在春节时候，全村人都要参加狂欢舞会，跳舞的时候要敲打铜鼓。④

4. 神话传说

铜鼓文化圈内的民族流传着许多关于铜鼓的神话传说，很多传说认为铜鼓是天上之物，是因为各种原因掉落到人间的。比如我国云南富林

---

① 刘永剑：《文山铜鼓纹饰与壮族、彝族的传统习俗》，载文山苗族壮族自治州文化局、黄德荣主编《声震神州——文山铜鼓暨民族历史文化国际学术研讨会论文集》，云南人民出版社2005年版。

② 刘永剑：《文山铜鼓纹饰与壮族、彝族的传统习俗》，载文山苗族壮族自治州文化局、黄德荣主编《声震神州——文山铜鼓暨民族历史文化国际学术研讨会论文集》，云南人民出版社2005年版。

③ 姚舜安：《布努瑶与铜鼓》，《中南民族学院学报》1986年第1期。

④ [美] R. M. Cooler：《克伦人对铜鼓的使用》，谢光茂译，《中国古代铜鼓研究通讯》1999年第15期。

县木央区彝族传说铜鼓是天上的仙女送给彝族姑娘拉木帕的宝物，叫她带回人间敲奏伴舞。① 贵州黔东南苗族传说铜鼓原是天上的宝物，苗族老仙婆务侯也参加开天辟地，立了大功，天王特地赠给她一面铜鼓，叫她带回人间与大家共同享用，于是苗族人民就有了铜鼓。四川凉山彝族传说铜鼓是天上的神仙创造的，后来才降落到人间，所以人们对铜鼓珍爱有加，将其视为神奇之物。

印度尼西亚卢昂岛上的居民，传说岛上的铜鼓，有一面是从天上掉下来的。库尔岛上的居民也确信当地的铜鼓是从天上掉下来的。巴厘岛上的居民甚至传说当地的大铜鼓原先是天上的一只月亮，由于小偷们对着它撒尿，把它浇灭了，才跌落到岛上变成这面大铜鼓。

这些民族中关于铜鼓的神话传说，恰恰反映了他们相信神灵的存在，原始宗教信仰在这些民族中有着强大的生命力。所以他们才相信铜鼓是"神物"，要祭祀"鼓神"，或者用铜鼓祭祖敬神。总之，铜鼓文化圈内使用铜鼓的民族大多认为铜鼓就是"神"或有"神力"，无所不能，所以对铜鼓无比尊崇和珍惜。

5. 婚丧嫁娶

在葬礼上把铜鼓作为明器和死者一起下葬，这是整个铜鼓文化圈内共有的习俗之一，今天墓葬中不断出土的铜鼓证实了这一习俗的存在。只不过有的地方是用整面铜鼓随葬，比如滇中和滇池区域墓葬出土的就是整面随主人下葬的铜鼓；缅甸和泰国则是把装饰在铜鼓上的小象敲下来放在墓中，代替用整面铜鼓随葬，反映出铜鼓文化的相似性和差异性。

广西隆林县的彝族只有在过旧历年和老人过世办白喜事的时候才能敲打铜鼓。在敲打铜鼓之前，有一套起鼓的祭祀仪式；待旧历正月十五日收鼓时，也有和起鼓时相同的一套祭祀仪式。②

广西河池县的瑶族老人临终之时，家人将其扶起，希望死者能"端坐"着见到列祖列宗。停放灵柩期间，乡邻亲友前来打铜鼓、跳铜鼓舞，

---

① 民族事务委员会：《铜鼓舞的传说》，载《文山州民间故事集》第3集，文山壮族苗族自治州出版社1987年版。

② 王文魁、蒋廷瑜：《广西隆林彝族的铜鼓》，《中国古代铜鼓研究通讯》1982年第2期。

以示哀悼。① 白裤瑶族中如果有人去世,亲友要扛着铜鼓到死者家里敲打,以示对死者的怀念和不舍。在出殡前一天的晚上要举行打铜鼓的仪式,由长者点燃三炷香,摆上牲畜、酒、糯米饭祭木鼓,手拿谷穗、米、酒从左到右祭铜鼓,并将谷穗系在各个鼓耳上,长者先打皮鼓,而后再打铜鼓。在铜鼓的哀乐声中,人们开始砍牛祭祖。② 云南佤族和傣族、越南的芒人和老挝的高人,在亲人去世时,用铜鼓报丧;云南麻栗坡的彝族在为逝者守灵期间,要跳铜鼓舞以寄托哀思。③ 云南文山广南县者兔乡克业村壮族娶亲的时候要接回铜鼓,逢丧葬时普遍用铜鼓报丧。

(三)铜鼓文化圈必须蕴含铜矿资源并有高度发展的青铜文化

铜鼓属于青铜器范畴,青铜的金属成分是红铜、锡、铅的合金,所以铜鼓的物质文化基础是丰富的矿料来源和青铜,在此基础上铜鼓才能产生和发展,成为一种独特的、在较大范围内被众多民族拥有的器物。这就意味着铸造铜鼓的地方须有丰富的矿产资源。

从广义上说,从中国的云贵高原到中南半岛,经缅甸、泰国、老挝、柬埔寨、越南北部到马来半岛,伸展到邦加岛、勿里洞岛,进入加里曼丹等地区,属于地球上不多见的地区——这里既有铜矿又有锡矿,因而就很自然地出现青铜的冶炼。④ 可见古代在这一区域出现铜器文化是有物质基础的。

云南素有"有色金属王国"之称,据《汉书·地理志》记载,汉代云南多个地方的矿产资源就得到了开发。而科技考古界通过检测铅同位素比值发现:早在商周时期,中原地区部分青铜器的矿质来自云南,比如殷墟出土的青铜器的矿料就来自云南永善金沙厂;而且为了便于运输,当地人把这些矿产冶炼成料块后再运到中原。⑤ 云南迄今所知出土铜器最

---

① 韦丹凤:《广西活态铜鼓文化》,硕士学位论文,广西民族大学,2011年,第12页。
② 姚舜安:《布努瑶与铜鼓》,《中南民族学院学报》1986年第1期。
③ 蒋廷瑜:《铜鼓与丧葬礼仪》,《南方民族考古》1991年第3辑。
④ [法]埃德蒙·索兰等:《印度支那半岛的史前文化》,中国社会科学院考古研究所编《考古学参考资料》(2),文物出版社1979年版。
⑤ 李晓岑:《从铅同位素比值试析商周时期青铜器的矿料来源》,《文物与考古》2002年第2期。

早的剑川海门口遗址，距今 3115±90 年。① 学术界认为这是云南青铜时代的上限，相当于商代末期。由此可见，早在商周时期，云南古代先民就发现并开采了当地丰富的矿产，开始冶炼青铜器。

东南亚地区虽然红铜遗迹发现很少，但如前所述，因为这里有一个产铜地带，所以曾经存在一个比较发展的青铜文化时代。但东南亚地区发展很不平衡，所以进入青铜时代的时间不一致。东南亚大陆尤其是越南和泰国进入青铜时代的时间较早，有年代较早且数量较多的遗物发现，这也是越南和泰国发现铜鼓比较多的原因；海岛地区进入青铜时代的时间晚于半岛地区，所以海岛地区发现的铜鼓较少。在半岛地区进入青铜时代可能于公元前 2000 年的较早时期，海岛地区在公元前 1000 年的后半期才出现青铜文化；其明显特征是铜器与铁器并存，或者是铁器紧随青铜器产生。② 所以，铜鼓文化圈内的区域，尤其是铜鼓比较集中的区域，如果没有丰富的铜矿，没有经历过较为发展的青铜时代，就不可能产生铜鼓文化，两者缺一不可。

（四）铜鼓文化圈与稻作文化关系密切

铜鼓文化圈内的民族，大多是稻作民族，他们以种植稻谷为主要谋生方式，有着与稻谷有关的各种风俗习惯，可以说铜鼓文化和稻作文化水乳交融，密不可分。但是铜鼓文化圈不等同于稻作文化圈，因为稻作文化圈的地理范围更广，在地理上铜鼓文化圈位于稻作文化圈之内，是稻作文化圈中的一部分。考古学家在越南红河流域地区的许多青铜时代遗址都发现了炭化稻米和稻壳的遗迹。越南河内古螺、清化东山、义安鼎乡等地也出土不少铜锄，而且还发现许多稻作遗存，这说明越南北部的河流冲积平原等地区，实际上与其上游地区及昆明盆地的情况相似，同样都有着十分适宜从事农业的地理环境和气候条件。

铜鼓是农业社会的产物，由于农业社会有了社会分工，有一部分人可以从农业生产中脱离出来从事手工业，他们掌握了青铜冶铸技术，尽管技术不够成熟，但已经能够铸造一些青铜器。万家坝古墓葬遗址中铜

---

① 中国社会科学院考古研究所实验室：《放射性碳素测定年代报告（二）》，《考古》1972 年第 5 期。

② 梁志明：《东南亚的青铜时代文化与古代铜鼓综述》，《南洋问题研究》2007 年第 4 期。

鼓和铜釜伴出，说明铜鼓是由铜釜发展演变而来的；此外，万家坝型铜鼓的鼓面上有烟炱的痕迹，其最初功能和铜釜一样，是用于炊煮的器皿，时间大约在春秋时期。根据李昆声教授的研究，云南在新石器时代就已经有了稻作农业①，可见当时作为炊器的铜鼓很有可能是用来煮稻谷的。

  铜鼓鼓身上的纹饰反映了稻作民族渴望丰收的心理。比如铜鼓鼓面中央的太阳纹（东南亚称为"星星纹"），鼓面边缘的青蛙雕塑以及鼓身上的云雷纹等，这些纹饰反映了人们对自然界中天体、自然力以及动物的崇拜，属于原始宗教的范畴，是使用铜鼓民族的宗教信仰图解：鼓面太阳纹象征着人们对太阳的崇拜，渴望阳光雨露；云雷纹和青蛙圆雕则象征着人们对雷公的信仰和对雨水的祈求，都与稻作农业有密切的关联。

  有的民族用铜鼓来装稻谷，广西隆林县的彝族传说铜鼓是粮食的王，如果把铜鼓放在粮食堆上，粮食就耐吃，而且铜鼓可以管住粮食不会飞走。所以人们平时总把铜鼓放在楼上的粮食堆上面，或者用铜鼓装满粮食，特别以装红稗米为主。② 云南西双版纳克木人村寨的波涛金朋老人家收藏着一面铜鼓，他说："只要铜鼓在，年年敲，就没有什么大灾，种的谷子差不多都收得着，收得多。如果没有鼓，情形就不同了。"③ 在庆祝稻谷丰收的节日里，云南克木人要敲打铜鼓，他们认为丰收节用铜鼓实际上是为了祭稻子。克木人丰收节祭稻的风俗由来已久，它和元代真腊（今高棉亦即柬埔寨）人的烧稻节可能有某些相似。稻谷是克木人的主食作物，用铜鼓祭稻体现着人们求丰收的最高愿望和铜鼓至高无上的地位，铜鼓和丰收是直接相关的。④

  综上所述，我们认为铜鼓文化圈是一个时空概念，有特定的时间和空间；它也是一个文化单元，包含着使用铜鼓民族共享的铜鼓文化和与铜鼓相关的风俗习惯；铜鼓文化圈内蕴含着丰富的铜矿资源并曾经历一个发展的青铜文化时代，这是铜鼓文化产生的必备条件；铜鼓文化圈属于稻作文化圈的一部分，因为使用铜鼓的民族大多是稻作民族，铜鼓上的纹饰反映

---

  ① 李昆声：《亚洲稻作文化的起源》，《社会科学战线》1984年第4期。
  ② 王文魁、蒋廷瑜：《广西隆林彝族的铜鼓》，载中国古代铜鼓研究会编《中国古代铜鼓研究通讯》1982年第2期。
  ③ 玉腊：《勐腊克木人铜鼓简述》，《民族艺术研究》1998年第1期。
  ④ 玉腊：《勐腊克木人铜鼓简述》，《民族艺术研究》1998年第1期。

了稻作民族祈求丰收的愿望，铜鼓的使用和稻作文化习俗密不可分。

三 铜鼓文化圈的形成原因

铜鼓产生于公元前7世纪前后，流传至今，历经2600余年，广泛分布于中国西南及除菲律宾以外的东南亚国家。这些地区和国家至今还不同程度地保存着活态铜鼓文化，它们之所以共同构成了铜鼓文化圈，原因如下。

（一）自然条件：山水相连是形成铜鼓文化圈的必要前提

中国西南地区包括云南、贵州、广西、四川等省，与东南亚的越南、老挝、柬埔寨、泰国、缅甸相毗邻。从云贵高原至缅甸北部、越南北部、泰国、老挝一带，横亘着一列列险峻的山脉，奔腾着一条条湍急的河流，在山脉之间形成纵谷深峡。

在亚洲，云南是地貌最为复杂的地区之一，与东南亚山川地缘相通。以山脉观之，中南半岛的山脉呈南北走向，是云南山脉的延伸。半岛的北部，多条山脉连成一片，向北汇集于云南，从云南延伸的山脉构成了中南半岛陆地的基干，比如高黎贡山是恩梅开江与怒江的分水岭，高5000米，南下渐低，下至3000—4000米，而河谷盆地约1000米，循怒江西岸南下，构成腾冲、龙陵和德宏复杂险峻的地形，至缅甸东部掸人居住地带，直至海边，形成缅甸主要山系。

怒山，又称碧罗山，自北向南经保山一带而下。自保山以下逐渐展开，地势渐低，分布着峡谷盆地，其间有怒江和澜沧江支流。怒山高达6400米，盆地多为1000—1200米，河谷为400—500米，高低悬殊，延至缅甸与泰国境内，形成泰国与马来西亚陆地山系的基干。云岭山系，至丽江为老君山，其最高峰为玉龙雪山，高达5000余米，南为点苍山，红河发源于此。其下为哀牢山，为红河与澜沧江的分水岭，山高3500米以下，盆地在1300—1500米，河谷降至500米。澜沧江下游，东为老挝，西为缅甸的孟艮和泰国北部。哀牢山南展还为安南（越南）地。

此外，位于云南省中部的哀牢山是云岭向南的延伸部分，为云贵高原和横断山脉的分界线，也是云江和阿墨江的分水岭，全长约500千米，主峰海拔3166米。哀牢山横跨热带和亚热带，是动物和民族南北迁徙的"走廊"。位于云南省景东彝族自治县西部的无量山，向西南延伸至镇沅、景谷等地，西至澜沧江，其山脉延伸出国境，与中南半岛的支脉相连接。

就河流而言，中南半岛的全部大河，均发源于中国西北或西南，经云南流向半岛，然后在半岛上形成川流湖泊。

云南的水系，除南盘江之外，均发源于青藏高原及其南沿的横断山滇西纵谷区，比如中国西南地区的大河之一澜沧江发源于中国青海省玉树，流经青海、西藏、云南三省，流入东南亚，在云南省西双版纳傣族自治州勐腊县出境成为老挝和缅甸的界河，改名为湄公河（或湄南河）。湄公河流经老挝、缅甸、泰国、柬埔寨和越南，主干流总长约4908千米，贯穿东南亚。

萨尔温江发源于中国青藏高原唐古拉山南麓，称为"那曲"。离开源头后改称"怒江"，经我国西藏、云南流入缅甸，注入马达班海湾。长约2400千米，是东南亚大河和缅甸最长河流。

元江，在中国境内河段称"红河"，分为东、西两源，东源出自云南省祥云县；西源为正源，出自云南巍山县横断山脉的哀牢山东麓茅草哨，两源汇合后称"礼社江"，流入元江县境始称"元江"。流经楚雄、玉溪市、红河哈尼族彝族自治州，再从河口瑶族自治县流入越南北部。

这些河流流经中南半岛各国，最后注入海洋，形成一个庞大的扇子骨型水系。从民族迁徙的角度看，高山峡谷间的诸多江河流域，为古代民族的迁徙提供了诸多便利。正如日本学者佐佐木高明所言："东南亚的大河流，都以云南的山地为中心，呈放射状流向四方。这些大河流的河谷以及夹于河谷之间的隘道，自古以来就是民族迁徙的通道。"[①] 这种地理态势决定了古代移民的方向。就云南而言，它是诸多民族迁往中南半岛地区的通道。

民族的迁徙并不是人口的随意流动，它可导致文化的移动。铜鼓文化正是因其拥有者刀耕火种的生计方式，使其在中国西南和东南亚山水相连的地理环境中得到广泛的传播。

中国西南与东南亚山连着山，水连着水，山水相连，交通便利，气候相似，自然环境相同，人员往来频繁，经济联系紧密，文化沟通便捷，所以容易形成以铜鼓为标识的相同文化圈。

---

① ［日］佐佐木高明：《人类的传统生业》，《农业考古》1980年第3期。

(二) 人文条件：民族亲缘关系是构成铜鼓文化圈的重要纽带

中国西南边疆的云南省、广西壮族自治区与东南亚的缅甸、老挝和越南接壤，与泰国邻近。在 3647 千米的国境线上，中缅边界有 1997 千米，中老边界有 500 千米，中越边界有 1150 千米。由于山水相连，东南亚的许多民族发源于中国西南，他们迁徙到东南亚各国形成数量庞大的跨境民族。有 16 个少数民族跨境而居，分别是壮族、傣族、布依族、苗族、彝族、瑶族、哈尼族、傈僳族、拉祜族、景颇族、怒族、独龙族、佤族、德昂族、布朗族和京族。此外，在中国尚未被确认为单一民族的克木人也跨境而居。

中国西南与东南亚各国跨境民族的分布有四个特点。一是分布集中，在数千千米的国境线上，就有 10 余个民族跨国境而居，世所罕见。二是跨居国家多，如苗族、瑶族、傣族、哈尼族、拉祜族、克木人都是分布在 4 个以上国家的跨境民族。三是同一民族虽然居住在不同的国家，但分布地域基本上连成一片。四是同地域内相互杂居。跨境民族在各国都形成了大杂居、小聚居的态势，其中苗族、瑶族、佤族、克木人多住在高寒山区，拉祜族、哈尼族、景颇族、傈僳族多住在半山区，傣族（泰族、掸族）、壮族（岱族、侬族）、布依族主要居住在河谷平坝和丘陵地带，在一个大范围内呈现多个民族垂直分布的局面。[①] 跨境民族虽然从国籍上隶属于不同的国家，但他们同种同源，具有不可分割的民族亲缘关系。许多分居两国的跨境民族，实际来源于同一个村寨，甚至同一个家庭。这种血脉上的联系，构成了民族亲缘关系，即便经历了漫长的岁月，也无法隔断相互的往来。

中国西南边疆的少数民族，从秦汉以降就成为中华民族大家庭中的一员，但由于古代交通不发达，长期处于与中原隔绝的状态，直到中华人民共和国成立以前，很多地区很多民族仍处在比较原始的状况中，他们刀耕火种，随畜迁徙，生产方式和生活方式较为落后。从社会结构来讲，中国西南边疆的少数民族长期处于土司和封建领主的统治之下，尚未摆脱奴隶社会和封建社会的桎梏。即使迁徙到东南亚各国的跨境民族，也大多居住在深山老林之中，环境较为封闭，与外界长期隔绝，有的民

[①] 申旭、刘稚：《中国西南与东南亚的跨境民族》，云南民族出版社 1988 年版，第 5 页。

族得不到居住国政府的认同和关怀。经济贫困，生活无着，依靠原始宗教作为精神寄托。这些相似的人文环境，是形成共同的铜鼓文化圈的人文因素。

由于文化具有变迁性，在铜鼓文化流传的2000余年里，很多曾经使用铜鼓的地区和民族逐渐"遗失"了铜鼓文化，只留下一些历史遗迹和传说。但仍有一些民族依然在保存和传承着铜鼓文化，成为铜鼓文化的活化石。目前铜鼓文化主要保存在两个相邻的地区：一个区域是中国南部桂西北和和黔南接壤的地区，此地区往南延伸到云南的文山、红河地区，并伸入越南西北部山区；另一个区域是中南半岛西北部，以缅甸东部掸邦高原与老挝、泰国交界的山区为中心，往北延伸到中国云南南部。[①] 这两个区域在历史上属于比较封闭的地方。两个区域里使用铜鼓的跨境民族有壮侗语族的壮族、布依族、水族、侗族和泰族；苗瑶语族的苗族、瑶族；藏缅语族的彝族；孟高棉语族的佤族、克木人、芒人、布标人等。

总而言之，天时和地利是形成铜鼓文化圈的两项客观因素。

---

① 蒋廷瑜：《中国西南边境跨国民族使用铜鼓习俗的分析》，载《蒋廷瑜集——岭南铜鼓论集》，线装书局2005年版。

第 二 章

云南是铜鼓的发源地和铜鼓文化的中心

铜鼓不仅是云南少数民族的重要历史文物，也是东南亚民族的民族瑰宝。对云南铜鼓的研究，有助于阐明云南少数民族的社会历史和民族关系，以及古代云南和东南亚各国的民族关系。

第一节 云南是铜鼓的发源地

一 云南产生铜鼓的物质条件

（一）青铜器及其构成元素

青铜，一般是红铜和锡的合金，也有的是红铜、锡和铅的合金，少数则是红铜和铅熔铸的铅青铜。它比红铜质地坚硬，适合制造各种坚韧耐用的工具和刃口锋利的武器。青铜因其铜锈呈青绿色，故得名。

世界各文明古国，普遍较早地使用青铜器。在中国，考古人员在5000年前新石器时代的马家窑文化中，发现了最早的红铜器，即纯铜器。但红铜器质软，易弯曲，加入一定比例的锡，以铜锡合金制成青铜器，就能克服红铜器的缺点，由此诞生了青铜器，进入了青铜文明的时代。

铜、锡在合金中各占的比例，决定了青铜器的质量。春秋晚期齐国的一部工程技术书《考工记》，记载着青铜器制作的六种不同的含锡量比例，以适应不同用途的青铜器之所需，谓之"六齐（剂）"："金有六齐（方剂）。六分其金（铜）而锡居一，谓之钟鼎之齐；五分其金而锡居一，谓之斧斤之齐；四分其金而锡居一，谓之戈戟之齐；三分其金而锡居一，谓之大刃之齐；五分其金而锡居二，谓之削杀矢（箭）之齐；金、锡半，谓之鉴（镜子）燧（利用镜子聚光取火）之齐。"①

就是说制作青铜器有六种不同的配方，制作钟鼎的时候，铜、锡的比例是6∶1；制作斧头的时候，铜、锡的比例是5∶1；制作戈戟等兵器的时候，铜、锡的比例是4∶1；制作大刀等工具的时候，铜、锡的比例是3∶1；制作箭镞利器的时候，铜、锡的比例是5∶2；制作聚光镜的时候，铜、锡的比例是1∶1。这是世界上最古老的青铜合金成分的文字记录。可见，早在春秋晚期，中国人已经知道制造不同用途的青铜器物，必须按不同的铜、锡比例配方，即使同一件器物的不同部位，其合金成分的比例也有所不同。这是青铜器制造技术成熟的标志。

至于铜鼓，在中国南方制造的不同类型的铜鼓，其铜、锡的比例也有所不同。由于铜鼓全是手工制作，比例配方因人而异，所以每一个铜鼓都是难以复制的孤品。

（二）云南制造铜鼓的矿产资源

铸造铜鼓，首先必须具备必要的铜、锡、铅的矿产资源，没有这些矿产，铜鼓的制造就成了无源之水，无本之木。在古代交通运输极不发达的情况下，要靠外地运来矿产无异于天方夜谭。云南之所以成为铜鼓的发源地，就是因为它具备丰富的铜、锡、铅矿资源，并很早便开采利用。这是越南的东山文化地区和东南亚其他地区所无法比拟的。

云南自古有"金属王国"之称，早在商周时期，中原地区部分青铜器的矿料来自云南，比如殷墟出土的青铜器的矿料就来自云南永善金沙厂；而且为了便于运输，当地人把这些矿产冶炼为料块后再运到中原。②

汉代，云南多个地方的矿产资源就得到了开发。《汉书·地理志》载："俞元怀山出铜、来唯……出铜"（西汉时的俞元即今澄江县、江川县和玉溪市一带，来唯大约在今大理州的南涧县）。"律高西石空山出锡……出银、铅"（汉代的律高在今通海县一带）。"贲古北采山出锡……出银、铅……出锡"（汉代的贲古在今蒙自县、个旧市和峨山县一

---

① 闻人军：《考工记译注》，上海古籍出版社2008年版，第43页。
② 李晓岑：《从铅同位素比值试析商周时期青铜器的矿料来源》，《文物与考古》2002年第2期。

带)。《华阳国志·南中志》载:"永昌郡……出铜锡"(汉代的永昌郡在今保山地区)。可见,早在公元前3世纪,滇中、滇西地区已以丰富的矿产资源著称。一直延续到近现代,铜、锡产量都居全国之首。

二 云南产生铜鼓的技术条件

丰富的矿产资源和高超的青铜铸造技术,这两个条件兼备,才可能产生青铜文明。古代云南先民具有较高的青铜冶铸技术,从以下几个方面得以体现。

(一)云南步入青铜时代的时间较早

一个区域何时步入青铜时代?不仅是该区域步入文明时代的标志,也是其青铜冶铸技术的体现。在云南滇中以及滇西地区,很早就有人类生活,在距今3100年前的铜石并用时代,剑川海门口就已经有人开采铜矿和使用铜器。1957年,考古人员在该遗址发现1000余件文物,其中铜器有15件,包括斧、刀、凿、钺、环、鱼钩和铜饰品,还有一件制造铜器的石范。此石范表明了当时剑川海门口先民已经能够自己制造铜器。经放射性碳素测定,该遗址的年代距今3115±90年,即公元前1150±90[①],可见云南在商代末期已经进入青铜时代。

(二)云南青铜文化的分布较广

依据目前的考古材料,云南的青铜文化主要分区于四个区域,即滇池区域、洱海区域、滇西北区域和红河区域。

滇池地区青铜文化的分布,以滇池为中心,东迄陆良县,西至禄丰县,南至元江县,北界未明,东北至曲靖地区。在昆明、晋宁、江川、呈贡、安宁、曲靖、澄江、新平、陆良、禄丰、路南、富民、通海等地,共发现4000余件青铜器。

洱海地区青铜文化的分布,以洱海为中心,北至剑川县沙溪与滇西北青铜文化交界处,南至昌宁,东至楚雄,西界未明。在剑川、永胜、大理、宁蒗、巍山、昌宁、弥渡、祥云、保山、腾冲(图2-1)姚安等地发现了青铜器。

---

① 中国科学院考古研究所实验室:《放射性碳素测定年代报告》(二),《考古》1972年第5期。

图 2—1　弧面旋纹案　战国

（云南腾冲出土）

滇西北地区青铜文化的分布，包括德钦、宁蒗等地。

红河地区青铜文化分布，包括石屏、河口、金平、红河、建水、屏边、元阳、泸西、蒙自等地。

（三）云南古代先民已经掌握较高的青铜冶铸技术

根据已有的考古发现，云南古代先民能铸造出大型且门类较多的青铜器，说明他们已经掌握了高超的青铜铸造技术。

1. 能冶铸大型青铜器

从楚雄、祥云古墓出土的青铜器来看，滇西地区开始使用铜器的时间很早，到春秋战国时代就有了发达的青铜文化，这种青铜文化所具有的青铜冶铸业足以铸造出巨大而复杂的铜棺和容器，为铸造铜鼓创造了必备的技术条件。

1961 年，祥云大波那发现一座铜棺墓[1]，据放射性碳素测定，其年代为公元前 465±75 年[2]。铜棺上铸刻动物和其他花纹，重达 257 斤，如此巨型的铜棺，在中国青铜时代的器物中实为罕见。铜棺由 7 块铜板扣合而成[3]，每块铜板只能一次铸成，说明冶铸的容量较大（图 2—2）。这样

---

[1]　云南省文物工作队：《云南祥云大波那木椁铜棺墓清理报告》，《考古》1964 年第 12 期。
[2]　中国科学院考古研究所实验室：《放射性碳素测定年代报告》（四），《考古》1977 年第 3 期。
[3]　云南省文物工作队：《云南祥云大波那木椁铜棺墓清理报告》，《考古》1964 年第 12 期。

通体用铜制成的棺具不仅是当地产铜甚丰的证据，还显示了当时的工匠已掌握了较高的青铜冶铸技术。

祥云大波那铜棺　　　　　　祥云大波那铜棺头挡纹饰

图 2—2　祥云大波那铜棺和铜棺头挡纹饰

[采自《云南省博物馆》（图录），文物出版社 1991 年版]

1972 年，云南江川李家山 M24 出土一件春秋晚期青铜器，后被学术界命名为"牛虎铜案"（图 2—3），铜案高 43 厘米，长 76 厘米，宽 36 厘米，重 17 公斤。全器由立体雕塑二牛一虎组成，主体为一牛，肥壮、雄健。在大牛腹下横出一小牛，与大牛横向套叠。制作者重视力的表现与重心的稳定。大牛颈项粗而肥，腹空，后部小，似乎重心前倾。但制作者匠心独运，巧妙地让猛虎咬住牛尾，虎的后腿紧蹬大牛的后腿，使全器的重心明显后移。加之小牛从大牛腹下横出，加强了器物的稳重感。全器构图生动有趣，使装饰艺术与实用功能巧妙地结合在一起，完美地表达了古代祭器庄严肃穆的美学要求。这是云南古代先民创作的一件艺术杰作，堪称青铜文化之瑰宝。

1955 年，云南晋宁石寨山 M1 出土一件杀人祭祀场面鼓形贮贝器（图 2—4），通高 21 厘米，口径 24.5 厘米。这是一件铜鼓形贮贝器，即用铜鼓改造成的贮贝器。鼓腰部刻有 8 人，每人手持兵器，或弩、或矛、或斧，似为奔跑追猎场面。器盖上铸 52 人，还有动物猪、犬各一。盖中央立一圆柱，上盘绕蛇两条，柱顶立一虎。两侧边沿各有一鼓。柱右有

图 2—3 牛虎铜案 春秋晚期

［采自《云南省博物馆》（图录），文物出版社 1991 年版］

一人裸体，双臂反绑于一牌上。柱前一人左足锁枷，一人跪地，双臂反绑，均裸体。此三人当为祭祀的牺牲。柱的右侧有一人乘坐四人所抬肩舆，她是主持祭祀的女奴隶主（图2—5）。① 此场面是滇人举行的一场祭祀活动。该铜器生动形象地反映了古代滇池地区的社会生活。如此场面复杂的青铜器，显示了古代先民高超的青铜铸造技术。

图2—4 杀人祭祀场面鼓形贮贝器 西汉

图2—5 杀人祭祀场面鼓形贮贝器局部

［采自《云南省博物馆》（图录），文物出版社 1991 年版］

---

① 云南省博物馆考古发掘工作组：《云南晋宁石寨山古遗址及墓葬》，《考古学报》1956 年第1期。

2. 能冶铸各种门类的青铜器

到目前为止，从云南出土的万余件青铜器看，云南古代先民所铸造的青铜器可分为五大门类，八十余种。

生产工具类：镢、锄、锛、镰、爪镰、锯、凿、削、小刀、针、锥、鱼钩、纺轮以及成套纺织工具。

生活用具类：铜壶、洗、碗、盘、杯、耳杯、勺、豆、案、盒、筷、尊、釜、甑、盉、桶、针管、线盒、绕线板、伞、贮贝器（图2—6）、枕、镜、带钩、印章、钱币及铜棺等。

图2—6　贮贝器　西汉

［采自《云南省博物馆》（图录），文物出版社1991年版］

兵器类：铜斧、矛、剑、戈、嘴、弩机、钺、戚、棒、叉、镞、箭袋、囊末铜饰、剑鞘及各种甲胄。

乐器类：铜鼓、编钟、锣、铃、曲柄葫芦笙、直柄葫芦笙。

装饰与工艺品类：长方形扣饰、圆形扣饰、不规则形扣饰（图2—7）、各种杖头铜饰、马饰、圆雕工艺品、手镯、簪钗等。

在上述青铜器中，贮贝器、动物纹扣饰、铜农具及仿生式兵器最具有民族风格和地方特点，而铜鼓是云南青铜器中最具有典型意义的器物，是云南青铜文化之瑰宝，其技术和创意为世界青铜文明作出了贡献。

图 2—7　古滇国不规则形扣饰　西汉中期

［采自《云南省博物馆》（图录），文物出版社 1991 年版］

3. 具有多种铸造工艺和加工技术

云南古代青铜器的铸造工艺，有范模铸造法、地坑铸造法、夯箸范铸造法、填范铸造法、接套铸造法和失蜡铸造法等。

至于青铜加工技术，则有锻打、模压、鎏金、镀锡、金银错、镶嵌、线刻等。正是有了长久的青铜冶铸工艺史，有能力生产大量青铜工具和生活用器的基础上，才有了铜鼓这种特殊青铜器的出现。春秋战国时期的万家坝型铜鼓作为炊具，形态拙朴，大多素面无纹。到了西汉时期产生的石寨山型铜鼓，作为祭器和乐器，形态典雅，鼓面和鼓身上铸有繁缛的花纹，制作精美。根据对大量出土铜鼓的观察，要铸造如此复杂的大型青铜器，用范模铸造法工艺，其中至少包括制范、浇筑和修饰三个步骤。以石寨山和李家山出土铜鼓为代表的滇池地区青铜文化，达到极高的水平。特别是薄壁铸造、大铸件、分铸熔接和失蜡法工艺的应用和青铜合金配比方法的掌握，可与中原的青铜冶铸技术媲美，在这样的条件下，产生大量铜鼓当是水到渠成之事。

所以说，在云南发达、成熟、辉煌的青铜文化的基础上，结出铜鼓文化的奇葩，使云南成为铜鼓的发源地，绝非偶然。这也是越南东山文化和东南亚地区所无法具备的先决条件。

三　云南产生铜鼓的人文需要

所有人类使用的器物，是根据人们的需要而产生的。有的出于生活的需要，有的出于生产的需要，有的出于审美的需要，有的出于风俗习惯的需要，有的出于宗教的需要。云南铜鼓的产生究竟是出于什么需要呢？铜鼓最初的产生是出于生活的需要。云南考古发现证明，滇西发现的最古老的铜鼓（万家坝型铜鼓）鼓面中心有火焰烧过的痕迹，说明最初铜鼓是用来烧东西作为炊具使用的。到了战国时期，铜鼓传播到了以滇池为中心的滇中区域，产生了石寨山型铜鼓。石寨山型铜鼓的产生则与古滇人的原始宗教信仰有关。

原始宗教是人类社会发展到一定阶段产生的初期状态的宗教。在人类社会的童年时期，由于生产力低下和认知水平有限，人们对于与自己生活休戚相关的生老病死以及风雷雨电等各种现象，既感到迷惑不解，又无法战胜，于是把它们当作有生命的神灵加以崇拜，这就是原始宗教信仰的滥觞。学术界一般将原始宗教定义为产生于原始社会的宗教。原始宗教包括自然崇拜、图腾崇拜、祖先崇拜、生殖崇拜和鬼神崇拜等。根据考古学者资料[①]，人类的原始宗教观念在10万年前就产生了。

制造石寨山型铜鼓的古滇人，属民族学中所说的百越民族。百越文化与汉族文化最大的不同，究其实质来说它不是史官文化，而是原始宗教文化。

原始宗教是人类社会文明的开端，它作为人们的思想支柱和精神武器，支撑原始社会框架和创造史前文明，它是建立在丰富想象力基础之上的一种文化形态，人们想象出来的神的世界，是神圣而又多姿多彩的。他们把对超自然力的崇拜，对不可知事物的了解，把人类的命运，全都归到神的身上。神是万能的、无所不在的、超越时空和永恒的。生命的价值就在于追求永恒，达到"人神合一"。

古滇人的原始宗教信仰是万物有灵的多神教。他们相信，世间万物皆有灵魂，都能成为神灵。山有山魁，水有河伯，树有树精，雷有雷神。与其得罪他们，不如敬奉他们。于是拜天祭地，敬神祀鬼。作为神器的铜鼓应运而生。

在古滇人社会中，铜鼓虽然有多种用途，但最早和最基本的用途则

---

① 1858年在德国尼安德特地区发现的骨骼化石周围散放着红色碎石，中国的山顶洞人的遗骸周围有赤铁矿粉。这是因为原始人观察到人的血液是红色，取暖、烧食的火也是红色，红色意味着生命、温暖和希望。他们撒上红色的碎石或赤铁矿粉是希望人能够死而复生。这两例考古发现说明原始人已经产生了灵魂观念，而灵魂观念的产生是原始宗教的滥觞。

是作为祭祀用的神器，这从云南晋宁石寨山出土的文物可以看出，古滇人用铜鼓祭祀神灵：

晋宁石寨山 M12 出土的杀人祭铜柱场面盖虎耳细腰铜贮贝器（M12：26）的器盖上，有一长方形楼房，在楼房的左、右、后三边排列着小铜鼓十六面，作为祭祀的神器。另外，在器盖的两边各有一巨型铜鼓，体积甚大，高于器盖上的人物。[①] 楼中央端坐着一位主持祭典的年长妇女，带领众人在祭祀祖先以及众多神灵（图2—8）。

晋宁石寨山 M1 出土的铜鼓型贮贝器器盖上有"祭铜柱"的图像。[②] 场地上陈列着两面大铜鼓，还有 41 个身份不同的人物雕塑和祭祀柱。

晋宁石寨山 M20 出土的鼓型贮贝器盖上有"杀人祭铜鼓"图像，铸有人物 32 个，在祭祀场地的中央有大、小铜鼓三面作重叠之状（图2—9）。场中地上有一人仰卧，头已被斫去，当是被杀祭铜鼓者。[③] M13 出土的人

图 2—8　杀人祭铜柱场面盖虎耳细腰铜贮贝器

图 2—9　杀人祭铜鼓贮贝器

［采自《云南省博物馆》（图录），文物出版社 1991 年版］

[①] 云南省博物馆：《云南晋宁石寨山古墓群发掘报告》，文物出版社 1959 年版。
[②] 云南省博物馆考古组：《云南晋宁石寨山古遗址及墓葬》，《考古学报》1956 年第 1 期。
[③] 云南省博物馆：《云南晋宁石寨山古墓群发掘报告》，文物出版社 1959 年版。

物屋宇镂花铜饰物上可看出屋内神龛供奉一个人头，人头下一侧有平置敲击的一面铜鼓，在楼梯旁还陈列着一面铜鼓。

M6 出土的人物屋宇镂花铜饰物上铸有 18 人，屋内神龛内供奉着一个人头，人头下陈列着一面铜鼓。

由此可见，尽管铜鼓有种种功能，可以作为容器、炊器、乐器等，但最重要和最基本的功能则是作为神器，它是应原始宗教信仰的需要而产生、普及和发展的。

除百越民族是最早使用铜鼓的少数民族之外，还有许多少数民族都是铜鼓的生产者和使用者，如果按语系划分，那么应包括四大少数民族语系：（1）苗瑶语系，包括苗族、瑶族等；（2）壮傣语系，包括壮族、傣族、泰族、老族、布依族、水族、掸族等；（3）孟高棉语系，包括孟族、高棉族、佤族等；（4）藏缅语系，包括藏族、普米族、拉祜族、哈尼族、景颇族、怒族等。这四大语系的少数民族，在云南基本有分布。从民族学的角度为云南是铜鼓的发源地提供了又一例证。

第二节　云南万家坝型铜鼓是目前世界上最早的铜鼓

铜鼓因产生的时代不同而具有不同的特征，中国古代铜鼓研究会将其分为八类，究竟何种类型的铜鼓时代最早？学术界曾有过争论，主要有三种观点，一是黑格尔在《东南亚的古代金属鼓》中，将铜鼓分为四种类型，他认为黑格尔Ⅰ型铜鼓是最古老的鼓；二是洪声在《广西古代铜鼓研究》中将铜鼓分为甲、乙、丙、丁四型，他认为甲型鼓是时代最早的鼓；三是汪宁生在《中国南方铜鼓》中认为最早的铜鼓是万家坝型铜鼓。

万家坝型铜鼓因标准器最早发现于云南省楚雄万家坝而得名，此型铜鼓数量较少，由于制造粗疏，纹饰简单，并不被金石学家重视，故不见于金石著录。主要分布于中国的云南、四川、广西以及东南亚的越南和泰国。

以上诸观点中，我们赞同第三种观点，认为万家坝型铜鼓早于其他类型的铜鼓，是时代最早的铜鼓，是铜鼓家族的始祖。我们通过铜鼓的形制和纹饰、铸造工艺和碳 14 测年法等多个方面来证明。

一 云南万家坝型铜鼓的形制、纹饰和铸造水平

器物的制造往往遵循着从简单到复杂，从粗拙到精致的规律。纵观中国古代陶器、玉器以及青铜器等各种门类器物的发展演变，皆遵循这一规律。铜鼓作为一种具有民族特色的青铜器，自然也不例外。

到目前为止，世界上共出土和发现 64 面万家坝型铜鼓。和其他类型的铜鼓相比，万家坝型铜鼓无论是在形制、纹饰还是铸造工艺上，都具有鲜明的早期特征。

在形制上，万家坝型铜鼓既有共性也有差异。这些鼓在形制上的共同特点是身分三段，鼓面较小，鼓胸突出，束腰，足外侈，耳较小。鼓面和鼓腰有简单纹饰。不同的是，有的鼓身型粗矮，有的鼓身型瘦长。

在纹饰上，万家坝型铜鼓仅有七种纹饰，即太阳纹、四足爬虫纹、菱形网纹、云纹、雷纹、栉纹和弦纹（图 2—10）。这些花纹笔法随意，形状稚拙，与其他类型铜鼓上的纹饰差别较大。

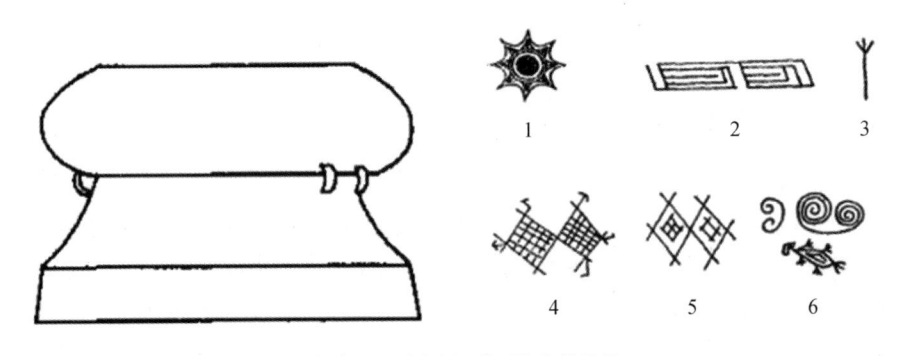

图 2—10 万家坝型铜鼓及其纹饰
1. 鼓面太阳纹 2. 鼓身雷文 3. 鼓身叉头线纹 4、5、6 鼓内壁鼍纹

在铸造工艺上，水平不高。如万家坝型铜鼓的两半范没有对合整齐，出现错缝；说明范的制作和使用技能低下。器表凸凹不平，器壁有砂眼，表明冶铸时排气不良或不能较好地去除杂质，从而使铜液中含有气泡，铸铜时便形成了砂粒大小的气孔。此外，铜色呈紫红色，这是因为春秋时期万家坝型铜鼓的铅、锡含量少的缘故。铅、锡含量少导致熔点高，

铸件收缩率增大，在铸造过程中易产生裂纹，这样的铸件较为粗糙。可见万家坝型铜鼓的铸造者并未认识到铅、锡合金的正确比例。

综上所述，原始的外形和纹饰、不成熟的铸造工艺反映了万家坝型铜鼓正处于铜鼓的初创阶段，是较早类型的铜鼓。

二　云南万家坝型铜鼓的碳 14 测年

铜鼓的年代主要是通过伴出物（限于考古发掘的铜鼓）、碳 14 测年法和金属分析法来进行判断的。

科技考古研究者通过碳 14 测年法对云南一些铜鼓进行了检测：1975 年，云南省博物馆文物队在楚雄万家坝发掘了一批古墓群，其中有两座墓（M1 和 M23）出土了铜鼓。M1 出土了 1 面铜鼓，编号为 M1∶12；M23 出土了 4 面铜鼓，编号为 M23∶158、M23∶159、M23∶160、M23∶161 号（图 2—11）。科技考古学者应用放射性碳 14 测年法，测算这两座古墓中残存的棺木，从而获知铜鼓的年代。

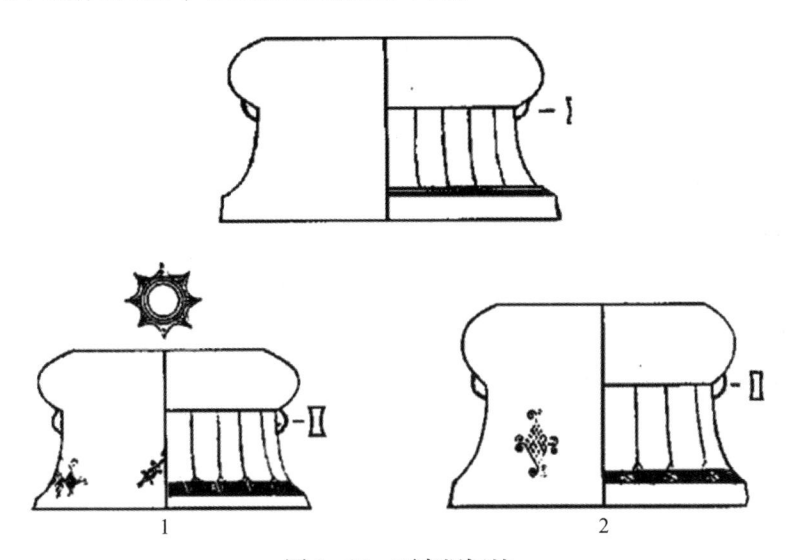

图 2—11　万家坝铜鼓
1. M23∶159　2. M23∶161

关于 M1 的年代，中国社科院考古研究所实验室的检测数据是：距今 2375±80 年（公元前 425±80 年），距今 2310±80 年（公元前 360

±80年）。① 北京大学碳14实验室测定的数据是：距今2350±85年（公元前400±85年）。② 这些数据说明楚雄万家坝M1:12号铜鼓的年代在春秋战国时期。

至于M23的年代，中国社科院考古研究所实验室的检测数据是：距今2405±80年（公元前455±80年），距今2340±80年（公元前390±80年）。③ 北京大学碳14实验室测定的数据是：距今2640±85年（公元前690±85年）。④ 国家文物局科学技术研究所测定的数据是：距今2635±80年，树轮校正后年代为2710±130年)⑤。根据所测数据可知，云南楚雄万家坝M23出土的4面铜鼓的时间在春秋早期到中期。

因此云南楚雄万家坝两个墓地出土5面铜鼓的年代上限为春秋中期，下限为战国晚期。这是迄今发现的年代可靠的万家坝型铜鼓中最早的铜鼓。

第三节　云南万家坝型铜鼓与石寨山型铜鼓的亲缘关系

学术界大多数学者认为石寨山型铜鼓是万家坝型铜鼓的继承和发展，这种观点从学者们对铜鼓的分类中得到普遍反映。如汪宁生教授称万家坝型铜鼓为A型，石寨山型铜鼓为B型，认为"B型铜鼓是A型铜鼓的继承和发展"⑥；李伟卿先生将万家坝型铜鼓和石寨山型铜鼓都定为Ⅰ型，万家坝型铜鼓为a式，石寨山型铜鼓为b式，他谈到两者的关系时说："Ⅰa式与Ⅰb式铜鼓基本相同，但后者鼓面渐大，鼓之胸部直径最大处

---

① 中国社科院考古研究所实验室：《放射性碳素测定年代报告（五）》，《考古》1978年第4期。
② 北京大学历史系考古专业碳14实验室：《碳14年代测定报告》续一，《文物》1978年第5期。
③ 中国社科院考古研究所实验室：《放射性碳素测定年代报告（五）》，《考古》1978年第4期。
④ 北京大学历史系考古专业碳14实验室：《碳14年代测定报告》续一，《文物》1978年第5期。
⑤ 北京大学历史系考古专业碳14实验室：《碳14年代测定报告》续一，《文物》1978年第5期。
⑥ 汪宁生：《试论中国古代铜鼓》，《考古学报》1978年第2期。

稍高，装饰布局仍沿前式之传统，惟纹饰华茂，技巧娴熟，它是Ⅰa式的后继者。"① 李昆声教授和黄德荣研究员认为："云南是世界铜鼓的起源地，云南发现的26面万家坝型铜鼓是全世界铜鼓的祖先。"② 胡振东先生则言："云南型铜鼓……可分为Ⅰ、Ⅱ式，Ⅰ式以楚雄万家坝型铜鼓为代表，又称万家坝型式铜鼓；Ⅱ式以石寨山型铜鼓为代表，又称石寨山型式。Ⅱ式鼓是Ⅰ式鼓的继承和发展因袭嬗变关系十分清楚。"③

也有一种观点认为："万家坝型和石寨山型铜鼓是两种不同系统、各自独立发展的铜鼓，分别代表两个不同民族的不同文化，也就是说它们是平行发展关系，而不是一方派生另一方的嬗变承袭关系。石寨山型铜鼓源于滇池区域出土的铜桶（越南考古学家称铜缸，我国有的学者称为铜筩）。"④ 以张增祺先生为代表的这种观点，从百家争鸣的观点看，固然是一家之言，缺乏确凿可信的证据。因为万家坝和石寨山是毗邻的两个地区，不具备产生两种平行、独立文化的条件。一般来说，两种平行、独立的文化，只可能在相距较远的地区、在相互隔绝的环境和条件下，才有可能同时产生。万家坝和石寨山距离很近，也不处于相互隔离的状态，很容易产生往来和交流，所以它们之间继承和嬗变关系的可能性更大。

笔者赞同石寨山型铜鼓是万家坝型铜鼓的直接继承和发展，两者具有亲缘关系，理由如下。

一　从时间断代来分析

关于器物的断代，考古学上一般从器物类型学和放射性碳素测定两方面相结合加以确定。从器物类型学可判断两种类型铜鼓的相对年代，万家坝型铜鼓外形粗糙，没有或很少有花纹；在伴随出土的器物中没有铁器，也没有铜铁合制器物（如铜柄铁剑），不见五铢钱及铜镜，表明它

---

① 李伟卿：《中国南方铜鼓的分类和断代》，《考古》1979年第1期。
② 李昆声、黄德荣：《论万家坝型铜鼓》，《考古》1990年第5期。
③ 胡振东：《云南型铜鼓的传播与濮人的变迁》，载《中国铜鼓研究会第二次学术讨论会论文集》，文物出版社1986年版。
④ 张增祺：《"万家坝型铜鼓"与"石寨山型铜鼓"的关系》，载《铜鼓和青铜文化的新探索——中国南方和东南亚地区古代铜鼓和青铜文化第二次学术讨论会论文集》，广西民族出版社1993年版。

们早于石寨山型铜鼓的年代，其下限当在战国晚期。根据碳 14 测定的年代数据，可知万家坝型铜鼓的绝对年代较早，万家坝 M23 距今 2640±85 年（公元前 690±90 年），可视为该墓出土的四面铜鼓的下限。祥云大波那 M19 的年代也较早，不晚于公元前 400±75 年。[①] 楚雄万家坝 M1∶1 铜鼓的入土年代为公元前 400±85 年。从这些数据分析可知，万家坝型铜鼓盛行的年代在春秋至战国初期。

我们再来看目前所知的最早的石寨山型铜鼓的年代：江川李家山第一类墓 M21 出土木柄铜斧的碳 14 年代测定为距今 2500±105 年。[②] 这是该类墓的上限，其下限为战国中期，墓中所出的 8 面铜鼓，均为石寨山型铜鼓，时代应当不晚于战国中期。我国广西西林、贵县罗泊湾和田东、云南晋宁石寨山（图 2－12）、贵州赫章以及越南东山等地数十面铜鼓的年代均为战国晚期至西汉，显然要晚于万家坝型铜鼓流行的时代。

图 2—12　云南江川李家山出土石寨山型铜鼓

（采自《云南江川李家山出土青铜器》，云南人民出版社 1996 年版）

此外，就目前所知，在中国，石寨山型铜鼓的分布范围广于万家坝型铜鼓，除云南外已扩大到广西、四川、贵州、海南，这些迹象暗示着万家坝型铜鼓的出现较石寨山型铜鼓早，石寨山型铜鼓是万家坝型铜鼓的发展。

二　从考古类型学、墓葬出土情况及科学检测结果分析

（一）形制方面

万家坝型铜鼓的形制特点是身分三段，鼓面较小，甚至小于鼓腰的

[①] 中国科学院考古研究所实验室：《放射性碳素测定年代报告（四）》，《考古》1977 年第 3 期。
[②] 张增祺、王大道：《云南江川李家山古墓群发掘报告》，《考古学报》1975 年第 2 期。

最小径。面与胸结合处在同一平面，胸部突出，胸径大于面径31%—44%。胸部的最大直径位于胸部的下半部分，鼓腰收束度大，由上而下形成梯形。足外侈，足径大，足高约为鼓高的1/10。在胸与腰之际附有两对小扁耳，呈半环形扁平窄条状，其花纹简单稚拙。整面鼓体型较小且略扁，高度为宽度的41%—60%。

　　石寨山型铜鼓鼓面明显比万家坝型铜鼓鼓面增大，面径与胸径之比通常为1∶1.17。鼓面是敲击的部位，鼓面大会使得声音洪亮，这一变化加强了石寨山型铜鼓作为乐器使用时的声响效果。胸部最大径上移，足沿上没有折边。胸腰之际所附的窄条状扁耳上出现了辫纹。早期石寨山型铜鼓大都体型小而略高，但后期也有体积较大的石寨山型铜鼓出现，例如云南的广南鼓、广西的西林鼓、贵县鼓，这些铸造精良、纹饰华丽的大体积石寨山型铜鼓的出现，标志着铜鼓铸造工艺的进步和完善。

　　虽然石寨山型铜鼓和万家坝型铜鼓相比，在形制上有所变化，但是两者在胸部膨胀，腰部呈梯形、足部短等方面依然相似（图2—13），它们是一脉相承的。

图2—13　万家坝型铜鼓（左）和石寨山型铜鼓（右）

（二）纹饰方面

　　万家坝型铜鼓的花纹特点是简单稚拙，鼓面太阳纹有的有芒，有的无芒，个别鼓的太阳纹外有一道晕圈。鼓身的胸、足部无纹，仅腰部用单线纵分成空格，各鼓格数多少不一，格下有一周粗犷的雷纹。这种单线空格，开后世鼓腰部以花纹分格的先河。近足沿的内壁上铸有单个如意云纹、菱形格子纹和鼍纹①（图2—14）。

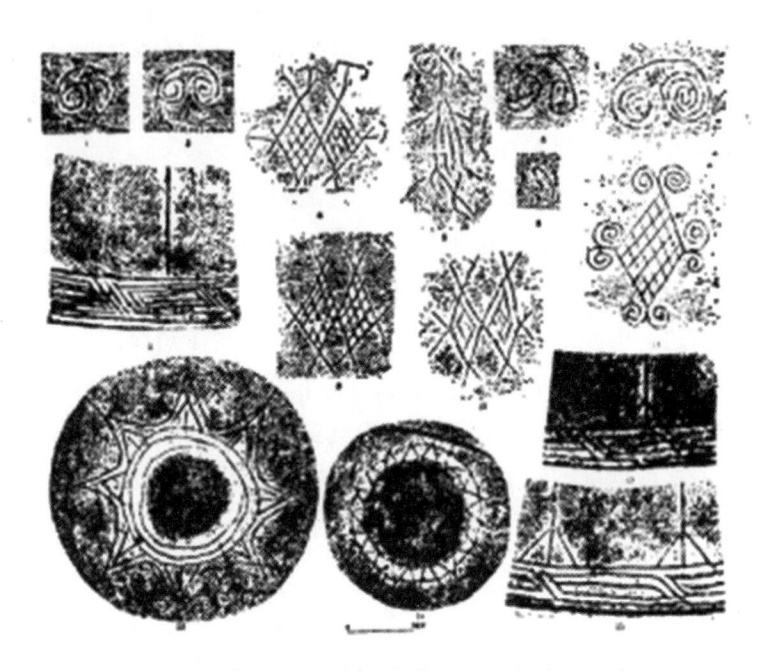

图2—14 万家坝型铜鼓花纹拓片

石寨山型铜鼓上有几何性纹样和写实性纹样两大类：几何性纹样包括点纹、圆点圆圈（图2—15）、锯齿纹（图2—16）、菱形纹，写实性纹样包括动物纹、人物纹、房屋纹和生活场景纹。动物纹饰较为常见的有翔鹭（图2—17）、牛、鹿（图2—18）、孔雀、虎、猴、龟、鱼、虾等，人物纹有头梳椎髻发型或头插羽尾或头戴羽冠的舞人（图2—19）、划船者、放牧者，还有骑士、武士等。此外，写实性纹样还有干栏式房屋以及剽牛、打秋千、划船、跳舞等栩栩如生的社会生活场面。石寨山型铜鼓纹饰已形成面、胸、腰三部分的分布格局。鼓面上有光芒和光体皆备的太阳纹，太阳纹之外为晕圈，有单弦分晕，亦有多弦分晕。晕圈中饰以栉纹、圆圈纹、点纹、三角纹、菱形纹，在鼓面上形成装饰纹带。胸部上亦装饰有晕圈，晕圈内较为常见的纹饰是划船纹。腰部上有纵向纹带分格，格中饰以立牛、舞人以及鹿等。石寨山型铜鼓上复杂的写实

---

① 中国古代铜鼓研究会编：《中国古代铜鼓》，文物出版社1988年版，第33页。

纹饰和纹饰分布格局反映了高超的绘画技巧以及进步的制模技巧。

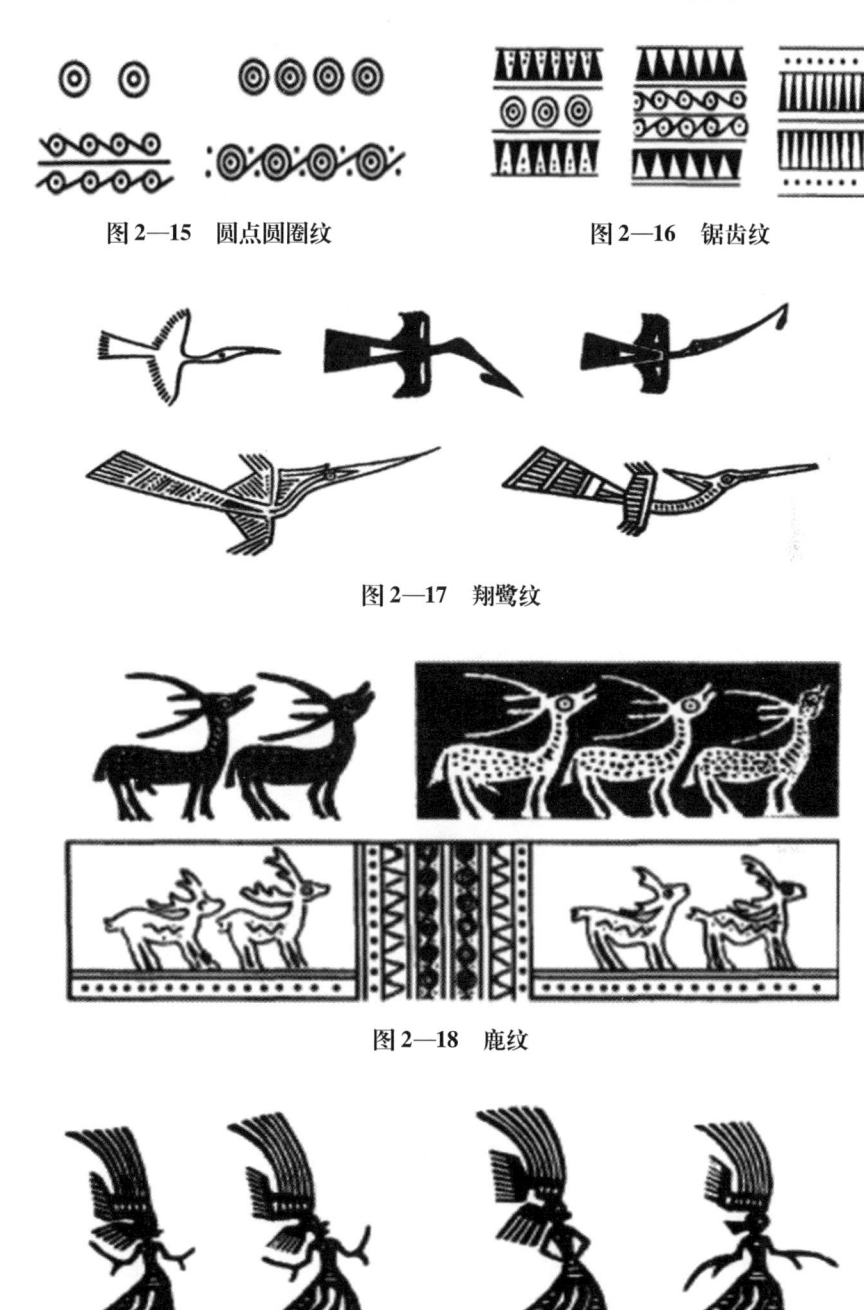

图 2—15　圆点圆圈纹

图 2—16　锯齿纹

图 2—17　翔鹭纹

图 2—18　鹿纹

图 2—19　舞人纹

尤其值得注意的是，石寨山型铜鼓上也铸刻着万家坝型铜鼓上的标志性花纹——"鼍纹"①。只不过石寨山型铜鼓的"鼍纹"铸在鼓面或鼓身上，万家坝型铜鼓的"鼍纹"铸在内壁上。两种类型的铜鼓上都有"鼍纹"，说明它们之间有继承关系，有两个例证可以证明：一个例证是云南曲靖八塔台鼓（M1：1）鼓面上的鼍纹（图2—20），该鼓在时代、器型上是承前启后的鼓，既可视为万家坝型铜鼓中的Ⅳ式鼓，也可视为最早的石寨山型铜鼓，这面鼓上的鼍纹证明了万家坝型铜鼓和石寨山型铜鼓的传承关系。另一例是广南鼓祭祀船纹的表柱上悬挂着鼍纹。这是万家坝型铜鼓上的鼍纹"遗传"在石寨山型铜鼓鼓身（胴部）的实例。②

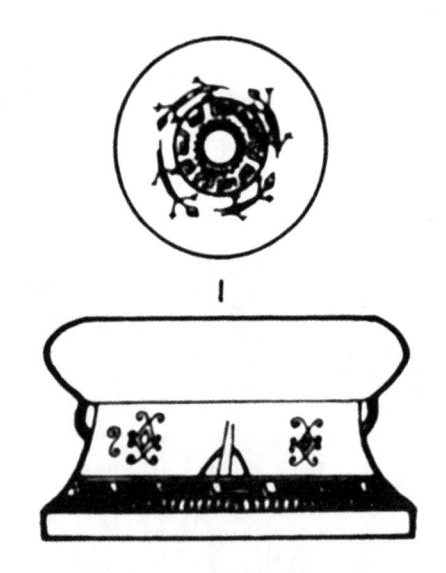

图2—20　云南曲靖八塔台鼓

---

①　参见李昆声《释早期铜鼓鼍纹》，载《云南考古学论文集》，云南人民出版社1998年版。在万家坝型铜鼓内壁上常见的装饰纹样是鼍，即原发掘报告所称的"菱形网状纹"和"四足爬虫纹"。鼍是生长在温带的淡水鳄鱼，本属有两种，一种是仅见于我国长江中下游的鼍，即扬子鳄。鼓内壁的"菱形网状纹"是甲骨文鼍字的图案化。鼍字的甲骨文写法，正是四足展开，沿腹部至尾部剥开的一张鳄鱼皮。而"四足爬足纹"则是鳄的侧面形状。古代民族为什么要用鳄鱼图案来装饰铜鼓？首先，因为鼍（鳄鱼）鸣声如鼓。陆佃《埤雅·释鱼》引晋安《海物记》："鼍宵鸣如桴鼓，今江淮之间谓鼍鸣为鼍鼓。"其次，我国自新石器时代（山西襄汾陶寺遗址）以来就用鳄鱼皮蒙鼓面，叫鼍鼓。《诗经·大雅·灵台》："鼍鼓逢逢。"

②　李昆声：《云南文山在世界铜鼓起源研究中的地位》，载《声震神州——文山铜鼓暨民族历史文化国际学术研讨会论文集》，云南人民出版社2005年版。

石寨山型铜鼓除了鼓面略有增广、腰径亦较万家坝型铜鼓增大外，造型基本上保留了万家坝型铜鼓的特征，花纹也保留了万家坝型铜鼓的因素。云南曲靖八塔台 M1：1 鼓，既可归入万家坝型晚期鼓，也可视为石寨山型早期鼓，因为它表现了由万家坝型向石寨山型过渡的特色。此鼓鼓面较万家坝型稍广，胸部最大径在胸上。鼓面太阳纹光体呈球面，三角形光芒用阳线勾出。单弦分二晕，饰雷纹、鼍纹（四组爬虫纹）四只。鼓腰沿用万家坝型铜鼓划分纵隔的格式，以双行阳线纵分成六格，格间均有一个四角连涡旋纹的菱形纹。但腰下所饰雷纹，同心圆纹等则又有变化发展，随着石寨山出土铜鼓的增多，可以明显看出鼓面稍广而平，花纹明显表现出石寨山型铜鼓是万家坝型铜鼓的后继者。[①]

总而言之，万家坝型铜鼓素面无纹饰，正说明其代表的是铜鼓的初创阶段。石寨山型铜鼓上出现了大量精美的花纹图像，这是铜鼓工艺臻于成熟的标志。

表 2—1　万家坝型铜鼓和石寨山型铜鼓形制与花纹特征比较

鼓型	万家坝型铜鼓	石寨山型铜鼓
形制	1. 鼓面较小，甚至小于鼓腰的最小径	1. 面径大于腰径
	2. 鼓胸特别膨胀，胸径大于面径 31%—44%，最大胸径偏下	2. 鼓胸膨胀，最大胸径偏上
	3. 鼓腰的上端最小，向下逐渐开展呈梯形	3. 腰部呈梯形
	4. 足部短而足径宽，足高仅为鼓高的 1/10	4. 足部短，足沿皆无折边
	5. 鼓的体型小，矮而扁，高仅为宽的 41%—60%	5. 体型小而略高，多数身高为宽的 40% 左右
器表花纹	鼓面花纹简陋、粗糙，铸造缺陷比较明显	表面光滑，花纹细致，有写实性和几何性纹样，并形成了纹饰分布格局

（三）墓葬出土情况

出土铜鼓的墓葬情况，对于判断其相对年代也很重要。有三个情况尤

[①] 中国古代铜鼓研究会编：《中国古代铜鼓》，文物出版社 1988 年版，第 108 页。

其值得注意：其一，尚未发现一例万家坝型铜鼓和石寨山型铜鼓共存于一墓的现象，说明它们在时间上有先有后，并非同一时代的器物。其二，在时代较晚的墓葬中没有发现用万家坝型铜鼓随葬的情况，而时代较早的墓葬中也没有发现石寨山型铜鼓随葬的情况。换句话说，发现万家坝型铜鼓的墓葬，其时代要早于发现石寨山型铜鼓的墓葬。其三，在云南滇池以外的其他地方，零星发现的非考古发掘出土的铜鼓，也没有发现万家坝型和石寨山型铜鼓共存的现象。在石寨山文化中根本见不到两型铜鼓并行发展的迹象，这些来自田野考古的第一印象是值得重视的。[①] 由此可见，万家坝型铜鼓要早于石寨山型铜鼓，石寨山型铜鼓从万家坝型铜鼓发展而来。

（四）科学检测结果

1. 金属成分分析

石寨山型铜鼓的青铜合金比例比万家坝型铜鼓更进一步。科技考古学者李晓岑先生曾经分析过 6 面万家坝型铜鼓和 7 面石寨山型铜鼓的合金成分，6 面万家坝型铜鼓的铜、锡、铅的平均含量分别为 87.1%、5.2% 和 3.6%；而 7 面石寨山型铜鼓的铜、锡、铅平均含量分别为 75.9%、10.2% 和 8.7%，以上数据表明，石寨山型铜鼓锡、铅的含量比万家坝型铜鼓增多，铜的比例减少，反映了石寨山型铜鼓合金配比技术的提高。[②]

2. 铅同位素检测

1992 年，李晓岑等学者分析了云南省出土的 10 面早期万家坝型铜鼓和石寨山型铜鼓的铅同位素，并比对已有的云南矿山铅同位素数据和他们分析的部分矿石的铅同位素数据，得出结论：云南早期铜鼓的矿料均来自滇西至滇中一带。石寨山铜鼓和万家坝铜鼓的矿料产地绝大部分相互重叠，在误差范围内的平均值一致，说明两种类型铜鼓的矿料来源地相同或相近，可以证明石寨山铜鼓直接继承万家坝铜鼓。[③]

以上证明石寨山型铜鼓是在万家坝型铜鼓型铜鼓的基础上发展而来的。

[①] 蒋志龙：《铜鼓·贮贝器·滇国》，《中华文化论坛》2002 年第 4 期。
[②] 李晓岑：《中国铅同位素考古》，云南科技出版社 2000 年版，第 27 页。
[③] 李晓岑：《中国铅同位素考古》，云南科技出版社 2000 年版，第 29—30 页。

第四节　云南铜鼓家族的衍生与发展

在中国西南以及东南亚地区中，云南是铜鼓的一个重要分布区。铜鼓是云南少数民族的珍贵文物，云南铜鼓的研究在我国南方和东南亚各国铜鼓中占有重要地位，对云南铜鼓的研究，有助于阐明云南少数民族的社会历史和民族关系，以及古代云南和东南亚各国的关系。

云南铜鼓之所以在中国和东南亚铜鼓中占有重要的地位，是因为它具备以下几个显著特点。

其一，云南铜鼓起源早。云南是铜鼓的故乡，早在春秋时期，云南就具备了创造铜鼓的自然条件（矿产丰富）、人文条件（原始宗教信仰）和技术条件（青铜冶铸技术）。世界上迄今所发现的铜鼓中，最古老的铜鼓产生于云南。云南是铜鼓的起源地，也是铜鼓文化的发祥地。

其二，云南铜鼓类型全，发展序列完整。中国八种类型的古代铜鼓，在云南都有发现，云南是我国唯一拥有八种类型铜鼓的省份，也是世界上铜鼓类型最丰富的地区。从春秋战国到近代，各个时代的铜鼓类型云南都有，从中可以清晰地看到铜鼓的发展变化规律以及对外传播路线。

其三，云南有伴出物的铜鼓居全国之首，尤其是石寨山型铜鼓。

其四，云南铜鼓数量多。据统计，云南现存铜鼓为276面，出土铜鼓92面，传世铜鼓184面，其中云南文山州就拥有在册铜鼓138面。[①]

其五，云南至今仍保存着铜鼓"活态"文化。自公元前7世纪万家坝型铜鼓问世至今，云南少数民族一直在创造、珍藏和使用铜鼓。他们在节日、庆典和婚丧嫁娶中，把铜鼓作为祭器或乐器使用；在很多少数民族中还流传着关于铜鼓的神话和传说。

为了表述和行文的方便，我们把目前发现的所有云南铜鼓合称为云南铜鼓家族。云南铜鼓家族究竟是怎样衍生和发展的？这是铜鼓研究中的一个重要问题，搞清楚这个问题，对于铜鼓的传播以及铜鼓文化交流的研究，具有重要的意义。

[①] 文山壮族苗族自治州文化局编著，黄德荣主编：《文山铜鼓》，云南人民出版社2004年版，第1页。

一 云南铜鼓家族的类型、数量和分布

学术界根据中国古代铜鼓的时代和特征,把它们分为八个类型:万家坝型铜鼓、石寨山型铜鼓、遵义型铜鼓、北流型铜鼓、灵山型铜鼓、冷水冲型铜、麻江型铜鼓、西盟型铜鼓。这八个类型的铜鼓在云南都有发现。

1. 万家坝型铜鼓

云南计有47面。因其标准器出土于云南楚雄万家坝,故得名。此型鼓为铜鼓之滥觞,是最古老的铜鼓,其特点是:器形古朴厚重,表面粗糙,工艺水平低,花纹简单稚拙(图2—21)。流行于公元前8—前5世纪(约当春秋至战国初期)。主要发现于滇中、滇西和滇东南。广西发现3面,四川发现1面;国外越南发现8面、泰国各发现3面,这些国家称为先黑格尔Ⅰ型鼓。云南以楚雄州出土最多,共计14面。

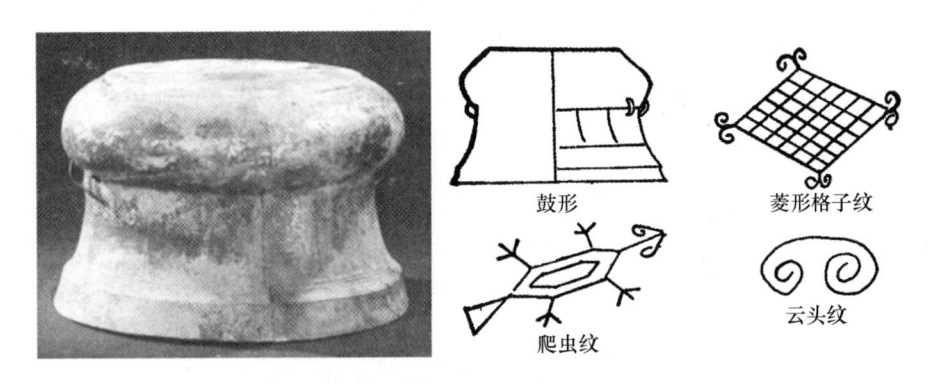

图2—21 万家坝型铜鼓鼓型及其纹饰

2. 石寨山型铜鼓

云南共计有48面,因标准器出土于云南晋宁石寨山而得名,是万家坝型鼓的直接继承和发展。器型典雅,制作精巧,工艺水平高,纹饰繁缛富丽(图2—22)。流行于公元前5—1世纪(约当春秋晚期至东汉初期),为我国西南和东南亚地区青铜文化鼎盛时期。省内分布于滇中、滇东、滇东南和滇西,省外分布于广西、四川、贵州、海南。东南亚国家越南、老挝、柬埔寨、泰国、马来西亚、缅甸、印度尼西亚均有发现,是分布范围最广泛的一类铜鼓。

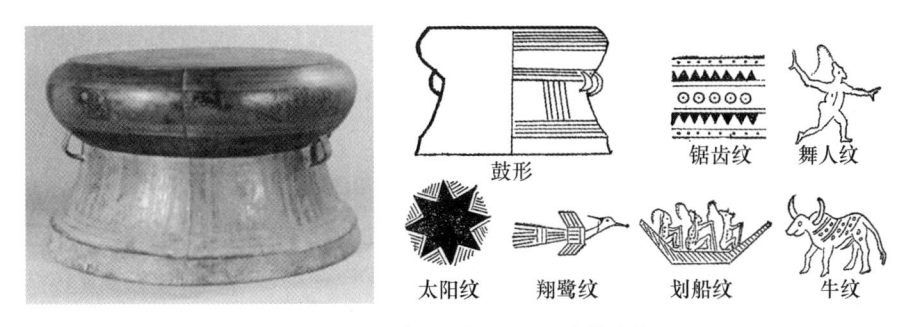

第二章　云南是铜鼓的发源地和铜鼓文化的中心 / 79

图 2—22　石寨山型铜鼓鼓型及其纹饰

3. 冷水冲型铜鼓

云南共计有 7 面。因标准器出土于广西壮族自治区藤县蒙江横村冷水冲而得名。体形高大，鼓面增大，边沿伸出，足较高；胸部突然减缓，腰部收缩，胸腰之际有两对大耳，是石寨山型铜鼓的继承和发展。鼓面中央一般有 12 芒太阳纹，边沿铸 4 只立体青蛙。纹饰明显图案化，以图案代替写实。除开鼓面的变形翔鹭纹、变形羽人纹和鼓胸的变形船纹、变形羽人纹外，新出现的纹饰有眼纹、坠形纹、复线交叉纹（图 2—23）。流行时间为公元 1—12 世纪，约当东汉至北宋时期。其分布中心在广西的藤县、平南、桂平一带，云南是其边沿分布区，四川和越南也有分布。

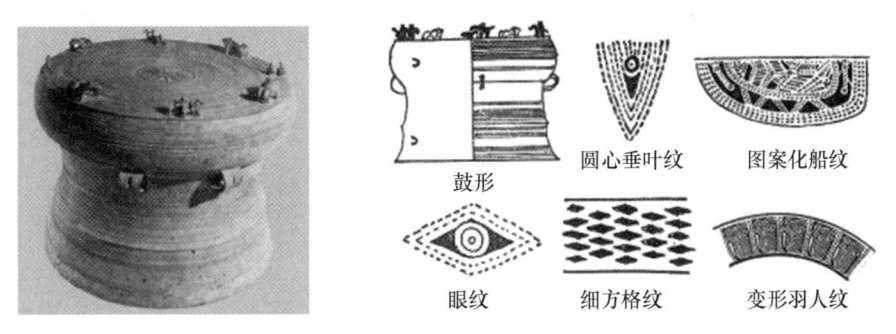

图 2—23　冷水冲型铜鼓鼓型及其纹饰

4. 遵义型铜鼓

云南共计有 43 面。因该标准器出土于贵州遵义而得名。制作粗疏，鼓面边沿伸出，胸、腰无明显分界，腰、足之间有一道明显凸棱，鼓足较高，是冷水冲型和麻江型鼓的过渡形式。花纹简单，鼓面中央有 12 芒太阳纹，以同心圆和栉纹为主，也有图案化的翔鹭纹和变形羽人纹（图 2—24）。新出现的游旗纹和乳钉纹成为麻江型鼓纹饰的先声。流行年代是10—14世纪，相当于宋、元时期。在云南主要分布在滇池以东和滇东北、滇东南，今云南文山州的富宁、麻栗坡、广南还有少数民族在使用。

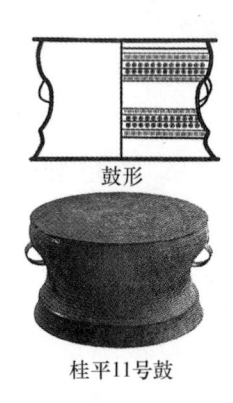

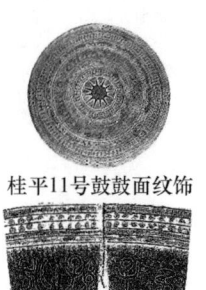

图2—24 遵义型铜鼓鼓型及其纹饰

5. 麻江型铜鼓

云南共计有95面，多为传世鼓，是云南现存铜鼓中数量最多的一类鼓，因标准器出土于贵州麻江县古墓而得名。体形小而扁矮，胸、腰、足分界不明显，腰中部有凸棱把鼓分成两段。鼓面装饰12芒太阳纹和游旗纹（图2—25）、乳钉纹、雷纹、云纹等；还有受汉文化影响的纹饰，如汉字铭文、十二生肖、八卦、龙纹等。流行于13—20世纪初（约为元朝至清朝）。主要分布于元江水系以东地区，尤其是文山州最多，当地许多少数民族至今仍在使用此型鼓。此型鼓中国有近1000面，分布在贵州、广东、广西、云南、四川、湖南6省份，东南亚也有山地民族仍在保存和使用。

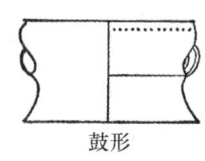

图2—25 麻江型铜鼓鼓型及其纹饰

6. 北流型铜鼓

云南计有5面，因标准器出土于广西北流县而得名。体形硕大，鼓面似屋檐一般超出鼓胸，胸、腰之际收缩曲度平缓，以一道浅凹槽作为分界，腰、足之间有一道凸棱，有两对圆茎环状或条形小扁耳。纹饰简单，鼓面中央的光体凸起呈圆饼状，光芒细长；鼓面边缘一般有4只立体青蛙。鼓面、鼓身多以三条弦纹为一组构成晕圈，晕圈中有细密的雷纹和云纹（图2—26）。流行于公元前2—10世纪，约为西汉至唐代。主要分布在滇东南，是此型铜鼓的西沿分布区；我国广东、广西、海南均有发现，以两广交界的云开大山东、西侧为中心。东南亚地区主要分布在越南。

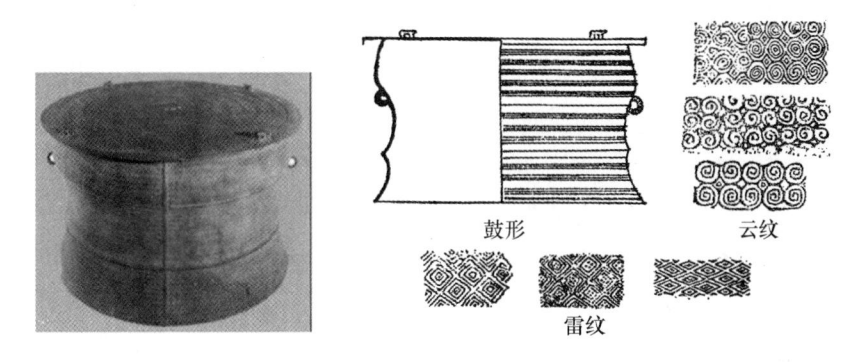

图2—26 北流型铜鼓鼓型及其纹饰

7. 灵山型铜鼓

云南仅有1面，其标准器出土于广西灵山县而得名。鼓面边沿较薄，出檐；胸部圆鼓，胸、腰之际缓收，以一凹槽或凸线分界。有桥形扁耳两对。纹饰丰富精美，太阳纹的光芒呈针状。多用二弦分晕，常见钱纹，还有云纹、四瓣花纹、半圆填线及鱼、鸟、虫、兽纹等，鼓面边沿多铸6组三叠蛙（图2—27）。流行于公元1—10世纪，约为东汉至唐代。分布范围与北流型鼓基本一致，但中心区在广西东南部，云南是其西沿分布区。

8. 西盟型铜鼓

云南省现存该型鼓数量无法完全统计（图2—29），目前云南省博物

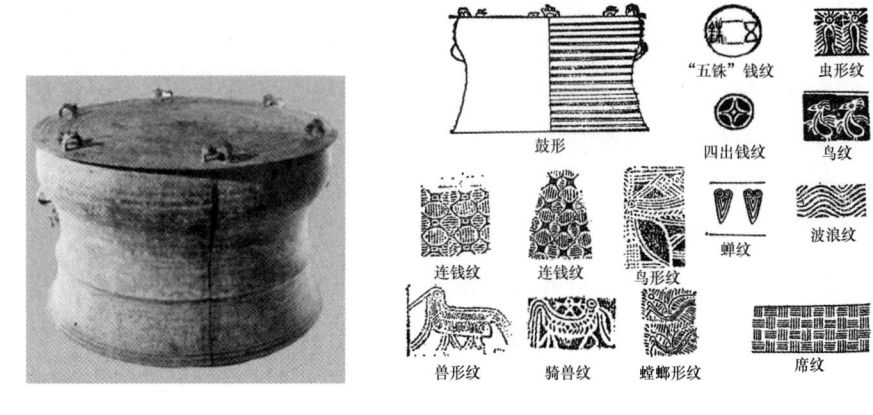

图 2—27　灵山型铜鼓鼓型及其纹饰

馆收藏 35 面,均为传世品。因标准器发现于云南西盟佤族自治县而得名。器身轻薄,形体高瘦,鼓面直径大,鼓面边沿伸出。腰、足无分界,呈直筒形。鼓面太阳纹光芒尖细,常见鸟纹、鱼纹、团花纹、米粒纹和孔雀翎纹,晕圈较多。有的鼓身上还竖列着立体的小象、螺蛳等动物雕塑(图 2—28)。流行于公元 8—20 世纪初约为唐代中期至清朝末年。主要分布在滇西南的西盟、沧源、孟连、耿马等县的佤族聚居区,滇东南的富宁和广西龙州也有少量发现。东南亚的缅甸、泰国、老挝、柬埔寨也有分布,中心区在中缅交界处,是东南亚分布最广的一类铜鼓。

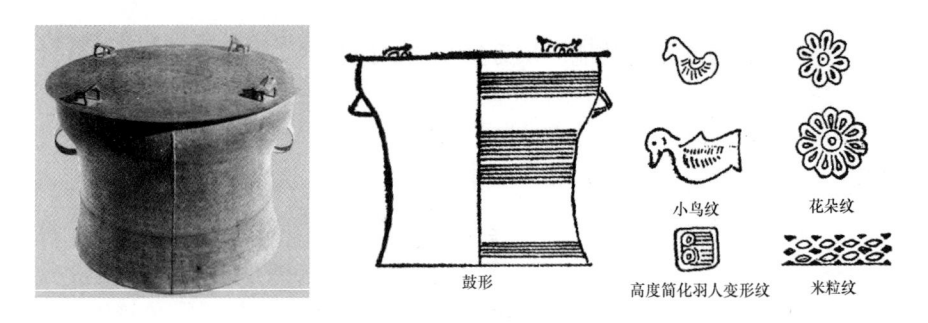

图 2—28　西盟型铜鼓鼓型及其纹饰

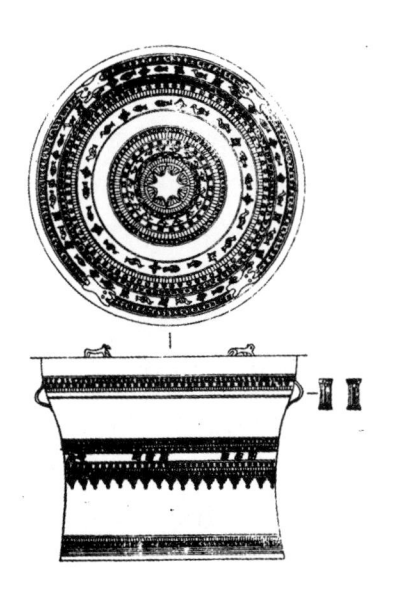

图 2—29　云南省文物商店收集的西盟型铜鼓

(采自《中国古代铜鼓》，文物出版社 1982 年版)

二　云南铜鼓家族功用的衍生

衍生，指演变而产生，从母体物质得到的新物质，如衍生物、衍生品等。历史上云南铜鼓家族在功能上也历经了一个衍生的过程。随着时代的发展，铜鼓的功用发生变化，从最初的炊具、乐器逐渐衍生为祭器、礼器和神器等。

（一）炊具和乐器

云南铜鼓家族中，时间最早、最古老的铜鼓是万家坝型铜鼓。因此探究云南铜鼓最原始的功能应从万家坝型铜鼓开始。

从考古发现看，早期的万家坝型铜鼓兼有乐器和炊具的功能。1975年，考古工作者在云南楚雄万家坝第 23 号墓发掘了 5 面形制古朴的铜鼓，经碳 14 法测定，距今 2640±90 年（公元前 690±90 年）[①]，是迄今为止有可靠年代的最早的铜鼓。随后考古人员还在云南的祥云、弥渡、昌宁、腾冲等地也陆续发现了此类型铜鼓。

[①]　北京大学历史系考古专业碳十四实验室：《放射性碳素测定年代报告》（续一），《文物》1978 年第 5 期。

楚雄万家坝 M23 的 5 面铜鼓出土时，鼓体倒置①，鼓面朝下，可看见内壁上装饰着花纹，其中 4 面鼓的外壁还有烟熏痕迹，这说明其曾经作为炊具使用过。因为鼓体倒置，可炊煮食物，可让人们看到内壁上的花纹（如果铜鼓不倒置，就没有必要在内壁上铸刻花纹），鼓体外壁上的烟熏痕迹是炊煮时火烧所致。从器形看，早期倒置的万家坝型铜鼓和原始先民的炊具——陶釜相似。由此可以推断，早期万家坝型铜鼓与陶釜有亲缘关系，也有炊煮功能。

从伴出物看，楚雄万家坝 M1 出土铜鼓 1 面，位于墓底西侧腰坑内，同时出土的还有 6 枚编钟和 1 面铜釜。出土时铜鼓倒置，鼓面朝下，置于腰坑正中，6 枚编钟散置在铜鼓一侧。② 物以类聚，编钟是乐器，可见铜鼓和编钟是作为一套乐器随葬的。祥云大波那万家坝型铜鼓出土时，位于木椁铜棺内，伴出物有大型铜钟和铜葫芦笙，它们也是和铜鼓组成一套乐器随葬的。可见这几面随葬的万家坝型铜鼓是乐器。音乐界也证实了万家坝型铜鼓的音乐功能，万家坝 M23 出土的 5 面鼓已经具备统一的律高，5 面鼓之间有有机的音程组合关系。说明它们不仅是原始形态的鼓，还是一种音乐性能开始成熟的乐器。③

万家坝型铜鼓如何成为乐器？人类学家认为，任何一个远古民族最初的乐器和生活用具没有严格区别，很多乐器由生活用具发展而来。有的原始人敲打一些生活器皿以发出声音，如在日食或月食的时候，柬埔寨人要敲打铜釜，以便让魔鬼放出被蚀的星体。芒·巴纳人在"罗郎"节（胜利节）时，边跳舞边敲打着铜鼓。早期万家坝型铜鼓，功能单一，仅是炊具。当人们在炊煮饮食时，偶尔敲击铜鼓，鼓声悦耳，遂成乐器，或载歌载舞，或祭祀祖先。

（二）乐器兼祭器

万家坝型铜鼓产生后，逐渐从滇西向滇中传播。大约在春秋晚期，产生新的铜鼓类型——石寨山型铜鼓。

---

① 云南弥渡发现的两面万家坝型铜鼓和昌宁出土的 1 面万家坝型铜鼓，出土时都倒置。

② 云南省博物馆文物工作队：《云南楚雄县万家坝古墓群发掘报告》，《考古学报》1983 年第 3 期。

③ 吴钊、李昆声等：《万家坝、石寨山铜鼓生律法倾向的初步研究》，载《中国铜鼓研究会第二次学术讨论会论文集》，文物出版社 1986 年版。

石寨山型铜鼓流传时间约为春秋晚期至西汉时期,当时在滇中地区出现阶级社会——滇国,社会贫富分化。石寨山型铜鼓铸造精良、纹饰繁缛,身价不菲,掌握于滇王和少数贵族手中,非平民百姓所能拥有。这时的石寨山型铜鼓已非炊具,而是特殊的打击乐器,只有在重要节日和祭典中,才被滇王或奴隶主贵族作为乐器使用,是一种具有神圣意义的通灵乐器。

唐代的《通典》、宋代的《太平御览》和元代的《文献通考》中,把铜鼓归入"乐部",视其为一种乐器。我们可从文献古籍中了解铜鼓的音乐性能,宋人陈旸《乐书》载:铜鼓"击之响亮,不下鼍鸣"。明人曹学佺在《蜀中广记》中说:铜鼓"悬于水中,用栖木槌击之,声极圆润"。清人檀萃在《滇海虞衡志》中道:铜鼓敲击起来,"声闻数里"。考古发掘报告中也把石寨山型铜鼓列为乐器类。

从伴出物看,在云南晋宁石寨山出土铜鼓的十座墓葬中,有两座伴出乐器,第 M16 有两件铜葫芦笙和铜鼓同出①,第六号墓有 7 枚编钟与铜鼓同出。铜鼓与乐器编钟、铜葫芦笙放置在一起,说明古滇人也把铜鼓用作乐器。晋宁石寨山 M26 出土的杀人祭铜柱场面盖虎耳细腰铜贮贝器(M12:26)便是一个例证,只见器盖上铸有杀人祭铜柱典礼场面,铜鼓与錞于悬挂在木架上(图 2—30),其中一人执锤敲击铜鼓,说明古滇人在盛大祭典中用铜鼓奏乐。从中还可观察到古滇人敲击铜鼓的方法,即将两根木桩立于地上,再用一根横杠穿在铜鼓耳内,横杠两端插在竖立的木桩上,鼓则悬空侧挂着,用棰敲击。晋宁石寨山出土的三件人物屋宇镂花铜扣饰(M3:64;M6:22;M13:259)上,也表现了人们在祭祀活动中用铜鼓鸣声的场面。

此外,在晋宁石寨山第 12 号墓出土的铜鼓形贮贝器(M12:2)器盖上,铸有妇女 9 人,其中 3 人双手捧一高足带流器,两人抬着一面铜鼓,1 人双手各戴一圆环翩翩起舞,另有两人敲击一面铜鼓,边击边唱,还有 1 人用左手击一腰鼓形器,最外一周有妇女 12 人在跳舞。在一件镂花铜饰物上,也有用铜鼓伴奏的场景:在一屋内,一道走廊的右后方,跪坐着 5 人,面前放一食案,案前方有 4 人分成两行在跳舞,旁边有 3 人敲击

---

① 石寨山 M16 出土两种铜葫芦笙:一种是葫芦笙(仅存笙斗),另一种尚待研究。

铜鼓。

从以上的极具写实性的青铜器来看，石寨山型铜鼓作为乐器常用于滇国社会的祭祀活动中，有时也在娱乐活动中使用，它在当时兼具娱神与娱人的功能。

晋宁石寨山型铜鼓作为祭祀中的重要器皿，从在晋宁石寨山 M12 出土的杀人祭铜柱典礼贮贝器（M12：26）上的纹饰可以获知：在干栏式房屋的上层，只见奴隶主贵族在主持祭祀，周围放置铜鼓 16 面（图 2—31）；房屋对面地面上，立有 2 面大型铜鼓，铜鼓旁有一铜柱，上缚一名待杀者。以上 18 面铜鼓是作为古滇人的祭器使用的。

图 2—30　铜鼓与錞于合奏　　图 2—31　杀人祭祀贮贝器鼓面上的铜鼓

（三）容器

石寨山型铜鼓常常用来贮存贝币和谷物。古代先民的生活用具不止铜鼓一种，为何对石寨山型铜鼓情有独钟？石寨山型铜鼓并非一般容器。使用铜鼓的民族一般是农耕民族，他们最大的祈愿就是稼穑有成，丰衣足食。他们坚信铜鼓具有超自然的力量，能够保佑实现他们的祈愿，因此，他们将贝币存入铜鼓中，希望贝币耐用，并且财富滚滚而来；将谷物放入铜鼓中，祈望粮食能够经久耐吃，并且来年五谷丰登。

1956 年晋宁石寨山第一次发掘出土铜鼓 2 面，鼓内装满作为货币的海贝（图 2—32）；1959 年晋宁石寨山第二次发掘出土铜鼓 15 面，其中有 9 面倒置，盛满海贝，可见这些铜鼓是用来贮藏当时作为货币的

第二章　云南是铜鼓的发源地和铜鼓文化的中心　/　87

海贝的。① 江川李家山出土的铜鼓，也有两面（M24：42A 和 M24：42B）倒置贮存海贝。②

图 2—32　贮满海贝的铜鼓

由于石寨山型铜鼓可用来贮存海贝，古滇人把铜鼓改造成鼓形贮贝器，晋宁石寨山西汉墓出土了 6 面鼓型贮贝器（M6：2、120，M6：1，M20：1，M12：2，M13：3）。

关于滇池地区的海贝的用途，目前尚有不同的看法，主要有两种观点：一是作为装饰品使用，二是作为货币使用。多数学者认为是货币，因为世界上许多民族有过用贝作交换媒介的历史，商周时期的中原也曾使用过贝币。也有的学者认为可能是装饰品，因为云南有的少数民族至今仍有用贝作为装饰物的习惯。但如果海贝作为装饰品使用，为何在写实性极强的滇国青铜器上不见海贝装饰在人物身上？笔者赞同海贝作为货币使用的观点，除了上述理由外，考古发现石寨山型铜鼓内贮藏有海贝，这恰恰证明了古滇人正是将海贝作为货币使用，因为石寨山型铜鼓在滇人心目中的神圣地位，决定了装在其中之物非同寻常，那么何物可获此殊荣？当然是滇人心目中最有价值之物。这种心理恰如其他民族在铜鼓内装粮食。若是铜鼓内盛放的海贝是装饰品，那么按照物以类聚的生活习惯，为何我们在铜鼓以及贮贝器之内没有发现古滇人常见的其他

---

① 云南省博物馆：《云南晋宁石寨山古墓群发掘报告》，文物出版社 1959 年版，第 79 页。
② 张增祺、王大道：《云南江川李家山古墓群发掘报告》，《考古学报》1975 年第 2 期。

装饰品如项链、扣饰、耳玦和手镯呢？因此，海贝作为货币的可能性更大。

石寨山型铜鼓用来贮贝，仅见于古滇国。贝币在当时相当于滇国的"外汇"，用于对外贸易，当时滇国与南亚、东南亚交易物品时用海贝作为一般等价物；其他地区的石寨山型铜鼓亦用作容器，不过是贮存重要的货物，如贵州赫章可乐 M153 出土的铜鼓内装有大豆和稻谷；国外也有相似的例证，泰国境内发现的铜鼓，有的在铜鼓内装有死者的财富如珠子和器具等；今天在我国两广使用铜鼓的民族深信铜鼓能够招财进宝，将铜鼓供奉在神坛上装米盛钱。这些习俗与云南晋宁石寨山、江川李家山墓葬中用铜鼓贮贝有异曲同工之妙，都是贮藏贵重之物，象征着财富并供死者在冥间享用。

石寨山型铜鼓内盛放贝币、粮食，鼓因物珍，物因鼓贵，它们之间起到了互相衬托的效果。从石寨山型铜鼓开始，铜鼓的使用变得比较广泛，铜鼓真正成为西南少数民族重要的文化特征。

（四）传递消息

云南铜鼓家族中，西盟型铜鼓被用来传递消息。此类铜鼓主要是佤族使用，他们称铜鼓为"格老"。西盟地区（又称"大瓦"）铜鼓较多，而沧源等县（又称"小瓦"）铜鼓较少，因为这些地区受其他民族影响较多，很少使用铜鼓。

据汪宁生先生调查，过去云南西盟县几乎每个村寨都有铜鼓，有的人家收藏的铜鼓不止一面。估计西盟全县拥有铜鼓四五百面。①

在佤族社会中，铜鼓是传递信息的工具。他们通常在失火时敲击铜鼓，呼号周围的人来救援。有人去世时敲打铜鼓，把不幸消息传递给亲朋和邻居。举行宗教活动（即"砍牛尾巴"和"做老母猪鬼"）时敲打铜鼓，通知鬼神是哪家做的鬼，以讨得鬼神喜欢。

佤族如何用铜鼓传信呢？他们有一套"鼓点"，如电报密码一般，因事而异，只有族内人才能听懂。据调查，现代佤族的"鼓点"已经很简单，有时单独敲鼓，有时铜鼓和铓锣一起敲击；当发生火灾或者有人去

---

① 汪宁生：《佤族铜鼓》，载《古代铜鼓学术讨论会论文集》，文物出版社 1982 年版。

世时，鼓声急促；做鬼时鼓声舒缓。①

（五）夸富示豪

过去在佤族社会中，西盟型铜鼓像货物一样可以交易。人们用滇币、鸦片和牛来交换铜鼓，甚至用奴隶交换铜鼓。不过铜鼓并非一般货物，一般要有两三头牛才换得一面铜鼓，只有佤族社会中的富人——"珠米"，才有实力交换铜鼓。

如果问佤族的一位"珠米"有多少财富？他通常不会说有多少钱，而是说拥有几头牛和几面铜鼓。尽管铜鼓在佤族社会中并非实用器，但"珠米"们愿意倾其所有换得铜鼓，将其珍藏，视为珍宝；即使有的铜鼓已经破损，他们还是愿意花重金购得。佤族认为铜鼓越多越好，不管是否实用。谁的牛头多，谁就是富人；谁的铜鼓多，谁的财富就多。可见在这个社会中，铜鼓和牛头一样，是财富的象征。

铜鼓在佤族社会中还可以提升拥有者的社会地位，所以富人们不吝重金购买铜鼓。拥有铜鼓的人，被视为"好命人"，处处受人尊敬。有的人一旦拥有铜鼓，就拥有了权威，在村寨集会时可以发号施令，被寨人仰慕，逐渐变为位高权重的头人，地位凌驾于众人之上。佤族社会中铜鼓这种夸富示豪、提升社会地位的功能，比传递消息更"神奇"，更"有价值"，更被人们看重。

总之，云南铜鼓从实用器物逐步衍生为象征符号。祭器是其最重要的功能。乐器是传统的一直不变的功能，但它不是一种单纯的乐器，而是少数民族在节庆、祭祀或丧葬仪式中才使用的乐器。

三 云南铜鼓家族的发展过程

和世界上所有事物一样，铜鼓有一个产生、发展、衰落和消亡的过程。云南铜鼓家族是怎样发展的？首先体现在铜鼓的器形、纹饰、铸造工艺经历了一个发展变化的过程，这种发展变化和制造者所处的社会形态、地理环境、冶铸工艺以及审美旨趣有密切关系。

（一）初创阶段

器物的制作工艺一般遵循着从简单到复杂，从粗疏到精湛的规律。

---

① 汪宁生：《佤族铜鼓》，载《古代铜鼓学术讨论会论文集》，文物出版社1982年版。

与之对应，器物外观自然是从拙朴逐渐走向精致。

大约在公元前 7 世纪，在滇西的洱海区域居住着百濮民族，他们从事农耕，经济较为发达，创造了万家坝型铜鼓。万家坝型铜鼓产生后，随着民族的迁徙传播到滇西地区的腾冲县、云县等地。

万家坝型铜鼓作为最原始、最古老的铜鼓，处于铜鼓家族的初创阶段，外形简单粗朴，面小底大，身分三段，束腰短足，胸腰之际有四耳。铸造工艺粗糙，含铅、锡量较低。纹饰简单稚拙，鼓面有太阳纹，太阳纹光芒数不一；几何纹样只有雷纹、网纹、弦纹等。鼓身上有一个写实纹样——"鼍纹"，也有人称为"蜥蜴纹"；万家坝型铜鼓上的"鼍纹"在鼓的内壁上，最早出土的此型铜鼓是倒置的，可以看到内壁上的"鼍纹"（图 2—33）。

图 2—33 楚雄万家坝出土鼍纹铜鼓

万家坝型铜鼓出现，无疑是人类智慧的结晶，是云南古代先民的创举。

文化是环境的产物，每一种文化或器物的出现，与地理环境和社会人文环境有密切的关系。万家坝型铜鼓作为一种青铜器，其产生必然与充足的矿产资源有关。云南万家坝型铜鼓主要分布在滇中偏西的楚雄、祥云、弥渡、昌宁、腾冲一带，这些地区矿产资源丰富，为铜鼓的产生奠定了物质基础。剑川海门口发现的铜器时代初期遗址中，曾出土一批铜制工具和装饰品，并有石范出土，说明此地在商代就已经有了冶铜技术，因此至春秋中晚期，万家坝型铜鼓出现也就是水到渠成之事了。万家坝型铜鼓的合金成分，与当时当地的冶铸技术有密切关系。经科技考古工作者的研究，楚雄万家坝与祥云大波那出土的铜鼓，红铜所占比例较高。这会带来何种后果？红铜在熔化时容易从空气中吸收氧而变脆，还会从水分中吸收氢气，在铜液凝固时产生气泡，使铸件中出现气孔或针孔等缺陷。另外，红铜在高温下强度较低，铸体收缩率较大，在铸造过程中易产生裂纹，所以红铜件较难铸好。云南铜鼓家族中的万家坝型铜鼓，表面粗糙，纹饰单调，铸造缺陷多，与当时工艺有关。

万家坝型铜鼓的产生也与一定的社会环境有关。此型铜鼓出土的地点在滇西礼社江的上游楚雄、牟定、弥渡和祥云，礼社江古称濮水，因濮人居于此地而得名。濮人是云南古代土著居民，很有可能是万家坝型铜鼓的创造者和使用者。当时濮人处于部落社会，在某一个时刻，濮人在用铜釜煮食物后，把铜釜的底翻过来敲击，发出悦耳的声音。从此之后，濮人便常常把铜釜当作敲击的乐器使用，用于集众和歌舞。久而久之，濮人干脆在铜釜的基础上，创造出铜鼓。

铜鼓兼有炊具和乐器的功能，所以早期出土的万家坝型铜鼓鼓面上有明显的烟炱的痕迹，而鼓面中心凸起的部分就是铜鼓被敲击的部位。

（二）发展和繁荣阶段

大约在战国到西汉时期，一部分濮人东迁，铜鼓文化也随之来到了滇池区域生根发芽，开出了青铜器文化的一朵奇葩——石寨山型铜鼓。云南石寨山型铜鼓多出土于滇文化遗存中，即滇池区域的晋宁石寨山和江川李家山古墓群，目前所知云南石寨山铜鼓的科学发掘品主要出现于滇池区域①，数量近30面。

石寨山型铜鼓是万家坝型铜鼓的继承与发展，其造型与万家坝型铜鼓基本相同。但两者相比，石寨山型铜鼓铸造工艺精细，技巧娴熟；形制典雅，鼓面渐大；纹饰华美，有翔鹭纹、羽人纹、龙舟竞渡纹、瘤牛纹（图2—34）、剽牛祭祀纹（图2—35）、栉纹、同心圆纹和锯齿纹等。反映了滇池区域古代先民丰富多彩的生活图景，表现了该区域铜鼓铸造技艺日臻完善，进入发展阶段，逐渐走向成熟。

---

① 云南的石寨山型铜鼓在滇西的腾冲，滇东南的文山也有发现。

图2—34　瘤牛纹

图2—35　剽牛祭祀纹

在铸造工艺上，经分析，石寨山型铜鼓中的锡青铜鼓占47.4%，铅锡青铜鼓占42.1%，铅锡总含量最高为30.3%。锡青铜鼓含锡量为5%—15%。能用铜、锡、铅三者配制合金来铸造青铜器，是青铜冶铸技术高的标志。在铜中加入较多的锡或铅后，熔点降低，合金的铸造性能提高。一定量的锡还能提高铸件的强度和硬度，改善发音效果，并使铜由红色变为黄色。所以，古滇国出土的石寨山型铜鼓在形制和纹饰上体现了较高的水平：纹饰写实，表面光滑，造型美观，颜色金黄。[1] 反映了精湛的青铜铸造水平。

石寨山型铜鼓并没有继承万家坝型铜鼓炊具的功能，它在古滇国中

---

[1] 北京钢铁学院冶金史研究室等：《广西、云南铜鼓合金成分及金属材质的研究》，载《中国铜鼓研究会第二次学术讨论会论文集》，文物出版社1986年版。

主要是作为祭器使用，也常常作为装饰品出现在一些青铜雕塑中，这恰恰说明了铜鼓在古滇国社会中的重要性。

为何在战国到西汉时期，云南铜鼓在古滇国走向发展乃至成熟阶段呢？这与当时古滇国社会的生产力、社会形态和宗教信仰有密切的关系。

古滇国存在的时间是战国至西汉元封二年（公元前109年），其社会情况在司马迁的《史记·西南夷列传》中有记载：

> 西南夷君长以什数，夜郎最大；其西，靡莫之属以什数，滇最大；自滇以北君长以什数，邛都最大：此皆魋结，耕田，有邑聚。①

关于古滇国的文字虽然只是寥寥数句，但结合着古滇国出土的其他青铜器来看，不难窥见古滇国社会之大概：当时"滇"是西南地区最大的少数民族部落，其政治组织相当于酋邦国，滇王即酋长，已进入集权社会。古滇国的人口已达数万人，聚居于村落中，良田万亩，主要以农耕为业，兼有畜牧业和狩猎。已有社会分工，比如纺织业和冶铸业等，社会经济较为发达。古滇人信仰原始宗教，祭祀活动是其社会生活之大事，而祭祀中与神灵沟通神器就是石寨山型铜鼓。

可以说正是古滇国的社会生产力、社会形态和原始宗教信仰三种因素，成为滋生石寨山型铜鼓的土壤，造就了石寨山型铜鼓的问世，促成了古代云南铜鼓的发展和成熟。由于有了发达社会经济的支撑，整个社会才有能力去创造精美的铜鼓，这是铜鼓产生的根本和前提；由于有了集权的政治组织，有了社会分层和贫富分化，古滇国社会中掌握权力的人才能组织滇人去制作铜鼓，并把铜鼓作为古滇国权力和财富的象征；正是由于古滇人崇尚原始宗教信仰，古滇人才愿意为自己的信仰不遗余力地铸造铜鼓，同时让铜鼓成为社会中最重要的器物——祭器，铜鼓上的花纹正是古滇人原始宗教信仰的图解。铜鼓在古滇人社会的祭祀和礼仪活动中具有重要地位，这正是石寨山铜鼓最根本的用途。

（三）衰弱阶段

东汉以后，云南铜鼓走向衰弱。这里所谓"衰弱"，指的是相比于万

---

① （汉）司马迁：《史记》卷一一六《西南夷列传》，中华书局2006年标点本，第670页。

家坝型铜鼓和石寨山型铜鼓这两类原创的铜鼓,云南东汉以后出现的铜鼓类型或是古代云南先民通过交换直接传入的,或者是学习其他地区的铜鼓铸造技术后在云南铸造的。

作为铜鼓的起源地,云南本土创造的万家坝型铜鼓和石寨山型铜鼓是铜鼓家族的"祖先",它们随着民族的迁徙向外传播以后,启发中国西南和东南亚地区创造了其他类型的铜鼓,这些铜鼓又传入云南,融入云南铜鼓家族,比如创造于中国广西境内的冷水冲型铜鼓传入云南陆良县,缅甸制作的西盟型铜鼓传入滇西南的佤族、傣族之中,成为云南铜鼓家族的一员。

东汉以后,云南的铜鼓除了万家坝型和石寨山型铜鼓,其他类型的铜鼓大多是从外地传入云南的。云南本土没有再创造新的铜鼓类型,这与汉王朝把云南纳入大一统王朝的统治之下,以及汉文化传入云南有密切关系。据《史记·西南夷列传》记载:

> 元封二年,天子发巴蜀兵击灭劳浸、靡莫,以兵临滇。滇王始首善,以故弗诛,滇王离难西南夷,举国降,请置吏入朝,于是以为益州郡,赐滇王金印。复长其民。[①]

西汉元封二年(前109),西汉王朝以滇国故地为中心设置益州郡,将云南大部分地区纳入中原王朝管理之下;并赐滇王金印,让其继续管理益州郡内的滇人。自汉王朝设立益州郡后,滇池区域由封闭走向开放,汉族和汉文化逐渐进入云南,古滇国的民族文化和原始宗教信仰受到汉文化的影响和冲击,古滇国墓葬中出土的大量西汉末期到东汉初的青铜器、玉器和漆器,都有了汉文化的特征,民族特征在逐渐消失。作为滇人原始宗教信仰的重要祭器——石寨山型铜鼓也不例外,逐渐式微,最后走向衰落。在此之际,其他类型的铜鼓传入了滇池区域,比如在云南晋宁石寨山滇王墓葬群中,考古人员发现了最早的冷水冲型铜鼓(图2—36),此型铜鼓脱胎于石寨山型铜鼓。两种类型铜鼓并存,其中一种大量存在,另一种只有1面,说明了仅存1面的铜鼓类型是新型铜鼓的萌芽状

---

① (汉)司马迁:《史记》卷一一六《西南夷列传》,中华书局2006年标点本,第670页。

态，它是新旧两种类型铜鼓的过渡类型。

图2—36 云南发现的最早的冷水冲型铜鼓

第五节 云南铜鼓文化传播到东南亚

一 文化传播的概念和方式

首先我们要了解文化传播的概念和方式。什么是文化传播？文化传播是指思想观念、经验技艺和其他文化特质从一个社会传到另一个社会，从一个地方传到另一个地方的过程，又称文化扩散。文化的本质就是传播，文化自产生之日起，就开始了向外传播，文化在传播中实现自身价值，在传播中得到弘扬和传承；文化一旦停止传播，则走向死亡。

文化传播通常有三种方式，即直接接触、媒介接触和刺激传播。

直接接触，指的是一个社会的发明，先被周围的社会所接受，然后像赛跑中的接力棒似的，一站接一站传到远方，这就是直接接触。

媒介接触，指如果两种文化之间不是直接交往，而是通过第三者为媒介，使某种文化因素得以交流，这就是媒介接触。如商人、旅行家、官方使者和士兵就是这种文化媒介。由于这种传播是跳跃式的传播，并非一站接一站地传播，所以有的人类学家将其称为"远地传播"。

刺激传播，是指某一社会掌握了某项文化知识或观念后，刺激了另一个社会，给对方以灵感和启发，使之也相应地发明或发展了类似的文化因素。因此，刺激传播也可看作外来文化刺激产生新的事物或者观念。

文化传播的首要前提是不同人类群体或者民族之间的接触。人是文化的载体，只有人群的接触，才能将文化传播出去。

文化的传播中，最容易传播或者说最容易被接受的是物质文化传播，次一层比较容易被接受的是制度文化的传播，最难被接受的是精神文化或者心理素质方面的传播。

一般来说，在文化的传播过程中，文化的接受者不会对他者文化"照单全收"，他们通常会对某种文化在原来的基础上加以改造，赋予这种文化新的特点，让其更具有本土性。

二 云南铜鼓传播到东南亚的主要线路

云南铜鼓传播到东南亚，一种途径是从云南直接传播到东南亚；另一种途径是从云南传播到广西，再从广西传播到东南亚。本书重点研究的是从云南直接传播到东南亚的线路。

最早产生万家坝型铜鼓的地方是滇中偏西的楚雄，万家坝型铜鼓向东传播，在滇中的滇池地区产生了石寨山型铜鼓（图2—37）。如果分别

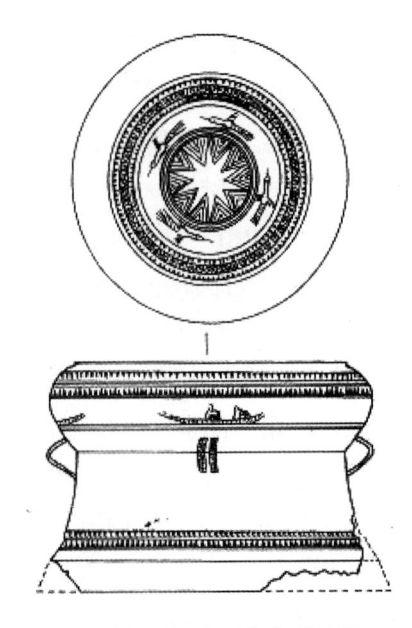

图2—37 滇池地区的石寨山型铜鼓 M3：3

以楚雄和滇池区域为中心来看，在它们的东、西、南、北四个方向都发现了铜鼓，说明云南早期铜鼓（万家坝型铜鼓和石寨山型铜鼓）自产生后，就作为一种独特的民族文化向四周传播开去。但铜鼓从云南传播到东南亚，其捷径是向南直接传播。云南铜鼓文化的传播线路除了前述少数民族沿着高山峡谷向南迁移外，还有其他的线路。

自古以来，云南对外交通就很发达。早在公元前4世纪，就有一条古道——蜀身毒道，从四川出发经过中国云南、缅甸到达印度，故汉朝使节张骞才在大夏（今阿富汗）看到产自四川的蜀布和筇竹杖。此外，云南还有多条像叶脉一样分布的茶马古道通往省外和国外，以及从滇中沿红河流域通往交趾（今越南北部）的滇越通道。云南的铜鼓文化正是沿着这些通道向东南亚传播的。

（一）蜀身毒道

蜀身毒道又称西南丝绸之路，始于蜀（成都），分经邛（西昌）、僰（宜宾）至滇，由云南驿（祥云）经龙尾关（下关）至永昌（保山），再从腾越（腾冲）出缅甸，西行至丽水城（密支那），抵身毒（印度）。

早在公元前4世纪就有商贾在这条通道上往来，秦汉时由官方修筑成驿道，唐朝全线修成，以后历代又增修完善。[1]

蜀身毒道由五尺道、朱提道、灵光道、永昌道和宝井路等多段道路组成。

秦始皇统一中国后，为经略西南边疆，派常頞开辟五尺道。从今成都，经宜宾、昭通到达曲靖，因道宽五尺得名，是内地进入云南最古老的通道。汉武帝调动大量人力和物力，在秦朝五尺道的基础上继续开拓，经昆明、安宁至南华。由于此道途经昭通，汉时称昭通为"朱提"，故名"朱提道"。同时，汉武帝又开辟了另一条从四川进入云南的道路，即从成都出发，经邛崃、雅安、越嶲（灵光）、西昌、姚安至南华，是为"灵光道"。汉武帝"开路西南夷，凿山通道千余里"。[2] 遂使汉朝势力通过这条道路到达滇池以南地区。

---

[1] 董晓京：《腾冲商帮》，云南人民出版社2013年版，第17—23页。
[2] （汉）司马迁：《史记》卷三〇《平准书》，中华书局2006年标点本，第183页。

"朱提道"和"灵光道"在南华汇合后,经祥云、永平到达保山,由于东汉在今永平设置博南县,故这条道路被称为"博南道"。

"永昌道"是从永昌郡的府治永昌(保山)到达腾冲的通道,它使博南道向西延伸、最后通往缅甸和印度。①

从边城腾冲南行到缅甸和印度,又分岔道二股。

> 唐时通天竺亦取道腾越,盖有两道焉:一至诸葛城(龙陵)南行二百里至乐城,入骠国(都城卑谬),即今缅国也。……此则自腾越而南,由缅甸城转西以至东天竺界,凡三千五百里,至中天竺一千六百里,共五千一百里也。自诸葛城西去腾冲城二百里,又西至弥城百里,又西过山二百里至丽水城,乃西渡丽水、龙泉水,二百里至安西城,乃西渡弥诺江水,千里至大秦婆罗门国,又西渡大岭三百里,至东天竺北界个没卢国。又西南千二百里,至中天竺东北界之奔那伐檀那国,与骠国往婆罗门路合。②

上述从永昌经腾冲,南行至诸葛城,进入缅甸这段路,又被称为"宝井路"。"宝井"指挖取宝石的矿井。明朝杨慎《宝井谣》唱道:

> 永昌城南宝井路,七里亭前碗水铺。情知死别少生还,妻子爷娘泣相诉!川长不闻遥泪声,但见黄沙起金雾。潞江八湾瘴气多,黄草坝连猛虎坡。编茅遍野甘蔗寨,崩碛浮沙囊转河。说有南牙山更恶,帕头漆齿号蛮莫。光摇戞灯与孟连,哑瘴须臾无救药。莫勒江傍多地羊,队队行行入帐房。红藤缠足诏法友,金叶填牙缅甸王。回首滇云已万里,宝井前瞻犹望洋。③

---

① 也有的学者将博南道归在永昌道内,他们认为永昌道始于叶榆(大理),经博南(永平)、永昌(保山)、腾越(腾冲)至缅甸。
② (清)屠述濂:《腾越州志》卷二《疆域·道路》,云南美术出版社2007年点校本,第22—23页。
③ 转引自(清)屠述濂《腾越州志》卷三《山水·土产》,云南美术出版社2007年点校本,第57页。

这是一条中国人入缅挖宝石的道路，故称宝井路。走上这条道路必将历尽艰险，九死一生，极少生还。沿途黄沙弥漫，瘴气（疟疾）伤人。恶劣的自然条件，荒凉的穷乡僻壤，加上打扮怪异的异域人，使这条路一直被人们视为畏途。

南诏政权对永昌以南通缅甸道的修建曾做出了重要的贡献。唐代宗宝应元年（762），阁龙凤"西开寻传"，使南诏辖地达今怒江、伊洛瓦底江上游一带。

自古以来，蜀身毒道是一条商业贸易之路，也是民族迁徙之路和文化传播之路。除了宗教，还有很多物质在这条路上交流和传播，比如丝绸、茶叶、琉璃、珠宝、玉石、海贝等诸多物产源源不断通过这条道路运送到沿线各地。但是以往的研究者忽略了蜀身毒道也是铜鼓传播之路，自20世纪70年代以来，蜀身毒道沿线陆续发现了为数不少的云南早期铜鼓（万家坝型和石寨山型铜鼓），它们是铜鼓沿着蜀身毒道西传再转南传到东南亚的明证：

考古人员在朱提道（成都—昆明—安宁—南华）上的姚安县和弥渡县发现了5面铜鼓，都是万家坝型铜鼓。

姚安 1986年，农民在姚安县青岭村营盘山发现1面铜鼓。发现时鼓面向下放置，高30厘米、面径27厘米。鼓面太阳纹仅有光体，无光芒，鼓身通体光素，胸、腰、足三段分明，胸部最大径偏上，是万家坝型铜鼓。①

2000年，农民在姚安县龙岗乡下新屯种地时掘获2面铜鼓，无伴出器物。两鼓形制相同，大小有别。鼓面均饰太阳纹，仅有光体，无光芒，胸、腰、足分明，大鼓腰部有二十一条纵线，足部有一圈绳辫纹，小鼓腰部有十三条纵线。

弥渡 1978年，云南大理地区弥渡县发现1面铜鼓，制作粗糙，面径26厘米、足径41.8厘米、鼓高25.5厘米。1979年，农民在弥渡县青石湾小钟山斜坡上发现1面铜鼓，高34厘米、足径52厘米。两面铜鼓器

---

① 夏萍：《楚雄新近出土的一批铜鼓》，《云南文物》2003年第1期。

型类似，造型古朴，属于万家坝型铜鼓。①

在博南道（南华—祥云—永平—保山）上的南涧县和昌宁县发现了5面铜鼓。

南涧 1990年，大理南涧县浪沧乡三岔河村村民在村后山坡的泥潭边发现1面铜鼓，出土地点距南涧县城西约55千米。铜鼓出土时，鼓面朝下。铜鼓面径29.5厘米、身高29.9厘米、胸径44厘米、腰径34厘米、足径47.5厘米。胸腰附半环小扁耳两对。鼓腰由单线纵分为8格。鼓身胸部鼓突超过鼓面，腰部收细，至足部外敞。该铜鼓的形制特点是鼓胸大于鼓面，鼓腰上部小，往下逐渐扩展呈梯形，足部短但足径宽。②

昌宁 1973年，昌宁县达丙公社龙泉大队中山生产队社员在八甲大山发现1面铜鼓，铜鼓埋在不规则圆形土坑中，出土时鼓倒置，坑内除铜鼓外别无他物。鼓高39.8厘米、面径41厘米、足径53.7厘米、壁厚0.25厘米。器形和楚雄大海波鼓相似，但此鼓胸部最大径在中分线上。鼓面有太阳纹，无芒，似一圆饼，突起于鼓面中央。胸部光素，腰部由单直线纵分为12格，近足处有弦纹二周，鼓身有两道合范线。

1989年，昌宁县农民在城关镇右文办事处大理寨天生桥山南开辟茶园时偶然掘获。出土时，鼓面向下，置于地表以下90厘米的土中。胸、腰、足三段分明，鼓面中央饰太阳纹，有光体而无光芒，周边有四组立体雕塑，一组为猎犬搏鹿，另三组残缺不全，其中两组似持弩跪射之人，一组似击鼓之人。胸腰间有扁平窄耳两对。胸部光素，腰部被六对双直线及两道合范线分为8格，双直线下端饰卷云纹，卷云纹下饰双弦纹三道。从鼓面至足部共有七道58枚不规则的方形垫片所环绕。高37厘米、面径34厘米、胸径42厘米、足径47厘米，重19千克。③被称为昌宁天生桥鼓，属于万家坝型铜鼓。

1996年，农民在昌宁县城东北大横山开辟茶地时发现两面铜鼓，分别出于相距约100公尺的两个地点。出土时倒置，其中一鼓内放置6个编

---

① 陈润圃：《云南弥渡相继出土两面战国铜鼓》，《中国古代铜鼓研究通讯》1981年第1期。
② 田怀清：《南涧县浪沧乡三岔河村出土一面早期铜鼓》，《云南文物》2002年第2期。
③ 张绍全、李智跃：《昌宁再次出土古代铜鼓》，《云南文物》1989年第26期。

钟。这两面鼓的形制约同于八甲大山鼓，可惜已散失，因其出土地点明确，形制大体清楚，故附于此。

在永昌道（保山—腾冲）上发现了6面铜鼓。

腾冲 1976年，在腾冲县城西北马站区瓦窑乡（原属固东区）的小钟山顶，发现了一面铜鼓；山下附近有古道可到古永，再到缅甸。此面鼓出土时被发掘者砸成碎片，根据残片复原后可知，面径50厘米、鼓高38.6厘米、足径48.2厘米。鼓面无纹饰，鼓腰上装饰4只立蛙，蛙头向下。此面鼓的造型特点是：体型较大，鼓面明显增大，足部较高，胸部突出。初步判断为石寨山型晚期鼓，年代为东汉时期。①

1979年，在中缅边境的腾冲古永公社猴桥大队横山脚耕地里发现一面铜鼓，出土时鼓面倒置向下，已经残破。鼓身完整，两道合范线完整，重5千克，胸径39厘米、腰径49厘米、足径42厘米、高27厘米。胸部装饰有船纹，每船2人，或对坐或同向坐，双手平伸握浆作划船状；胸腰之际有两对绳辫纹鼓耳；腰部分格，格内有峰牛纹，足部素面。② 属于石寨山型铜鼓，约为西汉时期器物。

1979年，村民在腾冲固东乡的小钟山上挖地时发现1面铜鼓，可惜被敲成了碎片卖到当地供销社。1981年，腾冲固东乡村民在山中发现1面"象钟又象锅"的铜鼓，出土时鼓面倒置向下，无共存物。据当时目睹过这两面鼓的村民回忆，两面鼓的样子相同，似属同一时期埋藏的原始铜鼓。经鉴定这两面铜鼓属于万家坝型铜鼓，为春秋至战国中期器物。③

1985年，在腾冲中缅边境的古永乡苦草坡脚。民工在修涵洞取土时，发现了一面万家坝型铜鼓（图2—38），出土时鼓面距地表10厘米，面倒置，无共存物。面径34.5厘米，胸径42.7厘米，足径45厘米，鼓高26厘米，足高2.5厘米。造型古朴，鼓面饰光体，无其他纹饰。鼓腰被纵线

---

① 吕蕴琪、李淳信：《腾冲县新发现二具铜鼓》，《中国古代铜鼓研究通讯》1987年第5期。

② 杨复兴、吕蕴琪：《云南腾冲出土的古代铜鼓》，《中国古代铜鼓研究通讯》1982年第2期。

③ 杨复兴、吕蕴琪：《云南腾冲出土的古代铜鼓》，《中国古代铜鼓研究通讯》1982年第2期。

分为10格。鼓身前后已经残破。① 属于万家坝型铜鼓，时代为春秋至战国时期。

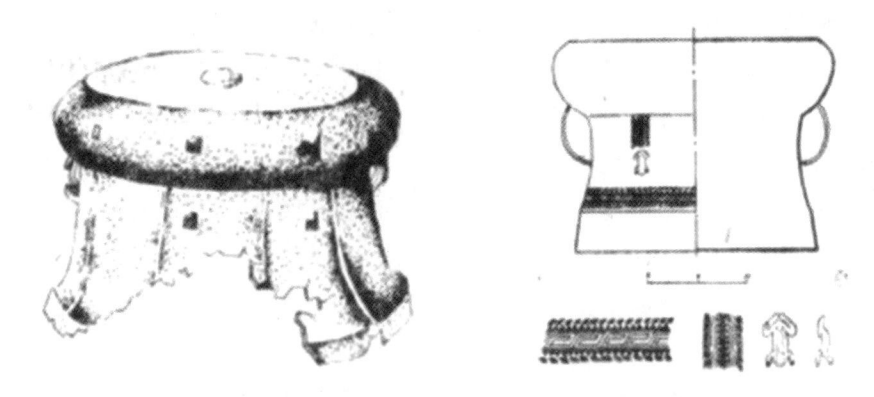

图2—38 腾冲发现的万家坝型铜鼓（左）和石寨山型铜鼓（右）

1992年，腾冲县中和乡东坪村小卧龙山寨农民吴永清在犁地时发现了一面铜鼓，出土时鼓面倒置，无共存物。鼓埋于地表以下约50厘米的深处。面径43.5厘米、胸径52.3厘米、鼓高43.5厘米。鼓面中央有饼状光体，无芒，鼓身和足部光素无纹。属于万家坝型铜鼓，时代为春秋中期。②

至此，腾冲已经出土了6面铜鼓，其中4面是万家坝型铜鼓，2面是石寨山型铜鼓，时代为春秋至东汉时期。

在腾冲附近的梁河县也发现了1面铜鼓。特别值得一提的是中国西南极边的腾冲县。中国腾冲位于中缅边境，从腾冲到缅甸可以取道蜀身毒道上的宝井路。这条道路主要是商路，很多商人在这条路上往回。1917年，一位叫西卡（R. L. Sicar）的博士在云南腾冲买到1面石寨山型铜鼓，后来他把这面铜鼓赠给了缅甸的帕甘博物馆。③ 这也是云南铜鼓传播到缅甸的一个例证。

---

① 吕蕴琪、李淳信：《腾冲县新发现二具铜鼓》，《中国古代铜鼓研究通讯》1987年第5期。
② 李正：《云南腾冲中和出土一面早期铜鼓》，《中国古代铜鼓研究通讯》1983年第9期。
③ ［美］R. M. Cooler：《克伦人对铜鼓的使用》，谢光茂译，《中国古代铜鼓研究通讯》1999年第15期。

(二) 茶马古道

茶马古道是古代云南著名的商贸之道，以云南普洱为起点向国内外辐射的用马帮驮运茶叶或其他货物的贸易通道，堪与蜀身毒道相媲美。所不同的是，蜀身毒道出现的时间较早，茶马古道形成时间较晚。但一些叶脉似的小道，则自古有之。

茶马古道并非像有的书上说的那样仅有三条或者五条，而是一个以普洱为中心的辐射交通网络。所谓茶马古道，并非车道坦途，而是马蹄踏出的山间小道。因为从甲地至乙地，既可翻山越岭，也可沿山箐绕行，不同的马帮，常选择不同的路，故具有很大的随意性。这些小道，有主有次，像叶脉一样分布，构成网络式的链接。

国内干线主要有两个方向。一是通往西藏，二是通往中国内地各省。通往西藏的道路基本遵循唐朝时期所形成的滇藏通道。即从普洱茶主产区普洱出发，经大理进入西藏，这就是所谓的滇藏茶马古道。此道到了大理又有三条分路：一条由大理经丽江至西藏；一条由大理经剑川，再与上一条道路相会合至西藏；一条由大理经中甸、德钦等地至西藏。此外，普洱茶还运至内地各省，即由普洱至昆明，再从昆明经昭通至四川，即沿古蜀身毒道，转运至京城和各省。也可以由昆明经贵州，沿庄蹻入滇之路进入内地。

通往国外主要有五个方向。一是由普洱经江城至越南莱州，然后转运至欧洲。二是由普洱经澜沧、勐连而后到达缅甸。三是由普洱经思茅、车里、佛海至打洛，然后到达缅甸景栋。四是从普洱经勐腊到达老挝，再转运南洋。五是从西藏转口南亚的印度、尼泊尔。以上通往国外的道路，几乎是用马帮运输，无近代交通工具可用。

茶马古道与蜀身毒道虽然不尽相同，但有很多地段是重复的。茶马古道是蜀身毒道的发展和补充，它使干道和支道串联起来，形成叶脉式的网状连接。

上述五条通往国外的茶马古道中，有四条是通往东南亚的，云南古代先民有可能通过这些道路将铜鼓文化迁移到东南亚地区。

前述已经发现6面铜鼓的腾冲，是蜀身毒道上的交通枢纽和商业重镇，从腾冲至缅甸除了宝井路外，还有五条茶马古道通往东南亚地区。

《腾越州志》卷二疆域道路条说：

至于临夷之路，则有五：

一自腾北道四程至茶山界，自腾西道八程至里麻界，十程抵孟养境。

一自州南一程至南甸，二程至干崖，四程至盏达蛮哈山，十程由蛮暮至猛密，二十七程至缅甸，三千里有奇至南海。

一自腾南一程至南甸，四程至陇川。自陇川西南又十程至猛密，转达缅；自陇川东道又十程至木邦，转达景线（即古八百媳妇国）。

一自腾东南道二程至蒲窝，二程至芒市，转达镇康。

这里的"腾越"就是腾冲，"南甸"即梁河。从"腾越"（腾冲）到缅甸，有两条道必经"南甸"（梁河），所以在梁河也发现了1面万家坝型铜鼓。

梁河 1994年，农民在梁河县河西乡勐来村高营盘山地开挖菜园挖出1面铜鼓。发现时鼓面朝下，无伴出物。高34厘米、面径36.5厘米。鼓面中央饰12芒太阳纹。腰部由十二道下端为叉头形纵线分为12格，足部有五道弦纹，腰内壁饰有由三组"鼍"纹和螺旋纹组成的图案。①

另外，前述在博南道上的昌宁发现了铜鼓，从昌宁往南走，可进入临沧地区，沿着澜沧江南下，就可到达老挝和缅甸。在澜沧江边的凤庆县和云县也发现了云南早期铜鼓。

凤庆 凤庆县石簸鼓1993年8月出土于凤庆县凤山镇石簸村。鼓面饰太阳纹，腰部被纵线分为20格，腰足交界处饰三道弦纹，鼓腰内壁饰4枚鼍纹。高34厘米、面径37厘米②。属于万家坝型铜鼓，被称凤庆石簸鼓。

云县 1972年出土于云县幸福公社下曼品生产队，高30.5厘米、面径40.3厘米、足径48.4厘米，属于石寨山型铜鼓，被称曼品鼓，现藏云县文物管理所。③ 1992年12月发现于云县幸福乡曼遮村，出土时鼓面朝

---

① 李正：《梁河勐来出土早期铜鼓》，《云南文物》2001年第1期。
② 李恩凤：《临沧地区的铜鼓》，《云南日报》2002年1月23日。
③ 云南省博物馆：《近年来云南出土铜鼓》，《考古》1981年第4期。

下，鼓面饰太阳纹，腰部被纵向卷云纹带分为6格，腰下部饰云雷纹。高43厘米、面径47厘米[①]，属于万家坝型铜鼓，被称云县曼遮鼓（图2—39）。

沿着澜沧江到了西双版纳地区，与茶马古道上从普洱出发到缅甸和老挝的两条道路会合也可到达缅甸和老挝。这条路上的勐海县也有云南早期铜鼓的发现。

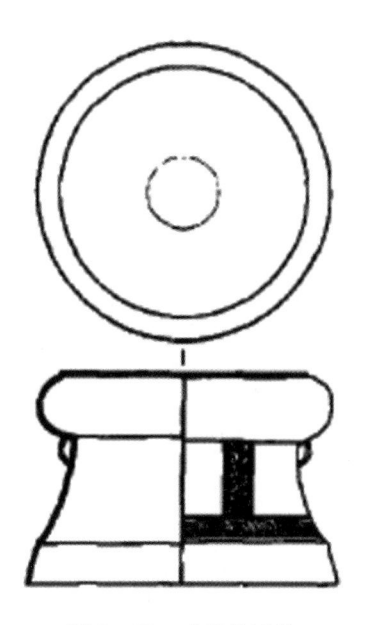

图2—39　云县曼遮鼓

勐海　1995年，勐海县民工在班麻曼山的山腰发现1面铜鼓，出土时鼓面朝下，距地表60厘米。鼓腰近足处之内壁有一对对称的罨纹，鼓足内壁有尖角形纹饰，鼓足上饰五道弦纹。此鼓出土时有12处残破，仅余一耳，高9.5厘米、面径40厘米、足径51厘米、重12.5千克。[②] 属于万家坝型铜鼓，被称勐海县曼因鼓。

由此可知，从云南通往东南亚的茶马古道也是云南铜鼓文化传播到东南亚的重要通道。

[①] 李恩凤：《临沧地区的铜鼓》，《云南日报》2002年1月23日。
[②] 转引自李昆声、黄德荣《再论万家坝型铜鼓》，《考古学报》2007年第2期。

(三) 滇越通道

连接云南和越南的线路有两条。一条是河流，即前述发源于滇西的礼社江，流经楚雄、玉溪、红河哈尼族彝族自治州，再从河口瑶族自治县流入越南北部。这是云南古代先民迁徙之路，也是铜鼓文化传播之路。因为它的起源地滇西地区恰恰是铜鼓的发祥地，沿途有铜鼓遗存，终结地越南北部则是东南亚铜鼓分布的中心。另一条通道是滇越进桑麋泠道，是连接滇池地区和交趾的交通线路。滇池至交趾的交通路线，古已有之。战国末年（约前316），秦伐蜀，蜀王子避居南中，后秦兵向南发展，蜀王子于公元前298年率3万余众远走文郎，于其地称王。蜀王至文郎的线路，为蜀赴交趾道，经过滇池区域。当时滇池以南已经有了比较发达的部落如句町、进桑。这两个部落是从滇池至交趾的必经孔道，句町在白河（盘龙河）上游、进桑在红河（富良江）上游。据此可知，滇越之间的交通可能在公元前已经建立。

考古资料显示，滇池地区与越南北部出土了很多相似的青铜器，比如靴型钺（图2—40），这种器物在云南晋宁石寨山、江川李家山、广西恭城以及越南北部的红河下游都出土过。[1] 又如心形铜锄，目前在云南昆明羊甫头、祥云大波那、红河州、文山州，越南北部的富寿、古螺、山西、清化等东山文化遗址出土过。再如滇池地区出土的贮贝器中有大量海贝，但云南本地不产贝，这些海贝极有可能是从越南东山文化分布的沿海地区输入的。[2] 上述器物和海贝是滇池区域和交趾长期文化交流融合的结果，说明两地很早以前就有交往。这种交往主要是通过进桑麋泠道完成的。

汉晋时期的进桑麋泠道，从益州郡治滇池地区经贲古或西随到达进桑关，再进入交趾的麋泠。贲古、西随、进桑关、麋泠都在红河水沿线。据方国瑜先生考证，贲古，在今蒙自、个旧、元阳之地。[3] 西随，在今之蛮耗。进桑关，在今河口，因其地为交通孔道而设关，由此亦可知滇越

---

[1] 刘小兵：《滇文化史》，云南人民出版社1991年版，第69页。
[2] 汪宁生：《汪宁生论著萃编》下卷，云南民族出版社2001年版，第695页。
[3] 方国瑜：《中国西南历史地理考释》上册，中华书局1987年版，第77页。

图2—40 云南江川李家上出土靴型钺

(采自玉溪地区行政公署《云南李家山青铜器图集》,云南人民出版社1995年版)

之间已有交通线,进桑为重要关口;麋泠,为今越南永富省富寿地区。[①] 所以,滇越进桑麋泠道,即从今昆明地区南下经个旧,在蒙自曼耗沿红河而下,出河口至越南。[②] 这条通道是滇池地区和交趾进行铜鼓文化交流的重要纽带,在这条通道沿线已经发现的铜鼓遗存。

蒙自 1989年,蒙自县鸣鹫中学在平整球场时掘获1面铜鼓,出土时鼓面朝上,鼓身明显分三段,胸部膨胀,腰部靠近足部位置有一圈绳纹和绳纹组成的三角形纹饰,高23.5厘米、面径24厘米。[③] 属于万家坝型铜鼓,被称为蒙自县鸣鹫鼓。

元江 1989年元江甘庄华侨农场甘坝分场马母格勒黑山北侧出土1面铜鼓,高35.9厘米、面径47.8厘米、足径57.5厘米,现藏元江县文

[①] 林超民:《汉晋云南交通概论》,载《林超民文集》(第二卷),云南人民出版社2008年版。

[②] 林超民:《汉晋云南交通概论》,载《林超民文集》(第二卷),云南人民出版社2008年版。

[③] 尹天钰:《云南蒙自县鸣鹫出土一面铜鼓》,《中国古代铜鼓研究通讯》1990年第7期。

物管理所。① 属于石寨山型铜鼓。

河口 1989年，云南河口县瑶山乡摆子寨村一位瑶族村民在田间发现1面大铜鼓，鼓高40厘米、面径59.3厘米、足径62厘米，鼓面出沿1.5厘米，鼓面边缘有4只青蛙，为北流型铜鼓。②

此外，云南早期铜鼓还传播到广西，再从广西传播到东南亚。据蒋廷瑜先生的研究，战国时期，从云南大理（或楚雄），经文山广南（特磨道）到广西百色田东（横山寨），已存在一条铜鼓之路，云南万家坝型铜鼓正是从这条路传播到广西，广西接受云南早期铜鼓文化以后，再将铜鼓文化传到越南。汉代以后，分布在云南滇池附近的石寨山型铜鼓从晋宁、江川经文山、广南至广西西林、隆林、百色、田东也有一条铜鼓路。汉代以前，铜鼓文化从云南向广西流动；东汉以后，以冷水冲型铜鼓为代表的铜鼓文化则从广西往云南流动（图2—41）；三国两晋南北朝以至隋唐宋，铜鼓仍在这些道路上流动。③

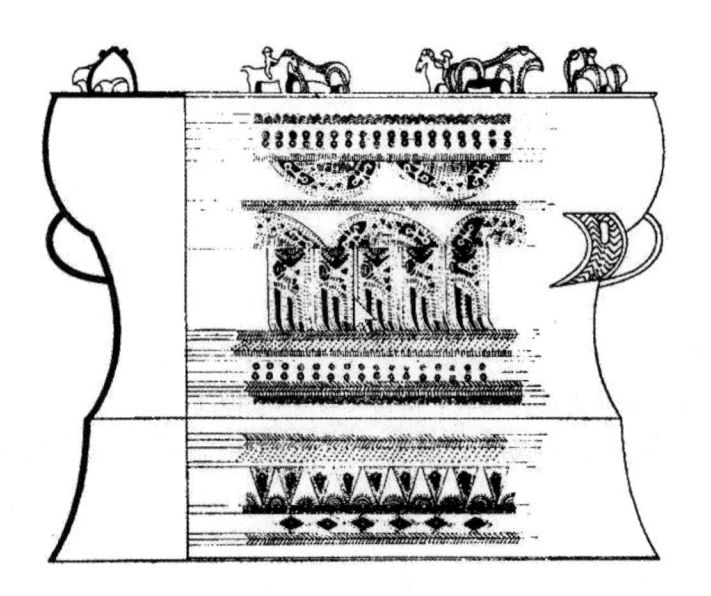

图2—41 广西藤县蒙江公社横村冷水冲出土的冷水冲型铜鼓

（采自中国古代铜鼓研究会编《中国古代铜鼓》，文物出版社1988年版）

---

① 转引自李昆声、黄德荣《论黑格尔Ⅰ型铜鼓》，《考古学报》2016年第2期。
② 尹天钰：《云南河口县发现一面铜鼓》，《考古》1995年第8期。
③ 蒋廷瑜：《"百越古道"中的铜鼓路》，载《广西博物馆文集》，2015年。

三　民族迁徙是云南铜鼓传播到东南亚的主要方式

（一）云南使用铜鼓的民族和不使用铜鼓的民族

铜鼓是云南古代少数民族首先使用的特殊民族器具，这是毋庸置疑的。但并非四大语系的少数民族都使用铜鼓。根据田野调查的结果，从古至今都使用铜鼓的民族是：苗瑶语系的苗族、瑶族；壮泰语系的壮族、傣族、泰族、老族、布依族、水族、掸族；孟高棉语系的孟族、高棉族、佤族。藏缅语系中，除了彝族使用铜鼓，其他各族都不使用铜鼓，在对藏族、羌族、普米族、景颇族、阿昌族等民族的调查中，从未见过一面铜鼓。纳西族也从未使用过铜鼓，只有丽江喇嘛寺（佛国寺）曾经收藏过一面铜鼓。拉祜族和哈尼族中，只是个别土司收藏过铜鼓，并且很少使用。傈僳族、怒族和独龙族并不知铜鼓为何物，他们的语言中也没有铜鼓的词语。至于白族，现在已经不使用铜鼓，但他们的先民使用铜鼓有迹象可寻。[①] 此外，居住在云南西双版纳的克木人也仍在使用铜鼓。

民族的划分是一个非常复杂的问题，现代和古代的民族称谓有很大的差异，国内跟国外的称呼又有很大的区别。所以我们很难完全找出民族称谓之间的一一对应关系，只能大致分为使用铜鼓的民族和不使用铜鼓的民族两个大类。

文化的载体是人，文化传播最重要的途径是人的迁徙。云南铜鼓有很大的可能是因使用铜鼓的民族不断迁徙而向外传播的。

（二）从《史记》记载和滇国文物看古滇人的迁徙

在战国至西汉时期，云南中部地区存在一个名为"滇"的部落，部落中的人被称为"滇人"或"滇族"。司马迁在《史记·西南夷列传》中记载：

> 西南夷君长以什数，夜郎最大。其西，靡莫之属以什数，滇最大；自滇以北君长以什数，邛都最大，此皆魋结，耕田，有邑聚。其外，西自同师以东，北至楪榆，名为巂、昆明，皆编发，随畜迁

[①] 汪宁生：《佤族铜鼓》，载《古代铜鼓学术讨论会论文集》，文物出版社1982年版。

徙，毋常处，毋君长，地方可数千里。①

同书还记载：

西南夷君长以百数，独夜郎、滇受王印。滇小邑，最宠焉。②

由此可见"滇"是汉代西南地区位于云南中部以晋宁石寨山为中心的一个农耕部落，又称"滇国"。

关于古滇国的考古发掘工作是1951年云南省博物馆成立后才开始的。1956年，考古人员在晋宁石寨山6号墓中出土了1枚蛇钮金印③，上面有篆书"滇王之印"。此发现震惊学术界，引起了国内外学者的广泛关注，被誉为中国20世纪50年代的重大考古发现之一。滇王之印和众多精美青铜器的出土，证实了《史记·西南夷列传》的记载真实可靠，并且证明了石寨山是"滇王及其亲属的墓地"④。

自20世纪50年代以来，考古工作者在古滇国故地中心，即今天的晋宁、江川、呈贡、安宁等墓葬遗址中发掘出大量青铜器，这些青铜器种类多、造型独特，具有浓郁的民族特色，与中原的青铜器迥然有别，反映出滇人高超的青铜冶铸技术和别致的审美情趣。其中石寨山型铜鼓是古滇国青铜器的典型代表。至今已在滇国墓葬中出土此类型铜鼓三十余面，国际上将其称为"黑格尔Ⅰ型鼓"。

值得注意的是，古滇国墓地中出土的石寨山型铜鼓是黑格尔Ⅰ型鼓中较早的鼓，也就是说石寨山型铜鼓是黑格尔Ⅰ型鼓中的早期鼓，是同类鼓中时间较早的鼓。同时也说明，古滇人是最早制造石寨山型铜鼓的民族。

---

① （汉）司马迁：《史记》卷一一六《西南夷列传》，中华书局2006年标点本，第670页。
② （汉）司马迁：《史记》卷一一六《西南夷列传》，中华书局2006年标点本，第670页。
③ 该印用纯金铸成，金印重90克，印面边长2.4厘米见方，通高2厘米；蛇钮，蛇首昂起，蛇身盘曲，背有鳞纹。这是滇国确实存在的物证，也是云南隶属中央最早的物证。
④ 云南省博物馆：《云南晋宁石寨山古墓群发掘报告》，文物出版社1959年版，第134页。

从目前发现的考古材料看，滇国是一个以农耕和畜牧业维持生计的社会。滇国墓葬和遗址中出土的青铜器中不乏大量的农具，比如有铜锄、铜斧、铜镰和铜铲等生产工具，贮贝器盖上有播种场面的人物雕塑等，这些滇国文物印证了司马迁在《史记·西南夷列传》中的记载，即滇国是一个"耕田，有邑聚"的社会，其主要生计方式是农业。但是滇国社会的农业是粗放的刀耕火种农业还是精耕农业呢？滇国出土的播种场面贮备器盖上的人物雕塑透露了关键的信息，该贮贝器盖上的雕塑再现了滇人前往田间地头春播的场面，他们有的人用肩舆抬着主持祭祀的女奴隶主，有的人肩扛锄头或点种棒等农具。古滇国贮贝器上的雕塑场面，是滇人生活场景的真实写照，在这个表现即将进行播种的场景中，人们没有抬着犁具，却抬着点种棒前往田间地头，这证明了当时滇人还处于刀耕火种的原始农业阶段。

刀耕火种农业，是较为粗放的农业形式，它的粗放性在于人们不用深挖土地，不用开沟引渠，不用精耕细作，不用翻土施肥。只需在耕种前，将一片林木砍倒后焚烧，焚烧后的草木灰就是天然的肥料，然后用点种棒播种，以后就不用再管这片土地上的作物，任其"野蛮"生长。由于没有施肥，这片土地在耕种几年后就要抛荒，让其"休息"一段时间以恢复地力，所以耕种者只能到相邻的土地上开荒。开荒有"直线式"和"螺旋式"两种。"直线式"开荒就是人一直不停向前焚林烧荒，开辟土地，这样几十年甚至几百年后，农耕民族就离开故地，迁徙到了离故土很远的地方。"螺旋式"开荒则是小范围地换种土地，两三年一换，待原来的土地恢复地力后，又回去耕种。这种轮流耕种土地的方式使人们一直生活在故土，不用迁徙到其他地方。所以刀耕火种又叫"游耕"。随着人口的增长，古滇人的土地有限，不能提供更多的耕地，养活更多的人口，故一部分滇人可能会"直线式"开荒，逐渐离开故土，迁徙到较远的地方谋生。

除了农业，古滇国的畜牧业也比较发达，从滇国青铜器上众多的动物形象可以窥见一斑。滇国青铜器上有大量动物形象，有驯顺的食草动物如牛、羊、马、鹿，也有凶猛的食肉动物如虎、豹、狼和野猪等。这些动物大多以雕塑的形式装饰在贮贝器盖上、武器的銎部、生活用品以及扣饰①上。尤其是扣饰上几乎是以动物为装饰主题，大多表现的是动物搏斗场面。

其中牛出现的频率最高，可以说牛在古滇人的社会生活中无处不在，并且是滇人心目中最为重要的动物，从滇国青铜器上可以看到滇人创造了大量的以牛为主题的雕塑或图像，比如八牛贮贝器、牛虎铜案、立牛杖头饰、牛纹铜鼓、剽牛铜饰、二人驯牛鎏金铜扣饰、喂牛铜扣饰、牧牛铜啄扣饰、斗牛场景扣饰、喂牛铜扣饰、三人缚牛扣饰、猛虎背牛铜扣饰、牛虎搏斗铜扣饰等，不胜枚举。

牛在滇国社会中的重要性取决于它的用途。关于牛的用途，前辈学者已有一些研究，有一种说法认为滇人的马牛很多，但马只用于骑乘和战争，牛只用于肉食。② 李昆声教授认为战国乃至西汉时期滇池区域的牛，尚处于"宗庙之牺"阶段，还没有达到"畎亩之勤"即用于耕地阶段。③ 尹绍亭教授则认为牛在滇国社会中被用于另类的"牛耕"，即"踏耕"或"蹄耕"，就是将牛赶入田中，让其反复踩踏泥土，从而使土壤细碎熟化，达到耕作目的。④ 此观点不无道理。"踏耕"是一种古老的耕作方式，在南亚和东南亚国家都曾经存在过，20世纪80年代在云南的一些民族地区还有用牛踏耕的情形。

不论牛在滇国社会中是作为肉食还是用来踏耕，可以说牛在该社会中是"一物多用"，故它在滇人心目中比其他动物更为珍贵，更受尊崇。

我们认为对于滇国驯养的以牛为主的牲畜，滇人需要对其进行放牧，因此不可避免地要"逐水草而居，随畜迁徙"。

正是由于古滇人的刀耕火种和畜牧行为，导致了一部分人不得不迁徙至他乡。汉武帝元封二年（前109），中央王朝以滇国故地为中心设置

---

① 滇国贵族特有的装饰品，主要流行于战国到西汉时期的滇池区域，是滇青铜文化的重要组成部分。命名为"扣饰"，是因为在其背面皆有近矩形扣，可以插入腰部或胸部束带的扣眼中。

② 云南省博物馆：《晋宁石寨山出土有关奴隶社会文物》，载《石寨山文化考古发掘报告集》（上册），科学出版社2016年版。

③ 李昆声：《云南牛耕的起源》，《考古》1980年第3期。

④ 尹绍亭、尹仑：《生态与历史——从滇国青铜器动物图像看"滇人"对动物的认知与利用》，《云南民族大学学报》2011年第5期。

益州郡，一部分滇人留在当地被汉族同化，一部分人不知所终。这些人在迁徙过程中，把他们的青铜文化，特别是铜鼓文化，随着滇人的迁徙而传播四方。

（三）从《后汉书》中的"九隆传说"看泰系民族的迁徙

云南的哀牢山是泰系民族的发源地，中国古籍记载了一个关于哀牢起源的传说：

> 妇人沙壹捕鱼水中，触木而妊，十月，产子十人。后沉木化为龙，九子见龙惊走，唯幼子九隆背龙而坐，为父所舔而黠，众人推他为王。后九隆死，子孙世世相继。①

这就是哀牢人的起源。神话传说虽不足信，但它是民族文化的源头。学者们研究，哀牢人所说的"鸟语"，不是别的什么语言，而是泰语。"哀"是泰语里的一个虚词，相当于汉语中阿王阿陈的"阿"。现代傣族平民男子的乳名，首一字发音必"岩"（读若 ai），即"哀"的同音异写。可能这种民族自称为"牢"，"牢"在泰语里是"我们"的意思，其他民族遂把他们的自称当作了他们的族名。所以，现今泰国的泰族、老挝的老族、西双版纳的傣族都发源于云南哀牢山。② 哀牢人建国当不会迟于公元前 3 世纪，以后顺澜沧江向下迁徙，最终到达泰国、老挝地区。

（四）从《过山榜》看苗瑶民族的迁徙

《过山榜》是瑶族民间用汉文记录本民族历史的古老文献。又称"评皇券牒""过山榜文书""过山牒""过山照"等。一般认为它最早产生于隋唐时期。广东连州有挂榜村，其碑石记载了村名的来历："瑶人有习，以榜文示民众，定大事。大凡皇朝或州府赐给瑶人的条例、制约和规定，如免纳公粮、减征赋税、敕封官爵、内部自治以及准允身带弓弩游山狩猎、不准强押山子为婚、只许招亲入赘之类，均以过山榜或过山

---

① （南朝宋）范晔撰，（唐）李贤等注，中华书局编辑部点校：《后汉书》，中华书局 1965 年版，第 2848 页。

② 段立生：《哀牢是傣系民族的先民》，载《泰国史散论》，广西人民出版社 1993 年版。

照告示瑶民。挂榜村，便是悬挂过山榜之村寨。""过山榜"内容主要包括几个方面：一是人类起源的洪水故事、盘古开天地等；二是民族起源的龙犬盘瓠传说及姓氏来源；三是各朝代给瑶人加官的史实；四是各朝代免除瑶人赋税、优待瑶人的时间及措施；五是瑶族迁徙的过程；六是瑶族的生产、生活、宗教信仰，风俗习惯、艺术活动等；七是瑶族的对外联系和社会矛盾等。历史悠久，内容丰富，记录了瑶族社会的变迁，是研究瑶族社会历史发展的重要文献。

1975年日本学者白鸟芳郎在清迈获得大量汉文资料，辑成《瑶人文书》出版，其中《评皇券牒》明确记载：从"正中景定元禩（1260）十二月"开始，宋朝政府就颁发了《过山榜》，发给瑶族作为官方认可的在迁徙过程中使用的通行文书，相当于现在的护照，说明有大量的瑶族从中国的滇黔湖广迁徙到东南亚地区。据1982年的统计，越南有瑶族34.6万人。在老挝，苗族和瑶族被合称为"老松族"（住在山上的老挝人），约有5万人。缅甸的瑶族人数较少，仅有120人。泰国瑶族人口共34101人，占泰国总人口的0.16%。此外，在柬埔寨等国也有瑶人居住。

（五）从跨境民族的分布看民族迁徙

跨境民族是指居住在国境内外的同一民族，由于迁徙或国界变动等种种原因，使其分布于两个或两个以上的国家，尽管国籍不同，但他们的语言和文化基本相通，来自同一祖先，血脉相通，保持着原有的民族特征，这样的民族叫跨境民族。

云南自古以来是一个多民族杂居的地区，共有26个民族。云南又是一个与东南亚毗邻的省份，与缅甸、老挝、越南接壤，与泰国相邻。目前居住在云南和东南亚并拥有5000人以上人口的跨境民族共有16个，占云南所有民族比例的61.5%，他们是壮族、傣族、布依族、苗族、瑶族、彝族、拉祜族、哈尼族、佤族、傈僳族、景颇族、怒族、阿昌族、独龙族、布朗族和德昂族。其中除傈僳族、景颇族、怒族、阿昌族、独龙族、布朗族和德昂族以外，其他民族都是使用铜鼓的民族。

从跨境民族的分布可以看到民族迁徙的轨迹。在民族迁徙的过程中，使用铜鼓的民族必然把铜鼓文化带到东南亚各地。

综上所述，民族迁徙是一种常态，自古有之。从滇人的迁徙，哀牢人的迁徙，苗瑶人的迁徙，以及跨境民族的迁徙，可以看出在漫长的历史长河中，各民族通过迁徙，不仅达到人口的移植，也促进文化的交流和移植。所以，发轫于云南的铜鼓文化，通过民族迁徙传播到东南亚，是一条重要的途径。

除了民族迁徙是传播铜鼓文化的一条重要途径外，伴随着商业的发展，中外商贾往来日益频繁；宗教的传播，僧侣相望于途；国家之间接触增多，使节络绎不绝。这些都在很大程度上促进了铜鼓文化的传播。

四 云南与东南亚的铜鼓文化双向交流

（一）直接传播和间接传播

云南铜鼓（主要是万家坝型和石寨山型铜鼓）传播到东南亚，有直接传播和间接传播两种方式。

所谓直接传播，是指云南铜鼓被迁徙民族直接带到与之毗邻的越南、缅甸、老挝和泰国等地，而没有经过第三者中转。云南铜鼓的直接传播，有两条线路：

一条是沿着蜀身毒道从滇中传至滇西的腾冲，再传至缅甸和老挝。在滇西中缅边境的腾冲出土过万家坝型和石寨山型铜鼓（图2—42）。云县也出土过石寨山型铜鼓。泰国班清曾出土过一面万家坝型铜鼓，与祥云大波那、昌宁八甲大山出土的万家坝型铜鼓相似。很有可能是云南铜鼓从滇西中缅边境的腾冲传至缅甸，再从缅甸传至老挝和泰国，或者从云县沿着怒江、澜沧江河谷传到老挝和泰国。

另一条传播线路是通过滇越通道传到越南。万家坝型铜鼓沿着礼社江至濮水、红河，再经过红河水系南下至越南，这条路就是汉晋时期开通的云南至交趾（越南北部）的"进桑麋泠道"。而石寨山型铜鼓则从滇池往东，沿南盘江顺流而下，到达今文山州，此地在汉朝和汉以前隶属句町古国。考古人员在属于句町古国的丘北、广南、麻栗坡等县发现过公元前5世纪至公元1世纪的石寨山型铜鼓。由于当时句町国经济文化发达，铜鼓铸造技术在此地得到发展，成为云南铜鼓向外传播的一个重要枢纽站。之后，铜鼓向南经麻栗坡传至越南北部。

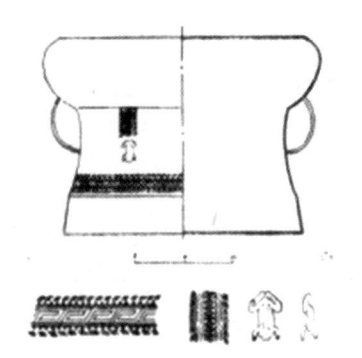

图 2—42 滇西中缅边境腾冲出土的万家坝型铜鼓（左）和石寨山型铜鼓（右）
（采自吕蕴琪、李淳信《腾冲县新发现的二具铜鼓》,《中国古代铜鼓研究通讯》1986 年第 5 期）

所谓间接传播，是指云南铜鼓传到越南，经当地民族改造后，产生了东山铜鼓。东山铜鼓和万家坝型铜鼓相比，除了鼓面和腰径增大外，在造型和花纹上基本保留万家坝型铜鼓花纹的特征。在铸造技术上，东山铜鼓已经臻于成熟，合金成分比、宽与高之比、各部位纹饰布局完美，达到了铜鼓铸造艺术的高峰。可以说，东山铜鼓在万家坝型铜鼓的基础上发展而来，是对万家坝型铜鼓的完善与发展。

铜鼓铸造工艺在越南北部得到进一步发展并形成高潮，再经老挝、柬埔寨、泰国、马来西亚，越过马六甲海峡，一直传到印度尼西亚的苏门答腊、爪哇、苏拉威西、新几内亚。在这些国家中，都发现了黑格尔Ⅰ型鼓（石寨山型和冷水冲铜鼓），如越南海防的越溪鼓、玉缕鼓、黄下鼓；老挝的农森鼓；柬埔寨的蒙鲁塞和托斯塔发现的鼓；泰国翁巴洞出土的鼓；印度尼西亚苏拉威西的沙莱叶鼓等，都是通过间接传播而来的。

（二）铜鼓文化反哺

继万家坝型铜鼓之后，铜鼓分南北两区发展。北区以中国云南滇池为中心，是石寨山型。南区以越南红河平原为中心，为东山早期类型。这两支铜鼓都继承了万家坝型铜鼓的传统，并列发展，相互影响，但又各具特色。

1987 年，越南考古研究院出版《东山铜鼓》一书，将东山铜鼓划分为 A、B、C、D、E 共 5 组 22 式。其中 A、B 组为东山早期铜鼓，相当于中国的石寨山型铜鼓，C、E 组为东山晚期铜鼓，相当于中国的冷水冲型。在时间上，A 组要比 B 组早，C 组和 E 组的时代都比较晚。

晚期东山铜鼓（中国学者称为冷水冲型铜鼓）继续扩大分布地域，分南北两支发展：南支分布于越南北部的红河下游地区，称为红河式铜鼓。此支铜鼓以红河平原为中心不断向南推进，传播到东南亚其他地区。北支沿左江—邕江—郁江流域发展，形成两个中心。一个以广西邕江及左、右江流域中心，以宾阳、邕宁、武鸣、横县等地最集中，南到扶绥、大新，西到广西田东、田阳，云南富宁、陆良，最北到四川古蔺，称邕江式。另一中心在浔江流域，以广西桂平、平南、藤县最密集，北到蒙山、昭平、金秀、鹿寨，包括柳州、象州、武宣、来宾、上林，南到贵港、容县，称浔江式铜鼓。①

综上所述，晚期东山铜鼓不仅迅速向东南亚其他地区传播，而且反哺中国南方铜鼓，使其进一步发展，推动冷水冲型铜鼓发展到另一个高峰。

---

① 蒋廷瑜：《东山铜鼓在铜鼓发展史中的地位》，载《蒋廷瑜集——岭南铜鼓论集》，线装书局 2011 年版。

第三章

东南亚各国的铜鼓文化

古代铜鼓是东南亚原始文化发展到高级阶段的产物,是东南亚原始文化的集大成者。[①] 东南亚古代铜鼓文化反映了早期东南亚居民的社会生活习俗、原始宗教信仰以及铜鼓纹饰在艺术上所达到的高度,并在许多方面影响了后来东南亚文化的发展。因此,研究东南亚的铜鼓文化,有助于我们加深对东南亚民族历史与文化的认识。

第一节 越南的铜鼓文化

一 越南铜鼓的文献记载

越南,是与中国山水相连的国家,位于东南亚中南半岛东部,濒临暹罗湾、北部湾和南海,北与中国云南、广西接壤,西与老挝、柬埔寨交界,国土狭长呈S形,面积约有33万平方千米,紧邻南海,海岸线长3260多千米。

越南与中国是友好邻邦,中越两国有着悠久而紧密的历史联系。公元前257年,蜀国末代王子蜀泮率众到达今越南北部,建立瓯雒国。公元前214年,秦统一六国,在今越南北部和两广、福建一带设立桂林、南海、象郡三个郡,其中越南北部归象郡管理。[②] 公元前203年,秦朝南海尉赵佗自立为王,建立了以广州为中心的割据政权南越国,于其地设交趾、九真二郡,越南北部成为南越国的一部分。越南古史把南越国列入

[①] 梁志明:《东南亚的青铜时代文化与古代铜鼓综述》,《南洋问题研究》2007年第4期。
[②] 一般认为象郡包括今越南北部、中部地区和广西南部的一些地方。

王统,称赵佗为越武王,尊为开国之君。

公元前111年,汉武帝灭南越国,设九郡,在越南设立交趾、九真、日南三郡,将其纳入汉王朝的直接管理;唐朝时,在交趾设置了安南都护府。唐朝灭亡后,中国进入五代十国的混乱时期(907—960)。各地封建势力纷纷割据,越南封建主也乘机建立自主的封建国家,开创越南历史的新时期。至939年,吴权自立为王,但在位时仅六年。944年吴权死后,各地封建主割据争雄,连年混战。直到968年,丁部领建立了"大瞿越国",975年被宋太祖封王,视为"列藩"。故越南自主封建国家的建立,应从968年开始。自此之后,越南虽仍与中国封建王朝保持"藩属"关系,而实际上已经摆脱了中国的统治,获得了独立,开始了越南历史的自主封建时期。①

19世纪中叶后,越南沦为法国殖民地。1945年八月革命,胡志明宣布成立越南民主共和国,1976年改名越南社会主义共和国。在中越两国关系发展的历史长河中,和平友好交往是发展的主流。受中国文化影响,历史上越南一直使用汉字,汉语对越南的影响较大②。随着汉字的传入,12世纪初,越南在汉字的基础上,创造了一种利用汉字的表义表音功能来拼写越南口语的新文字,俗称"喃字"或"字喃",要会使用喃字,必须先会汉字;所以喃字出现后,汉字仍然在使用。③ 13世纪陈朝时喃字形成体系。1945年后,拉丁化拼音文字正式取代喃字。由是之故,有关越南铜鼓的历史文献,大都用中文记载。

最早涉及越南铜鼓的汉语文献是南朝刘宋时人范晔的《后汉书·马援传》:

> (公元42—43年)援好骑,善别名马,于交趾得骆越铜鼓,乃铸为马式,还上之。④

---

① 戴可来:《越南历史述略》,《印支研究》1983年第1期。
② 大约从东汉开始,汉字开始大规模传入越南。到了越南陈朝以后,汉字成为越南政府以及民间的主要文字,并且大量汉字著作开始出现,最著名有15世纪编撰的《大越史记全书》。这些以汉字写成的著作或文章,并不按越南语的文法书写,也不采用越南语的词汇,而是纯粹地用古汉语的文法写成。
③ 范宏贵:《现代越语中的古汉语借词》,《东南亚纵横》1998年第4期。
④ (南朝宋)范晔撰,(唐)李贤等注,中华书局编辑部点校:《后汉书》,中华书局1965年版,第840页。

书中记载了汉朝将领马援到交趾镇压二征夫人起义的历史事件,并亲眼在越南见到铜鼓,故后人将越南的骆越铜鼓称为马援鼓。

越南直到14世纪才在本国文献上出现"铜鼓"两字,并且这些书大多是汉文著作,如《粤甸幽灵集》[①]《岭南摭怪》《大越史记全书》,书中提到与铜鼓有关的传说和地名。《大南实录正编》中记载了封赠和进贡铜鼓的仪式,《黎朝会典》《历朝宪章类制》《越史通鉴纲目》中记载了人们在月食和日食时用铜鼓作乐器祭拜祖先的情景;清化铜鼓庙中由光帝之子宣公阮光繙于宝兴二年(1802)刻的木匾上,记载了庙中铜鼓的发现过程、规格形状、制作技术和试音等情况。此外,记述越南阮朝版图的地志《大南一统志》除了对铜鼓的位置及其重量、尺寸、形状进行了详尽的描述外,还特别注意到铜鼓上的各种花纹装饰。[②] 总体而言,越南古代关于铜鼓的记载并不多见,但这些记载是今人研究越南铜鼓弥足珍贵的史料。

二 越南东山文化

东山铜鼓是东山文化最具代表性的器物,东山文化是东山铜鼓根植的"土壤"和文化背景,要研究东山铜鼓,首先必须了解东山文化。

东山文化,是东南亚晚期青铜时代至早期铁器时代文化,是东南亚重要的青铜文化,也是越南青铜文化的典型代表。因其最早发现于越南马江流域清化省清化县东山村而得名。主要分布在越南北部永富、河山平、河北诸省。迄今在越南12个省和两个市的约80个地点,发现了东山文化遗物2800余件(河内东英县古螺城发现的约1万件铜镞未计入),其中青铜器有1500多件。[③] 东山文化的上限,目前学术界普遍接受的是公元前600年。[④] 其下限则划定为公元1世纪,即马援率军镇压二征起义

---

① 又称《越殿幽灵》。
② [越南]刘震霄:《越南铜鼓的历史和现状》,《中国古代铜鼓研究通讯》1993年第9期。
③ [越南]黎文兰、范文耿、阮灵编:《越南青铜时代的第一批遗迹》,梁志明译,越南科学出版社1963年版。
④ 东山文化的上限,曾经有三种争论,即公元前600年、前500年和前350年。

的那一年（43），① 故东山文化历时约 700 年，即公元前 6 世纪至公元 1 世纪。

1924 年，一位农民在清化省东山村经大雨冲刷的马江岸边拾得一些铜器，卖给法国驻清化省的税务官巴诺（L. Pajot），巴诺推测附近可能有文化遗址，遂决定在此进行考古发掘。1924—1928 年，法国远东博古学院委托巴诺在东山村主持了多次发掘，获铜鼓 20 余面，为第一批考古发现的铜鼓，是判断同类铜鼓的年代和分布的有力佐证。1930 年和 1937 年，巴诺又分别在东山、清化省部分地区、永禄县发现了一些铜鼓、矛、戈、匕首、斧、钟等器物，样式与东山首次出土铜器相似。但巴诺不是考古学家，他在主持发掘时没有采取科学方法，致使出土实物和墓葬地层关系不清晰，不能判断出土青铜器的年代，给日后研究工作带来困扰。

1933 年，法国远东博古学院改聘瑞典考古学家欧·阳士（O. R. T. Janse）在东山及附近地区再次进行发掘。阳士用开探方的方法层层下挖，仅在东山一处，就采集到青铜器 200 余件，其中有两面铜鼓和一些明器鼓。他把这些材料发表在《印度支那考古学探讨》一文中，强调东山文化和中国青铜器有密切关系。

最早报道东山文化的是远东考古学院的考古学家戈鹭波（Victor Goloubew），他在《北沂和北中沂的铜器时代》② 一文中提到了这些出土器物，在考古界引起关注，大家一致认为这是一种重要而又独具特色的青铜文化。1934 年，奥地利考古学家戈尔登（Geldem）发表文章《殖民地印度艺术的史前基础》，提议将这种青铜文化命名为"东山文化"，并指出要理解"东山文化"术语是包括云南、印度支那和印度尼西亚青铜时代的一切文化，将来的研究可能会便于认出这些文化之间的地方类型和不同年代的次序。戈尔登提出的"东山文化"概念，在相当长的一段时间里具有较大的影响力。但自从 20 世纪 60 年代以来，由于考古学取得了进展，东山文化的概念也有了变化，现在认为东山文化只分布在越南

---

① 埃德蒙·索兰、让皮埃尔点·卡伯内尔：《印度支那半岛的史前文化》，载《考古学参考资料》（2），文物出版社 1979 年版。

② 戈鹭波：《北沂和北中沂的铜器时代》，载《远东博古学院集刊》第 24 集，越南河内出版社 1930 年版。

的北部和北中部，同时越南学者认为东山文化属于铁器时代。[1]

1929年，戈鹭波发表文章《东京和安南的青铜时代》，公布了巴诺在东山发现的青铜器名录，指出东山青铜器数量多、品种多，大多是由当地冶金工场生产的。戈鹭波将东山出土的铜器分为五大类，其中铜鼓是东山文化中最典型和最具特色的一类器物。

张增祺先生认为东山文化是在越南早期青铜文化基础上发展起来的一种地域性文化，它在自身发展过程中，吸收和融合了临近地区的各种外来文化，不断丰富和充实自己。在春秋末期到战国中期，主要是和滇池地区的青铜文化有密切联系；战国末期到西汉中晚期，东山文化又接受了大量中原文化的影响，形成具有民族特色的地区性文化。[2] 王大道先生通过对滇池区域青铜文化和东山文化的比较，发现东山文化中有和滇文化相似的器物如靴形钺和铜鼓（黑格尔Ⅰ型鼓）等，他认为在大致相同的历史时期，由于滇池区域的青铜文化发展水平高于东山文化，所以东山文化接受了滇文化的影响。[3]

三 越南东山铜鼓研究状况

东山铜鼓是越南学者在发现东山文化以后，对出土于越南清化省东山一带早期铜鼓的命名，这类鼓在国际上被称为黑格尔Ⅰ型鼓。

（一）西方学者的早期研究

越南是古代铜鼓分布最集中的国家之一，铜鼓在越南的青铜文化中占据重要地位，越南铜鼓很早就引起了研究者的重视。然而19世纪末越南沦为法国殖民地之后，越南铜鼓的研究主要掌握在法国和其他西方国家学者手里。

1902年，奥地利学者黑格尔研究了165面铜鼓后，将当时他所知道的铜鼓划分为4个基本类型和3个过渡类型，Ⅰ型鼓以越南的沱江鼓

---

[1] ［越南］阮文好：《论东山文化青铜器的风格和特征》，载《声震神州——文山铜鼓暨民族历史文化国及学术研讨会论文集》，云南人民出版社2005年版。

[2] 张增祺：《云南石寨山文化与越南东山文化比较研究》，载《中国西南民族考古》，云南人民出版社2012年版。

[3] 王大道：《云南青铜文化及其与越南东山文化、泰国班清文化的关系》，《考古》1990年第6期。

(慕列鼓）和中国的开化鼓为代表。这类鼓体型较大，鼓身明显分为三个部分：胸部突出，腰部呈直筒形，足部向下垂直或先收后张，形成一个向外扩展的截头圆锥体。胸和腰之间有两对扁耳，扁耳上有编织花纹。鼓面中央有12芒太阳纹。晚期铜鼓鼓面边缘有4只青蛙塑像，有时中间还有两个骑士塑像。鼓面和鼓身遍布纹饰（图3—1）。黑格尔描述了35个Ⅰ型鼓的纹饰，认为它们是铜鼓的最早形式，其他类型的铜鼓都是从Ⅰ型鼓发展而来的。

图3—1 东山铜鼓

1924年东山文化遗址出土20面铜鼓后，西方学者将黑格尔Ⅰ型鼓和东山铜鼓进行比较研究，认为它们属于同一类型的铜鼓。

（二）越南学者的研究

1954年越南恢复和平后，越南学者才有了研究铜鼓的主动权。当时越南北方陆续收集到一些铜鼓，开始对铜鼓进行系统研究。1957年，陶维英在其文章《铜器文化和雒越铜鼓》和著作《越南古代史》[①]中指出，越南北部和清化、义安存在着一种独特的铜器文化系统，即居住在越南北方的雒越人创造的东山铜器文化。铜鼓是越南东山文化中重要而又特殊的遗物，玉缕鼓是此类铜鼓的典型代表，其创造者是雒越人。此后越南学者陆续发表了一些介绍东山铜鼓的文章，他们研究了越南各种类型

---

① ［越南］陶维英：《越南古代史》，刘统文、子钺译，商务印书馆1976年版。

的铜鼓，但主要聚焦在黑格尔Ⅰ型鼓上，视其为古代越南文化的象征。1968—1971年，越南学者将黑格尔Ⅰ型鼓命名为"东山铜鼓"，以确认这个名称的文化和历史意义，把东山铜鼓视作民族文化中最引以为豪的无价之宝。八月革命以后，越南政府高度重视铜鼓研究工作，投入大量资金支持学者们不断搜集、勘察、记录整理和研究东山铜鼓，成果斐然，出版了很多专著和图录。最具代表性的著作有以下三部。

1975年越南历史博物馆阮文煊、黄荣编著出版的《越南发现的东山铜鼓》一书，逐一介绍了越南发现的52面铜鼓（其中1面是中国的开化鼓）和13面已经遗失和未经证实的铜鼓，把它们称作"东山铜鼓"。该书还介绍了另外53面称为"还愿鼓"（Votive drums）的小型铜鼓。值得注意的是，该书中说"马援在两千年前掠夺了我国的雒越铜鼓，铸为铜马献给汉皇，这些雒越铜鼓属于黑格尔Ⅰ型鼓，是最古典、年代最早的东山铜鼓类型"。然而铜鼓已由马援铸成铜马，今人未见铜鼓原物，则所谓"最古典""年代最早"之说不能成立。

1987年范明玄、阮文煊和郑生所著《东山铜鼓》出版，他们在书中把越南发现的118面铜鼓、中国发现的148面铜鼓、东南亚其他国家发现的55面类似的铜鼓，都列为东山铜鼓。

1990年范明玄、阮文好、赖文德编著的《越南的东山铜鼓》[①]出版，补充展示了当时越南境内所有的东山铜鼓，越南发现的144面，中国云南出土的3面，维也纳收藏的1面。这些铜鼓属于黑格尔在《东南亚古代金属鼓》中的黑格尔Ⅰ型铜鼓，相当于中国学者分类中的石寨山型和冷水冲型铜鼓，流行于公元前4世纪至公元2世纪，广泛分布在中国西南、越南和东南亚其他国家。

越南学者将所有在越南发现的铜鼓统称为东山铜鼓，将其分为A、B、C、D、E共5个类型22式。[②]

(三) 中国学者的研究

20世纪80年代初，中、越两国学者交流较少，中国学术界只知道越

---

① ［越南］范明玄、阮文好、赖文德编著：《越南的东山铜鼓》（图录），越南社会科学出版社1990年版。

② Pham Minh Huyen, Nguyen Van Hao, Lai Van Toi, *Dong Son Drum in Vietnams*, The Viet Nam Social Science Publishing House 1990.

南有几十面铜鼓,其中有一部分是明器鼓。总体来说对东山铜鼓知之甚少。

20世纪90年代,中、越两国铜鼓研究学者开始有少量互访,比如中国古代铜鼓研究会副理事长邱钟仑研究员等人于1994年受邀访问越南,参观了越南国家历史博物馆、胡志明博物馆和雄王博物馆三个国家博物馆和海防、河西、清化、永福等地博物馆收藏的铜鼓,并参加了越南考古学院组织的铜鼓研究学术谈论会。随着两国学者交流的增多,越南铜鼓越来越受到中国学者的重视。

至21世纪初,中国有学者开始对越南铜鼓进行比较系统的研究。

蒋廷瑜先生在《东山铜鼓在铜鼓发展史中的地位》一文中认为,东山铜鼓是成熟期铜鼓,不是最原始的铜鼓。原始铜鼓是先黑格尔Ⅰ型鼓(中国学者分类中的万家坝型铜鼓)。东山铜鼓是在先黑格尔Ⅰ型鼓的基础上发展起来的,是对先黑格尔Ⅰ型铜鼓的完善与提高。早期东山铜鼓与中国南方的石寨山型铜鼓并行发展,互为促进,使铜鼓艺术形成第一个高峰,对后世铜鼓影响深远。晚期东山铜鼓不但回过头来影响中国南方铜鼓的进一步发展,推动冷水冲型铜鼓发展到另一个高峰,而且迅速向东南亚其他国家和地区传播,开启了一个新时代,使铜鼓文化深入东南亚一大片古老民族地区,形成一种特有的文化现象,东山铜鼓在铜鼓发展史中起着承前启后的作用。[1] 同时,蒋先生在文章《铜鼓是东盟古代文化的共同载体》中,论述了黑格尔Ⅰ型鼓和黑格尔Ⅱ型鼓及其使用民族。[2]

李昆声、黄德荣先生在著作《中国与东南亚的古代铜鼓》中,研究了越南东山铜鼓中的A、B型鼓,认为它们和中国石寨山型铜鼓是黑格尔Ⅰ型鼓的两个亚型,两者基本上是平行发展的关系;并且A、B型鼓是受中国万家坝型铜鼓的影响在越南本土制造的。[3]

综上所述,较早研究越南铜鼓的是西方学者,其次为越南学者。中国学者虽然研究越南铜鼓的时间相对较晚,但是他们注重将中国铜鼓与

---

[1] 蒋廷瑜:《东山铜鼓在铜鼓发展史中的地位》,《蒋廷瑜集——岭南铜鼓论集》,线装书局2011年版。
[2] 蒋廷瑜:《铜鼓是东盟古代文化的共同载体》,《广西民族学院学报》2005年第1期。
[3] 李昆声、黄德荣:《中国与东南亚的古代铜鼓》,云南美术出版社2008年版,第278页。

越南东山铜鼓进行比较研究，同时采用科技考古的方法进行分析，从而认识它们之间的文化联系。

目前中越两国在东山铜鼓的研究上仍存在分歧，中国学者认为万家坝型鼓与石寨山型鼓有继承关系，之后石寨山型铜鼓启发了越南红河三角洲附近的东山铜鼓。越南学者则认为东山铜鼓上的纹饰可从红河三角洲新石器时代的陶纹中找到线索，应为越南本土所产。随着中越两国铜鼓的不断发现，有必要对它们之间的关系进行更加深入的研究。

四　越南东山铜鼓概况

越南拥有铜鼓的数量仅次于中国，越南北部是东南亚铜鼓的分布中心（图3—2）。

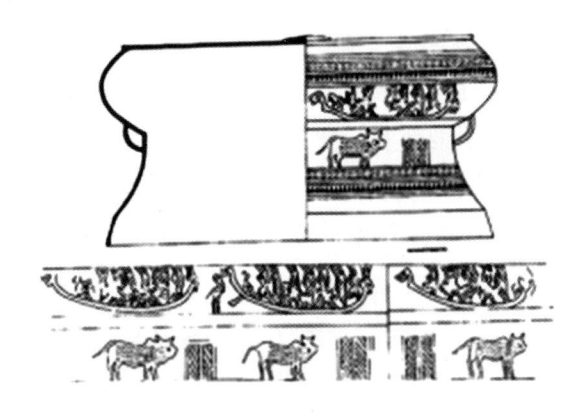

图3—2　越南铜鼓（线图）

范通辉先生1988年在其著作《越南的东山铜鼓》前言中说，越南仅东山铜鼓就已达144面。到20世纪90年代，据越南考古界统计，越南发现铜鼓300多面，其中已查明并分类的东山铜鼓有112面，尚无法分类的有19面，尚未查实的鼓有14面，明器鼓有99面。① 黄春征先生在《中国南方及东南亚地区古代铜鼓和青铜文化第三次国际学术讨论会》上介绍，截至1996年，越南29个省已发现190多面黑格尔Ⅰ型鼓和100余面明器铜鼓。至2001年，据不完全统计，越南已发现220面东山铜鼓（不算

---

① ［越南］何文晋：《越南的东山文化》，越南社会科学出版社1994年版，第117页。

明器铜鼓在内）。① 至 2004 年，据阮文好先生统计，越南共有东山铜鼓 250 面。②

大体上东山铜鼓的器形衍变是从大到小；从鼓面小于胸部到大于胸部；从没有立体青蛙到有青蛙塑像。东山铜鼓纹饰的衍变是从丰富、复杂到简单；从写实到变形。③

越南的东山铜鼓中，以纹饰富丽精美的玉缕 I 号鼓最饶盛名，在越南被誉为"最古老、最精美的鼓"，是东山铜鼓的代表④，1893 年出土于河内的南河省平禄县玉缕乡。越南学者将其划归黑格尔 I 型鼓。

在比较云南与越南的铜鼓前，有必要先对比较对象进行界定。

本书主要抓住最能反映滇文化和东山文化各自文化面貌特征的典型器物来对比，从而认识这些考古文化之间的相互关系。

越南学术界的主流观点是将东山铜鼓分为 A、B、C、D、E 五个类型。⑤ 其中 A 型和 B 型是石寨山型（A 型时间较早，B 型时间较晚）；C 型属于冷水冲型，D 型属万家坝型，E 型属遵义型。A、B 型鼓的时代早于 C、E 型鼓。至于 D 型铜鼓，越南学者认为这是时代最晚的铜鼓，是退化了的铜鼓。

云南八个类型的铜鼓中，万家坝型铜鼓和石寨山型铜鼓的科学发掘品较多。万家坝型铜鼓可与东山铜鼓中的 D 型比较，石寨山型铜鼓可与东山铜鼓中的 A、B 型比较。至于东山铜鼓中的 C、E 型，由于云南这两种类型（冷水冲型和遵义型）的铜鼓较少，无法进行比较，不在本书稿讨论范围内。

以下为整理的越南东山铜鼓类型及典型铜鼓资料。

---

① ［越南］黄春征：《东山铜鼓的类型》，载《铜鼓和青铜文化研究》，贵州人民出版社 2001 年版。
② ［越南］阮文好：《论东山文化青铜器的风格和特征》，载《声震神州——文山铜鼓暨民族历史文化国及学术研讨会论文集》，云南人民出版社 2005 年版。
③ ［越南］黄春征：《东山铜鼓的类型》，载《铜鼓和青铜文化研究》，贵州人民出版社 2001 年版。
④ ［越南］郑明轩：《越南的古铜鼓研究情况》，梁志明译，《越南考古学》杂志 1974 年第 13 期。
⑤ Pham Minh Huyen, Nguyen Van Hao, Lai Van Toi, *Dong son Drum in Vietnam*, The Vienam Social Science Publishing House, 1990. Tokyo.

（一）越南东山铜鼓中的 D 型鼓

1. **松林 I 号鼓**　1932 年出土于越南河西省（现为河山平省）美良乡松林寺附近。面径 52 厘米、高 38 厘米。鼓面中心饰 16 芒太阳纹，芒外分别饰雷纹、纵线纹、点纹等。胸径大于足径，其最大径偏上，胸部和足部光素，腰分为上下格，以斜三角纵纹带分格，上格无纹，下格分别为点纹、纵线纹、云雷纹（图 3—3）。该鼓与助波鼓虽有两个名称，实为同一面铜鼓。[①] 现藏于越南历史博物馆。

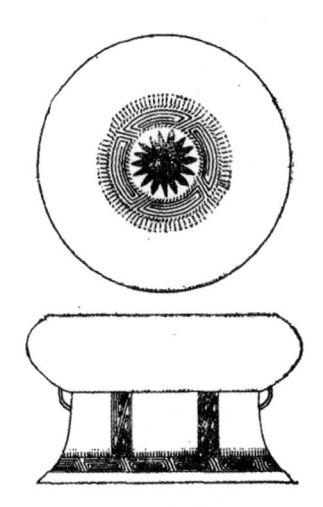

图 3—3　越南松林 I 号鼓

（采自李昆声、黄德荣《论万家坝型铜鼓》，《考古》1990 年第 5 期）

2. **松林 II 号鼓**　1973 年发现于越南河西省美良乡松林寺。已残破，仅存鼓面和胸部。面径 38 厘米，鼓面中心饰 16 芒太阳纹，四个斜云雷纹环绕在周围，其外由五组弦纹组成第 1 晕，鱼骨纹组成第 2 晕。鼓面纹饰带不超过鼓面的 1/3。其铸造技术比松林 I 号鼓低劣，鼓面纹饰不清晰。松林 II 号鼓与松林 I 号鼓花纹相似、型制相近、出土地点相距不远，推测两鼓年代相当；但目前无考古发掘品供参考，所以其确切年代尚不可考。一般将松林鼓列为万家坝型第四式，年代与石寨山型鼓衔接。现藏于越南历史博物馆。

[①] ［日］近森正、市原常夫：《助波鼓和松林鼓》，王大道译，《中国古代铜鼓研究通讯》1987 年第 5 期。

3. **上农鼓** 该鼓自水池中捞出，无伴出物。面径32厘米、高26厘米。鼓面微向内凹，上有三小孔，不知何故。形制古朴，胸部外侧向外鼓，具备早期铜鼓的特征，腰下部向外扩，足部非常矮。通体光素无纹，鼓内壁亦无纹饰。一对鼓耳作绳辫状，像由两条纽带组合而成。鼓身侧面有两条合范线。足部有一孔。表面全部被铜绿色所覆盖。现收藏于永富省文化艺术局。

4. **老街Ⅺ号鼓** 1993年建筑工程队在老街市的红河右岸发现该鼓。鼓面中心饰太阳纹，有圆饼状凸起光体但无光芒；胸部光素，胸腰之间有两对鼓耳；鼓腰残断，腰上部被二十二条纵线分格，下部饰三道弦纹。高37厘米、面径45厘米。

5. **老街Ⅻ号鼓** 出土情况与老街Ⅺ号鼓相同。鼓较小，发现时已残破，仅存部分鼓面及腰。鼓面中央饰8芒太阳纹。面径28厘米、残高5.6厘米。

6. **绍运鼓** 2000年发现于越南北部清化省绍运社云龟村。鼓胸、腰、足三段分明，鼓面中心饰太阳纹，有凸起圆饼状光体，腰部被十二条纵线分格，有两对绳纹耳。高29.5厘米、面径38.5厘米、足径44厘米。

7. **永绥鼓** 河江省永绥县村民在河里淘金时发现，体高，腰细，鼓面饰太阳纹，腰部被纵线分为8格，腰下部近足处饰绳纹。高32.5厘米、面径30.5厘米。

8. **茂东鼓** 发现于安沛省文安县茂东社。鼓身胸、腰、足三段分明，鼓面饰13芒太阳纹，芒饰五组雷纹。胸、足部光素，腰部上下有两组纹饰，上部为斜线纹和三角纹，下部为雷纹，一对扁耳。高31.5厘米、面径47.5厘米、胸径62厘米、足径70厘米，重33千克。

1990年，越南考古研究院范辉通主编的《越南的东山铜鼓》（图录）出版，该书共收录越南发现的东山铜鼓115面。以下东山A型鼓和B型鼓资料均来自该书。

（二）越南东山铜鼓中的A型鼓[①]

1. **玉缕Ⅰ号鼓[A-Ⅰ-1]**

1893年4月出土于河南宁县（今河南省理仁县）如琢社。鼓面有14

---

① ［越南］范明玄、阮文好、赖文德编著：《越南的东山铜鼓》（图录），越南社会科学出版社1990年版。

芒太阳纹，芒间填孔雀羽纹，鼓面双弦分晕，第6、8、10为主晕圈：第6晕是人物生活图；第8晕是20头雌雄相间走鹿，间14只飞鸟；第10晕是18只飞鸟间18只立鸟，飞鸟似鹭，立鸟似水鸟。鼓胸下部有6只船纹，船之间有1—3只图案化栖鸟。腰部有舞人纹，足部无纹饰。面径79厘米、足径63厘米，完整。鼓表面覆盖的一层古铜绿色已变为灰绿色。该鼓1902年被运到河内参加博览会，1903年被当时的河内远东博物馆收藏。现藏于越南历史博物馆（图3—4）。

2. 古螺鼓［A-Ⅰ-3］

1982年出土于河内市东英县古螺社，鼓面有14芒太阳纹，共14晕圈，单、双弦分晕：1、5、9、14晕圈内为点纹，2、4、7、11、12晕圈内为勾连圆圈纹，10、13晕圈饰栉纹，6、8晕圈是主晕纹，分别为羽人、房屋和逆时针方向飞翔的16只鸟。胸上部饰栉纹等，下部饰船纹。腰上部被斜线、切线圆圈纹分成6格，格内饰羽人。下部有4晕，单、双弦分晕：1、4晕栉纹，2、3晕切线圆圈纹。4扁耳。鼓身两道合范线。足部无纹饰。面径73.8厘米、足径53厘米，完整。现藏于河内文化所（图3—5）。

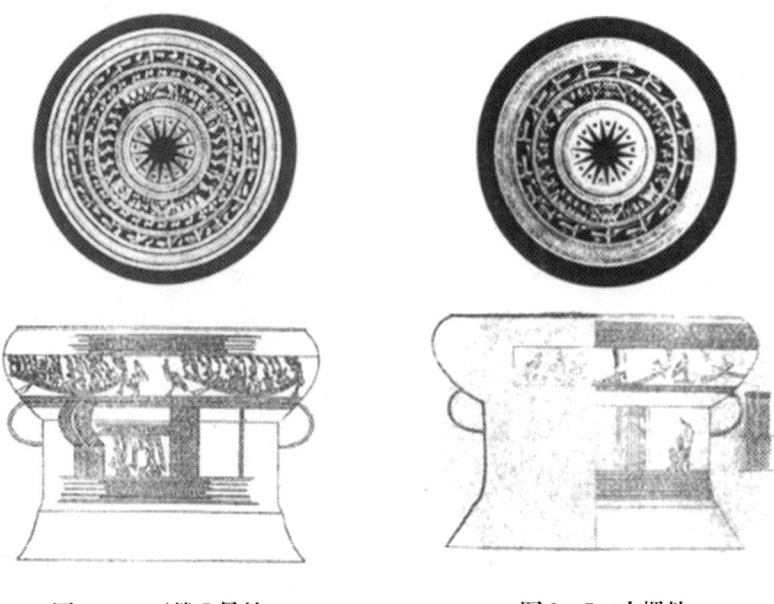

图3—4 玉缕Ⅰ号鼓　　　　　图3—5 古螺鼓

3. 黄夏鼓［A-Ⅰ-2］

1937年出土于河东（今河西）省富川县黄下村。鼓面装饰图像近似玉缕Ⅰ号鼓。鼓面有16芒太阳纹，第6、9晕圈为饰有写实性花纹的主晕圈：第6晕圈为生活景象，第9晕圈为14头长尾长脚有冠长嘴鸟纹。胸部有6只船纹，各船之间有2—4只鸟，或相对而立，或两鸟累蹲；船下有鱼纹；腰部有舞人纹，足部无纹饰。面径79厘米、身高61.5厘米。现藏于越南历史博物馆（图3—6）。

4. 沱江鼓［A-Ⅰ-4］（又称Moulie鼓）

19世纪末出土于河山平省沱江地区。鼓面中心有14芒太阳纹，芒间饰孔雀羽纹。写实性花纹有两晕圈：其中一晕圈为生活场景，另一晕圈为16只飞鸟和两头站立鸟。鼓胸有6只船，各船间有1只栖鸟，船首有图案化的鸟头形。腰部被纵分为8格，每格内有一位迈步姿态的武士像，武士均头戴鸟冠，左手执盾牌，盾牌上饰鸟羽。足部无纹饰。面径78厘米、足径61厘米，完整。现藏于法国巴黎博物馆（一说为藏于法国吉梅博物馆）（图3—7）。

图3—6 黄夏鼓　　　　图3—7 沱江鼓

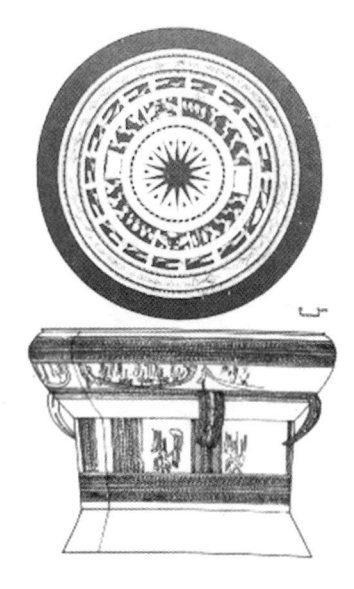

5. 庙门 I 号鼓 [A-II-1]（MIÊU MÔN I）

1961年出土于河山平省美德县同心社庙门。鼓面有14芒太阳纹，芒间饰孔雀羽纹。共有14晕圈。第6、9晕为主晕圈，第6晕为8头麋鹿，分为两群，与奇异4足兽彼此相间，每群兽有4只，8头鹿中有1头为雄鹿。第9晕为16只有冠长颈短尾长嘴叼鱼的飞鸟，近似玉缕1号鼓鼓面第10晕的飞鸟纹。胸下部有6只船纹，每只船上有4个头戴羽冠的人，各船间有鸟纹；腰部有舞人纹，有两对环耳，饰以结绳纹；足部无纹饰。面径72厘米、足径48厘米，完整。现存于越南历史博物馆。（图3—8）

6. 玻龙 I 鼓 [A-II-2]

1956年在河山平省芒姜县玻龙地区征集。鼓面花纹模糊，中央有16芒太阳纹，芒间填以重叠倒立"V"形纹。共有14晕圈，第9晕为主晕，上刻有19只逆时针方向飞行的长尾长喙鸟（鸟形与老挝的鸟汶鼓鼓面上的飞鸟相似）。面径73厘米。残破，仅剩鼓面和鼓胸的一部分。现藏于黄连山文化所（图3—9）。

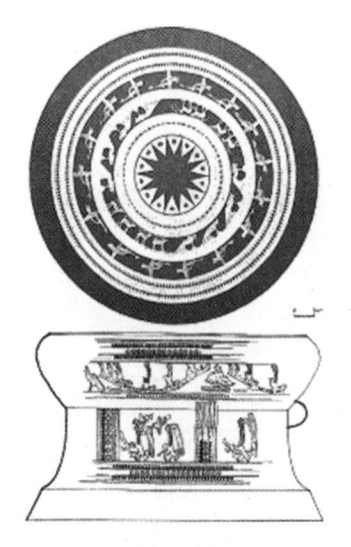

图3—8 庙门 I 号鼓　　　　图3—9 玻龙鼓

7. 坂吞鼓 [A-Ⅱ-3]

1957年出土于山罗省顺洲县坂吞。鼓面中央有12芒太阳纹，芒间填复线角形纹。共7晕圈，第1、3、7晕为锯齿纹，第2、6晕圈为同心圆圈纹。写实性的花纹两晕圈：第5晕有8头图案化飞鸟，第4晕上有两座祈求丰收的房屋，将该晕圈分为相等的两部分，每一部分有四名头戴高羽冠、身着长裙的舞人，舞人一手执矛，一手作舞蹈状。鼓胸下部有6只船纹，腰部有舞人纹。有4只装饰结绳纹的单耳。足部无纹饰。面径57厘米、足径37.5厘米，胸部已破，现藏于山罗省文化所（图3—10）。

8. 庙门Ⅱ号鼓 [A-Ⅲ-1]

1976年出土于河山平省美德县同心社宏村。鼓面中心有12芒太阳纹，主晕圈内有14只飞鸟。胸部有船纹，腰部有舞人纹，足部无纹饰。面径64厘米、足径55厘米。现藏于河山平省文化所（图3—11）。

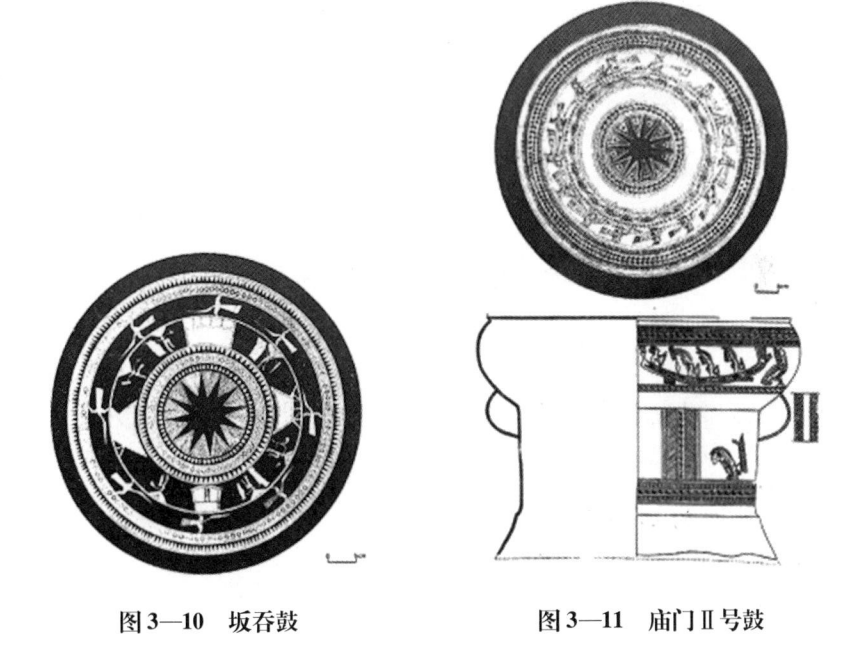

图3—10 坂吞鼓　　　　图3—11 庙门Ⅱ号鼓

9. 武备鼓 [A-Ⅲ-2]

1969年在河南宁省平陆县大武村出土，鼓面中心（太阳纹区域）已破，据当地人回忆此鼓有14芒太阳纹，鼓面有15晕圈，主晕第9晕内饰

20只飞鸟。鼓胸下部有6只船纹，腰部有舞人纹，有两对夹耳，饰以结绳纹，足部无纹饰。面径72.5厘米、足径60厘米，鼓面和鼓胸破损，现藏于河南宁省文化所（图3—12）。

10. 和平鼓［A-Ⅳ-1］

1958年在河山平省发现，鼓面中央有12芒太阳纹，芒间填孔雀羽纹。共有11晕圈，第4、6晕圈为主晕圈，第4晕圈上有6只蜷尾动物（这种奇异动物与富川鼓上的动物形状完全不同，也不同于庙门鼓上的动物，很难确定为何种动物，只能断定为肉食野兽）；第6晕圈有4只有冠长嘴长尾的飞鸟；所有鸟兽均按逆时针方向运动。鼓胸下部无船纹，只有12只长嘴栖鸟（这种布局与其他东山铜鼓不同）；鼓腰被几何形纹带纵分为6格，每格内有舞人纹（在玉缕1号鼓、黄下鼓和庙门鼓上常为手执战斧、矛或盾的武士像，而这里都是舞人舞）；足部无纹饰；鼓有两只扁绳纹夹耳，鼓颇厚，鼓面和鼓身上有一层绿色铜锈。面径49.5厘米、足径36厘米，完整。现藏于越南历史博物馆（图3—13）。

图3—12 武备鼓 　　　　图3—13 和平鼓

11. 富川鼓［A-Ⅳ-2］

1907年出土于河山平省富川县，富川鼓的型式与开化鼓相似，但尺寸较小。鼓面中央有14芒太阳纹，芒间填以倒"V"形纹。鼓面共有14晕圈，其中第3、6晕圈为主晕圈。第3晕圈上有4只逆时针方向跑步的奇异形状动物，长嘴，张开象獾狸类，弓背蜷尾，双脚弯曲；第6晕圈

上有 6 只长尾嘴鸟，其中 4 只顺时针方向飞行，2 只逆时针方向飞行。鼓胸下部有两只船纹，船上有 3—4 名划船羽人。船形较简单，与庙门鼓和沱江鼓胸部的船纹相似，各船之间有一些栖鸟。腰部被几何纹带纵分为 8 格，其中 6 格有长嘴大栖鸟，另两格空白。足部无纹饰。有两对绳纹夹耳。面径 53 厘米、身高 42 厘米、足径 41 厘米，完整。现藏于瑞典首都斯德哥尔摩远东古物陈列馆内（图 3—14）。

12. 广正鼓 ［A - Ⅳ -3］（QUÂNG CHÍNH）

1983 年出土于广宁省广河县广正社，鼓面有 16 芒太阳纹，主晕圈内有 4 只飞鸟。胸部有船纹，腰部有舞人纹，足部无纹饰。面径 40 厘米、身高 33 厘米，鼓面边缘部分残破。现藏于广宁省博物馆（图 3—15）。

图 3—14　富川鼓 　　　　　图 3—15　广正鼓

13. 约丘鼓 ［A - Ⅳ -4］（DÔI RO）

1966 出土于在河山平省梁山县龙山社，鼓面有 16 芒太阳纹，芒间填以重叠倒立的"V"形纹。鼓面共有 7 晕圈：第 1 和第 5 晕圈为同心圆圈纹，第 2 晕圈有 6 头长尾、长嘴飞鸟，第 3 和第 7 晕圈为小圆点线，第 4 和第 6 圆圈为锯齿纹。鼓胸有从左向右移动的 4 只船纹，船上有 6 人或 8 人，束遮羞布，头上无鸟羽装饰，手执桨，似正在划船竞渡，各船之间刻有 1—2 只栖鸟。腰部纵向分为 8 格，格内有黄牛纹。足部无纹饰。有两对夹耳，装饰 4 条平行凸线。面径 43 厘米、身高 33 厘米。胸部和足部已残破。现藏于越南历史博物馆（图 3—16）。

14. 鼎乡Ⅰ号鼓 ［A-Ⅳ-5］（LÀNG VAC Ⅰ）

1972年出土于义安省义坛县义和社鼎乡，面部靠近边缘处有残破。鼓面中央有12芒太阳纹，芒间填以重叠倒立的"V"形纹，鼓面共有8晕圈，第1、4、8晕圈为小圆点纹，第2、6晕圈为同心圆圈纹，第3晕圈为4只长尾、长喙飞鸟，第5、7晕圈为齿旁带有小点的锯齿纹。鼓胸下部有4只船形纹，每船上有4人。腰部纵分为8格，每格内有1头黄牛纹；8头黄牛中，有5头雄牛、3头雌牛。足部无纹饰。鼓有4只夹耳，装饰结绳纹。面径37.7厘米、身高27.8厘米，面部靠近边缘处有残破。现藏于义安省文化所（图3—17）。

图3—16 约丘鼓 　　　　图3—17 鼎乡Ⅰ号鼓

15. 桐构鼓 ［A-Ⅳ-6］（DÔNG CÂU）

1982年出土于安太省（今太原省）武岩县和平社桐构村，鼓面有12芒太阳纹，主晕圈内有4只飞鸟。胸部有船纹，腰部有黄牛纹，足部无纹饰。面径41.5厘米、身高32.5厘米，面部和足部已破。现藏于太原省文化所（图3—18）。

16. 鼎乡Ⅱ号鼓 ［A-Ⅳ-7］（LÀNG VAC Ⅱ）

1973年在义安省义和县义檀县义和社鼎乡（第2发掘地）3号墓地出土。鼓面中央有10芒太阳纹，芒间填以重叠倒立的"V"形纹，共有6晕圈，第1、2、4、6晕圈为小圆点纹，第3、5晕圈为齿尖带圆点的锯齿纹，两晕的齿尖分别指向两边；鼓面没有飞鸟纹。鼓胸下部有4只船形纹，每船上坐着3名披发的划船人，两船之间有一只长嘴栖鸟。腰部有 3 角锯齿纹带纵向分格，格内无纹饰。足部无纹饰。面径 34.5 厘米、身高 25.6 厘米，面部已破。鼎乡 II 号鼓与鼎乡 I 号鼓相似，但鼎乡 II 号鼓的纹饰比较简化。现藏于义安省文化所(图 3—19)。

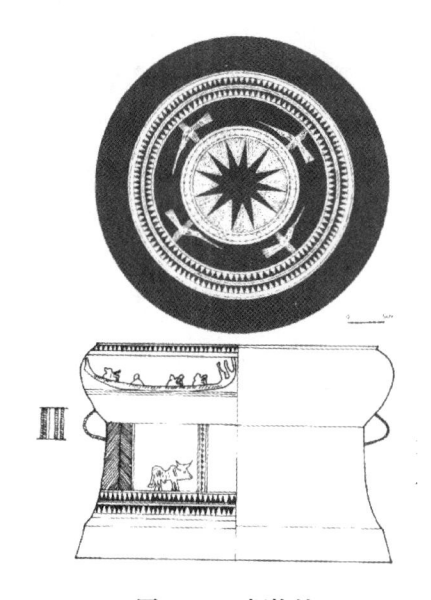

图 3—18　桐构鼓　　　　　图 3—19　鼎乡 II 号鼓

17. 陶盛鼓 [A - IV - 8] (DÀO THỊNH)

1962 年在黄连山省（今安拜省）镇安县富盛社在河岸近区出土。鼓面中央有 12 芒太阳纹，芒间填斜线纹；共有 4 晕，第 1 晕为同心圆圈纹，第 2 晕为谷穗纹，第 3、4 晕为锯齿纹，两晕之间的锯齿相对，无写实图案；胸部和腰部有锯齿纹。和已知的其他东山鼓不同，陶盛鼓上的纹饰很粗糙，没有飞鸟纹。该鼓仅存鼓面和鼓胸的一部分，面径 49 厘米、残高 30 厘米。现藏于安拜省博物馆。（陶盛鼓内盛有许多实物：铜斧刃 1 件，铜戈 1 件，铜匕首 1 件，铜壶 1 把，相负的蛙像 1 件，带箩萁纹的陶瓶 1 只，石耳环两只。这些实物分类安置在鼓内。）(图 3—20)

18. 山西鼓 [A - IV - 9] (SÒN TÂY)

1923 年在河内市山西镇收集，鼓面有 14 芒太阳纹，芒间填复线"V"形纹；几何图案有同心圆圈纹、锯齿纹、点纹；主晕内有 8 只飞鸟。

胸部有船形纹，腰部有舞人纹，足无纹饰。面径 59 厘米、身高 39.57 厘米，面部已破裂。现藏于越南历史博物馆（图 3—21）。

图 3—20　陶盛鼓 　　　　　图 3—21　山西鼓

19. 巴邪鼓 [A - Ⅳ - 10]（PÃC TÀ）

1963 年在黄连山省宝胜县南强社富盛村出土。鼓面中央有 8 芒太阳纹，芒间填重叠倒立"V"形纹。共有 6 晕圈，第 1、4、6 晕圈为锯齿纹，第 2、5 晕圈为圆点圆圈纹，第 3 晕圈为 4 只长尾、有冠、长嘴逆时针飞行的飞鸟纹；鼓胸和腰部都装饰切线圆圈纹。鼓几乎全已锈坏，仅留存鼓面和鼓身的一段，鼓面直径 35.5 厘米。现藏于黄连山省文化所。（越南学者根据鼓面花纹的特点，将巴邪鼓、维先鼓、安集鼓、玉缕 2 号鼓列为Ⅰ式鼓）（图 3—22）

20. 越溪鼓 [A - Ⅳ - 11]（VIÊT KHÊ）

1961 年在海防市水原县符宁社玉溪村的船棺墓地出土，鼓面有 8 芒太阳纹，芒间填以复线"V"形纹，光芒之外有晕，上饰 4 只逆时针方向飞行的长尾长嘴鸟。鼓面和鼓胸还有切线圆圈纹和简单的素线条。鼓腰上有仰嘴朝天的栖鸟纹（近似安集鼓鼓面上的栖鸟纹）。已破损，仅余鼓面和鼓胸，鼓身和鼓足各剩一块，无法知其高度。面径为 23 厘米。现藏于越南历史博物馆（图 3—23）。

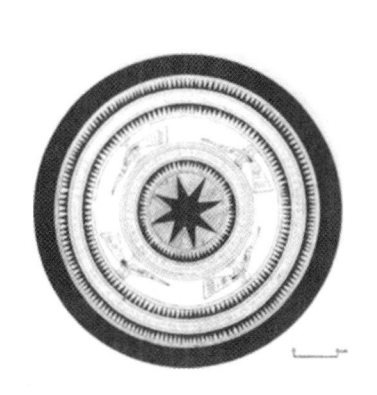

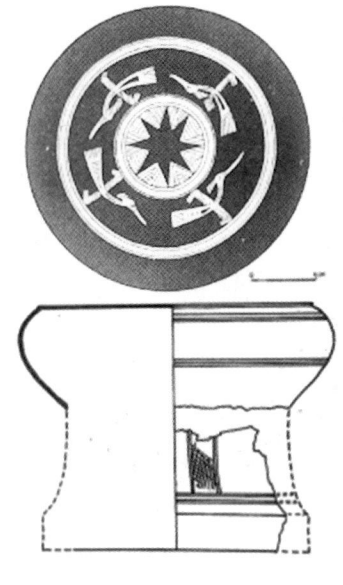

图3—22 巴邪鼓　　　　　图3—23 越溪鼓

21. 广昌鼓 [A－V－1]

1934年由博古远东学校在清化省广昌县买得。鼓面中央有8芒太阳纹，芒间填斜线纹。共有7晕圈，第1、6晕圈为切线圆圈纹，第2、5、7晕圈为栉纹，第3晕圈为主晕，此晕有两座对称的高脚屋，屋上有下凹的弓形屋顶，两座房屋之间为两群跳舞人像，每群有4组化妆舞人，有的身穿劈开的长裙，有的裸体。第4晕有6只逆时针飞行鸟，其特征是长尾、有冠、短身、长喙。鼓胸上部有栉纹和切线圆圈纹带；下部有6只图案化船纹，船上有一些站立的人，近似鼓面的人形，船首有大喙、有冠鸟头形状，这种船纹在右钟鼓的胸部也有出现。鼓腰被几何纹带纵分为6格，每格内有图案化舞人纹。足部无纹饰。鼓面完整，鼓身多处破损。广昌鼓上的花纹与玉缕鼓、黄下鼓上的写实图案相似，但比较粗糙，已图案化。面径36.5厘米、身高29厘米，已破损。现藏于越南历史博物馆（图3—24）。

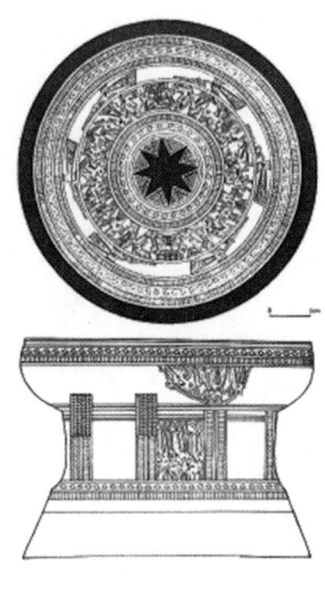

图 3—24　广昌鼓

（三）越南东山铜鼓中的 B 型鼓

1. 维先鼓 ［B-Ⅰ-1］（DUY TIÊN）

1974 年在河南宁省维仙县买得。鼓已很破烂，仅剩一块鼓面，鼓胸已全部破损，鼓身缺损一大段并氧化严重，覆有一层绿色铜锈。鼓型细高，鼓身腰部呈直柱。鼓剩余残高为 46.5 厘米、鼓足直径为 65 厘米。据此可推断，鼓的面径约为 56 厘米。根据鼓面保留下来的 4 格芒角，可知鼓面中央有 12 芒太阳纹，芒间填以简单的孔雀羽纹（与玉缕 1 号鼓相似），鼓面共有 8 晕圈，第 3、4 晕为主晕，第 3 晕保留部分有 3 只有冠长嘴的栖鸟，推测此晕有 10 只栖鸟纹；第 4 晕余下部分为 3 只长尾、有冠、长嘴飞鸟，推测此晕共有 8 只鸟；所有鸟均按逆时针方向飞行。胸和腰部有几何形花纹。有两对绳纹夹耳，足部无纹饰。现藏于越南历史博物馆。（维先鼓属于 B 式鼓，此类鼓形状细高，装饰简单，但它的飞鸟纹数量较多，共有 18 只；维先鼓上的长嘴栖鸟常见于 A 式鼓上，故可判断，此鼓是 B 式鼓中年代最早的鼓）（图 3—25）。

2. 安集鼓 ［B-Ⅰ-2］（YÊN-TÂP）

河南宁省平陆县富多社安集村的铜鼓，现下落不明。鼓面中央有 12 芒太阳纹，芒间填简单的孔雀羽纹（与玉缕 1 号鼓相似）。鼓面共有 13

晕圈，第6、8晕为主晕，第6晕是8只短尾短嘴栖鸟纹，第8晕是6只长嘴有冠飞鸟；其他晕圈分别装饰栉纹、切线圆圈纹和点纹。鼓胸部和腰部有几何形花纹，足部无纹饰。有两对夹耳。面径65厘米、身高53厘米，完整。鼓形近似玉缕1号鼓。（安集鼓的型制和装饰布局与维先鼓相似，但细节有差别，这是越南发现的B式鼓中纹饰最丰富的铜鼓。）（图3—26）

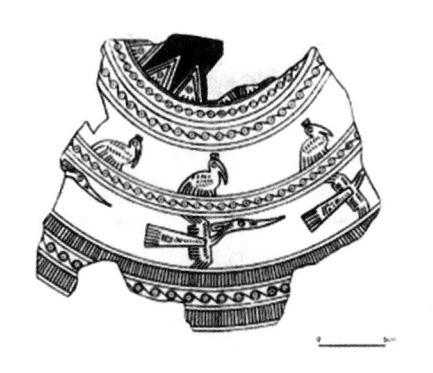

图3—25 维先鼓 　　　　　　　　图3—26 安集鼓

3. 富维鼓［B－Ⅱ－1］（PHÚ DUY）

1959年在河内平山省美德县富维村出土，鼓面有12芒太阳纹，芒间装饰孔雀羽纹，鼓面共有7晕圈，第1、3、6晕饰以切线圆圈纹，第2晕饰"S"形纹，主晕第4晕上有4只逆时针方向飞行的长尾、有冠、长嘴鸟纹，第5、7两晕圈内饰栉纹。鼓面边缘有24个等距小孔，是铸鼓时气孔留下的痕迹。鼓胸有两条栉纹带；腰中上部装饰平行斜线纹的竖纹带，下部有两圈栉纹带；足部无纹饰。有两对薄夹耳，饰以绳纹。该鼓装饰简单，线条粗大。面径51厘米、身高43厘米，面部已破。现藏于越南历史博物馆（图3—27）。

4. 玉缕Ⅱ号鼓［B－Ⅱ－2］（NGOC LU Ⅱ）

在河南宁省平陆县玉缕社买得，鼓形细高，花纹凸起，装饰简单。鼓面有12芒太阳纹，芒间填简单的孔雀羽纹饰。鼓面共有5晕，第1、2晕为切线圆圈纹，第3晕有4只逆时针方向飞行的长尾、有冠、长嘴鸟（比玉缕1号鼓上的鸟纹简单），第4、5晕为栉纹。鼓面边缘有凹痕，是铸鼓时的气孔痕迹。胸部饰栉纹带，腰部有纵向斜线纹带。有两对绳纹薄夹耳，足部无纹饰。面径49.5厘米、高39厘米，完整。现藏于越南历史博物馆（图3—28）。

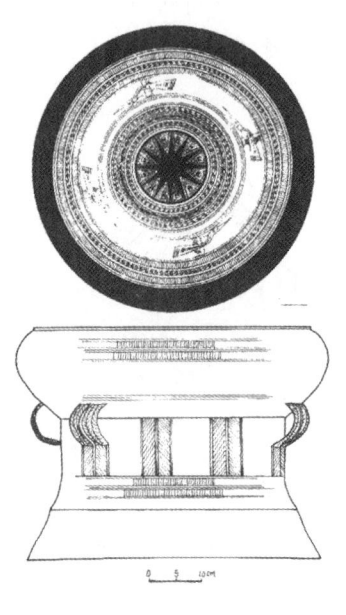

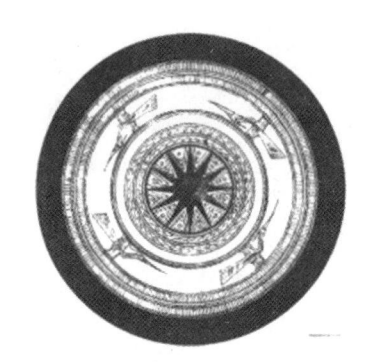

图3—27 富维鼓　　　　　图3—28 玉缕Ⅱ号鼓

5. 玉缕Ⅲ号鼓［B-Ⅱ-3］（NGOC LU Ⅲ）

1981年在河南宁省平陆县玉缕社出土，已破。鼓面中央有12芒太阳纹，胸部有栉纹带，腰中上部有宽纵向纹带（两条斜线纹夹一条切线圆圈纹），腰下部有两条栉纹带。足部无纹饰。现藏于河南宁省文化所（图3—29）。

6. 文村鼓［B-Ⅱ-4］（THÔN VĂN）

1983年在河南宁省维先县文村出土，已破。鼓面中央有12芒太阳纹，芒间夹孔雀羽纹。共5晕，第1、2晕为切线圆圈纹，第3晕有4只逆时针方向飞行的长喙鸟，第4、5晕为栉纹。胸部和腰部装饰简单，有栉纹和纵向斜线纹带。足部素面。面径42厘米、身高37.5厘米。现藏于河南宁省维先县文村（图3—30）。

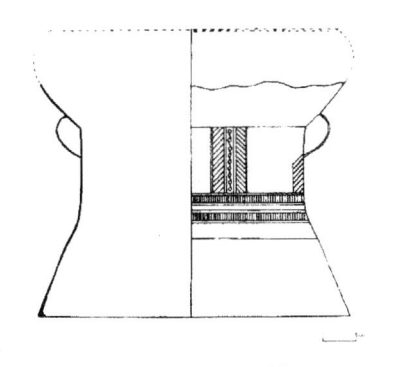

图3—29 玉缕Ⅲ号鼓　　　　图3—30 文村鼓

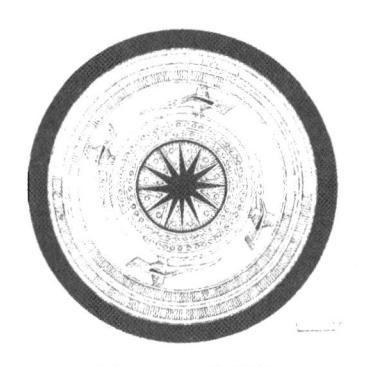

7. 鼎乡Ⅲ号鼓［B-Ⅱ-5］（LÀNG VAC Ⅲ）

1973年在义安省义坛县义和社鼎乡第2发掘坑14号墓出土。鼓面有一部分破损。中央有12芒太阳纹，芒间夹孔雀纹。鼓面凡7晕，第1、3、6晕为切线圆圈纹，第2晕为"S"形纹，第4晕是4只逆时针方向飞行的长尾、有冠、长喙的鸟纹，第5、7晕为栉纹。胸部和腰部有栉纹带和斜线纹带装饰。面径56厘米、身高48.5厘米。现藏于义安省文化所（图3—31）。

8. 九高鼓［B-Ⅱ-6］（CÙU CAO）

1964年在海兴省文江县九高社出土。鼓面中央有12芒太阳纹，芒间饰羽纹。凡6晕，第1晕为"回"形纹（与其他鼓不同之处），第2、5晕为切线圆圈纹，第3晕饰4只逆时针方向飞行的长尾、有冠、长喙鸟纹，第4、6晕为栉纹。鼓面边沿有等距小孔，是铸模上的气孔痕迹。鼓身和鼓腰上装饰栉纹带和斜线纹带。有两对绳纹薄夹耳，但有一块已破损。鼓足无装饰（图3—32）。

图3—31 鼎乡Ⅲ鼓　　　　图3—32 九高鼓

9. 铁疆鼓［B-Ⅱ-7］

1972年在清化省赵山县民权社铁疆村出土。鼓面有12芒太阳纹，芒间填以斜线纹，夹倒立"V"形纹。凡7晕，第1、2、6晕圈饰切线圆圈纹，第3晕圈饰"S"形纹，第4晕为6只逆时针方向飞行的长尾、有冠、长喙飞鸟。第5、7晕为栉纹。胸部和腰部饰栉纹带和斜线纹带，足部无纹饰。现藏于清化省赵山县民权社基础普通学校（图3—33）。

10. 新约鼓［B-Ⅱ-8］

1987年在河山平省青威县新约社出土。鼓面中央有10芒太阳纹，芒间饰以孔雀羽纹。凡7晕，第1、3、6晕为切线圆圈纹，第2晕为"回"形（与九高鼓相似），第4晕为4只逆时针方向飞行的长尾、有冠、长喙飞鸟，第5、7晕饰栉纹。胸部和腰部饰栉纹带和斜线纹带，足部无纹饰。现藏于河山平省文化所（图3—34）。

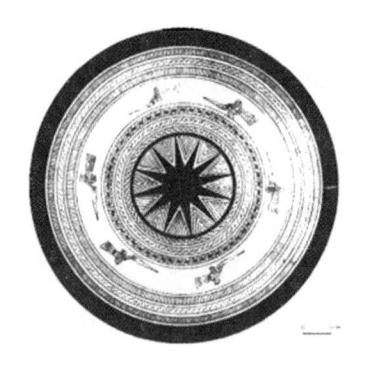

图3—33　铁疆鼓 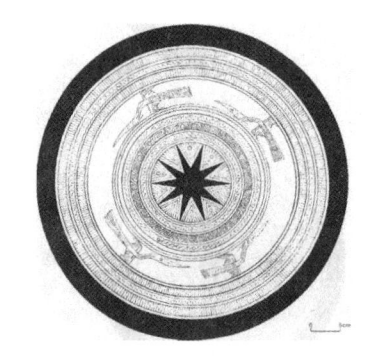　　　　图3—34　新约鼓

11. 方秀鼓［B-Ⅱ-9］

1967年在河山平省应和县方秀社出土。鼓面中央有10芒太阳纹，芒间填重叠倒立"V"形纹。凡5晕，第1、2晕为切线圆圈纹，第3晕为4只逆时针方向飞行的长尾、有冠、长喙飞鸟，第4、5晕为栉纹，此外各主晕间有一些线条。胸部和腰部饰栉纹带和斜线纹带，足部无纹饰。有两对绳纹夹耳。现藏越南历史博物馆（图3—35）。

12. 弘荣鼓［B-Ⅱ-10］（HONG VINH）

1971年在清化省弘化县弘荣社出土，出土时鼓已裂成多块。鼓面中央有 8 芒太阳纹，芒间填重叠倒立"V"形纹间简单孔雀羽纹。凡 6 晕，第 1 晕为"S"形纹，中间由三角形小凸点连接，第 2、5 晕为圆点圆圈纹，第 4 晕为 4 只逆时针方向飞行的长尾、有冠、长喙飞鸟，第 3、6 晕为栉纹，此外各主晕间有一些素线条。胸部和腰部饰简单栉纹带和圆点圆圈纹带。足部无纹饰。鼓身残片上仅留一耳，无装饰。现藏越南历史博物馆（图 3—36）。

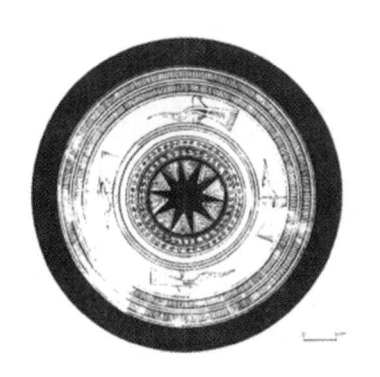

图 3—35　方秀鼓 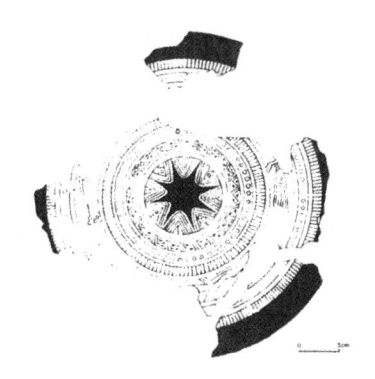　　　　　图 3—36　弘荣鼓

13. 定公 I 号鼓 ［B - II - 11］（DINH CONG I）

1973 年在清化省安定县定公社出土，出土时仅剩鼓面，鼓面约有一半缺损，剩余部分花纹相对清晰。鼓面中央有 12 芒太阳纹，芒间填以重叠倒立"V"形纹间简单孔雀羽纹。凡 9 晕，第 1 晕为"S"形纹，第 2、5、7、9 晕为栉纹，第 3、4、8 晕为圆点圆圈纹，第 6 晕为 6 只逆时针方向飞行的长尾、有冠、长喙飞鸟。鼓面尺寸最大。现藏于清化省文化所。（越南三面定公鼓的鼓面装饰相似，但定公 I 号鼓的装饰较丰富）（图 3—37）。

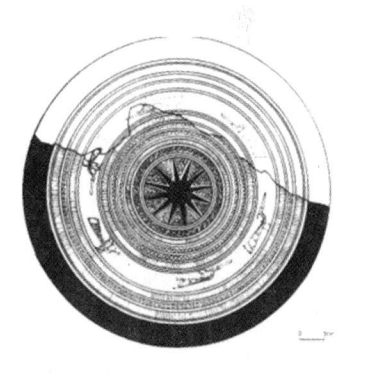

图 3—37　定公 I 号鼓

14. 定公 II 号鼓 ［B - II - 12］（DINH CONG II）

1973 年在清化省安定县定公社出土，出土时仅剩鼓面中间的一块，

据剩余部分计算，鼓面直径为44厘米。鼓面中央有12芒太阳纹，芒间填重叠倒立"V"形纹间简单孔雀羽纹。凡7晕，第1、3、7晕为栉纹，第2、6晕为圆点圆圈纹，第4晕上饰4只飞鸟。现下落不明（图3—38）。

图3—38　定公Ⅱ号鼓

15. 定公Ⅲ号鼓 ［B－Ⅱ－13］（DINH CONG Ⅲ）

1973年在清化省安定县定公社出土，出土时仅剩鼓面小半部分，据剩余部分计算，鼓面直径约有39厘米。鼓面中央有8芒太阳纹，芒间饰重叠倒立"V"形纹。凡7晕，第1、3、7晕为栉纹，第2、6晕为圆点圆圈纹，第4晕上有4只逆时针方向飞行的长尾长喙鸟。现下落不明（图3—39）。

图3—39　定公Ⅲ号鼓

16. 定公Ⅳ号鼓 ［B－Ⅱ－14］（DINH CONG Ⅳ）

1977年在清化省绍安县定公社出土，出土时仅剩鼓面，已破，鼓面直径有45.5厘米,中央有12芒太阳纹,芒间饰孔雀羽纹。凡7晕,第1、3、5、7晕为栉纹,第2、6晕为圆点圆圈纹,第4晕上饰4只逆时针方向飞行的长尾、有冠、长喙飞鸟。现下落不明(图3—40)。

17. 定公V号鼓［B-Ⅱ-15］(DINH CONG V)

1977年在清化省绍安县定公社出土,出土时仅剩鼓面,已破,面径为61.2厘米。鼓面中央有10芒太阳纹,芒间饰孔雀羽纹。凡7晕,第1晕为"S"形纹,第2、6晕为圆点圆圈纹,第3、5、7晕为栉纹,第4晕上有4只逆时针方向飞行的长尾、有冠、长喙飞鸟。现藏于清化省文化所(图3—41)。

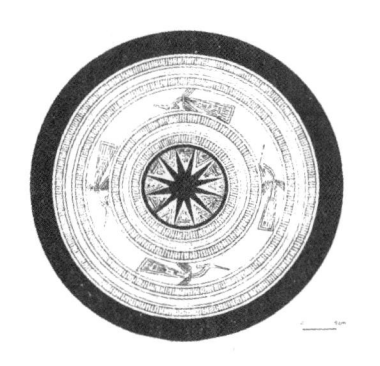

图3—40 定公Ⅳ号鼓　　图3—41 定公V号鼓

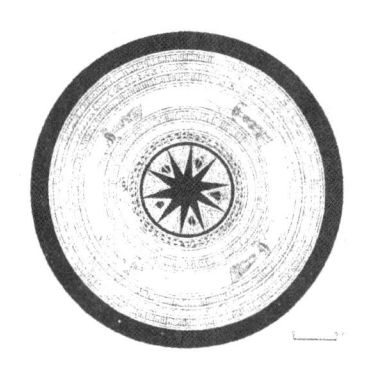

18. 葛山鼓［B-Ⅱ-16］

19世纪末在河南宁省务本县青瑰社出土。鼓面中央有12芒太阳纹,芒间饰孔雀羽纹。共有8晕圈,第1、3、6、7晕为切线圆圈纹,第2晕为"S"形纹,第4晕内有4只逆时针方向飞行的长尾、长嘴鸟纹,第5、8晕为栉纹。鼓腰饰宽纵向纹带,两条斜线纹带中夹切线圆圈纹带。足部无纹饰,面径62.8厘米、高51厘米,已破。现藏于越南历史博物馆(图3—42)。

19. 东山Ⅰ号鼓［B-Ⅱ-17］

1925年在清化省东山县东山社出土,鼓面中央有8芒太阳纹,芒间填重叠倒立"V"形纹。鼓面有5晕,第1、2晕为切线圆圈纹,第3晕上饰4只逆时针方向飞行的长尾、长嘴图案化鸟纹,第4、5晕为栉纹;胸部和腰部饰栉纹和斜线纹,足部无纹饰。面径31.57厘米、高28.7厘米，完整。鼓面和鼓身布满一层凸凹不平的铜锈，纹饰简陋、模糊。现藏于越南历史博物馆（图3—43）。

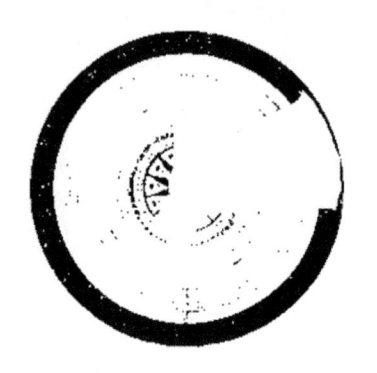

图3—42 葛山鼓　　　　图3—43 东山Ⅰ号鼓

20. 东山Ⅴ号鼓 ［B-Ⅱ-18］

1936年，在清化省东山县东山社第3发掘坑2号墓地出土，鼓面有8芒太阳纹，主晕圈内饰4只飞鸟。胸部和腰部有几何形花纹，足部无纹饰，面径35.5厘米、身高27厘米，已残。现藏于法国巴黎的Gernushi博物馆（图3—44）。

21. 东山Ⅵ号鼓 ［B-Ⅱ-19］

1936年，在清化省东山县东山社第3发掘坑1号墓地出土，鼓面有10芒的太阳纹，主晕圈内饰4只飞鸟。面径44厘米、身高31.5厘米，已残。现藏于法国巴黎的Gernushi博物馆（图3—45）。

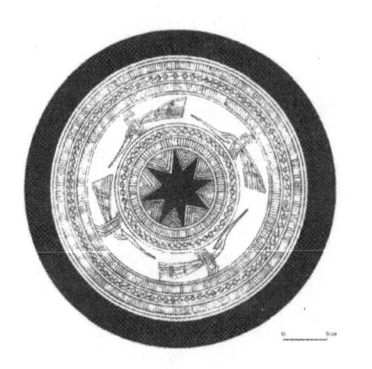

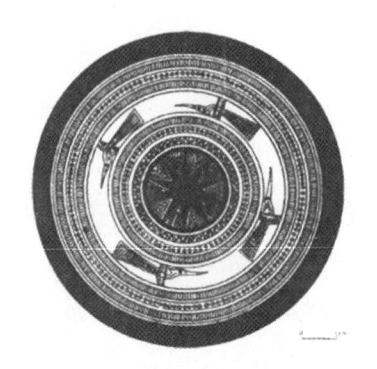

图3—44 东山Ⅴ号鼓　　　　图3—45 东山Ⅵ号鼓

22. 广胜 I 号鼓 ［B-Ⅱ-20］

1973 年在清化省清化市广胜社出土，鼓面有 10 芒太阳纹，主晕圈内饰 4 只飞鸟。胸部和腰部有几何形花纹，足部无纹饰。面径 39.6 厘米、身高 35 厘米，面部已残。现藏于清化省文化所（图 3—46）。

23. 广胜 Ⅱ 号鼓 ［B-Ⅱ-21］

1973 年在清化省清化市广胜社出土，鼓面有 10 芒太阳纹，主晕圈内饰 4 只飞鸟。胸部和腰部有几何形花纹，足部无纹饰。面径 36 厘米、身高 27 厘米，已残。现藏于清化省文化所（图 3—47）。

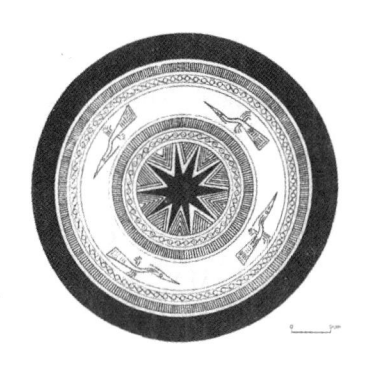

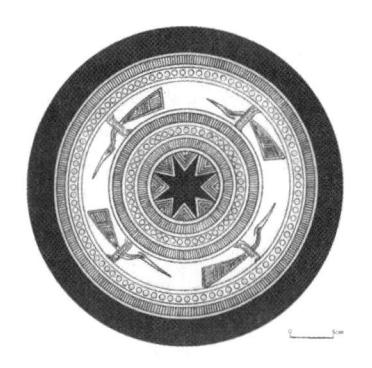

图 3—46　广胜 I 号鼓　　　　图 3—47　广胜 Ⅱ 号鼓

24. 黄山鼓 ［B-Ⅱ-22］

1982 年在清化省农贡县黄山社出土，鼓面有 10 芒太阳纹，主晕圈内饰 4 只飞鸟。胸部和腰部有几何形花纹，足部无纹饰。面径 33 厘米、身高 30 厘米，已残。现藏于清化省农贡县文化室（图 3—48）。

25. 决山 I 号鼓 ［B-Ⅱ-23］

1977 年在义安省荣市水岸决山出土，鼓面有 10 芒太阳纹，主晕圈内饰 4 只飞鸟。面径 44.5 厘米，已残。现藏于义安省文化所（图 3—49）。

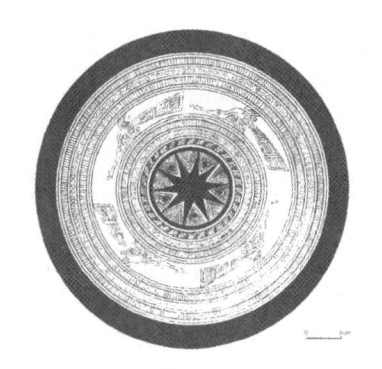

图3—48 黄山鼓　　　　　图3—49 决山Ⅰ号鼓

26. 决山Ⅱ号鼓［B-Ⅱ-24］

1977年在义安省荣市水岸决山出土，鼓面有10芒太阳纹，主晕圈内饰4只飞鸟。面径44厘米，已残。现藏于义安省文化所（图3—50）。

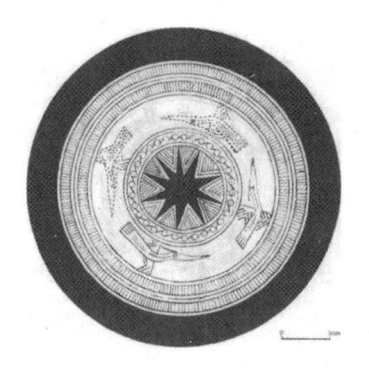

27. 决山Ⅲ号鼓［B-Ⅱ-25］

1977年在义安省荣市水岸决山出土，腰部有几何形花纹，足部无纹饰。高30厘米，已残。现藏于义安省文化所（图3—51）。

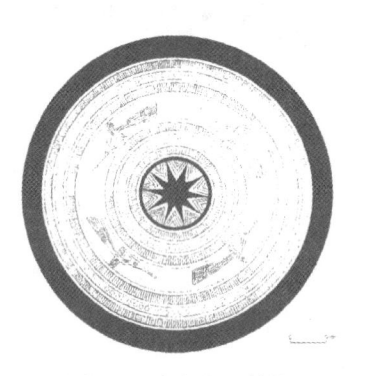

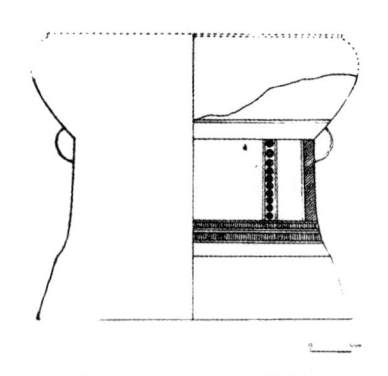

图3—50 决山Ⅱ号鼓　　　　　图3—51 决山Ⅲ号鼓

28. 武舍鼓［B-Ⅱ-26］

1974年在河南宁省维仙县武梁社武舍村出土，鼓面有8芒太阳纹，主晕圈内饰4只飞鸟。胸部和腰部有几何形花纹，足部无纹饰。面径45厘米、身高38.5厘米，完整。现藏于河南宁省文化所（图3—52）。

29. 密川鼓［B-Ⅱ-27］

1980年在河南宁省维仙县安北社密川村出土，鼓面有12芒太阳纹，主晕圈内饰 4 只飞鸟。胸部和腰部有几何形花纹，足部无纹饰。面径 44.5 厘米、身高 38 厘米，完整。现藏于河南宁省文化所（图 3—53）。

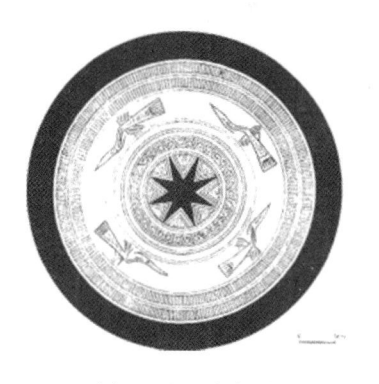

图 3—52　武舍鼓

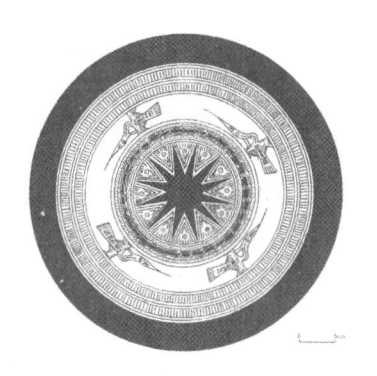

图 3—53　密川鼓

30. 春立鼓 [B-Ⅱ-28]

1981 年在清化省寿春县春立社出土，鼓面有 10 芒太阳纹，主晕圈内饰 4 只飞鸟。胸部和腰部有几何形花纹，足部无纹饰。面径 46 厘米、身高 35 厘米，完整。现藏于清化省文化所（图 3—54）。

31. 春立Ⅱ号鼓 [B-Ⅱ-29]

1986 年在清化省寿春县春立社出土，鼓面有 16 芒太阳纹，主晕圈内饰 6 只飞鸟。胸部和腰部有几何形花纹，足部无纹饰。面径 55.4 厘米、身高 41.5 厘米。现藏于清化省寿春县人民委员会（图 3—55）。

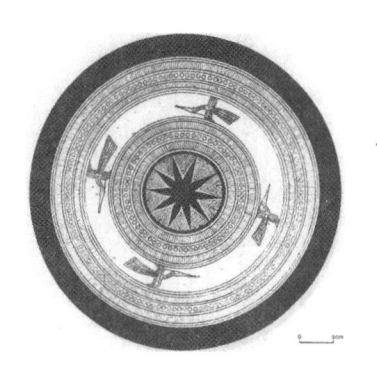

图 3—54　春立鼓

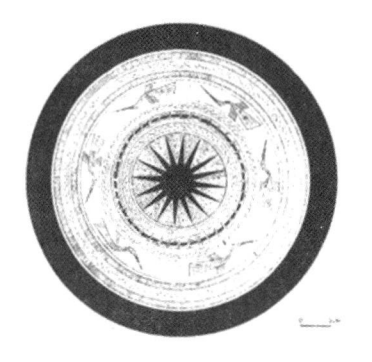

图 3—55　春立Ⅱ号鼓

32. 春立Ⅲ号鼓［B-Ⅱ-30］

1986年在清化省寿春县春立社出土，鼓面有10芒太阳纹，鼓表面严重锈蚀，看不出花纹。胸部和腰部有几何形花纹，足部无纹饰。面径52厘米、身高43厘米，完整。现藏于清化省寿春县人民委员会（图3—56）。

33. 锦水鼓［B-Ⅱ-31］

在清化省锦水县锦平社出土，鼓面有12芒太阳纹，主晕圈内饰4只飞鸟。胸部和腰部有几何形花纹，足部无纹饰。面径51厘米、身高45.5厘米，完整。现藏于清化省博物馆（图3—57）。

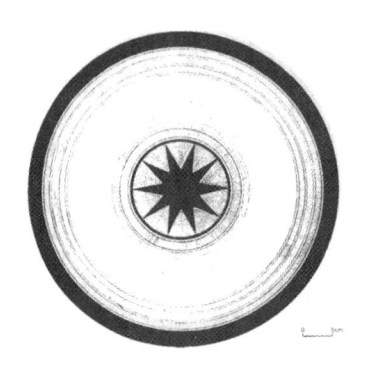

图3—56 春立Ⅲ号鼓　　　　图3—57 锦水鼓

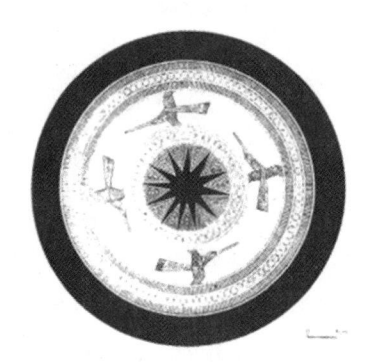

34. 安老鼓［B-Ⅱ-32］

1985年河南宁省平陆县安老社安老山出土，鼓面有12芒太阳纹，主晕圈内饰4只飞鸟。胸部和腰部有几何形花纹，足部无纹饰。面径52.5厘米，身高44厘米。现藏于河南宁省平陆县人民委员会（图3—58）。

35. 寿域鼓［B-Ⅱ-33］

1975年在河山平省座和县队平社寿域村出土，鼓面有12芒太阳纹，主晕圈内饰4只飞鸟。胸部和腰部有几何形花纹，足部无纹饰。面径43.5厘米、身高36.5厘米，完整。现藏于越南历史博物馆（图3—59）。

图 3—58　安老鼓　　　　图 3—59　寿域鼓

36. 豆顿鼓 [B-Ⅱ-34]

1973 年在豆顿市出土，鼓面有 12 芒太阳纹，主晕圈内饰 4 只飞鸟。胸部和腰部有几何形花纹，足部无纹饰。面径 62 厘米，已残。现藏于豆顿昆仑文化所（图 3—60）。

37. 永宁鼓 [B-Ⅱ-35]

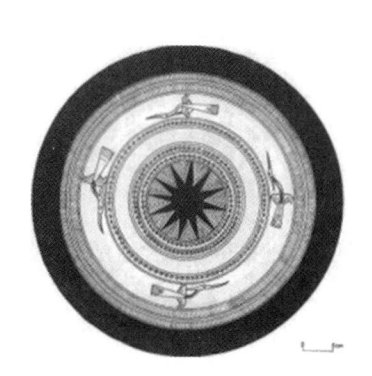

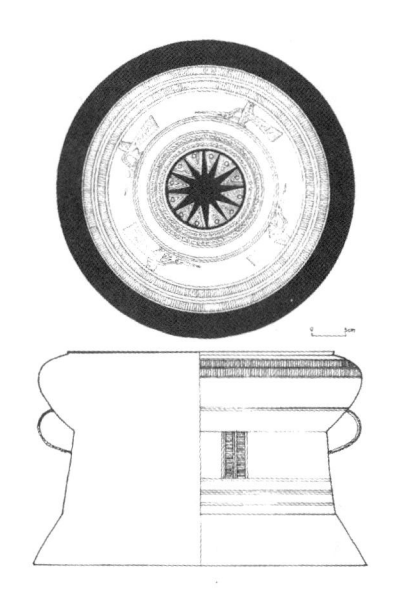

1963 年在清化省永禄县永宁社出土，同出物有铜缸、汉代五铢钱。鼓面中央有 12 芒太阳纹，芒间装饰孔雀羽纹间重叠倒 "V" 形纹。凡 8 晕，第 1 晕为重叠相连的 "S" 形纹，近似方形回纹，第 2、4、6、8 晕为栉纹带，第 3、7 晕为圆点圆圈纹，第 5 晕有 6 只逆时针方向飞行的长喙长尾、有冠鸟纹。胸部和腰部装饰栉纹、圆点圆圈纹和斜线纹，足部无纹饰，有两对绳纹夹耳。面径 62 厘米、身高 41.5 厘米。现藏于清化省文化所（图 3—61）。

图3—60 豆顿鼓 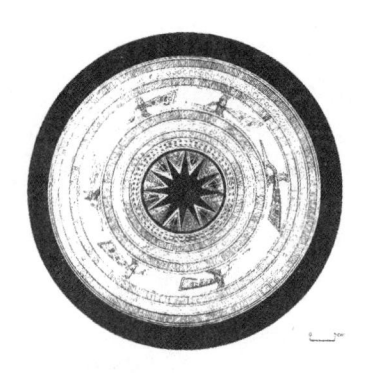　　　　　图3—61 永宁鼓

38. 红石Ⅰ号鼓［B-Ⅱ-36］

1980年在山罗省扶安县红石社出土。鼓面中央有10芒太阳纹,芒间填孔雀羽纹。凡8晕,第1晕为"S"形纹,第2、4、6、8晕为栉纹带,第3、7晕为圆点圆圈纹,第5晕有4只逆时针方向飞行的长喙长尾、有冠鸟纹。胸部和腰部有几何形花纹,足部无纹饰。面径57.5厘米、身高37厘米。现藏于山罗省副安县文化所(图3—62)。

39. 平府鼓［B-Ⅱ-37］

1934年在SONG BE平安县发现,鼓面中央有10芒太阳纹,芒间填以倒"V"形纹。凡6晕,第1、5晕为圆点圆圈纹,第2、4、6晕为栉纹,第3晕为4只逆时针方向飞行的长喙长尾、有冠飞鸟。胸部和腰部装饰圆点圆圈纹和斜线纹,足部无纹饰。面径46厘米、身高31厘米,鼓胸和鼓足部分地方已破。现藏于越南历史博物馆(图3—63)。

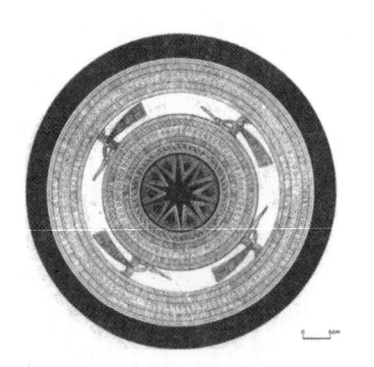

图3—62 红石Ⅰ号鼓 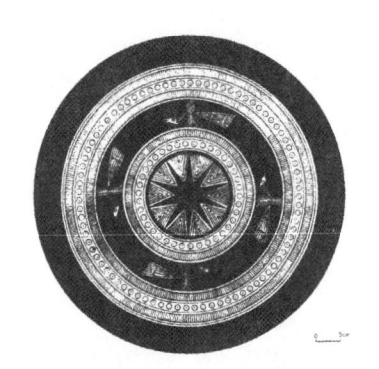　　　　　图3—63 平府鼓

40. 河内Ⅰ号鼓［B-Ⅱ-38］

在河内市收集所得。鼓面中央有10芒太阳纹，芒间饰孔雀羽纹间倒立"V"形纹。凡7晕，第1、2、6晕为圆点圆圈纹，第3、5、7晕为栉纹，第4晕圈装饰6只长喙长尾、有冠飞鸟。胸部和腰部饰栉纹、圆点圆圈纹和斜线纹，足部无纹饰。面径59.5厘米、身高32厘米（图3—64）。

41. 芽庄鼓［B-Ⅱ-39］

1983年在富庆省芽庄市福海场出土，鼓面有10芒太阳纹，主晕圈内饰6只飞鸟。胸部和腰部有几何形花纹，足部无纹饰。面径52厘米、身高43厘米，完整。现藏于富庆省文化所（图3—65）。

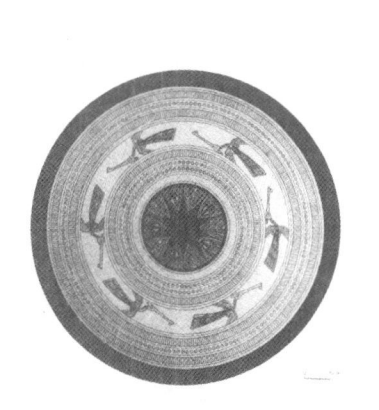

图3—64 河内Ⅰ号鼓 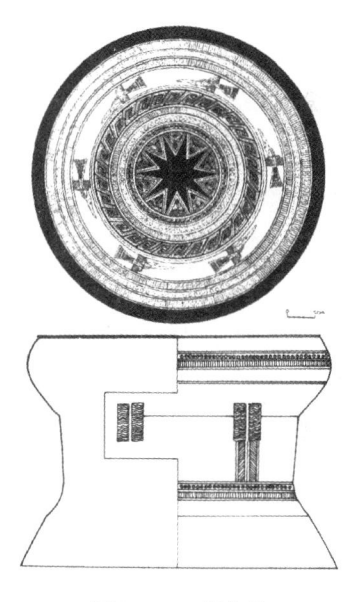　　图3—65 芽庄鼓

42. 河内Ⅱ号鼓［B-Ⅱ-40］

存于河内市李太祖36号阮庭扬家里，在河内市收集所得。鼓面有8芒太阳纹，主晕圈内饰4只飞鸟。胸部和腰部有几何形花纹，足部无纹饰。面径20厘米、身高28厘米，完整（图3—66）。

43. 河内Ⅲ号鼓［B-Ⅱ-41］

河内市收集，鼓面有8芒太阳纹，主晕圈内饰4只飞鸟。胸部和腰部有几何形花纹,足部无纹饰。面径20.5厘米、身高18厘米,现藏于河内市文化所(图3—67)。

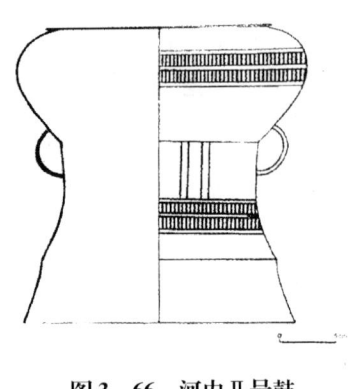

图3—66　河内Ⅱ号鼓

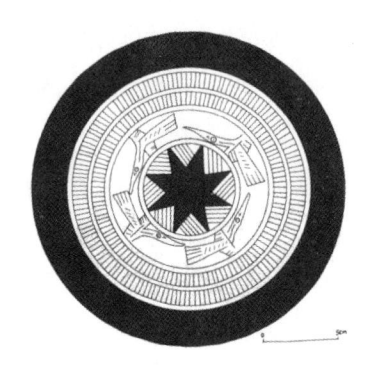

图3—67　河内Ⅲ号鼓

44. 徕岗鼓 [B-Ⅲ-1]

1975年在河山平省石室县徕岗社出土,鼓面有6芒的太阳纹,主晕圈内饰4只飞鸟。仅余鼓面,直径40厘米。现藏于河山平省文化所(图3—68)。

45. Gop乡Ⅰ号鼓 [B-Ⅲ-2]

1976年在海兴省南成县先进社Gop乡出土,鼓面中央有12芒太阳纹,主晕圈内饰4只飞鸟。胸部和腰部有几何形花纹,足部无纹饰。面径44.5厘米、身高33.5厘米。现藏于海兴省文化所(图3—69)。

图3—68　徕岗鼓

图3—69　Gop乡Ⅰ号鼓

46. Gop 乡 Ⅱ 号鼓［B－Ⅲ－3］

1970 年出土于海阳省南成县先进社 Gop 乡，尺寸不详，已残。现藏于海兴省文化所（图3—70）。

47. 平驼鼓［B－Ⅲ－4］

1982 年出土于河山平省青威县平民社平驼社，鼓面有 6 芒太阳纹，主晕圈内饰 4 只飞鸟。胸部和腰部有几何形花纹，足部无纹饰。面径 40.9 厘米、身高 23.4 厘米。现藏于河山平省文化所（图3—71）。

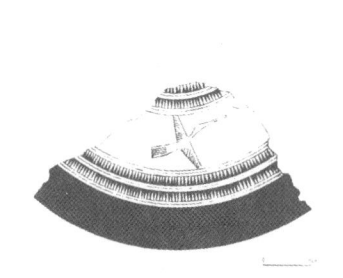

图 3—70　Gop 乡 Ⅱ 号鼓　　　图 3—71　平驼鼓

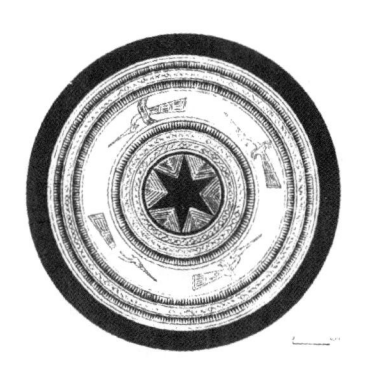

48. 交必鼓［B－Ⅲ－5］

1918 年在河内市嘉林县绞必市购得。鼓面有 10 芒太阳纹，芒间填重叠"V"形纹。共有 3 晕圈，第 1 晕饰 4 只逆时针方向飞行的长喙长尾鸟纹，第 2、3 晕饰锯齿纹。鼓胸有两条锯齿纹带，鼓腰有纵向锯齿纹带，足部无纹饰。鼓型矮小，胸部凸出，鼓腰骤然收缩，足部微展，腰部呈圆柱形。面径 21.3 厘米、身高 17.5 厘米。现藏于越南历史博物馆（图 3—72）。

49. 东山 Ⅳ 号鼓［B－Ⅲ－6］

1970 年出土于清化省东山县东山社，鼓面中央有 8 芒太阳纹，芒间填平行斜线纹。凡 3 晕，第 1 晕饰 4 只图案化飞鸟，第 2、3 晕为锯齿纹。胸部和腰部饰锯齿纹带，足部无纹饰。有 4 只单耳，无装饰。面径 29 厘米、身高 24 厘米，已残。现藏于清化省文化所（此鼓装饰近似东山 Ⅰ 号鼓）（图 3—73）。

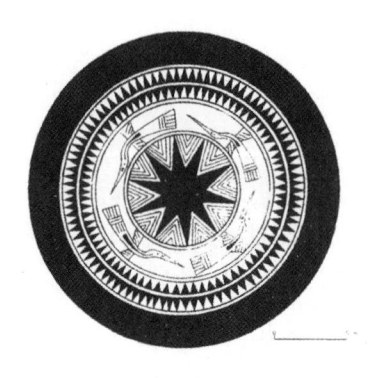

图 3—72　交必鼓 　　　　　图 3—73　东山Ⅳ号鼓

50. 东山Ⅱ号鼓 [B-Ⅲ-7]

1929 年在清化省东山县东山社发掘坑出土。鼓已锈蚀，花纹不清晰，鼓面无纹饰，鼓腰中上部有平行斜线纹带，下部装饰斜线三角形纹带，足部无纹饰。面径 29 厘米、身高 24.5 厘米。现藏于越南历史博物馆（图 3—74）。

51. 东山Ⅲ号鼓 [B-Ⅲ-8]

1929 年出土于清化省东山县东山社第 2 发掘坑。鼓面中央有 10 芒太阳纹，芒间填以重叠倒 "V" 形纹。凡 4 晕，第 1、2、4 晕为圆点纹，第 3 晕为 "回" 形纹。鼓面无飞鸟纹。鼓胸和鼓腰装饰几何形花纹，足部无纹饰。面径 23 厘米、身高 21 厘米，已残。现藏于越南历史博物馆（图 3—75）。

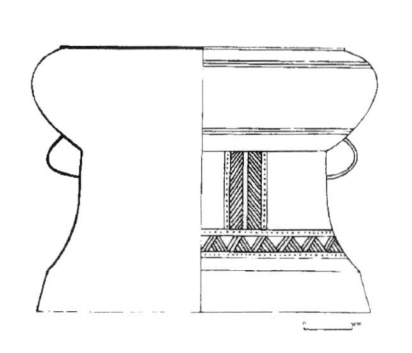

图 3—74　东山Ⅱ号鼓 　　　　　图 3—75　东山Ⅲ号鼓

52. 鼎乡Ⅳ号鼓［B-Ⅲ-9］

1972年出土于义安省义坦县义和社鼎乡。装饰简陋，鼓面中央有10芒太阳纹。凡3晕，第1晕为4只逆时针方向飞行的长喙长尾飞鸟，第2、3晕为锯齿纹，齿内有两点。鼓身有简单几何形花纹，足部无纹饰。面径27.6厘米、身高23.2厘米，已残。现藏于义安省文化所（图3—76）。

53. 读剑鼓［B-Ⅲ-10］

1976年出土于河山平省金杯县读创社鼎乡，鼓面有10芒太阳纹，主晕圈内饰4只飞鸟。胸部和腰部有几何形花纹，足部无纹饰。面径29.2厘米、身高21厘米，已残。现藏于河山平省文化所（图3—77）。

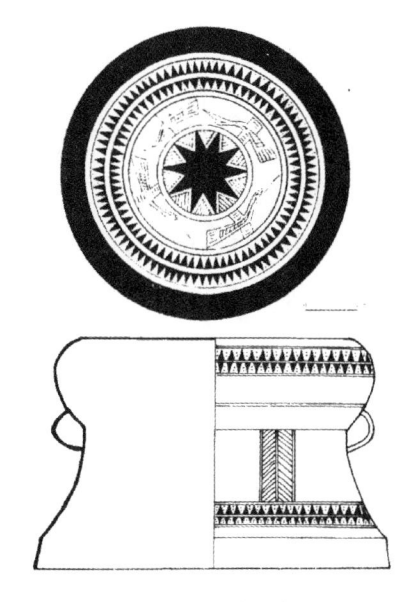

图3—76　鼎乡Ⅳ号鼓　　　　图3—77　读剑鼓

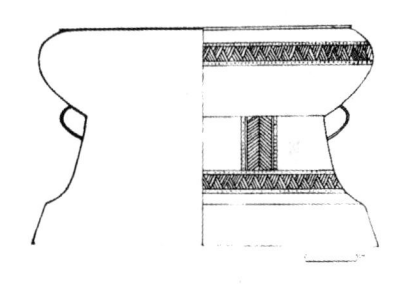

54. 老街ⅩⅤ号（94LCⅩⅤ）

1993年发现于老街平整红河右岸山丘时，鼓面有两圈主晕，其一是表现人和房屋的场面，胸部和腰部饰羽人纹。此鼓比A组其他的鼓纹饰简单。鼓面修补过，面径61厘米、残高51厘米。

55. 老街ⅩⅧ号（94LCⅩⅧ）

1993年在老街平整红河右岸山丘时发现，胸部和腰上部有船纹和羽人纹。残高20厘米。

56. 老街ⅩⅢ号（94LCⅩⅢ）

1993年在老街平整红河右岸山丘时发现，鼓面上有两圈主晕，一晕为飞鸟纹，另一晕为羽人纹。残面径45.6厘米、身高31厘米。

57. 老街ⅩⅥ号（93LCⅩⅥ）

1993年在老街平整红河右岸山丘时发现，纹饰不清。鼓、腰、足部仅存三分之一，残面径39厘米、高24厘米。

58. 老街Ⅶ号（93LCⅦ）

1993年在老街平整红河右岸山丘时发现。残面径36.5厘米、身高26.8厘米。

59. 老街Ⅷ号（93LCⅧ）

1993年在老街平整红河右岸山丘时发现。纹饰简单，鼓面无任何鸟纹晕圈。装饰花纹类似鼎乡Ⅰ号鼓和罗泊湾鼓。面径48.5厘米、残高35.9厘米。

60. 93LCⅩⅣ

1993年在老街平整红河右岸山丘时发现。此鼓与鼎乡Ⅰ号鼓、鼎乡Ⅱ号鼓相似，胸部饰船纹和羽人划船纹，腰上饰8格牛纹。鼓面已失，残高28厘米。

61. 93LCⅩⅨ

1993年在老街平整红河右岸山丘时发现。鼓面有4只飞鸟纹、圆圈纹和锯齿纹。胸部装饰船纹，船上有羽人。腰上部饰牛纹。面径40厘米、身高25厘米。

62. LCⅠ

1993年在老街平整红河右岸山丘时发现。鼓面边沿有4只蹲蛙，胸部有4晕，主晕饰6只船纹，每船中有2人划船；腰部饰牛纹和鸟纹。面径44厘米、身高36厘米。

63. LCⅡ

1993年在老街平整红河右岸山丘时发现。鼓面边沿饰4只类似蜥蜴的有尾动物雕像；腰部凡4晕，主晕饰6只船纹，每船上有2人划船。腰上部饰牛纹和鸟纹。残面径41.8厘米、身高34.2厘米。

64. LCⅣ

1993年在老街平整红河右岸山丘时发现。鼓面边沿铸8只蹲蛙，胸部似乎饰 6 条船，船上有人，但不清楚。腰上部饰牛纹。面径 42.1 厘米、身高 29.1 厘米(图 3—78)。

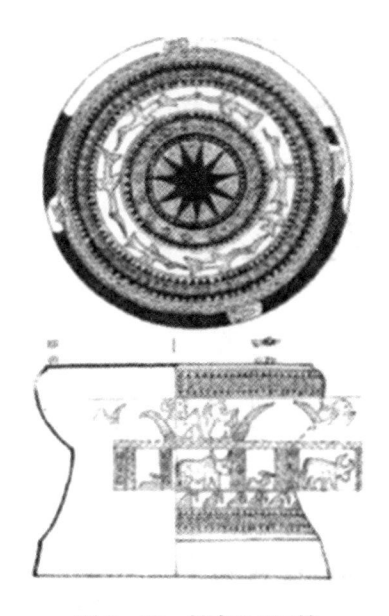

图 3—78　越南 LCⅣ 鼓

65. LCⅤ

1993 年在老街平整红河右岸山丘时发现。鼓面边沿铸 4 只蹲蛙，胸部有两条船，每船上有 2 人，腰上部饰牛纹。面径 40 厘米、身高 34 厘米。

66. LCⅥ

1993 年在老街平整红河右岸山丘时发现。仅见腰部有一只带尾及两只后腿的牛。面径 43.5 厘米、残高 30 厘米。

五　越南东山铜鼓功用及习俗

越南东山铜鼓和其他地区的铜鼓一样，曾经用作炊具、容器，又是乐器、神器和礼器，和古代云南铜鼓的用途是相似。

但由于地域和文化的差异，越南东山铜鼓不可避免地带有和其他地方铜鼓不完全一样的特点。这个特点突出表现为东山铜鼓的主要功能是用于战争。中国元朝时，赴越南使臣陈孚有诗云"金戈影里丹心哭，铜鼓声里白发生"，记载了陈朝（1225—1400）军队使用铜鼓的情况。

从东山铜鼓的纹饰，亦可看出它在军事方面的重要性。我们知道无论是在云南的石寨山型铜鼓还是其他类型的铜鼓上，常可以见到羽人纹饰，但除了东山铜鼓以外，其他铜鼓上很少见到手持武器的羽人纹饰。例如玉缕鼓、黄夏鼓、庙门鼓的鼓面上有羽人左手持盾牌，右手执战斧。有的铜鼓鼓胸的船纹上，也可见到持斧者坐在船头，其斧的外形与越南北部平原出土的圆头斜刃斧、方头斜刃斧、方头齐刃斧相似，是一种越南人常用的武器。除此之外，东山铜鼓上还有众多的武士图案。玉缕鼓鼓胸的船纹上有一位举弓的武士。玉缕鼓、黄下鼓和庙门鼓鼓腰的竖格内有手执战斧、矛或盾的武士像。沱江鼓腰部的每个竖格内都有一位行进中的武士，均头戴鸟冠，左手执盾牌，盾牌上饰鸟羽。东山铜鼓上的武器除了斧、弓、盾牌外，还有匕首、镖枪、弩等。

越南人特别重视铜鼓在行军打战中的重要作用，以铜鼓作为号令三军的信物，抬高铜鼓的地位，进而将其人格化和神化，使其成为战争之神，立庙祀之。

越南的史籍诸如《越殿幽灵》《岭南摭怪》《大越史记全书》《木匰》《大南一统志》等，都提到安定县丹泥社的一面铜鼓。据说这面铜鼓颇有神力，在历次战争中，包括1020年攻打占城的战争，以及在1028年平定国内叛乱的战争中，都显示了神力。所以李朝皇帝对当地的铜鼓山拜山封禅，埒同王爵，同时将这面铜鼓封为盟主，号令诸侯，立庙祭祀，岁时供奉。

越南历史文献中说的这座铜鼓灵庙，现今还完好地保存在河内的一条小巷中。据段立生先生实地考察，在其著作《越南的铜鼓》[①] 中描述说，巷口有中文和越文标示：铜鼓灵祠。进去见门边刻有中文对联：八月初铜鼓山言历代褒封留玉牒，千载后珠盘海誓弌心忠孝奉金章。庙额高悬两幅横匾，上书：会盟天下。另一匾书：铜鼓灵祠。据越南文献说，此庙建于1022年，是为了祭祀一面神灵的铜鼓。越南李朝王子佛玛（Phat Ma，1028—1054年在位，为李太宗）在这面铜鼓的帮助下，战胜了占巴人的进攻。后来，他又成功平定了国内的一次叛乱，故把这面铜鼓奉为神灵。铜

---

① 段立生：《越南的铜鼓》，载《行走的境界——段立生文化之旅》，广西人民出版社2018年版。

鼓庙多次获得越南李朝和黎朝王室的敕封，国王颁发的诏书有的至今仍完好保存。过去，每年 3 月 25 日礼部都要派官员来此庙致祭，后改为 4 月 4 日。普通百姓则来此庙对王室表忠，对父母尽孝。誓词曰："为子不孝为臣不忠，神明殛之。"（见《大越史记全书·本纪全书》卷之二）今天，人们还经常在"铜鼓灵庙"举行聚会，庙旁有举行聚会的告示（图 3—79）。

图 3—79　越南河内铜鼓灵庙（段立生摄）

（采自段立生《行走的境界》，广西人民出版社 2018 年版）

"铜鼓灵庙"证明了铜鼓在古代越南的重要性，它是保佑战争胜利的战神，是民族保护神。越南人把铜鼓人格化为神，专门为铜鼓建庙，顶礼膜拜，在中国西南乃至东南亚各国皆属罕见。

东山铜鼓使用功能的另一个显著特点是，把铜鼓尺寸缩小，做成小铜鼓陪葬（图 3—80）。越南清化东山等地墓葬中发现许多随葬的小铜鼓，其数量大大超过了实用铜鼓。截至 1996 年的统计，在越南 29 个省已发现 100 多面明器铜鼓[①]（图 3—81）。越南以外其他地区的铜鼓也有作明器的功能，但大都是用原铜鼓直接陪葬。越南的铜鼓专为陪葬而铸造，原是为着省钱省料，这也凸显了作为明器是东山铜鼓的一个重要功能。

---

① 万辅彬、房明惠、韦冬萍：《越南东山铜鼓再认识与铜鼓分类新说》，《广西民族学院学报》（哲学社会科学版）2003 年第 5 期。

图3—80　东山出土的小铜鼓和鼓形器

图3—81　越南明器鼓

图3—82　越南木桶铜鼓葬墓

尤其值得注意的是，越南还发现了特殊的木桶铜鼓葬墓，即用木桶做棺材、用铜鼓做盖子，两者结合起来成为葬墓，这是越南考古学以及世界考古学首次发现的独特葬法（图3—82）。1998年，阮文强先生在平阳省新渊县富政乡发现，出土时被埋在田中距地面1.8—2.5米深处。在发现铜鼓的地方进行考察继续找到一个木桶，材质为黄檀木，高61厘米、桶口的直径46—50厘米。铜鼓高40厘米、鼓口直径47.4厘米，上面画有10角星，中间画简单的孔雀毛和倒"V"字形。年代在公元前 2—1 世纪。截至目前，木桶铜鼓葬墓是越南和东南亚地区唯一的出土完整的考古发现。它是研究越南东南部地区古代人生活方式的新资料。木桶铜鼓葬墓已被越南政府总理决定列入 2018 年第 7 批国家宝物名录。

六　从越南铜鼓看滇越铜鼓文化的交流

（一）越南与云南的先黑格尔 I 型铜鼓比较

越南东山 D 型鼓与中国学者分类中的万家坝型铜鼓属于同一类型鼓，国际上称为先黑格尔 I 型鼓。

中国考古学家通过类型学的研究，认为此型铜鼓是时代最早、最原始的铜鼓[1]；科技考古学者万辅彬等人的实验也证明了此观点的正确性。[2] 万家坝型铜鼓是最早的鼓，且起源于云南滇中和滇西一带，这一观点已经在中国学术界达成共识。然而越南学术界却认为东山 D 型鼓铸工粗糙、装饰风格属于晚期，是时代较晚的鼓。[3] 尤其是越南学者范明玄认为："大波那、万家坝铜鼓同样处于这一时期云南地区的东山铜鼓的发展时期之中，这些铜鼓不可能是最早的铜鼓，相反其年代只能够与这里晚期东山铜鼓的年代相当，甚至可能属于更晚的时期。"[4]

李昆声和黄德荣先生于 1990 年发表文章《论万家坝型铜鼓》[5]，2007 年发表文章《再论万家坝型铜鼓》[6]，统计了中国和东南亚万家坝型铜鼓的数量，并进行分式。根据他们的统计，迄今为止，发现万家坝型铜鼓 62 面，其中云南的万家坝型铜鼓有 47 面（其他地区广西 3 面，四川 1 面，越南 8 面，泰国 3 面），有相当一部分铜鼓是墓葬出土，有伴出物，有棺木的碳 14 测年数据，为万家坝型铜鼓的断代提供了可靠的依据。

越南东山 D 型鼓数量较少，仅有 8 面：松林I号鼓、松林II号鼓、上农鼓、老街 LCXI 号鼓、老街 LCXII 号鼓、绍运鼓、永绥鼓、茂东鼓。它们是在农民在

---

[1] 李昆声、黄德荣：《论万家坝型铜鼓》，《考古》1990 年第 5 期。
[2] 万辅彬：《中国古代铜鼓科学研究》，广西民族出版社 1992 年版，第 75—85 页。
[3] Pham Minh Huyen, Nguyen Van Hao, Lai Van Toi, *Dong Son Drums in Vietnam*. The Vietnam Social science Publishing House, 1990.
[4] ［越南］范明玄：《在中国发现的几只早期东山鼓》，《考古学》1981 年第 4 期。
[5] 李昆声、黄德荣：《论万家坝型铜鼓》，《考古》1990 年第 5 期。
[6] 李昆声、黄德荣：《再论万家坝型铜鼓》，《考古学报》2007 年第 2 期。

耕地或建房过程中发现的，且是单鼓出土，均非科学发掘品，出土时无伴出物，也无碳14年代数据，科学性较差，无法判断其时代。只能根据考古类型学的相似原理，将其与中国境内发现的万家坝型铜鼓作比较，来进行断代。

根据李昆声和黄德荣先生对万家坝铜鼓的分式①，对云南出土的万家坝型铜鼓和越南发现的东山D型鼓进行比较，在每一个分式中，我们选取了云南一部分万家坝型铜鼓与越南东山D型鼓的线图进行对比，以便于能更细致地观察到它们的异同。

Ⅰ式：胸部最大径在中部以下，通体光素，个别鼓饰太阳纹，腰部无分格，有的足内无折边，是万家坝型铜鼓四种式样中最原始者。年代在春秋早期或更早。以云南楚雄大海波鼓、姚安县营盘山鼓和曲靖市八塔台2号鼓为代表，造型与越南上农鼓相似，它们是时代相近的鼓（图3—83）。

图3—83　Ⅰ式鼓

1.武鼓中国楚雄大海波鼓　2.越南上农鼓　3.中国云南姚安县营盘山鼓　4.中国曲靖八塔台2号鼓

---

① 李昆声、黄德荣：《再论万家坝型铜鼓》，《考古学报》2007年第2期。

Ⅱ式：鼓面饰太阳纹，胸部最大径在中部以下，腰部出现分格，格间无纹饰，以楚雄万家坝 M23 出土的 4 面鼓（M23：160、M23：161、M23：159、M23：158）为代表。腰、足的内壁饰鼍纹。足的内沿一般有折边，鼓身带烟熏痕迹。年代为春秋中期。越南尚未发现如此形制和花纹的铜鼓（图3—84）。

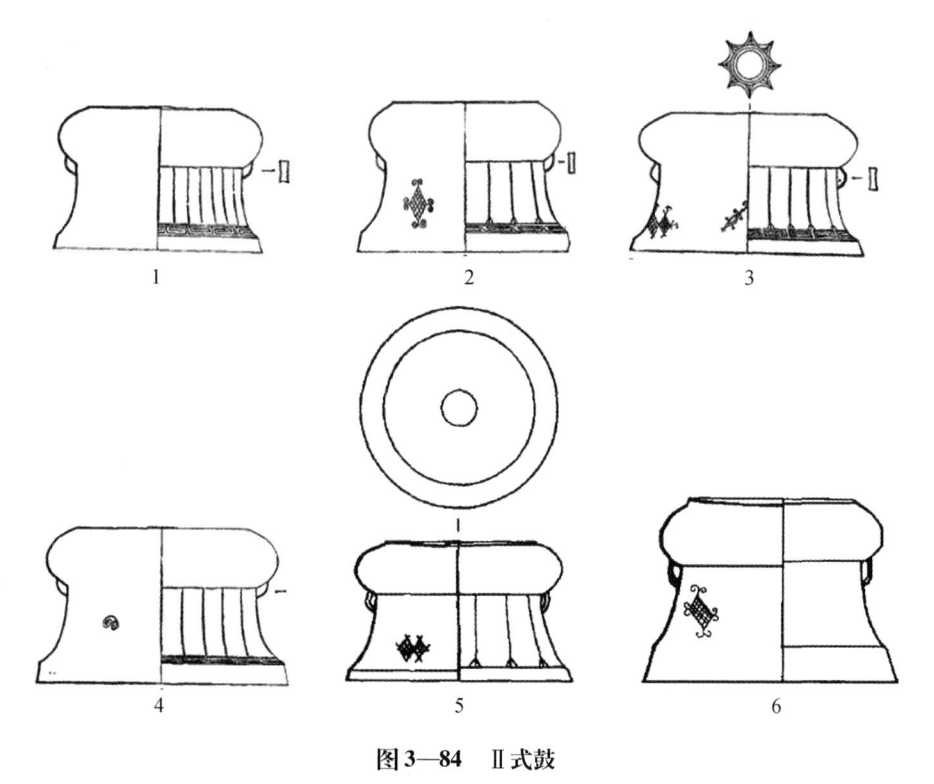

图3—84 Ⅱ式鼓

Ⅱ式　1.2.3.4　云南楚雄万家坝 M23：160、161、159、158
5. 云南大理市博物馆藏鼓　6. 云南永胜严家箐鼓

Ⅲ式：鼓面饰太阳纹，胸部最大径在中部以上，腰部分成数格，格间无纹饰。腰内壁无纹饰，鼓身无烟熏痕迹。有云南楚雄万家坝 M1：12 号鼓、祥云大波那鼓、昌宁鼓、弥渡青石湾鼓、广南沙果村Ⅰ号鼓，越南老街 LCⅪ号鼓、绍运鼓、永绥鼓属此式，年代为战国早期（图3—85）。

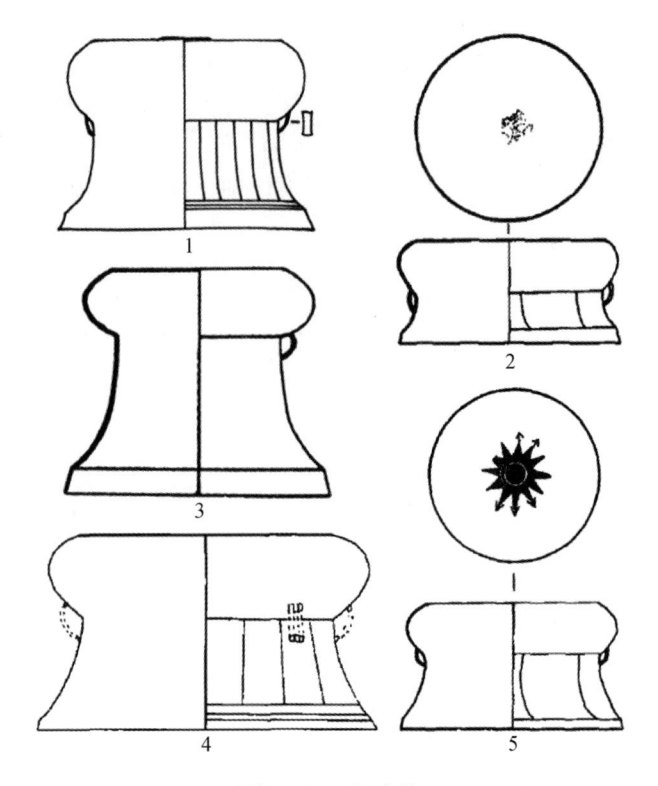

图 3—85　Ⅲ式鼓

Ⅲ式鼓　1. 中国云南楚雄万家坝 M1：12 号鼓　2. 中国云南砚山大各大鼓
3. 中国云南祥云大波那鼓　4. 越南老街Ⅺ号鼓　5. 中国云南广南者偏鼓

Ⅳ式：鼓面饰太阳纹，并出现晕圈，但是无主晕纹。胸部最大径在中部以下。腰部上、下分格，有的鼓上格间有饰纹，有的则无；下格由若干晕圈构成。越南的松林Ⅰ号鼓、松林Ⅱ号鼓、茂东鼓属此式，年代为战国中期至晚期（图3—86）。

越南老街Ⅻ号鼓因残破严重，无法分式。

以上分式中，同式的云南万家坝型鼓和越南东山 D 型鼓之比较：

其一，在Ⅰ式鼓中，越南上农鼓的鼓耳为绳辫状，像是由两条纽带组合而成。这与云南鼓耳不同，云南万家坝型鼓多附有两对小扁耳，Ⅰ式鼓则多见于器形相近的铜釜上。另外，云南几面Ⅰ式万家坝型铜鼓的鼓高皆大于面径，而越南上农鼓的面径大于鼓高，所以越南鼓的体型显得矮胖。特将几面鼓的其尺寸列于下表，以便比较：

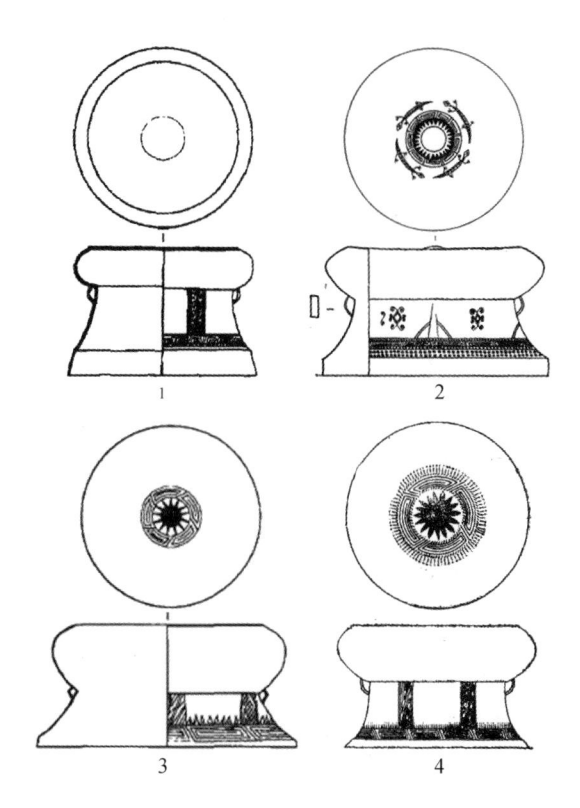

图 3—86　Ⅳ式鼓

Ⅳ式鼓　1. 云南云县曼遮鼓　2. 云南曲靖八塔台鼓　3. 越南茂东鼓　4. 越南松林Ⅰ号鼓

表 3—1　　　　中国云南和越南的万家坝型Ⅰ式鼓尺寸比较　　　长度单位：厘米

	鼓名	鼓高	面径	胸径	足径
中国	楚雄大海波 M1：11 鼓	27	26.5	44	41.8
	姚安县营盘山鼓	30	27		
	牟定县吴家山鼓	32	26.5	40	44.2
	云南曲靖八塔台鼓	28.5	19	40	35.5
	广南沙果村Ⅱ号鼓	31.1	40.3	55.1	53
	云南腾冲中和鼓	43.5	43.5	52.3	55
越南	上农鼓	26	32		43

其二，在Ⅲ式鼓中，越南老街LCⅪ号鼓鼓腰的下格中有三道弦纹，而此式云南万家坝型铜鼓的下格中并无弦纹。在形制上，云南鼓和广西鼓的面径普遍要大于越南鼓；云南广南者偏鼓、沙果村Ⅰ号鼓和越南老街Ⅺ号鼓的比例相似，由于两地相距较近，推测有互相影响的可能。见下列表：

表3—2　　中国云南、广西和越南的万家坝型Ⅲ式鼓尺寸比较　长度单位：厘米

	鼓名	鼓高	面径	胸径	足径
中国	楚雄万家坝M1：12号鼓	38	46		
	云南祥云大波那鼓	27.8	23	33	38.2
	云南蒙自鸣鹫鼓	23.5	24		
	云南砚山大各大鼓	40	65		81
	云南广南者偏鼓	36	45		
	广南沙果村Ⅰ号鼓	37.1	45—47	55.5	62.7
	广西田东南哈坡A鼓	32	50	60.5	66
	广西田东南哈坡B鼓	37	50	60.5	66
	广西田东大岭坡鼓	29	34	40	50
	云南腾冲苦草坡鼓	31.3	40.3	55.1	53
	云南牟定小铜鼓	17	22		22.4
越南	老街Ⅺ号鼓	37	45		
	老街Ⅻ号鼓	残高5.6	28		
	绍运鼓	29.5	38.5		
	永绥鼓	32.5	30.5		

其三，Ⅳ式鼓中，中国的云南牟定小贝苴鼓、曲靖八塔台1号鼓和越南的三面鼓在纹饰上有一个很显著的共同特点：在鼓腰下格都装饰有雷纹；曲靖八塔台1号鼓和越南松林Ⅰ、Ⅱ号鼓在鼓面太阳纹外，都有由四个云雷纹组成的一个晕圈。在形制上，越南鼓的面径和鼓高都要比云南鼓的尺寸大。见下列表：

表3—3　　　中国云南和越南的万家坝型Ⅳ式鼓尺寸比较　　　长度单位：厘米

	鼓名	鼓高	面径	胸径	足径
中国	曲靖八塔台1号鼓	23.3	45.6	56.6	60
	牟定小贝苴鼓	33	41		72
	文山平坝鼓	26.5	33		
	邱北草皮村鼓	39	63		74
	大姚七街鼓	38	25.5		39
	云县曼遮鼓	43	47		
	安宁太极山鼓	22	34		36
越南	松林Ⅰ号鼓	38	52		
	松林Ⅱ号鼓	残高5.6	38		
	茂东鼓	31.5	47.5	62	70

从表3—3可以看出，越南D型鼓与云南万家坝型铜鼓有共通之处，但即使是同一式铜鼓，两地也有差异，主要在鼓型上有明显的区别。

中国学者曾经提出滇西和滇中一带是铜鼓的起源地。[1] 越南学者则认为万家坝型鼓是一种由东山铜鼓退化而来的铜鼓，铜鼓的起源地在越南，而不在中国云南，铜鼓是由越南传到云南、广西等地的。[2] 针对上述不同的观点，我国科技工作者曾经用铅同位素分析技术对万家坝型铜鼓的产地进行过研究。1990年，李晓岑等学者分析了云南、广西出土的6件万家坝型铜鼓，结论是6件万家坝型中的楚万 M23：161 鼓及弥渡县青石湾鼓的矿料来自滇西，楚万 M23：159 鼓的矿料来自禄丰、牟定一带，祥云县大波那鼓、弥渡县三岔路鼓的矿料来自滇池地区，昌宁县八甲大山鼓的矿料出自新平一带。[3] 此结论印证了中国考古学家结论，即铜鼓起源于滇西至滇中偏西地区。

北京大学考古文博学院崔剑锋和吴小红教授对中国云南、越南出土的6件万家坝型铜鼓进行了铅同位素比值测定和分析，其中越南上农鼓

---

[1] 李昆声、黄德荣：《谈云南早期铜鼓》，《昆明师院学报》1980年第4期。

[2] Pham Minh Huyen, Nguyen Van Hao, Lai Van Toi, *Dong Son Drums in Vietnam*, The Vietnam Social science Publishing House, 1990.

[3] 李晓岑等：《云南早期铜鼓矿料来源的铅同位素》，《考古》1992年第5期。

铅同位素比值和李晓岑等人分析的祥云大波那 19 号铜鼓以及弥渡苴力大铜鼓非常接近，表明这三面铜鼓矿料的来源可能一致；后面两面铜鼓均出自滇西地区，因此越南上农出土的这面万家坝型铜鼓可能是随着濮人的迁徙从滇西带入越南的。①

以上结论中，铜鼓起源于滇西至滇中偏西地区应无疑义，在学术界已经达成共识。但是我们认为"越南上农出土的这面万家坝型铜鼓可能是随着濮人的迁徙从滇西带入越南的"说法似有商榷的余地。本书通过对云南万家坝型铜鼓和越南东山 D 型鼓的比较，发现两地铜鼓在器型和纹饰特征上有明显差别，上农鼓的矿料可能在滇西地区，并不意味着它就是在滇西铸造的，因为其体型明显和当时滇西地区的其他鼓都不同，显得比较矮胖；纹饰上不同于当时滇西地区铜鼓的小扁耳，上农鼓的鼓耳是绳瓣状耳。以上两个差异都显示出上农鼓具有地方特征，故认为上农鼓可能是用滇西地区的矿料在越南铸造的。

由此，得出以下结论：

其一，云南万家坝型鼓与越南东山 D 型鼓相互影响，云南万家坝型铜鼓是源，越南东山 D 型鼓是流。因为云南是铜鼓起源地，已经得到科技考古数据的证明；并且该型鼓中Ⅰ式鼓（时间最早，年代为春秋早期或者更早）中云南有 8 面，目前越南只有 1 面；该型鼓中Ⅱ式鼓（年代为春秋中期），云南有 16 面，越南暂未发现。

其二，越靠近越南的云南边境地区铸造的铜鼓，对越南的影响越大。比如Ⅲ式鼓中云南文山地区的广南者偏鼓、沙果村Ⅰ号鼓和越南老街Ⅺ号鼓的比例相似，由于两地相距较近，所以相互之间的影响会大于其他距离较远的地方。

其二，越南东山 D 型鼓应是在当地铸造的。虽然Ⅰ式中的上农古鼓的铅同位素测定矿料产地可能是在云南滇西地区，但不意味着它就是在滇西地区铸造的，就目前的资料看，云南尚未发现和上农鼓时代相当、体型相似的万家坝型铜鼓，因此不排除上农鼓是用滇西的矿料在越南当地铸造的。此外，Ⅲ式和Ⅳ式鼓中的越南鼓在器型和纹饰上都体现出了

---

① 崔剑锋、吴小红：《铅同位素考古研究——以中国云南和越南出土的青铜器为例》，文物出版社 2008 年版，第 74 页。

与云南鼓不同的地方特征。它们应该不是在云南铸造后再传播到越南的。

总之，通过对云南万家坝型铜鼓和越南东山D型鼓的比较和分析，我们认为前者对后者有影响，主要是铜鼓铸造技术和矿料的传入；越南东山D型鼓是受到云南铜鼓铸造技术的影响在当地铸造的。

（二）越南与云南的黑格尔Ⅰ型铜鼓比较

在中国的八分法中，黑格尔Ⅰ型铜鼓基本等同于石寨山型铜鼓，同时涵盖冷水冲型和遵义型铜鼓。在越南的东山铜鼓中，黑格尔Ⅰ型铜鼓基本等同于东山铜鼓A、B型鼓，但同时涵盖C、E型鼓（D型与中国万家坝型对应，黑格尔四分法中无此型）。[①] 本书讨论的黑格尔Ⅰ型铜鼓，仅限于云南的石寨山型铜鼓、越南东山铜鼓A、B型鼓以及东南亚其他国家与此对应的铜鼓。

全世界有八个国家[②]是黑格尔Ⅰ型鼓的发现和分布地。据不完全统计，截至2015年6月，中国发现黑格尔Ⅰ型鼓73面，云南发现54面；越南发现137面。[③] 越南北方的红河流域和中国云南滇池区域是黑格尔Ⅰ型鼓的集中分布区。

从铜鼓来源看，越南黑格尔Ⅰ型鼓（东山A、B型鼓）或出土于墓葬，或出土于遗址，大多是非科学发掘品，且是单鼓出土，没有伴出物；此外，越南还发现过一大批明器铜鼓。云南的石寨山型铜鼓大多出自墓葬中，是科学发掘品，有伴出物，可以判断其时代。

日本学者今村启尔先生曾经提出了"石寨山系"和"东山系"的概念，他认为石寨山系铜鼓在云南、广西地区发现很多，在越南也有相当数量的发现，其分布中心在云南。东山系在越南发现很多，但在中国的广西壮族自治区和泰国、马来西亚、印度尼西亚等地也有广泛的存在，其分布中心在越南。[④] 他所说的石寨山系包括了大部分云南石寨山型铜

---

① 李昆声、黄德荣：《谈黑格尔Ⅰ型铜鼓》，《考古学报》2016年第2期。

② 已经发现黑格尔Ⅰ型鼓的八个国家是：中国、越南、泰国、老挝、柬埔寨、马来西亚、印度尼西亚、缅甸。

③ 李昆声、黄德荣：《谈黑格尔Ⅰ型铜鼓》，《考古学报》2016年第2期。

④ ［日］今村启尔：《论黑格尔式铜鼓的二个系统》，载《铜鼓和青铜文化的新探索——中国南方及东南亚地区古代铜鼓和青铜文化第二次国际学术讨论会论文集》，广西民族出版社1993年版。

鼓，东山系包括大部分越南东山 A、B 型鼓。我们将其对石寨山系和东山系铜鼓在器型和纹饰方面的比较见表 3—4：

表 3—4　　　　　　石寨山系和东山系铜鼓主要特点比较

	器形	画纹带的分布	口缘部纹饰	光芒之间	画纹的表现
石寨山系复数画纹带	喇叭形腰部	内侧动物纹外侧翔鹭纹	锯齿纹	斜线纹和复线角形纹	鼓面和侧面都有很多阴纹
石寨山系单数画纹带		翔鹭纹			鼓面是阴文和凸线纹侧面有很多凸线纹
东山系复数画纹带	圆筒形腰部	内侧乐舞纹外侧翔鹭纹	细锯齿纹或枒纹	翎眼纹和复线角形纹	鼓面有阴文侧面是凸线纹
东山系单数画纹带		翔鹭纹	枒纹		鼓面有、侧面都是凸线纹

从表 3—4 中可以看出，属于石寨山系的云南石寨山型铜鼓和属于东山系的越南东山 A、B 型鼓在器型和纹饰方面的区别。

本书将重点对两地黑格尔 I 型鼓的纹饰进行比较。

和云南石寨山型铜鼓相比，东山 A、B 型鼓体型较为高大，纹饰和云南石寨山型铜鼓有同有异。相同纹饰可以明显看出它们的传承关系，或者说同出一源。相异之处则可以看出东山铜鼓的发展和创新。

1. 越南东山 A、B 型鼓和云南石寨山型铜鼓上相似的纹饰

（1）太阳纹（星光纹）

大多数铜鼓的鼓面中央有一个圆饼状的凸起，学术界称为"光体"；周围有一些放射性的线，称为"光芒"。光体和光芒合在一起好似一个圆形的太阳，向四周发射出光芒，所以中国学者称其为"太阳纹"（图 3—87）。而越南学者则视鼓面中央的圆形光体视为星星，称为"星光纹"（图 3—88）；并根据光芒的数目，分为 8 条星光纹、10 条星光纹、12 条星光纹等。太阳代表白天，星星代表黑夜；白天是阳，黑夜是阴。相同或相似的纹饰，在中国和越南学者之间有不同的称谓，反映出文化的差异。太阳纹和星光纹或许反映出古人观察天象历法的不同视角，即以观察太阳周期运动而形成的太阳历和以月亮周期变化而形成的太阴历。而

最直观和准确的周期就是月亮的盈亏,从越南铜鼓上的星光纹可见古代越南人使用的是阴历。

由于阴历不能准确地指导农业生产,所以后来越南人借鉴了中国传统的夏历,夏历是一种阴阳合历。①

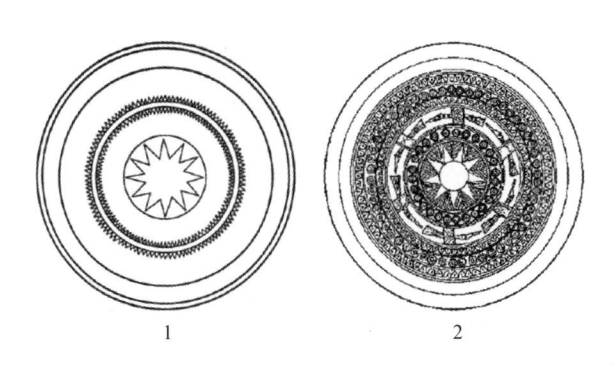

1. 昆明羊甫头 M19∶151 号鼓　2. 李家山 M69∶171 号鼓

图 3—87　云南石寨山型铜鼓鼓面中央的太阳纹

1. 玻龙鼓　2. 庙门鼓

图 3—88　越南东山鼓鼓面中心的星光纹

(左为星光纹,右为星光纹在鼓面中心的位置)

(2) 几何形纹饰和写实性纹饰

越南东山 A、B 型鼓和云南石寨山型铜鼓上的几何性纹饰也很相似,都有点纹、栉纹、圆点圆圈纹、三角锯齿纹。

越南东山鼓和云南石寨山型铜鼓上相似的写实性纹饰有牛纹(图 3—89)、鸟纹(3—90)、船纹(3—91)、羽人纹、舞人纹、鱼纹等。

---

① 段立生:《越南的铜鼓》,载《行走的境界——段立生文化之旅》,广西人民出版社 2018 年版。

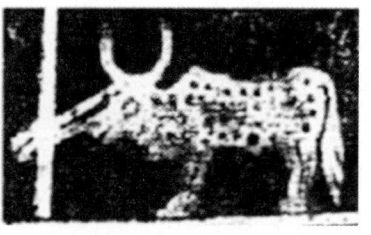

176 / 古代云南与东南亚的铜鼓文化交流研究

左：越南东山鼓（BTHT3090 号鼓）　　右：中国云南石寨山型铜鼓（广南鼓）（西汉早期）
图3—89　越南东山鼓和云南石寨山型铜鼓上相似的牛纹

越南东山A、B型鼓和中国云南石寨山型铜鼓鼓面主晕上都有逆时针方向展翅飞翔的鸟，数量4—8只不等。

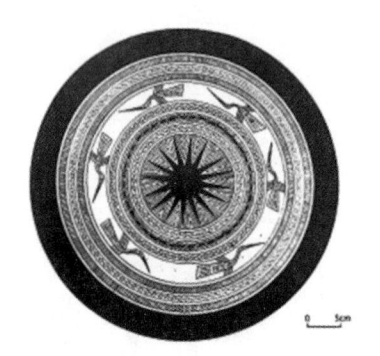

左 越南东山鼓（BTTH341/KL：125 号鼓）　　右：中国云南石寨山型铜鼓（晋石 M14：1 号鼓）
图3—90　越南东山鼓和中国云南石寨山型铜鼓上相似的飞鸟纹

图3—91　船纹
越南东山鼓（上）　中国云南广南鼓（下）

从相似的写实纹饰可以看出，无论从生态环境的角度，或是从人文环境的角度来看，中国云南和越南都有很多相似的地方。所以铜鼓的纹饰都有鸟纹、船纹、鱼纹、牛纹，这正是周围自然环境中存在着的鸟、船、鱼、牛等物象的真实写照。至于羽人、舞人、星光纹等，则是与他们的原始宗教信仰有关。

2. 越南东山 A、B 型鼓和中国云南石寨山型铜鼓上不同的纹饰

东山铜鼓的制造者在借用云南铜鼓纹饰的基础上，融入了当地元素，有所创新。例如几何性纹饰有"V"形纹、"S"形纹、"回"形纹，写实性纹饰有鹿、奇异兽类、倒梯形屋顶高脚屋（屋内有舞人）、手执武器的羽人。即使云南石寨山型铜鼓和东山铜鼓上都有羽人纹，但内涵不同。

动物（飞禽走兽）、手执武器的羽人、倒梯形屋顶高脚屋是东山铜鼓上最值得注意的创新纹饰，彰显了东山铜鼓的特点。

（1）动物纹饰

东山铜鼓上出现频率最高的动物当属鸟纹，种类比云南石寨山型铜鼓多。玉缕鼓上的鸟纹有 50 余种（图 3—92），能分辨出来的有鹤、鹳、白鹇、鹭等。

这些鸟姿态各异，栩栩如生。鼓面上的鸟，长嘴长尾，或展翅高飞，或盘旋在舂米人身边，或立于高脚屋顶，鸟相向而立，顾影自怜。鼓腰上的鸟，有的注视水面，有的极目远眺；有的细长嘴下弯，双翼合拢，长腿或立于两船之间，或栖于船头。鼓腰上还有一种鸟和鹭鸟形似，短腿，嘴大衔鱼，似刚从水中钻出。东山铜鼓上的鸟纹姿态优美，千姿百态，皆是越南北部平原常见的飞禽。

东山铜鼓鼓面上还有鹿纹[①]，鹿头有角，每角四杈，全身布满梅花点。如玉缕鼓鼓面的鹿群多达 20 头。庙门 I 号鼓面第六晕圈装饰着 8 头麋鹿，其中 1 只为雄鹿，分为两群（图 3—93）。此外，东山铜鼓鼓面上还有一些奇异形状动物。如富川鼓鼓面有 4 只长嘴奇异形状动物（图 3—94），不知其名，象獾狸之类。庙门鼓鼓面有 8 只四足兽。和平鼓鼓面有 6 只蜷尾动物（图 3—95），这与富川鼓和庙门鼓上的动物形状不同，很

---

① 中国云南石寨山型铜鼓上也有鹿纹，不同的是云南鼓上的鹿纹装饰在鼓腰上。

难确定为何种动物。

图3—92　玉缕鼓鼓面上的鸟纹 　　　图3—93　庙门Ⅰ号鼓

图3—94　富川鼓 　　　图3—95　和平鼓

云南石寨山型铜鼓上也有鹿纹，不同的是云南鼓上的鹿纹装饰在鼓腰上。另外，云南石寨山型铜鼓上的动物为写实动物，并无奇异形状的动物。

（2）人物纹饰

东山铜鼓上的人物纹饰，可分为舞人、划船者和羽人三类。舞人纹通常在鼓面高脚屋内或者鼓腰上。这三种人物纹饰在云南的石寨山型铜鼓上都有，但是在细节上有区别。例如：

坂吞鼓鼓面第4晕上装饰着舞人，舞者一手执矛，一手作舞蹈状（图3—96）。

图 3—96　装饰在坂吞鼓鼓面第 4 晕上的舞人

庙门 I 鼓鼓胸下部有船纹 6 只，每只船上有 4 个头戴羽冠的人，被称为羽人（图 3—97）。羽人有多种身份，有人认为是巫师，有人认为是武士，也有人认为是平常百姓。不管怎么说，用羽毛作头饰，想必是当时人的一种常见装束。

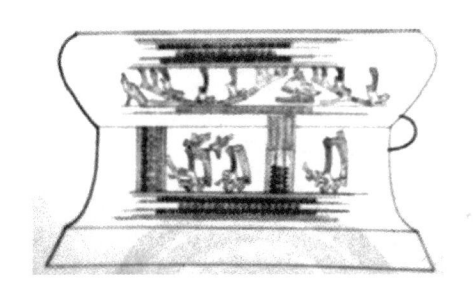

图 3—97　庙门 I 号鼓鼓胸上的羽人纹

约丘鼓鼓胸上有 4 只船纹，船上有 6—8 人，束遮羞布，头上无鸟羽装饰，手执桨，似正在划船竞渡。

（3）房屋纹饰

特别值得注意的是，东山铜鼓上的房屋纹饰出现了倒梯形屋顶的高脚屋（图 3—98）。这种房屋式样最先出现在古滇国时期，成为云南石寨山文化的一个显著特征。奇怪的是石寨山型铜鼓上，就从未出现过这种纹饰，只是祥云大波那出土的战国时期青铜器上有这种干栏式房屋模型。

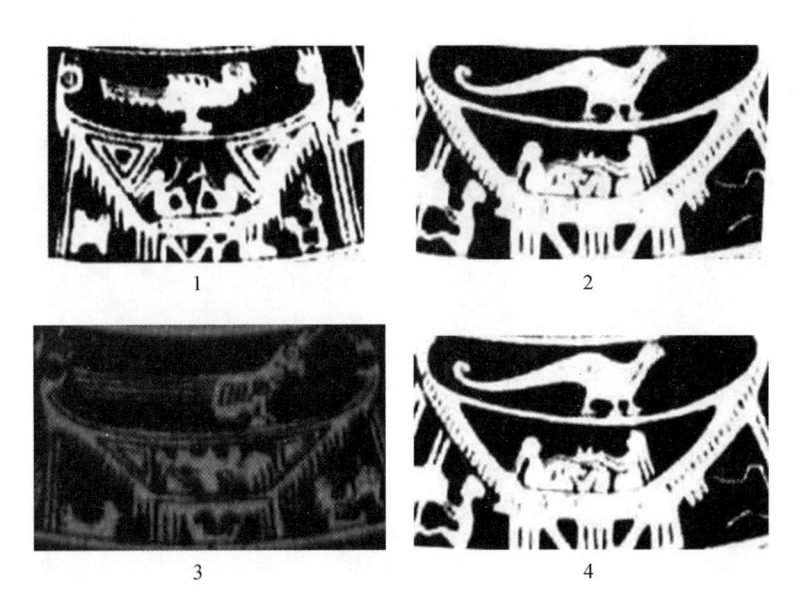

1. 玉缕鼓 2. 古螺鼓 3. 黄下鼓 4. 沱江鼓

图 3—98 东山鼓鼓面主晕内倒梯形屋顶高脚屋

玉缕鼓、古螺Ⅰ号鼓、黄下鼓、沱江鼓、坂吞鼓和广昌鼓鼓面主晕内都有两座倒梯形屋顶高脚屋，玉缕鼓、古螺Ⅰ号鼓、黄下鼓和沱江鼓的高脚屋纹饰相似，屋顶有一只或两只立鸟，屋内有两人对坐。

广昌鼓上的高脚屋较简化，屋内无人，屋顶无鸟。坂吞鼓上的高脚屋仅为图案化房屋（图3—99），但是抓住了倒梯形悬山式屋顶的特征。

图 3—99 坂吞鼓鼓面主晕圈内图案化的高脚屋

东山铜鼓的房屋纹饰，无疑是对云南石寨山型铜鼓纹饰的一大创新和发展。

第二节 缅甸的铜鼓文化

一 缅甸铜鼓的文献记载和文物资料

缅甸位于中南半岛,西南临安达曼海,西北与印度和孟加拉国为邻,东北靠中国,东南接泰国与老挝,是东南亚铜鼓分布地之一。

汉文史籍中,缅甸古称为朱波,汉时有掸国,唐时骠国称雄,宋元为蒲甘,明以来称为缅甸,置缅甸军民宣慰司。

汉文、傣文和缅文中有关于缅甸铜鼓的记载:

唐人刘恂《岭表录异》载:

蛮夷之乐,有铜鼓焉。形如腰鼓,而一头有面。鼓面圆二尺许。面与身连,全用铜铸。其身遍有虫鱼花草之状。通体均匀,厚二分以外。炉铸之妙,实为奇巧。击之响亮,不下鸣鼍。贞元中,骠国进乐,有玉螺铜鼓。即知南蛮豪酋之家,皆有此鼓也。[①]

宋代《册府元龟》载:

贞元十八年(802)正月,骠国王始遣其弟悉利夷来朝,献其国乐,凡十曲,与乐工三十五人来朝,乐曲皆演释氏经论之词意。[②]

骠国乐是一种佛教音乐,常用玉螺(海螺)、铜鼓伴奏,在唐时享有盛名。白居易为贞元十八年的演出作诗《骠国乐》曰:

骠国乐,出自大海西南角……玉螺一吹椎髻耸,铜鼓千击文身

[①] (唐)刘恂撰,商璧、潘博校补:《岭表录异校补》卷上,广西民族出版社1988年版,第44页。

[②] (宋)王钦若等编纂,周勋初等校订:《册府元龟》,凤凰出版社2006年版,第11250页。

踊。珠缨炫转星宿摇，花鬘斗薮龙蛇动。①

傣文史籍《帕萨坦》及续集记载，南诏与中缅边境傣族（缅甸掸族）的茫乃政权关系密切，曾受封赐印，联姻结好。茫乃每隔三年向南诏进贡一次。傣黟王即位时，南诏回赠蟠旗、铜号和铜鼓等礼物。

公元 11 世纪中叶，在今下缅甸的两件孟/巴利文关于直通（Thaton）穆库塔王（King Mukuta）的铭文中提到他的人民敲击一面大鼓以示敬意。在中缅甸，卑谬（Prome）瑞南多塔发现的一块孟文铭文中，蒲甘（Pagan）的江喜佗王（King Kyansitta，公元 1084—1111 年）列举了要送去印度菩提伽耶（Bohdgaya）一个伟大的佛教圣地的物品，作为一个修复计划的一部分，其中就有鼓。尽管人们可以从这件铭文推断使用了铜鼓，但铭文中孟文使用的词还不足以说明出现了铜鼓。这对在《缅甸王琉璃宫编年史》中提到的鼓，即说明在北宋时期使用过的一面鼓是一样的。它说在阿隆悉都（Alaung Sithu，公元 1111—1167 年）降生时，有一个大的安辛鼓"无人敲打而自己发出响声"。②

能够充分证明铜鼓存在的证据是缅甸江喜佗时期优明佛寺墙上的壁画，壁画上绘有三面铜鼓，令人奇怪的是每只铜鼓鼓面中央站着一只鸟，口衔鲜花，鼓面宽于鼓身，鼓胸突出，鼓身下部外侈，像个截短的喇叭，鼓身和鼓足上都有花纹，耳如楔形，像麻江型铜鼓。③

二　缅甸铜鼓的研究状况

缅甸铜鼓的类型主要是黑格尔Ⅲ型鼓，在研究缅甸黑格尔Ⅲ型鼓以及对滇缅两地的此型铜鼓进行比较前，我们有必要先了解相关的学术研究，如此方能在前人研究的基础上有所进步。

（一）西方学者的研究

最早研究黑格尔Ⅲ型鼓的是奥地利学者黑格尔，在他 1902 年出版的

---

① （唐）白居易：《白氏长庆集》卷三，上海涵芬楼刊本，第 18 页。

② ［美］维京尼亚·M. 地克罗克：《北宋时期在缅甸使用铜鼓的证据》，载《铜鼓和青铜文化的新探索——中国南方及东南亚地区古代铜鼓和青铜文化第二次国际学术讨论会论文集》，广西民族出版社 1993 年版。

③ ［英］H. I. 马歇尔（Marshall）：《克伦铜鼓》，《缅甸研究会杂志》1929 年第 1 期。

《东南亚的古代金属鼓》一书中,收集到了165面铜鼓资料中,其中有20面黑格尔Ⅲ型鼓。① 1918年,巴门特在其著作《古代青铜鼓》中,又录入两面蛙鼓。他们认为黑格尔Ⅲ型鼓体积较小,很少有单蛙鼓,多为累蹲蛙鼓;纹饰简单,鼓腰为直筒状,鼓腰一侧铸有立体饰物;此式鼓来源明确,只发现于缅甸的红克伦地区,为缅甸掸族所铸造。② 由于两位西方学者当时接触到的中国铜鼓资料很少,更不知道云南有大量蛙鼓,所以他们说此式鼓"只发现于缅甸的红克伦地区"。显然这种说法是偏颇的。李伟卿先生指出:"过去说蛙鼓只发现于缅甸的红白克伦族的区域,现在应该修正。蛙鼓的分布范围,包括越南、泰国、老挝、柬埔寨、缅甸和中国的云南省。从标本的集中情况看,主要的分布中心是在中缅交界处。"③

国外学者专门研究缅甸铜鼓的成果仅见库勒的《缅甸克伦铜鼓》④,书中记载了52面缅甸克伦鼓,库勒根据纹饰的不同,将这些铜鼓分为七个类型。荷兰学者贝特·坎普斯在著作《东南亚铜鼓——青铜世界的余波》⑤中谈到黑格尔Ⅲ型鼓的使用者,主要是东南亚高山地区的缅甸和泰国西部的克伦人在使用,这些克伦人从附近的掸族人和印泰人那里获得铜鼓,所以这些克伦人成了铜鼓的"消费者"。美国人R. M. Cooler在文章《克伦人对铜鼓的使用(续一)》⑥中,介绍了缅甸克伦人使用铜鼓的习俗。

(二)中国学者的研究

方国瑜先生1942年到滇西边区考察时,在公明山(现属缅甸)的傣族佛寺中见到过1面蛙鼓,为黑格尔Ⅲ型鼓;他回来后据此面铜鼓写成

---

① [奥]弗朗茨·黑格尔:《东南亚的古代金属鼓》,石钟健、黎广秀译,上海古籍出版社2004年版,第10页。
② [法]巴门特:《古代青铜鼓》,载《法国远东博古学院集刊》第18期。
③ 李伟卿:《论铜鼓中的滇西"蛙鼓"》,《考古》1986年第7期。
④ 汪宁生:《佤族铜鼓》,载《古代铜鼓学术讨论会论文集》,文物出版社1982年版。
⑤ A. J. Bernet. Kempers, *The Kettledrums of Southeast Asia*: *A Bronze Age World and Its Aftermath*, Rotterdam: A. A. Balkema, 1988.
⑥ [美]R. M. Cooler:《克伦人对铜鼓的使用(续一)》,谢光茂译,《中国古代铜鼓研究通讯》2000年第16期。

《铜鼓考》并刊载一幅蛙鼓照片。[①]

闻宥先生1954年在《古铜鼓图录》中，著录了1面黑格尔Ⅲ型鼓。[②]

汪宁生先生的文章《佤族铜鼓》中提到中国云南西盟县佤族铜鼓和缅甸、泰国流行的铜鼓属于同一类型，而缅甸克耶邦是这种铜鼓的铸造中心之一，克耶邦一些地区盛产铜锡，那里的威当城古代曾是铸造铜鼓最盛的地方，从阿佤山经过掸邦到克耶族地区，走近路不过三五日路程。很可能我国阿佤山的铜鼓就是由克耶邦辗转传入的。[③]

韦丹芳教授的论文《中缅、中老跨境民族传世铜鼓比较研究》中认为，从黑格尔Ⅲ型鼓鼓面纹饰来看，缅甸和泰国、老挝、越南的铜鼓纹饰发展规律一致，表明可能已有专门生产此型铜鼓的作坊，不排除在铸造技术上的互相交流甚至铜鼓在同一区域铸造后再传播到他国的可能性。[④]

韦丹芳教授的专著《老挝克木鼓与相邻地区同类型铜鼓研究》聚焦于中老、中缅跨境民族的黑格尔Ⅲ型铜鼓上，她通过实地调查搜集到老挝、缅甸、中国、泰国和越南的黑格尔Ⅲ型铜鼓154面，在此基础上比较研究了中缅、中老跨境民族的铜鼓及相关问题。[⑤]

总之，中外学者对于缅甸铜鼓的研究取得了一些成就，但由于黑格尔Ⅲ型铜鼓的分布中心在滇缅交界的地方，因此，对中国云南和缅甸的铜鼓文化进行比较，从而探究它们之间的渊源关系，尤有必要。

三 缅甸铜鼓概况

就目前所知，缅甸铜鼓的类型主要是黑格尔Ⅲ型鼓和几面黑格尔Ⅰ型鼓。因此我们聚焦于缅甸铜鼓中数量较多的黑格尔Ⅲ型鼓上。下文中述及的"缅甸铜鼓"，指的是"缅甸黑格尔Ⅲ型鼓"。

黑格尔Ⅲ型鼓，即中国学者分类中的西盟型铜鼓。由于此类鼓鼓面

[①] 方国瑜：《铜鼓考》，载《新纂云南通志·金石志》第八五卷，云南人民出版社2009年版。
[②] 闻宥：《古铜鼓图录》，中国古典艺术出版社1957年版。
[③] 汪宁生：《佤族铜鼓》，载《古代铜鼓学术讨论会论文集》，文物出版社1982年版。
[④] 韦丹芳：《中缅、中老跨境民族传世铜鼓比较研究》，《贵州民族研究》2014年第4期。
[⑤] 韦丹芳：《老挝克木鼓与相邻地区同类型铜鼓研究》，中国科学技术出版社2014年版，第102—115页。

边缘通常装饰着青蛙立体雕塑，缅甸人称其为"巴栖鼓"，即"蛙鼓"的意思。

黑格尔Ⅲ型鼓主要分布在中南半岛的西北部，以缅甸东部掸邦高原与老挝、泰国交界的山区为中心，往北伸至中国云南南部边境。云南境内主要分布在沧源、西盟、潞西、澜沧、孟连、勐海、思茅、普洱、景洪、勐腊等县。云南傣族长期称其为"虾蟆鼓"，佤族称为"蛙鼓"。李伟卿先生认为云南的此型鼓主要采集于滇西地区，又多为传世品，鼓面上有立体青蛙雕塑，故称为"滇西传世蛙鼓"比较合适。①

（一）缅甸黑格尔Ⅲ型铜鼓的统计资料

缅甸铜鼓主要收藏在博物馆和私人手中，资料零散，目前无法完全统计其数量。

1995年库勒（Cooler R M）英文版的《缅甸克伦铜鼓》记载了52面克伦鼓，有41面单蛙鼓，5面双蛙鼓，6面三蛙鼓；鼓面中心太阳纹光芒为8芒的鼓有26面，10芒鼓有4面，12芒鼓有17面，16芒鼓有1面；晕圈为12晕的鼓有2面，13晕鼓有1面，14晕鼓有3面，15晕鼓有2面，16晕鼓有7面，17晕鼓有11面，18晕鼓有7面，19晕鼓有3面，20晕鼓有3面，21晕鼓有1面。有两面鼓的鼓体仅有立体小象雕塑，1面仅有立体螺蛳雕塑，5面有小象和螺蛳的立体雕塑组合，4面有小象、螺蛳和树的立体雕塑组合。②

缅甸铜鼓资料多为拓片，很少有记载铜鼓详细尺寸的资料。学者们收集整理了12面有详细尺寸的铜鼓资料，列表如下：

表3—5　　　　　　　有详细尺寸的缅甸铜鼓资料　　　　长度单位：厘米

编号	名称	蛙饰	芒数	晕	面径	鼓高	鼓高与面径比	足径	鼓体装饰
1	罗马菲Ⅰ号鼓	单蛙	8	16	45	35	0.78		鼓面突出
2	罗马菲Ⅱ号鼓	单蛙	8	16	47.5	33.2	0.7	38	象、螺

---

① 李伟卿：《论铜鼓中的滇西"蛙鼓"》，《考古》1986年第7期。
② 转引自韦丹芳《中缅、中老跨境民族传世铜鼓比较研究》，《贵州民族研究》2014年第4期。

续表

编号	名称	蛙饰	芒数	晕	面径	鼓高	鼓高与面径比	足径	鼓体装饰
3	德累斯顿6815号	单蛙	10	16	55.3	44.5	0.8	34	象、螺
4	加尔各答印第安博物馆Ⅰ号	单蛙	8	12	43.2	30	0.71	35.6	
5	柏林民族学博物馆Ⅱ号	单蛙	8	17	64.5	48	0.74	52	
6	加尔各答印第安博物馆Ⅱ号	双蛙	12	17	53.3	40	0.74	41.9	象、螺
7	伦敦不列颠博物馆Ⅰ号	双蛙	12	20	71	51.5	0.73	55	象、螺和树
8	热亚那船长德·阿尔伯尔茨鼓	三蛙	12	20	69	51	0.74	55	象、螺
9	德累斯顿7574号	三蛙	12	18	66	47	0.71	51	象、树、螺
10	罗马菲Ⅲ号	三蛙	12	18	65	50	0.77	48	精美浮雕
11	德累斯顿8250号	三蛙	12	17	63	49	0.78	49	象、螺
12	编号为31的鼓								鼓面有立鸭纹

编号为31的鼓，是调查中发现的缅甸最早的黑格尔Ⅲ型鼓，遗憾的是该鼓已经残破，目前仅剩鼓面的一部分，鼓面第6晕内饰有立鸭纹，这种纹饰与黑格尔Ⅲ型早期鼓立鸭纹相似；第7晕饰12个变形羽冠纹，第8和9晕饰雷纹，第10晕为主晕。

(二) 缅甸黑格尔Ⅲ型铜鼓的形制特点

(1) 尺寸

从库勒《缅甸铜鼓》[①]里的52件标本数据来看，缅甸铜鼓鼓身高度为30.5—53.0厘米，平均高度为48.1厘米；面径为43.2—71.0厘米，平均面径为58厘米。鼓身高度与面径比最低为0.71，最高为0.8，平均0.78，体型较为高瘦。[②]

---

① Cooler R M. *The Karen bronze drums of Burma*. New York: E. J. Brill. 1995.
② 韦丹芳：《中缅、中老跨境民族传世铜鼓比较研究》，《贵州民族研究》2014年第4期。

（2）器型

缅甸黑格尔Ⅲ型鼓鼓面宽大，其边沿伸出于鼓身之外，又称"唇边"，宽度为1.6—3.1厘米。鼓身轻薄，体形修长，近似筒形。胸径大于足径，腰部最细，胸、腰、足之间无明显分界，整体分为两截。鼓身两侧各有一对扁平鼓耳，鼓耳上装饰着直线纹和点纹。

（三）缅甸黑格尔Ⅲ型铜鼓纹饰及内涵

缅甸黑格尔Ⅲ型鼓的装饰艺术包括立体雕塑和花纹。

1. 立体雕塑

缅甸黑格尔Ⅲ型鼓上的立体雕塑最常见的是青蛙、小象、螺蛳和树。

青蛙 缅甸黑格尔Ⅲ型鼓面边缘上常有青蛙雕塑，有单蛙、双蛙和三蛙之分。

为何缅甸铜鼓上有立体青蛙雕塑？这与缅甸使用铜鼓的克伦族所处自然环境和生计方式有密切关系。

其一，与自然环境相关。缅甸一部分使用铜鼓的克伦族主要生活在热带雨林中，水灾频发。当水患来临时，许多凶猛动物被洪水无情吞噬，而水陆两栖的青蛙却可幸免于难，其生存能力令人佩服，所以克伦族将青蛙视为神奇的动物加以崇拜。既然是崇拜的动物，就要把它铸造在最为珍贵的器物铜鼓上，所以缅甸克伦鼓上有青蛙的雕塑。

其二，与农业生产相关。蛙鸣常预示天要降雨，这对于靠天吃饭的农业民族来说尤为重要，所以缅甸克伦族视蛙鸣为雨之将至的象征，在鼓面上铸蛙，象征着祈求天降大雨。克伦族歌谣说："蛙鸣要下雨，下雨则鱼浮，鱼浮河水涨，水涨象曳树，象曳大树倒，树倒国家富。"由于对青蛙的喜爱，缅甸克伦族还流行跳蛙鼓舞，大家随着铿锵洪亮的鼓声，又唱又跳。

白象 白象并非全白色的象，凡是金黄、银白、嫩绿、淡红等肤色较浅的大象都可称为"白象"，被缅甸人视为瑞兽，历来将其奉为神圣之物。缅甸和泰国之间曾为争夺白象发生百年战争。缅甸的许多民间传说、谚语、绘画、雕塑都与白象有关，故缅甸黑格尔Ⅲ型鼓上有小象雕塑。

有的缅甸铜鼓鼓身一侧有纵列的青蛙、小象、螺蛳、蜥蜴、树以及塔形雕塑。在缅甸克伦族心目中，螺蛳可以沟通人神，树是人神交往的天梯，小象和螺蛳可以借助树从地面爬入天庭。[①]

2. 花纹

缅甸克伦鼓上的花纹以变形羽冠纹最为丰富。在64面有纹饰资料的缅甸铜鼓中，有27面鼓的鼓面上有变形羽冠纹。此外，还有太阳纹、云纹、雷纹、水波纹、鱼纹、鸟纹、团花纹、栉纹、米粒纹和棕榈树纹等。鱼纹、雷纹和求雨有关，缅甸克伦族认为鱼从水里跃起，天就会下雨；雷神主宰着旱涝灾害之事，所以在铜鼓上装饰雷纹表示敬事雷神。

四 缅甸克伦族与铜鼓

缅甸铜鼓在北部克耶邦的克伦族中广为使用，故学者们又称其为"克伦鼓"。缅甸克伦族称铜鼓为"彦"。

（一）缅甸克伦族概况

克伦族是缅甸第二大民族，属汉藏语系藏缅语族克伦语支。据2004年统计，克伦族人口约有416万，占缅甸总人口的8%，主要分布在克伦邦和克耶邦以及伊洛瓦底江三角洲地区。

目前多数学者认为克伦族与缅族同属于蒙古人种，他们大约在公元1世纪从中国西北往南迁至缅甸，克伦族稍早于缅族进入缅甸。居住在山地的克伦族以刀耕火种为生，居住在平原的克伦族主要种植水稻。

缅北山区的克伦族是缅甸使用铜鼓的主要民族，他们信奉原始拜物教，崇敬祖先神灵，认为一切不能解释的自然现象都有灵魂，人世间都是由这些灵魂来主宰的，众神拥有超越凡人的力量，所以必须对其加以崇拜，如果人类冒犯了他们，发怒的神灵就会给人类带来灾祸，此时需要巫师举行仪式祈福消灾，祈求神灵息怒。

（二）缅甸克伦族铜鼓制作

缅甸克伦族是制作克伦鼓的主体民族，其他民族诸如佤族所制造的铜鼓，也被纳入克伦鼓的范畴。克伦族流传中的铜鼓有七种名称："克娄尤木"指妇女制作的蛙鼓，"克娄尤夸"指男子制作的蛙鼓，"克娄克佤木"指佤族妇女制作的蛙鼓，"克娄克佤夸"为佤族男子制作的蛙鼓，"克娄修威木"为波克伦族妇女制作的蛙鼓，"克娄修威夸"即波克伦族

[①] 韦丹芳：《老挝克木鼓的纹饰内涵与稻作文化》，《广西民族大学学报》2009年第3期。

男子制作的蛙鼓,"克娄尤果德"为怀念之蛙①(图3—100)。

图3—100 缅甸克伦族的铜鼓

缅甸克伦族至今仍在使用铜鼓,产地大多在缅甸的克伦邦和掸邦。《缅甸百科全书》中说,缅甸克耶邦的威当城(今乐可城),曾是"蛙鼓"的制作中心。② 19世纪末,西方旅行家曾从缅甸克伦族手中购得铜鼓。据说克伦族到1905年仍坚持制作铜鼓,到了20世纪20年代,最后一位西盟型铜鼓制作者尚在人世。

缅甸克伦鼓的制作工艺精细,鼓身有两条粗线,大鼓则有四条,有的上面还有细花纹。合金成分为铜、铅、锡,比例约为82:13:5。缅甸克伦族常成双设计铸造铜鼓,鼓面有青蛙的鼓称雄鼓,鼓面没有青蛙的鼓则叫雌鼓。③

泰国国家图书馆收藏着一份缅文文书《铜鼓制作法》,是英国殖民统治时期缅甸克耶邦向泰国提供的。这件文书记载着20世纪初缅甸铜鼓的制作法:缅甸克耶邦用失蜡法铸造铜鼓,先用木料做成铜鼓模型,然后用黄色黏土和谷壳以7:3的比例调合,敷在模型上制作内范,用黏土和牛粪以1:1的比例调合均匀敷在内范上。等内范干透,用板子拍打,使之平整光滑,再用蜡均匀地敷在内范上,敷好后刮平,用木块在蜡面上

---

① 朱海鹰:《云南澜沧江流域失落的蛙文化》,《云南艺术学院学报》2003年第4期。
② 中国古代铜鼓研究会编:《中国古代铜鼓》,文物出版社1988年版,第136页。
③ 廖明君:《铜鼓艺术的文化多样性》,《中国美术研究》2013年第4期。

捺印花纹，用蜡捏成累蹲蛙，粘在鼓面上。这样，铜鼓的蜡模就做成了。再把干黏土舂碎成细泥粉，筛选后撒在蜡模上。同样，用干黏土与牛粪以1∶1的比例调合，敷在蜡模上作为外范。再将黏土和谷壳以1∶1的比例调合，敷在外范上将外范固定，并在足部留出失蜡口。等鼓范干透后，用慢火烘烤，让蜡熔化流尽形成空壳，然后像在露天窑场烧陶器那样，将鼓范放在火中焙烧，等它熟透后取出，即可浇注铜液。铜液配剂是：铜、铅、锡，比例约为81%∶13%∶5%。鼓范从火中取出尚在发烫时，将铜液从足部浇口灌入，让其冷却约半小时，再慢慢将鼓范敲开。铸成的铜鼓如有不平整之处，可用锉刀刮锉。这种铸造法，没有拆范、合范的过程，铸造的铜鼓就没有合范线，四壁上也看不到垫片的疤痕，纹饰精细，光洁美观。①

五 缅甸铜鼓的功用及习俗

铜鼓是缅甸克伦族生活中最为重要和神圣的器物，他们在多种场合中使用铜鼓。铜鼓具有以下功用。

击鼓集众 缅甸克伦族用铜鼓传递信号集众，每当家中有人离世或发生灾难时，克伦族就敲响热鼓（丧鼓）通知寨人，即使远在数里之外，大家也能听见和辨别出鼓声。当举行婚礼时，他们则敲响冷鼓（喜鼓）召集宾客。在缅泰边境的克伦族村寨里，每到出工和收工之时，头人就敲打铜鼓召唤全村男子。

沟通神灵 缅甸克伦族崇敬祖灵，他们认为铜鼓声可以让祖先之灵发慈悲护佑后辈，比如保佑子孙平安幸福，能带来雨水灌溉庄稼，并可让神灵息怒。1857年，西方人埃德华·阿里莱游历缅甸克伦尼州后写道：

> 在整个山区的种族部落（包括萨尔温江和锡当河之间的种族部落）中，流传着一种迷信：单一而远播的鼓声可以使具有主宰力量的山神息怒，这正是他们渴望拥有铜鼓的原因。在这些部落中，拥

---

① 蒋廷瑜：《铜鼓史话》，文物出版社1982年版，第86—87页。

有最多铜鼓的部落被认为是力量最强大的部落。①

所以克伦族崇拜铜鼓,每年都要举行盛宴和舞会,用酒饭敬献铜鼓。当人们敲击铜鼓,鼓声在山间回响时,他们认为那是在取悦土地神,并由此给大家带来好运。每逢宗教节日,人们就聚集在一起,用贡品供奉土地神,并不断敲击铜鼓,以求得到神灵的保佑。

祭祀死者　缅甸克伦族在丧葬仪式上,敲打热鼓(丧鼓)祭祀死者。他们平时将热鼓秘密深埋在荒山野林中,遇到丧葬活动时才取出来使用。1866年,西方人马逊记录了缅甸克伦族祭祀死者时使用铜鼓的情景:

> 克伦族的一个分支伯亥斯人在亲人去世三年后,在八月末或九月初一轮新月出现之际,为死者举行一次祭祀活动,所有失去亲人的村民都参加这个活动。
>
> 在月亮出现之前,人们准备好大蕉、甘蔗、烟草、槟榔子等食物,在屋顶的一个角落加上一根竹竿,上面挂上新上衣、新裙子、珠子和手镯。当他们认为亡灵出现,回来看他们时,便说:"你们已经回来,外面一直下着大雨,你们身子肯定淋湿了,穿上衣服,戴上镯子,吃槟榔,和你们的朋友以及久去的亡灵一起吃。"
>
> 翌日,即新一轮月亮开始出现的第一天,被认为是祭祀吉日,所有拥有铜鼓者都将铜鼓挂起来,并敲打铜鼓。克伦族把食物放在铜鼓或竹凳上后,便敲打铜鼓,并大声哭喊,呼唤亡灵来吃食物。②

克伦族将铜鼓用作明器。在《论缅甸国王的统治》中,记载了19世纪20年代,克伦族首领卡亚王子德瓦拉扎(Pabbata devaraja)送给缅甸国王斯威保－明(Shwebo-Min)的一面铜鼓:

---

① [美] R. M. Cooler:《克伦人对铜鼓的使用》,谢光茂译,《中国古代铜鼓研究通讯》1999年第15期。
② [美] R. M. Cooler:《克伦人对铜鼓的使用》,谢光茂译,《中国古代铜鼓研究通讯》1999年第15期。

在斯威保-明统治期间（1837—1846），克伦族首领德瓦拉扎送给国王的礼物包括一个女儿和一面蛙鼓，鼓边缺失了一小块。经调查得知，根据古代习俗，克伦族首领死时，他的原配夫人、他的大象、马匹、武器和日用品都要和他一起下葬。在巴印农统治时期（1551—1581），该习俗被国王废止。然而，作为该习俗的象征，原配夫人的部分头发、手指甲和脚趾甲、大象和马匹的耳尖、日用品碎片等则和首领同葬。因此，人们从这面铜鼓上敲下一小块埋在墓里。①

由于这面蛙鼓不完整且已经破损，人们认为不吉利，所以斯威保-明国王将它捐给蒲甘（Pagan）的斯维兹甘（Shwezigon）寺庙。1904年，这面鼓被移交到新建成的蒲甘博物馆。

格勒（U. Guehler）记述了铜鼓在葬礼上的功能：

1929年，我在缅甸克伦州赖库（Loikoaw）附近的一个村子购买了一面黑格尔Ⅲ式铜鼓。这面鼓至今仍然属于我所有。铜鼓的主人——克伦族首领告诉我关于这面铜鼓的故事："他的爷爷拥有这面铜鼓，铜鼓装满了银子并埋于地下。爷爷建议儿子在他死后把铜鼓挖来并在葬礼中敲打，用铜鼓里的银子支付丧葬费用。此外，把铜鼓上的一只大象装饰敲下来埋在墓里。事实上，铜鼓上缺失了一只大象装饰，这只大象装饰在地下埋了约60年。"②

我们从这段记载得知缅甸克伦族在葬礼上敲打铜鼓祭祀死者，并将整面铜鼓或敲下铜鼓上的雕塑饰物陪葬，后来演化为从铜鼓上敲下一块铜片陪葬。马歇尔（Marshall）对此有记述：

---

① ［美］R. M. Cooler：《克伦人对铜鼓的使用（续一）》，谢光茂译，《中国古代铜鼓研究通讯》2000年第16期。
② ［美］R. M. Cooler：《克伦人对铜鼓的使用（续一）》，谢光茂译，《中国古代铜鼓研究通讯》2000年第16期。

东吁（Toungoo）的铜鼓并非只有一些是切成小洞的。有人告诉我，鼓切洞是在鼓的主人死的时候，主人的后代不是把整面铜鼓与他同埋，而是从鼓上取少许埋入墓里，与主人一起进入另一世界。这样做，死者仍未失去作为该鼓主人的荣耀。①

此外，缅甸蓝贡的纳加·莱恩谷（Naga Hlaingu）寺中存放着两面铜鼓，是缅甸发现的最古老的铜鼓，出土于密支那（Myitkyina）东南约50千米的莫音·莫贡（Mohyin Mogaung）附近（今属克钦邦）。这两面鼓尺寸较大、纹饰模糊，鼓壁厚实，无蛙饰，属于黑格尔Ⅰ型鼓。其中一面鼓已破，由于鼓壁较厚，不可能是自然破裂，应是有意为之，可能是敲下一块铜鼓碎片随葬。②

祈求降雨 克伦族认为铜鼓声、蛙声和下雨之间存在着某种神秘联系，所以这个民族有谚语说：蛙鸣雨下，雨下鱼跃，鱼跃洪水至，洪水至大象退，大象退伐木到，伐木到兴旺来。事实上低频鼓声能刺激蛙鸣，蛙鸣可能会导致一系列变化，有利于克伦族的生存和生产，所以人们尊崇铜鼓和青蛙，把青蛙铸在鼓面上。如果当地没有青蛙，人们就用鼓声仿效蛙声求雨，由此衍生了求雨的蛙鼓舞。缅甸人类学家奈恩（U Min Naing）曾于1959年记载了蛙鼓舞的实况：

蛙鼓舞很像武士表演的战争舞。在卡亚各部落，如卡亚、英勃、坡洞等，人们总是在那天表演这种舞蹈。这种舞蹈也被认为是唤雨舞。在缅甸干旱地区，人们在灾旱期间诵读鱼菩萨的祈祷文，或者举行拔河比赛以求老天降雨。卡亚部落在遇到旱灾时也以类似方式求雨，即跳蛙鼓舞。在索巴斯日子，人人都可以是这种舞蹈的发起者，而现在则由头人发起。今天蛙鼓舞只存在于乡村地区。当蛙鼓舞被发起后，全村集体捐钱买鱼、猪肉、鸡鸭和米酒，舞蹈持续表

---

① ［美］R. M. Cooler：《克伦人对铜鼓的使用（续一）》，谢光茂译，《中国古代铜鼓研究通讯》2000年第16期。
② ［美］R. M. Cooler：《克伦人对铜鼓的使用（续一）》，谢光茂译，《中国古代铜鼓研究通讯》2000年第16期。

演一整天。全村人分成两组参加舞蹈，每组有一位领头人。两组人面对面，领头人一手拿矛，一手执盾，表演战斗动作。舞蹈的同时击打蛙鼓，然后两组人大声叫喊并模仿领头人。①

作为彩礼和货币　克伦族人订婚时，铜鼓（冷鼓，即喜鼓）是必不可少的彩礼，这种功用在使用铜鼓的民族中较为少见。伯洛克（Saw Belloc）曾记述道：

> 在基督教（Christianity）到达这个国度之前，克伦人在过去流行一种习俗，即通过估算铜鼓的价值来解决他们的女儿订婚仪式上的事情，而且在彩礼估价中，铜鼓是优先考虑的。例如，为了和姑娘订婚，男方的父母还得送一面铜鼓或者相当于铜鼓价值的东西：300个银币和7个牛头。②

克伦族人有时还把铜鼓作为一种货币，用于购买货物，支付各种服务，一面铜鼓的价格往往比三四头牛还昂贵。铜鼓进而在克伦族中成为地位的象征，没有铜鼓的人被视为穷人，所以有的人不惜代价拥有铜鼓。人类学家埃德华·阿里莱曾记载：

> 人们有一种拥有铜鼓的欲望，这种欲望如此强烈，以至那些退居深山幽谷的部落有时用他们的孩子和亲属来换取铜鼓。③

铜鼓在缅甸克伦人中被用作彩礼和货币，等于将其视为财产的一部分，这种功用在铜鼓文化圈中比较罕见，值得进一步深入研究。

庆祝丰收和乔迁新居　克伦族每年八月收割稻谷后，一般会选择吉

---

① ［美］R. M. Cooler：《克伦人对铜鼓的使用（续一）》，谢光茂译，《中国古代铜鼓研究通讯》2000年第16期。

② ［美］R. M. Cooler：《克伦人对铜鼓的使用（续一）》，谢光茂译，《中国古代铜鼓研究通讯》2000年第16期。

③ ［美］R. M. Cooler：《克伦人对铜鼓的使用》，谢光茂译，《中国古代铜鼓研究通讯》1999年第15期。

日在村庄附近立一根木柱，柱前摆放着用鲜花、水果和竹子做成的稻神，全村人敲铜锣、击铜鼓，祭祀稻神，庆祝丰收。

缅甸山区克伦族多以刀耕火种维生，当一片土地肥力用尽，他们就要更换耕地，因此每隔六年搬迁一次，每当乔迁新居时，就要敲击铜鼓庆祝。

六 从缅甸铜鼓看滇缅铜鼓文化交流

缅甸铜鼓，缅甸人称其为"巴栖鼓""克伦鼓"或"蛙鼓"。中国学者称为西盟型铜鼓，汪宁生先生命名为"F鼓"，李伟卿称为"滇西传世蛙鼓"。虽叫法不一，其实都属于同一类型的铜鼓，国际上称为黑格尔Ⅲ型鼓。研究比较云南与缅甸的铜鼓，其实就是比较两地的黑格尔Ⅲ型鼓，目前缅甸的铜鼓大多为此型鼓。

（一）缅甸铜鼓与云南铜鼓之异同

1. 铜鼓的分布和使用民族

云南的黑格尔Ⅲ型鼓（西盟型铜鼓）主要分布于滇西南的西盟、沧源、孟连、耿马等县的佤族聚居区。据汪宁生先生调查，云南使用黑格尔Ⅲ型鼓的民族主要是佤族，还有一部分傣族和澜沧江流域的一些少数民族。此外，1986年云南省文山州富宁县木央乡木杆村小木乡发现一面黑格尔Ⅲ型（命名为小木香1号鼓）[1]，为传世品，族属为彝族。

缅甸的黑格尔Ⅲ型鼓主要分布在东部掸邦高原与老挝、泰国交界的山区，以及云南西南部中缅边境。[2] 缅甸使用黑格尔Ⅲ型鼓的民族主要是跨境民族佤族、克伦族和克耶族。

2. 铜鼓的造型、纹饰和铸造技术

云南和缅甸的黑格尔Ⅲ型鼓体型相似，器型高瘦，鼓壁较薄，鼓身的胸、腰、足分段不明显，呈直筒型（图3—101）。两地黑格尔Ⅲ型鼓纹饰特点大体相似，鼓面边缘一般都有四只等距圆雕单蛙或四组累蛙（三只或四只）（图3—102）。鼓身一侧从腰部到足部通常有树、小象、螺蛳等浮雕。

---

[1] 吴华：《西盟型铜鼓与云南少数民族》，载文山壮族苗族自治州文化局编著、黄德荣主编《文山铜鼓》，云南人民出版社2005年版。

[2] 韦丹芳：《中缅、中老跨境民族传世铜鼓比较研究》，《贵州民族研究》2014年第4期。

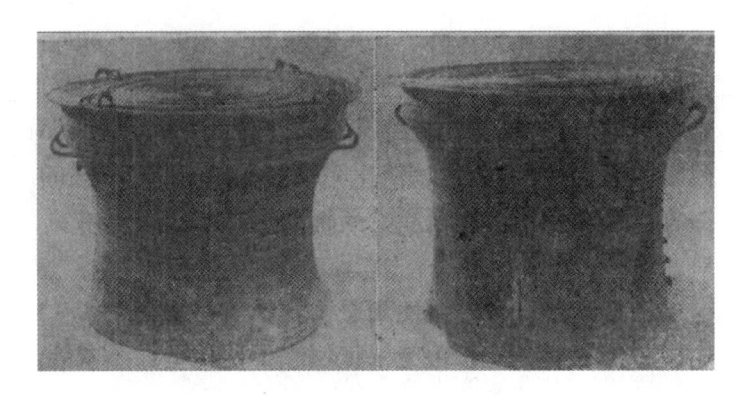

左：店11号鼓　右：店13号鼓
图3—101　云南黑格尔Ⅲ型鼓
（采自李伟卿《论铜鼓中的滇西"蛙鼓"》）

两地铜鼓纹饰的差异是，缅甸黑格尔Ⅲ型上出现了孔雀浮雕，极少数缅甸铜鼓上还有瓢虫、蜥蜴和飞鸟浮雕。云南黑格尔Ⅲ型鼓上有牛纹，因为以牛计富是中国西南少数民族的普遍习俗，使用铜鼓的佤族认为牛是财富的象征，谁拥有牛纹铜鼓，便可发财；缅甸铜鼓上则很少见到牛纹。这些区别与两地使用铜鼓民族生活中关系密切的动物有关。

两地铜鼓纹饰变化规律相似：早期鼓主晕多有鱼纹，个别早期鼓主晕仅有飞鸟纹和雷纹，无团花纹；晚期鼓主晕中的鱼纹消失，取而代之的是雷纹。芒数由少而多，耳饰由简单到复杂，鼓体立体浮雕从无到有，纹饰由简单到精美，铜鼓表面的立体蛙饰由少增多（图3—103）。

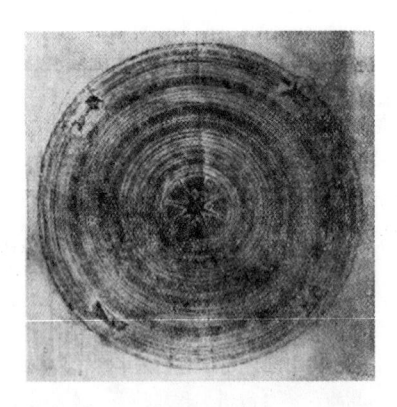

图3—102　云南佤族铜鼓面部纹饰　　**图3—103　云南黑格尔Ⅲ型鼓鼓面纹饰**
（采自汪宁生《佤族铜鼓》）

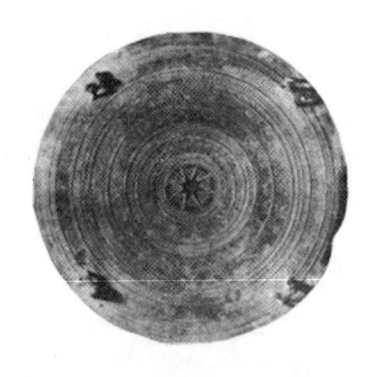

两地黑格尔Ⅲ型鼓都用失蜡法铸成，先将鼓耳、鼓面立蛙和鼓面中心光体用蜡模制成，然后粘贴到铜鼓的蜡模上，再与铜鼓主体一起浇铸成鼓。两地铜鼓鼓面其他纹饰的铸造方式亦同，用的是印痕法和滚压法。

3. 功用

（1）云南和缅甸铜鼓功用相同之处

象征财富和权威　早期云南西盟佤族社会里，有钱的人家都喜欢收藏铜鼓，对他们来说铜鼓象征着财富和权势，大鼓值水牛两头，小鼓值水牛一头；当人们争吵时，就要"比铜鼓"，谁的铜鼓数量多、体型大，谁的社会地位就高，可以"以富称雄"。村寨之间发生争端，也要"比铜鼓"，只要这个寨子的铜鼓体型大并且鼓声响亮，其他村寨就不敢再挑衅和欺负它。中华人民共和国成立初期，佤族社会仍经常买卖铜鼓，可以用牛、滇币、鸦片甚至奴隶来交换铜鼓，价值根据买方需要铜鼓的迫切程度而定。缅甸铜鼓也可以用来交换物品和显示财富。

传递信息　当村寨中发生紧急情况时，滇缅两地使用铜鼓的民族都会敲击铜鼓通知亲属和村落成员；云南西盟佤族地区如果遇到外族来袭或猎头时，就会马上击鼓警报大家注意险情。

此外，滇缅两地都把黑格尔Ⅲ型鼓用作祭祀神灵的礼器，是祭祀活动中重要和不可或缺的器物。

（2）云南和缅甸铜鼓功用的不同之处

云南西盟佤族地区只在重要场合如在死人、剽牛、失火、宗教和节庆活动时使用铜鼓，特别是在重大的宗教活动如"做大鬼""砍牛尾巴""做老母猪鬼"时，都要敲击铜鼓[1]（图3—104）。

缅甸克伦族比云南佤族使用铜鼓的场合更广泛，他们在许多礼仪场合中都敲打铜鼓，其中最重要的仪式是求雨、葬礼、婚礼、乔迁、征战前提高士气等。[2] 用得最多的场合是祈雨仪式，在仪式中，人们和着铜鼓声跳蛙鼓舞（又称唤雨舞），这种祈雨敲鼓仪式使缅甸克伦族铜鼓习俗得以代代相传。

---

[1] 郭锐：《佤族的鼓与鼓文化》，《云南民族大学学报》2007年第4期。
[2] ［美］R. M. Cooler：《克伦人对铜鼓的使用（续一）》，谢光茂译，《中国古代铜鼓研究通讯》2000年第16期。

图 3—104　佤族敲击铜鼓的方式

（采自《古代铜鼓学术讨论会论文集》（图版肆），文物出版社 1982 年版）

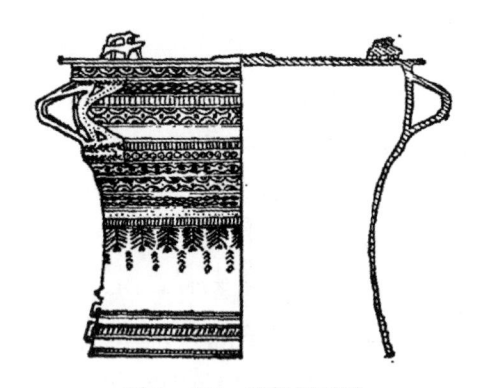

图 3—105　蛙鼓剖面图

（采自李伟卿《铜鼓中的滇西"蛙鼓"》）

中国云南和缅甸的黑格尔Ⅲ型鼓功用最大的差异，是缅甸克伦族用铜鼓碎片陪葬。据调查，很多克伦铜鼓都被敲掉一小块铜片，这些铜片或从鼓面边缘敲下来，或从足边切下来，而且鼓身上的立体雕塑青蛙或小象等动物也被敲掉。在宗教仪式上，这种敲破铜鼓，用铜鼓碎片陪葬的习俗应该存在很久了。[①] 克伦族最初敲下铜鼓上的动物立体雕塑陪葬，

---

① ［美］R. M. Cooler：《克伦人对铜鼓的使用（续一）》，谢光茂译，《中国古代铜鼓研究通讯》2000 年第 16 期。

如果动物雕塑逐渐被敲完了，他们就敲下一小块铜鼓陪葬。云南使用此型铜鼓的民族则没有这种习俗，目前发现的都是保存比较完整的传世鼓。

（二）缅甸和云南的铜鼓文化交流

云南和缅甸的黑格尔Ⅲ型鼓造型相同，纹饰大同小异，这和两地的自然环境、物产和风俗有密切关系，比如缅甸的铜鼓鼓身上出现了热带雨林的孔雀纹，而云南佤族的铜鼓上出现了象征财富的牛纹。

在铜鼓的功用上，人们都用铜鼓传递信息、象征财富和威望、作为祭祀礼器和在重要场合作为乐器使用。

云南黑格尔Ⅲ型鼓的分布地在中缅边境，使用民族主要是跨境民族佤族，缅甸佤族也使用铜鼓，因此云南和缅甸因同一跨境民族而产生相似的铜鼓文化，两地的铜鼓文化水乳交融，共通之处多于不同之处，反映了民族的亲缘关系。

第三节 泰国的铜鼓文化

一 泰国铜鼓的文献记载和发现

泰国，古称暹罗，位于中南半岛中部，是东南亚地区铜鼓的重要分布地之一。泰国最权威的《泰文大词典》对"铜鼓"词条的解释是："铜鼓是中国南部各民族用来敲击发出信号或音乐的鼓。这种鼓是用铜、锡、铅之合金冶炼的，不同地区的使用者对它有不同的称谓，比如泰国北部和缅甸称之为青蛙锣，因为在鼓边四周通常有青蛙塑像作装饰。"（图3—106）[1]

（一）泰国铜鼓的文献记载

泰国及中国的古籍中，对泰国铜鼓有少许记载。14世纪，利泰王（Lithai，公元1347—1370年在位）所撰的《三界经》中首次提到铜鼓："锣鼓喧天，法螺号响，金钟叮当，铜鼓咚咚。"这是目前已知的泰国文献中关于泰国铜鼓的最早记载。阿瑜陀耶王朝初期，波隆摩·戴莱洛迦纳（Boromma Trailokkanat，公元1448—1488年在位）在其制定的《宫廷法》里也提到了铜鼓，这部法规在有关仪式里说："坤西尚宽吹法螺、拍

---

[1] 皇家科学院编纂：《泰文大词典》"铜鼓"词条，佛历2525年（1982年）版。

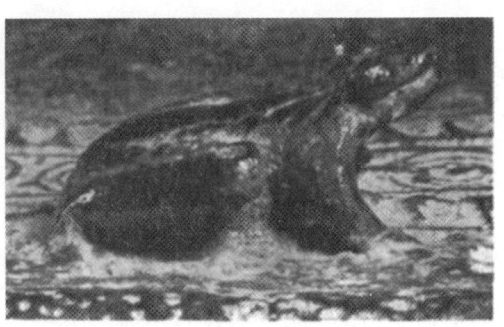

图3—106　泰国铜鼓及鼓面上的蛙饰

暖杰敲锣，坤达里打铜鼓。"①

另外，14世纪的大城王朝（又称阿瑜陀耶王朝）皇家法律文书中，有皇家仪式上敲打铜鼓、专司鼓乐官吏的记录。②

清人李调元《南越笔记》卷七中记载，明洪武四年（1371），暹罗国王参列昭毗牙遣使奈思俚俤刺识悉替等人到中国朝贡，贡品中就有铜鼓。将铜鼓当作贡品进贡明王朝，可见铜鼓是当时泰国人心目中至为尊贵的珍宝之一。

（二）泰国铜鼓的发现

泰国铜鼓在历史上时有发现。进入20世纪以后，伴随着考古发掘或民间征集活动的推广，泰国铜鼓的数量显著增加，并引起有关方面的重视，甚至作为外交礼品赠送给其他国家。

1901年，泰国赠送日本帝国博物馆（今东京国立博物馆）1面黑格尔Ⅲ型（西盟型铜鼓），引发日本研究铜鼓的第一个高峰，出现了大量研究铜鼓的文章。

1932年以前，泰国程逸府发现四面铜鼓，皆为黑格尔Ⅰ型鼓（中国学者命名的石寨山型和冷水冲型铜鼓）。其中1面鼓鼓面上有立体蛙饰，是冷水冲型铜鼓，其余3面为石寨山型铜鼓。

20世纪40年代，U.居勒尔收集到3面黑格尔Ⅲ型鼓（中国学者命

---

① 蒋廷瑜：《古代铜鼓通论》，紫禁城出版社1999年版，第5页。
② ［泰国］宋习·威拉巴：《泰国的铜鼓》，《泰国艺术大学考古系学报》，1964年。

名的西盟型铜鼓），据说发现于被焚烧的挽巴茵王宫废墟中，说明它们原是皇家收藏物。

1960—1962 年，泰国与丹麦史前联合考察队共同在泰国北碧府沙越县翁巴洞穴发现四面铜鼓碎片（编号分别为翁巴 86、87、88、89 号鼓），其中两面出自船棺葬中，另外两面出自洞中过道，在过道中间发现了船棺，考古人员推测铜鼓应该与船棺葬有关。这些铜鼓在洞穴中成对放置，伴出物除了青铜手镯外，还有铁器。附近船棺经碳 14 测定，年代为距今 2180±100 年，铜鼓年代与船棺年代应大致相当。这四面有明确年代的铜鼓，成为研究泰国铜鼓的重要资料。此前该洞曾出土了两面完整的铜鼓，遗憾的是其中一面在运往曼谷的途中丢失，另一面落入北碧府尹手中，后来布施给了一座寺庙。①

1981 年，人们在波他南县寇发山的一个山洞发现两面铜鼓，鼓内有尸骨和项链，这两面鼓被一位法国人购得但并禁止拍照，故其具体情况不明。同年，人们在夜功河上游发现 7 面铜鼓。河边的壁画上绘有当时人们抬铜鼓的场面。②

1993 年，人们在泰国 16 处遗址发现 24 面铜鼓，其中南部 10 面，东北部 7 面，北部 3 面，中部 4 面。③

至 1997 年，泰国已发现铜鼓 26 面，这些铜鼓主要分布在泰国南部和东北部。南部发现 12 面铜鼓，其中春蓬府 3 面、洛坤府 3 面，宋卡府 1 面，万伦府 5 面。④

1999 年，在泰国曼谷西面 100 多千米处的北碧府程木缪县沙抵朗乡斯错勒村的尼维他巫巴通中学，建校舍时推土机推出 1 面铜鼓，已碎，鼓面成两半，中央有 12 芒太阳纹。此鼓残片仍保存在该校。⑤

此外，素叻他尼省沙梅岛也发现过 1 面铜鼓，这面鼓与翁巴 86 号鼓

---

① ［丹麦］佩尔·索伦森：《泰国翁巴洞及其出土的五面铜鼓》，蔡葵译，载云南省博物馆、中国古代铜鼓研究会编《民族考古译文集》(1)，1985 年。
② 范宏贵：《泰国铜鼓见闻》，《中国古代铜鼓研究通讯》2001 年第 17 期。
③ ［泰国］菩冲·占达维（Bhujiong Chandavij）、那他帕特拉·占达维（Nattapatra Chandavij）：《泰国史前金属时代的铜鼓和工具》，载《铜鼓和青铜文化新探索》，广西民族出版社 1993 年版。
④ 姚舜安、滕成达：《泰国铜鼓述略》，《广西民族学院学报》1997 年第 3 期。
⑤ 范宏贵：《泰国铜鼓见闻》，《中国古代铜鼓研究通讯》2001 年第 17 期。

相似，但在鼓面的主晕中没有房屋纹。

二 泰国铜鼓研究状况

20世纪后期，随着交通的逐渐便利，有的学者可以亲自到泰国考察铜鼓，加之人们见识的增长以及铜鼓数量的增多，导致泰国铜鼓在国际上引起了学者们的关注，并对其进行介绍和研究，取得了一些成果。

1985年，泰国艺术厅考古局的康玛差·贴怕猜发表《关于洛坤府宝春县帕腊区元涛村出土铜鼓的调查研究报告》一文，全面介绍了泰国南部发现的铜鼓。[①]

1985年，丹麦学者佩尔·索伦森先生发表《泰国翁巴洞及其出土的五面铜鼓》一文，详细介绍了泰国北碧府翁巴洞出土5面铜鼓的纹饰；[②] 庄礼伦先生在其文章《介绍泰国出土的几面古代铜鼓》中，介绍了他在泰国见到的4面古代铜鼓。[③]

1986年，泰国朱拉隆功大学历史系主任提达·沙拉雅先生发表文章《泰国铜鼓》，对泰国各府出土的铜鼓做了全面系统的研究。[④]

1989年，中国学者汪宁生先生在著作《铜鼓与南方民族》中，介绍了部分泰国铜鼓的收藏情况。[⑤]

1993年，泰国学者菩冲·占达维和那他帕特拉·占达维在《泰国史前金属时代的铜鼓和工具》一文中，概述了泰国铜鼓的发现地点及纹饰，他们测量铜鼓后认为，这些铜鼓的风格显示了从公元前5世纪到19世纪泰国铜鼓纹饰的发展变化。[⑥]

---

① ［泰国］康玛差·贴怕猜：《关于洛坤府宝春县帕腊区元涛村出土铜鼓的调查研究报告》，《艺术》1985年9月。
② ［丹麦］佩尔·索伦森：《泰国翁巴洞及其出土的五面铜鼓》，蔡葵译，载云南省博物馆、中国古代铜鼓研究会编《民族考古译文集》（1），1985年。
③ 庄礼伦：《介绍泰国出土的几面古代铜鼓》，《中国古代铜鼓研究通讯》1984年第4期。
④ ［泰国］提达·沙拉雅：《泰国铜鼓》，此文是作者1986年在广西民族学院所作学术报告。
⑤ 汪宁生：《铜鼓与南方民族》，吉林教育出版社1989年版，第58—60页。
⑥ ［泰国］菩冲·占达维（Bhujiong Chandavij）、那他帕特拉·占达维（Nattapatra Chandavij）：《泰国史前金属时代的铜鼓和工具》，载《铜鼓和青铜文化新探索》，广西民族出版社1993年版。

1997年，中国广西民族大学的姚舜安和滕成达教授在《泰国铜鼓述略》中介绍了泰国铜鼓的发现和分布情况，并论述了铜鼓在泰国人民生活中的地位和作用；①美国伊利斯诺大学教授丘兹惠女士撰文《试论东南亚所见之万家坝式铜鼓》，介绍了泰国的3面万家坝型铜鼓，认为它们的年代和产地无考，但制作动机极可能与当时湄公河上下游的金属贸易有关，是为了配合商业活动而制造的。②

2002年，广西民族大学范宏贵教授撰文《泰国铜鼓见闻》，提到他在泰国孔敬府看到1面铜鼓，鼓面上有4只青蛙立体雕塑；又看见在泰国大皇宫一座宫殿门旁陈列着两面铜鼓。范宏贵教授还看到泰国国家博物馆陈列着4面铜鼓：其中一面鼓鼓面边缘有4只田螺，呈正方形分布（据博物馆研究员韦桑拟介绍，全泰国仅有两面铜鼓鼓面有田螺，此为其中之一）；另一面铜鼓上有4组青蛙，也呈正方形分布，每组有3只叠蛙，大青蛙在下，背上有两只略小的青蛙；鼓身一侧有3只大象，但另一侧无；另外两只铜鼓没有动物装饰，只有芒纹。四面铜鼓中有三面鼓的太阳纹是12芒，一面是10芒。它们是两百多年前建皇宫时发现的。③新田荣治和黄德荣先生的文章《云南、北越、泰国发现的先黑格尔Ⅰ式铜鼓》中提到了泰国的两面先黑格尔Ⅰ型鼓。④

2016年，梁燕理研究员发表文章《壮泰铜鼓文化比较研究》，她指出中泰两国的壮泰民族有着深厚的历史和文化渊源，泰族与壮族是同源民族，故她比较研究了壮泰古代铜鼓的历史演变，壮泰铜鼓历史文献和传说，壮泰活态铜鼓文化习俗，认为壮泰铜鼓文化发源于春秋战国时期的中国南方，随着历史的发展和民族的迁徙，在泰国找到生根发展的沃土。壮泰铜鼓文化各自受到其他文化因素的影响，在唐代以后发生较为明显的分化，但铜鼓文化作为主线，始终连接和贯穿着壮泰民族的历史和文

---

① 姚舜安、滕成达：《泰国铜鼓述略》，《广西民族学院学报》1997年第3期。
② 丘兹惠：《试论东南亚所见之万家坝式铜鼓》，载《铜鼓和青铜文化的再探索——中国南方及南亚地区古代铜鼓和青铜文化第三次国际学术讨论会论文集》，民族艺术杂志社1997年增刊。
③ 范宏贵：《泰国铜鼓见闻》，《中国古代铜鼓研究通讯》2001年第17期。
④ ［日］新田荣治、黄德荣：《云南、北越、泰国发现的先黑格尔Ⅰ式铜鼓》，《南亚东南亚研究》1986年第3期。

化发展。①

值得注意的是，泰国史专家段立生教授认为铜鼓在泰国历史与文化中具有重要地位，他在专著《泰国通史》第一章中专列"泰国的铜鼓"一节，提出"应将泰国铜鼓置于中国与东南亚的铜鼓文化圈里来研究，用中国南方少数民族及东南亚各族共同的宗教文化来与中原地区的史官文化进行比较研究"。②

以上文章和专著介绍了一些泰国铜鼓的分布和纹饰，为人们研究泰国铜鼓提供了方便；但有的文章对泰国铜鼓的介绍，限于当时笔者所见所闻，且多数距今将近二十年，其间泰国又陆续有铜鼓的发现，如今泰国铜鼓的数量、分布地点和铜鼓类型有所增加，有必要收集新的资料进行深入研究。

总之，以往关于泰国铜鼓的研究成果，介绍多于研究，研究铜鼓纹饰和功用的文章更为少见，尚有较大的深入研究空间。

三 泰国铜鼓的普查

泰国是铜鼓文化圈内的一个重要成员，对泰国铜鼓进行研究，必须建立在对其作全面普查的基础上。笔者专门赴泰国进行了铜鼓普查。对泰国铜鼓的普查资料，主要来自三个方面：第一，笔者亲临泰国实地调查的结果；第二，根据泰国艺术厅和国家博物馆组织权威专家联合调查编纂的 2003 年版《泰国的铜鼓》（*The Bronze Kettle Drums in Thailand. Published by Office of National Museums, The Fine Arts Department*, 2003）的统计；第三，利用泰国图书馆所存资料及前人的中、泰文记录进行增补。目前除了泰国民间收藏的铜鼓不可能尽知外，基本上已经较为全面地掌握了泰国博物馆所藏铜鼓的资料。通过对所收集资料的分析，对泰国铜鼓有如下认识。

1. 泰国铜鼓的数量

目前泰国有记录的铜鼓数量共有 71 面，有文、有图、有实物。其中《泰国的铜鼓》中记载的铜鼓有 48 面，通过调查和其他记载所获知的铜

---

① 梁燕理：《壮泰铜鼓文化比较研究》，《传承》2016 年第 5 期。
② 段立生：《泰国通史》，上海社会科学院出版社 2014 年版，第 11 页。

鼓有 23 面。①

2. 泰国铜鼓的类型

就目前掌握资料看，泰国铜鼓主要有三种类型：先黑格尔Ⅰ型鼓（等同于万家坝型铜鼓）、黑格尔Ⅰ型鼓（等同于石寨山型铜鼓和冷水冲型铜鼓）、黑格尔Ⅲ型鼓（等同于西盟型铜鼓）。其中黑格尔Ⅰ型鼓数量最多，黑格尔Ⅲ鼓次之，先黑格尔Ⅰ型鼓数量最少。

3. 泰国铜鼓的尺寸

泰国保存完整的铜鼓中，体型最大的铜鼓面径是 86 厘米、通高 69 厘米；体型最小的铜鼓面径是 18 厘米、通高 16.5 厘米。

4. 泰国铜鼓的时代

时间最早的铜鼓是公元前七世纪，最晚的铜鼓是 5 世纪。

5. 泰国铜鼓的分布

铜鼓广泛分布于全泰国，其中北部 8 面，中部 13 面，东北部 9 面，南部 21 面，不明来历的 15 面，在老挝发现的 1 面。从其分布地可看出，泰国各地都有铜鼓分布。铜鼓是泰国人普遍使用的一种器物，也是一种文化符号。

泰国有一些铜鼓因为种种原因流落异乡。19 世纪 80 年代起，泰国有一些黑格尔Ⅲ型鼓流落西欧，奥地利王国驻曼谷的总领事就曾为奥地利自然历史博物馆征集过铜鼓。1880 年，奥地利的汉斯·威尔切克伯爵从意大利佛罗伦萨一个古董商手中购得一面铜鼓。1883 年，这面铜鼓被送到奥地利艺术与工业博物馆的青铜器展厅展览，轰动了欧洲考古界和艺术节，人们对这面铜鼓的来历众说纷纭，有的考古学家说它来自中亚，有的说来自西亚，有人说来自美洲的墨西哥，人们甚至不知道这面铜鼓为何物？一位名叫安东·巴耶尔的奥地利人终于解开铜鼓之谜，此人曾去过东南亚，在暹罗（今泰国）当过三年僧侣，并长期在暹罗王宫供职。他告诉大家："这是一面鼓，来自暹罗。"英国维多利亚女王也珍藏着来自暹罗的大铜鼓。1901 年泰国还赠送过一面铜鼓给日本帝国博物馆。1984 年日本鹿儿岛大学新田荣治教授在曼谷一家古董店发现 1 面铜鼓

---

① 1997 泰国铜鼓计有 26 面，（见姚舜安和滕成达《泰国铜鼓述略》，《广西民族学院学报》1997 年第 3 期）。2018 笔者统计泰国铜鼓计有 71 面。

(后被命名为"曼谷鼓"),1985年被日本东京出光美术社购走。

此外,泰国民间还有大量铜鼓被私人所收藏,但无法进行确切统计。

四 泰国铜鼓的类型

目前泰国有资料可查的三种类型铜鼓中,先黑格尔Ⅰ型铜鼓有3面(2面在泰国,1面在日本),黑格尔Ⅰ型铜鼓有46面(石寨山型铜鼓33面,冷水冲型铜鼓13面),黑格尔Ⅲ型有13面,纹饰模糊不清的铜鼓有9面,共有71面。

(一)泰国先黑格尔Ⅰ型铜鼓

据美国学者邱兹惠女士介绍,泰国曾发现过3面先黑格尔Ⅰ型鼓:

泰国克规鼓 发现于泰国南部,仅存鼓面,出土情况不明,尺寸不详。[①] 目前存于泰国南部。

泰国东北部鼓(班清鼓) 1972年日本上智大学量博满教授在曼谷一家古董店发现此鼓。其出处不详,但鼓内有班清文化特有的彩陶圈足钵(豆),推测可能是从泰国东北部班清附近的遗址出土的,被用作容器。[②] 由于考古学家推测该鼓出自班清地区,故又被称为"班清鼓"。此面铜鼓通体素面,无耳,形状大小类似祥云大波那鼓,具体尺寸不详。[③] 目前此鼓下落不明。

泰国曼谷鼓 1984年日本学者新田荣治在曼谷一家文物店里发现此鼓。其胸部较大、足部短小;鼓面有太阳纹饰;鼓体无装饰;有鼓耳[④](图3—107)。1985年,日本东京出光美术馆购藏。

以上三面先黑格尔Ⅰ型鼓,除了曼谷鼓被日本收藏外,其他两面收藏于泰国。

---

① [美]丘兹惠:《试论东南亚所见之万家坝式铜鼓》,载《铜鼓和青铜文化的再探索——中国南方及东南亚地区古代铜鼓和青铜文化第三次国际学术讨论会论文集》,民族艺术杂志社1997年增刊。

② [日]今村启尔:《关于先Ⅰ式铜鼓》,王大道译,《中国古代铜鼓研究通讯》1985年第4期。

③ [日]量博满:《班清彩陶概观》,1977年,东京。

④ [日]新田荣治、黄德荣:《云南、北越、泰国发现的先黑格尔Ⅰ式铜鼓》,《南亚东南亚研究》1986年第3期。

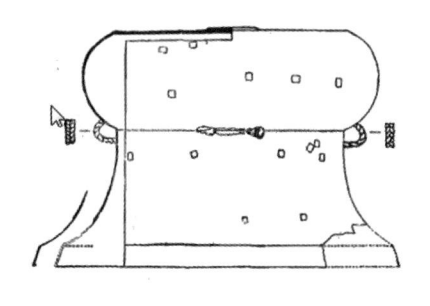

图3—107　曼谷鼓

（二）泰国黑格尔Ⅰ型铜鼓

泰国北部发现6面（程逸府4面、达府1面、素可泰府1面）

（1）程逸府1面

编号为KP.1　佛历2526年（1983）发现于城区。失蜡法铸成，鼓体铸好后再焊接上鼓耳。鼓面直径65厘米、通高52厘米。已破损，鼓之一侧已腐蚀。鼓面较宽，鼓身较窄，鼓足外侈。鼓面中心有10芒太阳纹，晕圈内有斜线连接圆点圆圈纹、梳纹、羽人纹和逆时针方向排列的苍鹭纹，鼓面边缘有海贝（中国叫螺蛳）雕塑。鼓胸上有三条纹带，上下是梳纹，中间是斜线连接圆点圆圈纹。鼓身上的纹带和鼓胸上的相同，鼓身上约2/3处为竖向纹带，约1/3处为横向纹带。鼓足光素。为黑格尔Ⅰ型鼓（冷水冲型铜鼓），时间为公元前7—3世纪，属于东山文化。目前藏于曼谷国家博物馆。

（2）程逸府1面

编号为KP.2　失蜡法铸成。鼓面直径69.5厘米、通高53.5厘米、厚0.2厘米。胸和足已破损，鼓耳丢失。形制和编号KP.1的鼓相似，鼓面有12芒太阳纹，晕圈内有梳纹、圆圈纹、羽人纹和逆时针方向飞翔的苍鹭纹。鼓胸上有三条纹带，上下是梳纹，中间是斜线连接圆点圆圈纹。鼓身上的纹带和鼓胸上的相同，鼓身上约2/3处为竖向纹带，约1/3处为横向纹带。鼓足光素。为黑格尔Ⅰ型鼓（石寨山型铜鼓），推测铸造于公元前7—3世纪，属于东山文化。目前藏于曼谷国家博物馆（图3—108）。

208 / 古代云南与东南亚的铜鼓文化交流研究

图 3—108　程逸府 KP.2 号鼓

（3）程逸府 1 面

编号为 KP.4　失蜡法铸成，其形制与编号 KP.1 的铜鼓相似。鼓面有 12 芒太阳纹，双弦分晕，晕圈内有梳纹、圆圈圆点纹、六只逆时针方向飞翔的苍鹭纹。鼓胸上有三条纹带，上下是梳纹，中间是斜线连接圆点圆圈纹。鼓身上的纹带和鼓胸上的相同，鼓身上约 2/3 处为竖向纹带，约 1/3 处为横向纹带。鼓足光素。为黑格尔 I 型鼓（石寨山型铜鼓），铸造于公元前 7—3 世纪，属于东山文化。目前藏于曼谷国家博物馆。

（4）程逸府 1 面

编号为 KP.5　佛历 2526 年（1983）发现于城区。失蜡法铸成，外形似扁鼓。鼓面中心有 10 芒太阳纹，无其他晕圈。两对鼓耳，装饰着波浪纹。鼓身像竹筒，鼓足较宽。鼓胸和鼓足光素无纹，鼓身 2/3 处有两条竖纹带，内有斜线纹；鼓身 1/3 处有两条横纹带，是斜线连接圆圈纹和梳纹。金属成分和比例是：铜 79.34%、铅 1.79%、锡 12.98%、锌 0.017%。为黑格尔 I 型鼓（石寨山型铜鼓），推测铸造于公元前 7—3 世纪，属于东山文化。

（5）达府 17 号鼓

佛历 2536 年（1993）发现于城区。失蜡法铸成，鼓胸部分像扁鼓，鼓身像竹筒，鼓足外侈。鼓面直径 75 厘米、通高 54 厘米。鼓面、鼓足和鼓耳已破损。鼓面上的 4 只蛙塑只剩两只，形状较完整。鼓面中央有 14 芒太阳纹，晕圈内纹饰由内而外依次是"S"形纹、谷纹、羽人纹、8 只逆时针方向飞翔的苍鹭纹和宝石形状高浮雕相间、谷纹、梳纹、斜线连接双圆圈纹（两条）、梳纹、谷纹。鼓面边缘的4只立蛙只剩两只。鼓胸上有梳纹纹带，两对鼓耳上有鱼骨纹，鼓足上有一些小洞（编号KP.6的铜鼓和编号为NO.1/2511的铜鼓上也有小洞），相互距离3.5—4厘米，每两行距离3厘米。鼓身2/3处有由四条小纹带组成的竖条宽纹带，两边各是一条梳纹，中间是两条双圆圈纹。鼓身1/3处有四条横纹带，上下两条纹带是梳纹，中间两条纹带是斜线连接双圆圈圆点纹。鼓足无纹。为黑格尔Ⅰ型鼓（冷水冲型铜鼓），推测铸于公元前5—1世纪，属于东山文化(图3—109)。

图3—109 达府17号鼓

(6) 素可泰府28号鼓

佛历2532（1989）年在素可泰府的一个池塘里发现铜鼓鼓面碎片。失蜡法铸成，鼓面直径65厘米，鼓面中心有12芒太阳纹，芒间有孔雀尾纹和重叠"V"形纹。晕圈内的装饰纹样由内而外依次是："N"形纹，斜线连接双圆圈纹、梳纹、"S"形纹、羽人纹、6只逆时针方向飞行的苍鹭纹和宝石纹相间、梳纹、斜线连接双圆圈圆点纹（两条）、梳纹。鼓面边缘原有4只立蛙，只剩1只。鼓胸上有梳纹、双圆圈纹纹带。金属成分和比例是：铜71.59%，铅16.98%。为黑格尔Ⅰ型鼓（冷水冲型铜鼓），推测铸造于公元前5—1世纪，属于东山文化(图3—110)。

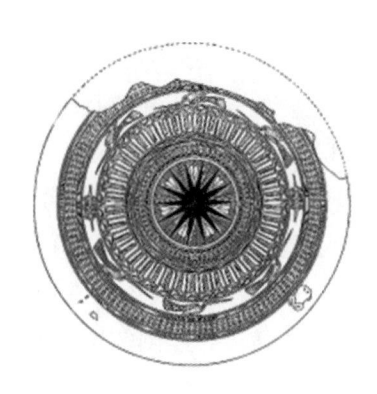

图3—110　素可泰府28号鼓

泰国中部发现11面
（1）桐艾府1面
无编号。佛历2524年（1981）从地下30—40厘米处挖出这面鼓，严重破损，伴出物有铁斧和刀，锡含量占20%以上。失蜡法铸成，鼓面直径58.5厘米、厚0.5厘米，虽破损厉害，但大体样子可看得出来。是中国和东南亚常见的东山文化铜鼓，鼓面有鱼纹，和水有关。一位法国学者分析说，鼓面太阳纹与太阳崇拜有关系，和农业社会有关。属于黑格尔Ⅰ型鼓（冷水冲型铜鼓），时间是公元前7—前6世纪（图3—111）。

图3—111　桐艾府鱼纹铜鼓

（2）桐艾府1面
佛历2530年（1987）发现，是铜鼓碎片，失蜡法铸成，黑格尔Ⅰ形鼓（冷水冲型铜鼓），时间是公元前7—前6世纪。鼓面和鼓的其他部分被送到了博物馆。

(3) 桐艾府 1 面

无编号和发现时间。鼓面有鸟纹和孔雀纹，大概与沼泽、河流和大海有关。属于黑格尔Ⅰ型鼓（石寨山型铜鼓），推测时间为公元前 7—前 3 世纪。有星纹和 11 芒太阳纹，法国学者认为这和太阳崇拜有关。孔雀尾纹饰和鸟、鹿、青蛙一样，是供奉神的牺牲。鼓面上的羽人与供奉神有关。船上坐着几个羽人，学者们认为这大概和赛龙舟或举行水崇拜仪式有关。越南学者提出鼓面上的纹饰可能反映了古代人对世界的认识，代表上天和世界。

(4) 北碧府 1 面

无编号和发现日期，佛历 2519—2520 年（1976—1977）一个寺庙拆房子时发现此鼓。失蜡铸法铸成，鼓身上部像一种扁鼓，鼓身像竹筒，鼓足外侈。鼓面直径有 67.5 厘米，有裂痕，部分已经破损，不好作拓片。鼓面有 12 芒太阳纹，芒间装饰孔雀尾纹。值得注意的是，鼓面的纹饰和同时期发现的其他鼓有一些不同，有 8 只苍鹭逆时针方向飞翔，每隔 4 只苍鹭间有一个四瓣花纹。同时期的其他鼓上无此装饰。合金成分和比例是红铜 71.01%，铅 11.17%，锡 11.91%，铁 0.056%（其他铜鼓的铅锡比例为 2∶1），如此比例的铜鼓应该是在公元前 400 年前后或者公元以后生产的。可能是在稍后时间浇铸的，但还保持着传统的纹饰。此铜鼓也可能是不同民族做的，所以才用了不同比例的金属。属于黑格尔Ⅰ型鼓（石寨山型铜鼓）。推测流传时间为公元前 7—前 3 世纪（图 3—112）。

图 3—112 北碧府翔鹭纹铜鼓

（5）北碧府1面

佛历2519年（1976）发现，鼓面像个扁鼓，竹筒式的腰身（圆柱体）。鼓面直径44厘米，已经破损，鼓耳只剩两只。鼓面有10芒太阳纹。有逆时针方向飞行的鸟纹，此鼓装饰和程逸府编号为4的鼓很相似，和清迈博物馆所藏编号为5的铜鼓也很相似，属黑格尔Ⅰ型鼓（石寨山型铜鼓），推测流传时间为公元前7—前3世纪(图3—113)。

图3—113　北碧府十芒太阳纹铜鼓

（6）—（9）北碧府4面

1960—1962年在泰国北碧府沙越县翁巴洞穴发现4面铜鼓碎片（分别为翁巴86、87、88、89号鼓），2面出自船棺葬中，2面出自洞中过道内。铜鼓成对放置，附近的船棺经过碳14测定，时间距今2180±100年，铜鼓的年代与船棺的年代应大致相当。属于黑格尔Ⅰ型鼓（石寨山型铜鼓）。①

（10）素叻他尼府1面

素叻他尼府沙梅岛也发现过1面铜鼓，这面鼓与翁巴86号鼓相似，但在鼓面的羽人晕圈中没有装饰房屋纹。

（11）叻丕府1面

无编号和发现日期，鼓面像扁鼓，鼓身像竹筒，鼓足外撇。鼓面直径65厘米、高25厘米、厚0.4厘米，鼓面有三四处破损，耳朵只剩两

---

① ［丹麦］佩尔·索伦森：《泰国翁巴洞及其出土的五面铜鼓》，《东南亚史前社会晚期》，1979年。

只,鼓身和鼓足已经破损,鼓面有12芒太阳纹,芒间装饰有孔雀尾纹,鼓面第一晕圈有成对的三角形纹装饰,第二晕圈有短斜线连接的圆圈圆点纹装饰,第三晕圈内有梳纹(中国称为栉纹),第四晕圈内有宝石纹装饰,第五晕圈内有8只逆时针方向飞翔的鸟纹,第六晕圈装饰梳纹,第七晕圈为短斜线连接的圆圈圆点纹,第八晕圈为梳纹。为黑格尔Ⅰ型鼓(石寨山型铜鼓),中国考古学家认为是石寨山型铜鼓。按照东山文化的划分,为公元前7—前3世纪。与之相似的是难府编号20.1—39号的铜鼓以及桐艾府发现的鼓。铜鼓里有人骨和陪葬物,由此可断定此鼓与葬俗有关,这种葬俗属于二次葬,出现于泰国的史前时期或史后初期。铜鼓伴出物有人骨(已成碎片)、人头骨、手指骨、牙齿、青铜戒指(直径为1.5厘米,每个手指上戴着5—6个戒指,发现时戴在手指上,共有13个)、青铜手镯碎片(有27段,直径为6.8厘米、宽1.6厘米、厚0.1厘米,是失蜡法浇铸的)、陶器碎片(有4片,低温烧制,厚0.6—0.9厘米)、陶片(橙色,已经破损,直径为2.3厘米、长0.6厘米)、黑白色和橙色相间的串珠(形状有竹筒型的,也有蛋形的)、陶纺锤(直径32厘米)。目前藏于难府博物馆(图3—114)。

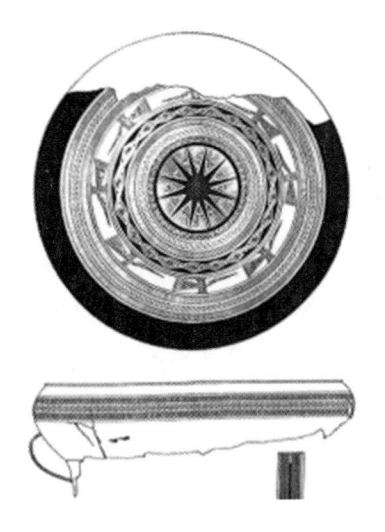

图3—114 叻丕府铜鼓

泰国东北部发现 6 面铜鼓

（1）莫拉县府 1 面

无编号和发现日期，1938 年渔民在河边发现此鼓。鼓面直径 86 厘米、鼓面周长 270 厘米。通高 65 厘米、鼓身周长 205 厘米、鼓足周长 289 厘米、鼓身厚 0.2 厘米、鼓足厚 1 厘米。已破损，鼓足上部有洞。鼓面有 14 芒太阳纹，第一晕圈较宽且无纹饰，第二晕圈有梳纹，第二晕圈有圆点圆圈纹，第三晕圈有梳纹，鼓边沿装饰着 4 个反逆时针方向排列的青蛙。鼓胸上有图案化羽人划船纹，鼓耳上装饰着螺旋花纹，鼓身上有梳纹、羽人纹和圆点圆圈纹。鼓足光素无纹。为黑格尔 I 型鼓（冷水冲型铜鼓），推测铸造于公元前 4—前 1 世纪，受东山文化的影响很大。目前藏于莫拉县马查尼玛瓦寺庙中（图 3—115）。

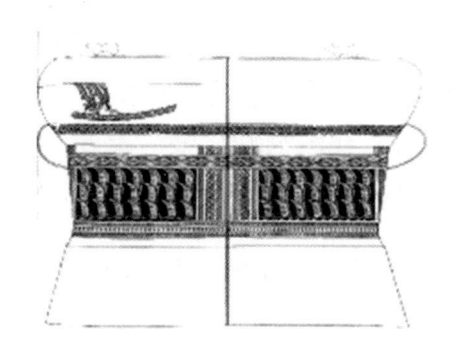

图 3—115　莫拉县府船纹铜鼓

（2）莫拉县府 1 面

无编号和发现日期，1968 年翻修邮电局时发现。鼓面直径 78 厘米、鼓面周长 240 厘米、通高 69 厘米、鼓身周长 179 厘米、鼓足周长 265 厘米、厚度是 0.2 厘米、鼓足厚 0.6 厘米。已破损。鼓身上有一个洞。鼓胸较广，鼓身和鼓足较窄。鼓面上有 32 芒的太阳纹，芒间有重叠的"V"字纹，第一晕圈宽而无纹（这是与云南石寨山型铜鼓的区别），第二晕圈有梳纹，第三晕圈有斜线连接圆圈纹，第四晕圈有"Z"形纹（类似中国的"雷纹"），第五晕圈有斜线连接圆圈纹，第六晕圈有梳纹。鼓胸上装饰着梳纹、圆点圆圈纹和坐在船上的人，头上装饰着蝴蝶式羽毛图案。鼓耳装饰着螺旋纹。显然这个鼓是独一无二的，当地文化在鼓上有所体现：a. 鼓面上太阳纹的芒数几乎是其他铜鼓的三倍（大多数铜鼓上只有10—14芒），人头上装饰的羽毛形成蝴蝶式的图案，而且人是侧身的，一般船上的人头上装饰着羽毛，而这个鼓上的人以蝶翅为饰（这是与云南石寨山铜鼓的区别），按照古代中国人的看法，蝶翅代表着欢乐和炎热的季节。鼓身上有两只鸟嘴对嘴而立的图案，鼓足上也有这样的纹饰，这种鼓在东山文化中没有见过，所以这种鼓可能是其他民族做的，很可能是中国人造的。比如卷云纹、雷纹和圆点圆圈纹在中国西周时就有使用。为黑格尔Ⅰ型鼓（石寨山型铜鼓），公元前7世纪—前1世纪铸造的，这种纹饰和东山纹饰有关，比如有梳纹、斜线连接的圆圈纹，还有头上戴着羽饰的船人。外观和越南东山铜鼓一样（图3—116）。

图3—116 莫拉县府铜鼓

（3）乌汶府1面

此鼓编号是32号，佛历2540年（1997）发现。失蜡法铸成，鼓面和耳朵都是鼓身铸成后再铸上去的。鼓面直径64厘米、通高42厘米。已破损。鼓面有好几处裂纹，鼓面和鼓身上的装饰几乎看不清了。鼓面有伸出去的小薄片，鼓胸像单面扁鼓，鼓身像竹筒，鼓足比鼓身宽，伸出去一薄片。鼓面有14芒太阳纹，周围有晕圈，一些小的精巧的团花已看不清。鼓胸上装饰着一些平行线，平行线之间有梳纹，大多数都看不清。有两对鼓耳，装饰着螺旋纹。鼓身上半部分用垂直线分成多格，格内装饰着两组对角斜线，还有斜线圆圈纹。鼓身下半部分有平行线，分成多个晕圈，第一晕圈为梳纹，第二、三晕圈为斜线圆圈纹，第四晕圈为梳纹。为黑格尔Ⅰ型鼓（石寨山型铜鼓），公元前7—前3世纪铸造。存于乌汶府博物馆(图3—117)。

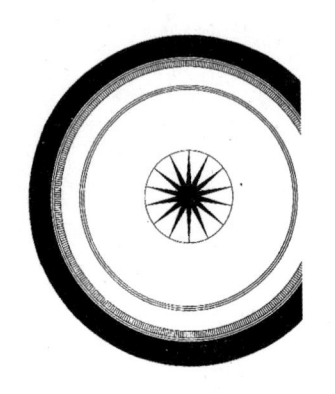

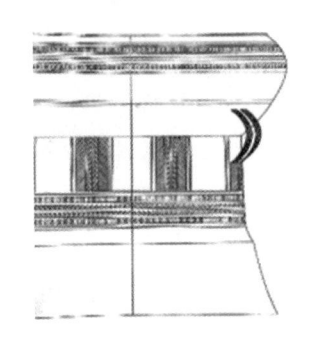

图3—117　乌汶鼓　编号为32

（4）乌汶府1面

佛历2553年（2010），乌汶府披汶曼沙寒县端织区农民犁地时发现此鼓，后移送通那扎伦诺寺保存。该铜鼓呈倒置状态（刚开始发现的人以为是一口四耳大锅，因为鼓面有灰烬痕迹）。鼓面直径54.5厘米、鼓高41厘米、鼓身最大径62厘米、鼓厚0.1厘米。鼓面中央饰12芒太阳纹，芒间饰两层交错重叠的三角框纹，三角框中心为鱼蛋形圆点环绕的圆圈纹，向外依次饰切线同心圆纹、一晕鱼蛋形圆圈纹，接着饰三晕圆圈纹，再接着一晕逆时针飞鸟纹、栉纹、切线同心圆纹和栉纹。鼓胸向外凸出并向下收拢，鼓腰呈直筒状，鼓足外侈（足部损坏），鼓胸单弦分晕，共三晕，饰梳齿、切线同心圆、梳齿纹带，素面处为鼓耳焊接处，鼓耳饰绳纹，共四只。鼓腰上部为纵向纹饰，饰弦线、两晕斜线纹、一晕切线同心圆纹纹带，该纹带与素面纹相交替。鼓腰下部纹饰与上部相同（但为横向），饰弦线，梳齿纹、切线同心圆纹、梳齿纹及弦线。鼓足没有纹饰①（图3—118）。

---

① 此面鼓是2010年发现的，所以2003年出版的《泰国铜鼓》并未收入。资料来自泰国文化部艺术厅乌汶府艺术局第11考古组：《泰国乌汶府披汶曼沙寒县端织区通那扎伦诺寺铜鼓出土调查报告》，梁燕理译，《中国古代铜鼓研究通讯》2015年第20期。

图3—118 乌汶府披汶曼沙寒县鼓

（5）缪拉信府1面

编号为6［38/32/20（319）］，发现时间不详。是一位广姓先生捐给曼谷国家博物馆的。失蜡法浇铸，鼓面直径66厘米、高33厘米、厚0.2厘米。已经破损。鼓面脱离鼓身，鼓面纹饰模糊不清，大致可看出鼓面上有青蛙，鼓身有很多破损。展出时做了个木架放在上面。其他纹饰有圆圈纹、双三角纹、梳纹、六只飞鸟，还有四只立蛙，这些装饰已消失。鼓身上装饰着三组垂直平行线，梳纹和圆点圆圈纹。鼓足消失。外形和越南铜鼓很相像。是黑格尔Ⅰ型鼓（冷水冲型铜鼓），推测铸造于公元前7—3世纪。然而，这面铜鼓上的纹饰如6只逆时针方向飞行的鸟纹、梳纹和圆点圆圈纹，在公元前5世纪—前1世纪很流行，因此，这面鼓可能铸造于公元前5世纪—1世纪，或者更晚一些(图3—119)。

图3—119 缪拉信府6号鼓

(6) 莫拉县府 1 面

此鼓无编号和发现时间，是莫拉县的职工在佛历2535年（1992）献给空帕侬府帕塔寺的。失蜡法铸造，鼓面和鼓身已经分离。鼓面较宽，鼓面边沿突出，鼓身较窄，鼓足外侈。鼓面直径51.6厘米、厚6厘米、鼓身直径16.5厘米、长33.5厘米。鼓面中央有12芒太阳纹，芒间装饰者孔雀尾纹，太阳纹外的第一晕圈为梳纹，第二、三晕圈为圆点双圆圈纹，第四晕圈为梳纹，第五晕圈为菱形纹，第六晕圈为羽人纹，第七、八、九晕圈无纹，第十晕圈为梳纹，第十一、十二晕圈为圆点双圆圈纹，第十三晕圈素面。在第十二和十三晕圈的位置上有四只青蛙逆时针方向立在鼓面上，青蛙的后腿肌肉紧绷，眼睛睁得很大。值得注意的是：这个鼓面上凿了三个孔，其中两个是方形的，一个是圆形的，孔的位置没有规律。鼓身上的装饰分为三个部分：鼓胸上由五条平行线构成4个晕圈，第一和第四晕圈为梳纹，第二和第三晕圈为圆点双圆圈纹。鼓身和鼓胸上的纹饰图案相同，但鼓胸上的图案是水平的，鼓身上的图案是垂直的，鼓足上的装饰和鼓胸上的相同。为黑格尔Ⅰ型鼓（冷水冲型铜鼓），形制和佛历2532年（1989）发现的39号鼓相像，把它和越南的东山铜鼓相比，推测铸造时间在公元前1—1世纪。目前藏于空帕侬府的帕塔寺(图3—120)。

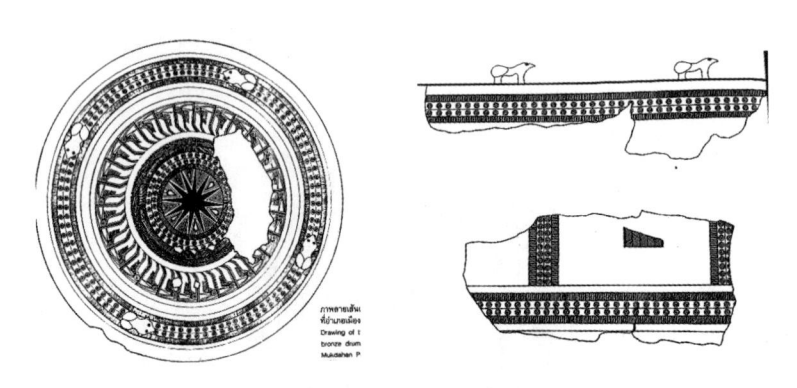

图 3—120　莫拉县府鼓

泰国南部发现 16 面铜鼓

(1) 春蓬府 1 面

编号为223号，佛历2525年（1982）发现的三面鼓中的一面。三面鼓中编号为223、224的鼓完整，另外一面仅余一部分。这两面完好的鼓献给了艺术厅，自1996年来一直在春蓬国家博物馆展出。失蜡法铸成，鼓体铸成后再将鼓耳铸上去。鼓面直径72厘米、通高56厘米、鼓面厚0.3厘米。已经破损，鼓面有裂痕。鼓胸较广，鼓身较窄，鼓足外侈。鼓面有12芒太阳纹，芒间装饰孔雀尾纹。第一晕圈饰斜线连接圆圈纹，第二晕圈饰"N"形纹，第三晕圈饰斜线连接的圆圈纹，第四晕圈无纹，第五晕圈饰斜线连接的圆圈纹，第六晕圈饰8只逆时针方向飞行的飞鸟纹，第七晕圈饰梳纹，第八、九晕圈饰斜线连接的圆圈纹，第十晕圈饰梳纹。鼓身上有两对鼓耳，装饰着梳纹和斜线圆圈纹。此鼓的形制和224号鼓相似。为黑格尔Ⅰ型鼓（石寨山型铜鼓），鼓身上装饰着星纹或太阳纹，可能和太阳崇拜有关，时间约在公元前7—1世纪。苍鹭纹一般装饰在公元前7—5世纪的铜鼓上。苍鹭被视为一种吉祥的圣鸟，这也反映了江河平原地区人与环境的关系。鼓耳上有螺旋纹，可能是稻谷的形状。反映了人与稻作活动的关系。现藏于春蓬国家博物馆（图3—121）。

图3—121　春蓬府223号鼓

（2）春蓬府1面

编号为224号，是和编号为223号铜鼓在同时（1882）发现的，目前在春蓬国家博物馆展出。失蜡法铸成，整面鼓铸成后再将鼓耳铸上去。鼓面直径18厘米、通高16.5厘米、鼓面厚0.1厘米。鼓足有轻微裂痕，形制和223号鼓相似，鼓面有8芒太阳纹，第一晕圈装饰4只逆时针方向飞行的图案化苍鹭纹，第二晕圈饰斜线连接圆点圆圈纹。鼓身和鼓胸之间焊接着两对螺旋纹鼓耳。鼓面的太阳纹和太阳崇拜有关，其时间是在公元前7—1世纪。苍鹭纹一般装饰在公元前7—5世纪的铜鼓上，被认为是吉祥神鸟。这也反映了河平原地区人与环境的关系。鼓耳上有螺旋纹可能是稻谷的形状，反映了人与稻作农业的关系。此外，铜鼓上的篮纹明显证明了这些人在生活中已经使用手工艺品，这是农业文化的产物。为黑格尔Ⅰ型鼓（石寨山型铜鼓）。目前收藏于春蓬国家博物馆（图3—122）。

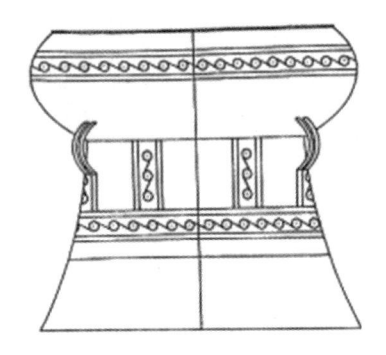

图3—122　春蓬府224号鼓

（3）素叻他尼府1面

此鼓编号为478，发现于素叻他尼府。失蜡法铸成，鼓铸好后再将鼓耳焊接上去。鼓面直径51厘米、通高31厘米、鼓足厚0.2厘米。鼓足已经破损。鼓的上部分较宽，鼓身较窄，鼓足外侈。鼓面装饰着12芒太阳纹，第一晕圈饰斜线连接的圆圈纹（双行）以及短梳纹，第二晕圈无纹饰，第三晕圈饰斜线连接的圆圈纹（单行）以及短梳纹，第四晕圈饰4只顺时针方向飞行的飞鸟纹，第五晕圈饰斜线连接的圆圈纹，第六晕圈饰梳纹。鼓胸上半部有两晕圈，第一晕圈饰梳纹，第二晕圈饰斜线圆圈纹；鼓胸的下半部分有一晕圈，装饰着短梳纹和斜线圆圈纹。在胸和腰之间有两对螺旋纹鼓耳。鼓身的上半部分装饰着竖向纹带，纹带内有梳纹和斜线连接圆圈纹；下半部分是三个横纹带（晕圈），装饰着两个晕圈的斜线圆圈纹和一个晕圈的梳纹。铜鼓的纹饰明显继承了传统纹饰如太阳纹、斜线连接圆圈纹、梳纹和苍鹭纹。但是苍鹭纹饰和先前其他铜鼓上的有些微不同,这些苍鹭的图案由几何图案构成,并且是顺时针方向飞行,不像其他铜鼓上的鸟纹是逆时针方向飞行。因此推测这个与众不同的铜鼓可能在2000年以前,用于青铜时代的某种仪式上。为黑格尔Ⅰ型鼓(石寨山型铜鼓),目前藏于猜耶国家博物馆(图3—123)。

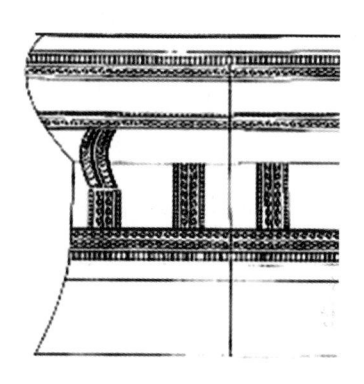

图3—123 素叻他尼府478号鼓

(4) 素叻他尼府1面

编号为3/21,当地居民种树时从地下一米深处挖出的这面铜鼓。失蜡法铸成,鼓铸好后再将鼓耳焊接上去。鼓面直径69.5厘米、通高53.5厘米、鼓足厚0.8厘米、鼓身厚0.2厘米。已经破损。鼓胸和鼓足已成碎片。鼓胸比鼓身和鼓足宽。鼓面有10芒太阳纹,芒间有8个重叠的"V"形纹,第一晕圈为梳纹,第二、三晕圈为斜线连接圆圈圆点纹,第四晕圈为"N"形纹,第五晕圈为一群按顺时针方向排列的图案化羽人纹,第六晕圈为10只长喙长尾按逆时针方向飞行的苍鹭。鼓胸上半部分第一晕圈为斜线连接圆圈纹,第二晕圈为梳纹;鼓身上还有图案化船纹,图案化羽人坐在上面。鼓身上装饰着六个斜线纹带,中间为斜线连接圆点圆圈纹;鼓身上有羽人纹,鼓足素面。为黑格尔Ⅰ型鼓(石寨山型铜鼓),是在2000—3000年前就存在的古老类型的鼓。鼓上的装饰大多和越南、马来西亚发现的鼓相像。推测这面鼓的时代为公元前7—前3世纪。目前藏于猜耶国家博物馆(图3—124)。

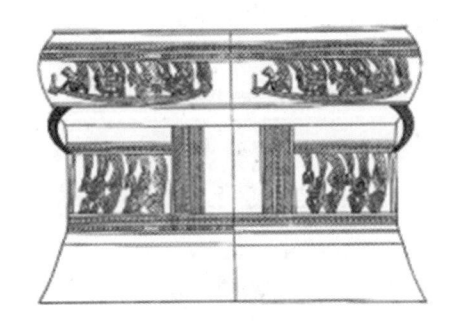

图3—124　素叻他尼府翔鹭纹铜鼓

（5）素叻他尼府1面

此鼓是佛历2512年（1969）在素叻他尼府发现的，编号为NO.1/2512。失蜡法铸成，鼓铸好后再将鼓耳焊接上去。鼓面直径51厘米、通高44厘米、鼓足有0.2厘米厚。已破损。鼓的一侧已裂，鼓胸上的焊接线已裂，鼓足上有的地方被剪除了。鼓胸像扁鼓，鼓身像竹筒，鼓足外侈。鼓面装饰着12芒太阳纹，芒间有图案化孔雀尾纹装饰。鼓面有四个装饰晕圈，第一晕圈为"N"字纹（中国也有这种纹饰，叫"雷纹"），第二晕圈有4只飞行的苍鹭，第三、四晕圈装饰着梳纹。鼓耳焊接在胸腰之间。鼓身上有两对垂直纹带，每对纹带上有斜线纹，占鼓身的2/3，鼓身的1/3处有两个梳纹纹带。鼓足无纹。这面鼓的形制和装饰像东山鼓，为黑格尔Ⅰ型鼓（石寨山型铜鼓），时间代为公元前5—前1世纪（图3—125）。

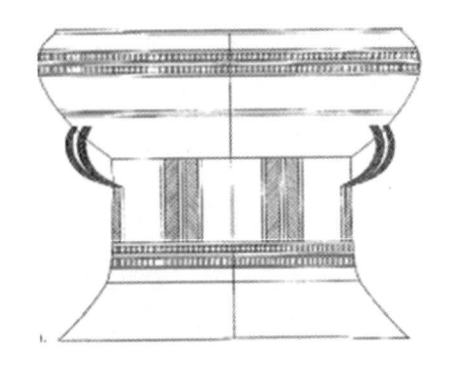

图3—125　素叻他尼府鼓1/2512号鼓

(6) 洛坤府1面

编号为1/2511（170/2511）号鼓，佛历2511年（1968）于洛坤府发现。失蜡法铸成，鼓铸好后再将鼓耳焊接上去。鼓面直径81.5厘米、通高38厘米、厚0.1厘米。鼓身和鼓足已经破损，鼓体只剩1/4。鼓面上装饰着四只高雕青蛙，每只青蛙长8.5厘米、宽5厘米。有两只青蛙已经破损。鼓面较宽，鼓身较窄，像扁鼓；鼓足外侈。鼓面装饰12芒太阳纹，芒间装饰着孔雀尾纹。第一晕圈是装饰着"N"字纹，第二晕圈为梳纹，第三四晕圈为圆圈圆点纹，第五晕圈为梳纹，第六晕圈为6只逆时针方向飞行的苍鹭纹。鼓胸上有三个纹带，上下两个纹带是梳纹，中间是圆点圆圈纹。只剩下一只鼓耳。鼓身上有两对垂直纹带，每对纹带上左右两边是斜线纹，中间是圆点圆圈纹，占鼓身的2/3；鼓身的1/3处有三个纹带，上下两个纹带是梳纹，中间是圆点圆圈纹。鼓足破损丢失。根据鼓的形制和纹饰来看，其铸造时间为东山文化时期，为黑格尔Ⅰ型鼓（冷水冲型铜鼓），存在时间是公元前5—前1世纪(图3—126)。

图3—126 洛坤府1/2511号鼓

(7) 宋卡府1面

编号为82/2526（8L164/39），佛历2526（1983）发现于宋卡府。已残，仅余鼓面的一部分，人们将其捐献给宋卡府博物馆。鼓面周长21厘米、宽31厘米、厚0.4厘米。推测其直径为35—36厘米。鼓面有太阳纹，只剩两个芒。有三个装饰晕圈，第一晕圈有两个斜线连接圆圈纹带，第二晕圈为一个斜线连接圆圈纹带，第三晕圈为两个梳纹纹带，中间是斜线连接圆圈纹带。鼓面有一些裂纹。鼓面残件和另一件公元前5—前1世纪的鼓面相像。但这面鼓的其余部分没有发现，很难精确知道其全貌。推测为黑格尔Ⅰ型鼓（石寨山型铜鼓）（图3—127）。

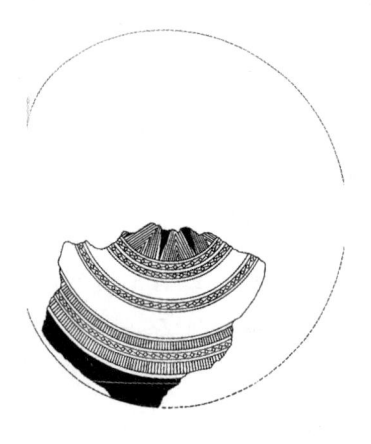

图3—127　宋卡府82号鼓

（8）洛坤府1面

这件史前古器物发现时是几个部分：a. 鼓面编号为：TSK. 79/41 - 253.221；b. 鼓面和鼓胸的编号为：TSK. 78/41 - 36111051。编号为TSK. 79/41 -253.221的鼓面周长40厘米，鼓面有3只逆时针飞行的苍鹭，造型高度图案化；还有斜线连接圆圈纹和梳纹。编号为TSK. 78/41 - 36111051的鼓面周长44.5厘米、鼓胸直径14厘米、周长40厘米。根据鼓的残余部分推测，此鼓为失蜡法铸成，鼓耳是鼓铸成后再焊接上去的。鼓面较宽，很像扁鼓。鼓身像竹筒，鼓足外侈。鼓面有12芒太阳纹，芒间有孔雀尾纹，第一晕圈为斜线连接圆圈纹带，第二晕圈装饰着3只逆时针方向飞行的苍鹭；第三晕圈有3个纹带，两个纹带是梳纹，中间纹带是斜线连接圆圈纹。鼓胸上装饰着斜线连接圆圈纹带和梳纹纹带。鼓耳上装饰着斜线纹。根据残余部分的外形和装饰，推测为黑格尔Ⅰ型鼓（石寨山型铜鼓），铸造于东山文化时期，存在的时间为公元前5—前1世纪（图3—128）。

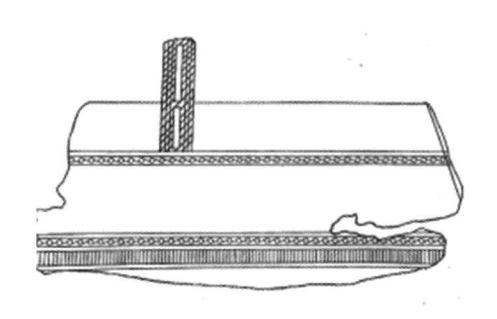

图 3—128　洛坤府 TSK. 78/41 - 36111051 号鼓

(9) 洛坤府 1 面

编号为 2533.221，TSK.1/41 - 36111051（2533.221）。佛历 2533 年（1990）发现。只剩下鼓面和鼓身，失蜡法铸成，鼓铸好后再将鼓耳焊接上去。鼓面较宽，鼓身如竹筒，像扁鼓。鼓足较宽。鼓面周长 18.4 厘米，鼓面装饰着斜线连接圆圈纹、逆时针方向飞行的苍鹭、梳纹。鼓胸上有一个纹带，装饰着斜线连接圆圈纹；鼓身上有由垂直平行线组成斜线纹带和斜线连接圆圈纹带，大约占鼓身的 2/3；由横向平行线组成斜线连接圆圈纹带和梳纹，占鼓身的 1/3。鼓足素面无纹。根据铜鼓残余部分的外形和装饰判断，这面鼓大约铸于东山文化时期，为黑格尔 I 型鼓（石寨山型铜鼓），铸于公元前 5—前 1 世纪（图 3—129）。

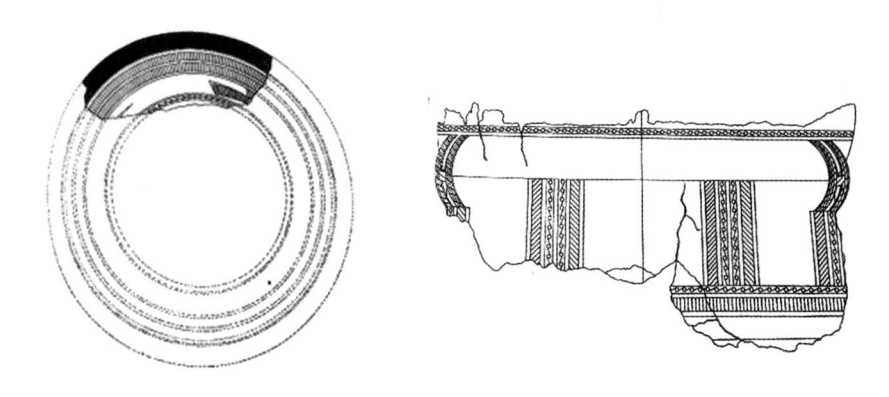

图 3—129　洛坤府 221 号鼓

(10) 宋卡府 1 面

编号为 NO. TSK. 2/41。此鼓仅余鼓身和鼓足，鼓身直径 27 厘米、周长 54 厘米。鼓身由垂直平行线构成宽纹带，纹带两行装饰着斜线纹，中间装饰着斜线连接圆圈纹。又有一些横向平行线构成宽纹带，上下有两排是梳纹，中间两排是斜线连接圆圈纹。鼓足素面无纹。根据铜鼓残余部分的装饰来看，这面鼓为黑格尔Ⅰ型鼓（石寨山型铜鼓），铸造于公元前 7—5 世纪。目前藏于宋卡府博物馆（图 3—130）。

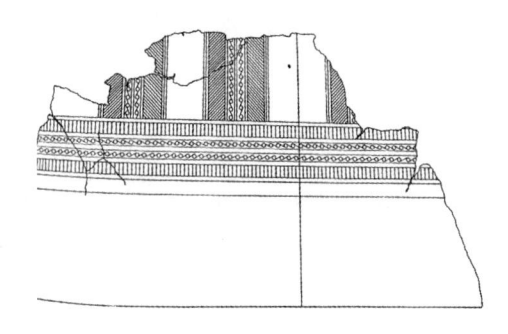

图 3—130 宋卡府 TSK. 2/41 号鼓

(11) 洛坤府 1 面

编号为 643，一位僧人于佛历 2526 年（1983）在洛坤府的一个村庄发现，仅余鼓面。1939 年 6 月 4 日捐给曼谷国家博物馆，开始登记编号为 KP. 7，1983 年 3 月 3 日又改为 643/2526。失蜡法铸成。鼓面直径 44 厘米、厚 4 厘米。鼓面有 12 芒太阳纹，芒间装饰着箭头样纹饰。太阳纹之外有晕圈，第一晕圈光素无纹，第二圆圈为梳纹，第三晕圈为"S"形纹（像菱形纹），第四晕圈上有 6 只逆时针方向飞行的苍鹭，每隔 3 只苍鹭有 2 只对向而立的孔雀（共 4 只），第五晕圈为梳纹，第六晕圈为两行链式图案，第七晕圈为梳纹。鼓胸上装饰着梳纹纹带，上下有圆圈纹。

此鼓鼓面上的突出特征是装饰着孔雀纹，而很多泰国铜鼓的鼓面上装饰的是苍鹭纹，反映了当时的生态环境。鼓上的其他装饰图案大约是公元前 4 世纪铜鼓的传统图案，比如"S"形纹和梳纹。从这些装饰纹样大致可以推测为黑格尔Ⅰ型鼓（石寨山型铜鼓），铸造于公元 1—5 世纪。通过铜鼓金相分析，该鼓含铜量为 68.20%，含锡量为 16.62%，含铅量为 8.77%，含铁量为 0.10%。金属成分主要是铜，其次是锡。锡的含量要比之前铸造的铜鼓高。可以认为含锡量较高的铜鼓，其质量和装饰纹样更好(图3—131)。

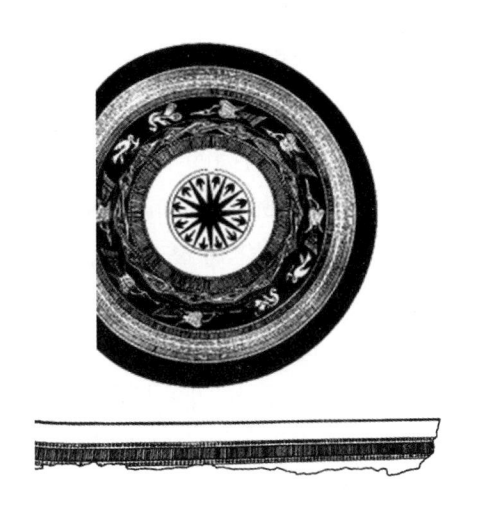

图3—131　洛坤府643号鼓

(12) 兰沙县1面

发现于兰沙县他哈区杰该村，有些部位已被损坏，但鼓面还相当完整。鼓面直径80.5厘米、高38厘米，中央有12芒太阳纹。芒间饰折线三角纹。然后是像字母"Ⅰ"那样的花纹以及相间的划线和圆圈，有6只翔鹭逆时针方向飞行，四周有立蛙。为黑格尔Ⅰ型鼓（冷水冲型铜鼓）。流传时间不明。

(13) 猜耶县1面

发现于猜耶县。鼓面直径39厘米、高39厘米。鼓面有太阳纹12芒，用对角线连接的圆圈与形成一个眼的划线相间环绕四周，主晕饰4只尖嘴长尾顺时针方向飞行的翔鹭，鼓胸上的晕圈所饰弦纹与鼓面相同，有鼓耳4只，鼓腰和鼓胸所饰花纹相同。该鼓现藏于泰国猜耶国家博物馆。

(14) 奔屏县1面

发现于奔屏县南鹤区奇利寺。鼓面直径50.5厘米、高44厘米。鼓面有12芒太阳纹，芒间装饰棱角形图案，中间有圆点，周围有中国式的花纹，接着是四只长嘴长尾展翅逆时针方向飞翔的鹭鸟。该鼓现藏于洛坤国家博物馆。

(15) 阁沙美县 1 面

此鼓发现于阁沙美县达令安区达令朋寺前，鼓面直径 69.5 厘米、高 53.5 厘米。装饰花纹特别：鼓面中央有 10 芒太阳纹，芒间饰棱角图形，环绕四周的是划线构成的格子和同心圆切线纹，接着是像字母"I"一样的花纹。鼓面与鼓沿之间饰 3 人为一组的羽人纹，接着是十只长嘴长尾逆时针方向飞行的翔鹭，然后是划线与圆圈相间。鼓胸上饰 6 只船纹，每只船上有 12 个舞人纹。鼓腰上半部用由斜线和同心圆切线纹组成的纵格将其分成 6 格，格中饰 3 个羽人纹。该鼓目前藏于万伦府猜耶县国家博物馆。

以上三面鼓（编号 13—15）都是黑格尔 I 型鼓（石寨山型铜鼓）。

发现地不明确的铜鼓有 7 面

(1) 普吉博物馆 1 面

编号为 38/32/21（320），失蜡法铸成。鼓面直径有 64 厘米。鼓面已裂，中央装饰着 10 芒太阳纹，芒间装饰着两个孔雀尾纹，太阳纹外有一些晕圈，由内而外有双三角纹、斜线连接圆圈纹、梳纹、羽人纹，逆时针方向飞行的苍鹭纹、四匹马纹、椰树纹、四只四足动物（可能是老虎或牛）。鼓面边缘有四只高浮雕海螺壳（有一只已不见）。鼓胸上有由平行线组成几个纹带，是梳纹、斜线连接双圆圈纹。黑格尔 I 型鼓（冷水冲型铜鼓），推测这面鼓是在东山文化期间铸造的，时间在公元前 7—3 世纪。目前藏于他朗国家博物馆（图 3—132）。

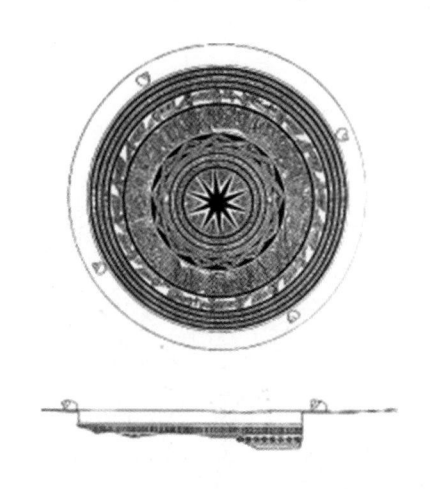

图 3—132　普吉博物馆 38/32/21 号铜鼓

(2) 曼谷奥斯塔萨帕公司存1面

编号为 G9A.28.80。失蜡法铸造，鼓面和鼓身是分别铸造的，鼓耳是后来焊接上去的。鼓面直径有74.5厘米、通高49厘米、厚0.1厘米。已破损。鼓面凹陷。鼓身上有一些小洞。鼓面较宽，鼓身较窄，鼓足外侈。鼓面中央有12芒太阳纹，由内而外有四个装饰纹带，第一、二、四纹带是梳纹、第三纹带是圆点圆圈纹。鼓胸上有三个纹带，上下两个纹带是梳纹，中间纹带是圆点圆圈纹。鼓胸和鼓身之间有两对螺旋纹鼓耳。鼓身上有垂直线组成的三个纹带，两边是梳纹，中间是圆点圆圈纹。又有平行线组成的三个纹带，上下两个纹带是梳纹，中间纹带是圆点圆圈纹。这面鼓的铸造并不是很精致，黑格尔Ⅰ型鼓（石寨山型铜鼓），推测其时间是公元前7—5世纪。

(3) 柯叻府博物馆1面

编号37，佛历2540年（1997年）发现，来源不清，同年入藏柯叻府博物馆。失蜡法铸成，鼓面直径73厘米、通高41厘米。已破损，鼓面和鼓的一侧已经模糊，鼓面和鼓身分离，鼓耳丢失，很多装饰模糊。鼓面较宽，鼓身较窄，鼓足较宽。鼓面中央装饰着12芒太阳纹，芒间装饰着孔雀尾纹。从内向外有一些由双线分隔成的晕圈，内有纹饰，形成纹带。这些纹带的装饰依次是双三角纹、双圆圈纹、梳纹、重叠菱形纹、羽人纹、逆向飞行的苍鹭纹、双圆圈纹、梳纹。大约在鼓胸1/3处有由双线隔成的三个纹带，依次是梳纹、圆圈圆点纹和梳纹。在鼓胸2/3处有船纹和羽人纹。鼓胸上的这些纹饰大部分已经丢失了，仅看到一部分。鼓身上2/3的部分有竖向的宽纹带（包括三个小纹带，两边是斜线纹，中间是圆点圆圈纹）将鼓身分隔成几个格，格内有羽人纹。鼓身上2/3处有三个纹带，依次是梳纹、圆圈圆点纹和梳纹。鼓足素面。为黑格尔Ⅰ型鼓（石寨山型铜鼓），目前藏于柯叻府博物馆。

(4) 巴吞他尼府博物馆1面

编号219/36（54），最初保存在曼谷国家博物馆。1999年被送到巴吞他尼府博物馆。失蜡法铸成。鼓足直径43.5厘米、高27厘米。破损，有洞。鼓耳丢失。余下鼓胸、鼓身和鼓足。鼓身上有三个纹带，依次是梳纹、两个波浪纹带。鼓身上的装饰分为两部分，第一部分为竖向纹带，纹带中间为梳纹，边上为波浪纹；第二部分装饰平行纹带，纹带上部为波浪纹，中间为梳纹。鼓足无装饰。鼓身的两侧有两条焊接线。装饰不是很精细，但可以在鼓上看到有的标准装饰，比如平行线、梳纹、弯曲的波浪纹。推测这面鼓铸造于公元1—5世纪，其纹饰受到当地文化的影响。目前藏于巴吞他尼府博物馆。

（5）巴吞他尼府博物馆1面

编号17，仅余铜鼓的部件。先前保存在曼谷国家博物馆的库房。1999年，被送到巴吞他尼府博物馆展出。失蜡法铸成。鼓足直径67厘米、高47厘米。破损。鼓胸已破，一对鼓耳丢失。鼓胸部分像扁鼓。鼓身像竹筒，鼓足外侈。鼓胸上部分有两条装饰纹带，一条是梳纹，另一条是斜线连接双圆圈纹。鼓胸中部装饰着船纹，船上有羽人纹和牛纹。鼓胸下部有一条纹带，装饰着重叠的菱形纹。在胸腰之间有两对鼓耳（其中一对丢失）。鼓身上有两部分装饰：上半部分约占鼓身的2/3，由几个宽纹带将鼓身分隔为几格。大纹带内有三个小纹带，两边是梳纹，中间是斜线连接双圆圈纹。格内上部约1/5处有一条纹带，是重叠的菱形纹；有的格内下部约3/5处有羽人纹（头插羽毛的人）；鼓身下部约1/5处有一宽纹带，内有三个小纹带，两边是梳纹，中间是斜线连接双圆圈纹。鼓足无纹饰。鼓上有一些有趣装饰特征，比如鼓身上的重叠菱形纹中有个小洞。此鼓为黑格尔Ⅰ型鼓（石寨山型铜鼓），可能铸于公元前7—3世纪。从鼓的形制和纹饰看，这面鼓和铸造于公元前4—1世纪的东山铜鼓很相似。鼓的金相分析是：铜含量占83.56%，含铅量占10.67%，含锡量4.38%，含铁量0.023%。目前藏于巴吞他尼府博物馆。

（6）巴吞他尼府博物馆1面

无编号和发现日期，这面铜鼓最初保存在曼谷国家博物馆的库房。1999年被送到巴吞他尼府博物馆。失蜡法铸成。鼓面直径67厘米，破损。鼓面上的高浮雕都已经无存。鼓面中央装饰着12芒太阳纹。由双线分隔出多个纹带，依次是"S"形纹、重叠菱形纹、羽人纹、逆时针方向飞行鸟纹、钥匙纹。从鼓面痕迹看，有两行高浮雕纹饰，已丢失。这面鼓是黑格尔Ⅰ型鼓（属于冷水冲型铜鼓），鼓面装饰和编号37/2540的鼓相似，和铸造于公元前5—公元1世纪的东山鼓很接近。目前藏于巴吞他尼府博物馆。

(7) 巴吞他尼府博物馆 1 面

无编号和发现日期，只剩下铜鼓残件。此铜鼓先前保存在曼谷国家博物馆库房。鼓面余 9 件残片，鼓身余 5 件残片，鼓耳余 14 件残片，鼓足余 13 件残片。鼓面的有些残片上装饰着高浮雕，但已破损。鼓身装饰"S"形花纹、羽人纹、平行线纹和圆圈纹。鼓耳上装饰绳纹，有的纹饰尚好，有的已经破损。鼓足无装饰。从形制和装饰看，这面鼓是黑格尔Ⅰ型鼓（属于冷水冲型铜鼓），可能铸造于公元前 5—1 世纪。金相分析显示，此鼓的含铜量 61.93%，含锡量 0.016%，含铅量是 10.55%，含铁量 0.013%。目前藏于巴吞他尼府博物馆。

（三）泰国黑格尔Ⅲ型铜鼓

泰国北部、中部和南部均发现了黑格尔Ⅲ型鼓，目前泰国泰族人和克伦族仍在使用这种鼓，特别是在寺庙内使用，如曼谷的御佛寺内就保存着两面黑格尔Ⅲ型鼓，供国王祭祀时使用。此型铜鼓在泰国较为普遍，不仅收藏于曼谷国家博物馆和私人手中，过去泰国宫廷使用的也是此型铜鼓。

泰国北部发现 2 面

（1）难府 1 面

编号为 N1/39，佛历 2539 年（1996）出土于难府波銮村山中的一座古墓中，这座山离水路仅 50 米。鼓面直径 64 厘米、通高 46 厘米、厚 0.1 厘米。鼓身和鼓足已经破损。鼓面较宽，鼓身较窄，鼓足外侈。鼓面中央有 12 芒太阳纹，芒间装饰重叠"V"形纹、羽人纹、逆时针方向飞行的苍鹭纹和梳纹，还有 4 只逆时针方向等距排列的立蛙，其中两只已破损。鼓胸上有四个纹带，上下两个纹带是梳纹，中间两个纹带是双圆圈圆点纹。胸和腰之间有两对鼓耳，鼓耳上有鱼骨纹。鼓身上装饰着纵向和横向纹带，鼓身和鼓胸上的纹饰相同。鼓足上有箭头纹和花瓣纹。是黑格尔Ⅲ型鼓，时间是公元 1—5 世纪。有的装饰具有东山文化的特征，比如人头上装饰着羽毛，逆时针方向飞行的鸟。这些纹饰最早出现在公元前 7—3 世纪，鼓面上的鸟纹最早出现于公元前 4—公元 1 世纪，和这面鼓一起出土的还有一些骨头和其他装饰品。此鼓主要金属成分是铜、锡和铅，比例为 6∶2∶1。

(2) 难府 1 面

编号为 20.1—39 号，佛历 2539 年（1996）发现，这面鼓是和编号为 N1/39 的鼓同时发现的。失蜡法铸成，鼓体铸好后再焊接上鼓耳。这个范可以铸两个以上的铜鼓。鼓面直径 60 厘米、通高 44 厘米、厚 0.05 厘米。鼓面腐蚀厉害，有的地方已成碎片，鼓面约剩一半。形制与编号为 N1/39 的鼓相似。鼓面有 10 芒星纹（中国学者称为太阳纹），星纹之间有孔雀尾纹，晕圈内有鱼骨纹、麦芒纹（中国叫栉纹或梳纹），双重圆圈纹（中国叫同心圆纹），圆点圆圈纹、重叠菱形纹、雷纹（较少见，这种纹饰在中国比较常见）、图案化的鼍纹（和中国万家坝型铜鼓上的纹饰相似）、锁链纹。鼓面边缘的晕圈内有花朵纹和鸟纹（鸟的尾巴是鱼尾），有 4 只逆时针方向排列的立蛙，蛙的形象图案化。鼓胸上装饰着菱形纹、圆点圆圈纹和梳纹，鼓身和鼓足上的纹饰和鼓胸上的相似，增加了波浪纹。是黑格尔Ⅲ型鼓，可能铸造于公元 1—6 世纪，直到公元 7—8 世纪才开始使用。一旦不用，就将它和其他的装饰品以及一些骨头埋到墓地里。金属成分为：铜 60.04%，铅 20.78%，锡 5.83%，铁 0.077%，锌 0.011%。研究表明公元前 2000 年在泰国本土发现的青铜器含锡量为 3%。之后，约在公元前 1000 年，铜鼓中的含锡量比例提高，比例为 10%—15%，甚至高于 20%。目前藏于难府博物馆。

泰国南部发现 3 面

(1) 那空帕侬府 1 面

编号为 152，佛历 2516 年（1973）发现于那该县河岸，已破损，大部分纹饰已经看不清。鼓足有一部分破损。鼓面较宽，像一个薄片向外伸出，鼓身内束，底部有一薄片向外突出。鼓面的纹饰有 4 个重叠的圆圈，周围是梳纹，围着两个圆圈，有 4 个四方形重叠在一起，由内而外装饰着两个圆圈、一排羽人、两个重复圆圈，再外是逆时针方向飞行的鸟，又是像戒指一样的小圆圈，又是和重叠四方形，鼓边有英文的"V"字纹，外面有四只青蛙围在四周，但由于鼓面已经破损，所以只留下一只青蛙。鼓上有的地方还看得出来没有完成的装饰线，鼓胸上有两排梳纹，鼓身上有装饰着"V"形纹的耳朵，耳朵上有 4 个焊接点。为黑格尔Ⅲ型鼓，和东山文化铜鼓比对，铸造于公元 1—5 世纪，为东山文化的末期。这种类型的铜鼓往往有一些纹饰和造型来自其他文化，是后来加进去的。鼓面虽然有羽人，但没有星纹或太阳纹，所以可以推测是 5 世纪以后铸造的。目前藏于孔敬博物馆。

（2）黑格尔Ⅲ型鼓 1 面

1999 年 5 月，一位村民在地里发现了这面鼓后送到艺术馆。失蜡法铸成，鼓足和鼓身都装饰着纹饰。鼓面较宽，鼓身较窄，鼓足外侈。鼓面直径 52 厘米、高 37 厘米。鼓面和鼓身都有破损，但纹饰状态较好。鼓面中央有 8 芒太阳纹，太阳纹中心有三个圆圈和梳纹。芒间装饰着两片花瓣纹。第一晕圈为"N"形纹，第二、三晕圈为圆点圆圈纹，第四晕圈为菱形纹内有圆点圆圈纹，第五晕圈空白，较宽，第六晕圈为梳纹，第七、八晕圈为圆点圆圈纹，第九晕圈为横放的双线"V"形纹。鼓面边缘有四只逆时针方向排列的青蛙。鼓身装饰着圆圈纹、三角纹和梳纹。鼓足装饰着梳纹、圆圈纹、"V"形纹。此鼓纹饰精致，比照越南铜鼓，推测铸造于公元 1—5 世纪，东山文化晚期作品。在这段时期内，铜鼓的纹饰逐步采纳了地方性的纹样，发现于缅甸、老挝、泰国和柬埔寨的铜鼓都是如此。

（3）莫拉县府 1 面

此鼓无编号和发现日期，佛历 2528 年（1985），有人把这面铜鼓捐献给寺庙，据捐献者说此面鼓是在老挝万象发现的，共三面，此为其中之一。在空帕侬府的帕塔寺展出。是黑格尔Ⅲ型鼓，用两个以上的模子浇铸，失蜡法铸造。鼓面和鼓底都有一个小薄片伸出，鼓面有 12 芒太阳纹，芒较细。第一晕圈为梳纹，第二、三晕圈为三个同心圆纹，第四晕圈为米粒大的小圆珠纹，第五、六晕圈的纹饰相同，为鸟纹和复线菱形纹，每三只鸟之间有两个复线菱形纹；第八晕圈为梳纹，第九晕圈为三个同心圆纹，第十晕圈为米粒大的小圆珠纹，第十一晕圈光素无纹。像米粒一样的花纹间杂着水果纹。鼓面边缘等距排列着四组蛙塑，每组有 3 只累蛙。

不明来历地的铜鼓有 8 面

（1）曼谷国家博物馆 1 面

编号 1124，是 1926 年一位亲王在曼谷国家博物馆刚成立时赠给博物馆的。失蜡法双模铸。鼓面直径 68 厘米、高 49 厘米、厚 0.05 厘米。鼓之一侧已经破损，鼓面伸出，鼓胸较宽，鼓身较窄，鼓足外侈。使得此鼓分成两个部分。纹饰非常繁缛。鼓面装饰着 12 芒太阳纹，芒间装饰着孔雀尾纹，比其他铜鼓上的孔雀尾纹小。鼓面上的晕圈很多，由内而外的晕圈内装饰着重叠圆圈纹、花朵纹、梳纹、四方形纹、重叠菱形纹、鸟纹。鼓面边缘装饰着四组逆时针方向排列的高雕青蛙，每组有 2 只叠蛙。鼓足较上的部分装饰着梳纹。在鼓面伸出的边缘上可以清楚地看到螺旋纹。还有两对耳朵，耳朵上饰以锥形纹。从鼓身到鼓足上都有梳纹装饰，四方形里的几何图案犹如中国的钥匙。鼓身一侧装饰着树状的主体纹饰。在树的主干上装饰着浮雕的三个海贝和三头小象。值得注意的是鼓身的一边有一些凸起的线条，宽大约 1 厘米，和难府编号为 NO. 20.1/139（2/39）的铜鼓相像。此外，在鼓身上还有浇铸留下的痕迹。从铜鼓的形状和纹饰看，为黑格尔Ⅲ型鼓，时间为公元 1—5 世纪，是越南东山文化晚期的作品，但是对发现地而言，尚处于铸造铜鼓的初期阶段，因为它的纹饰还比较原始古老，比如鼓面上的孔雀尾纹主题，自公元前 7 世纪就已经出现在铜鼓上；又如高浮雕青蛙在公元前 4 世纪就已经出现。无论怎么说，它的太阳纹、孔雀尾纹和高雕青蛙比较特殊，不同于黑格尔Ⅰ型鼓上的纹饰。它和难府编号为 NO. 20.1/139（2/39）的铜鼓是同一类型。此面铜鼓上装饰的大象和海贝，大概是当地居民所特有的纹饰，大概和他们的日常生活和信仰相关。目前藏于曼谷国家博物馆（图 3—133）。

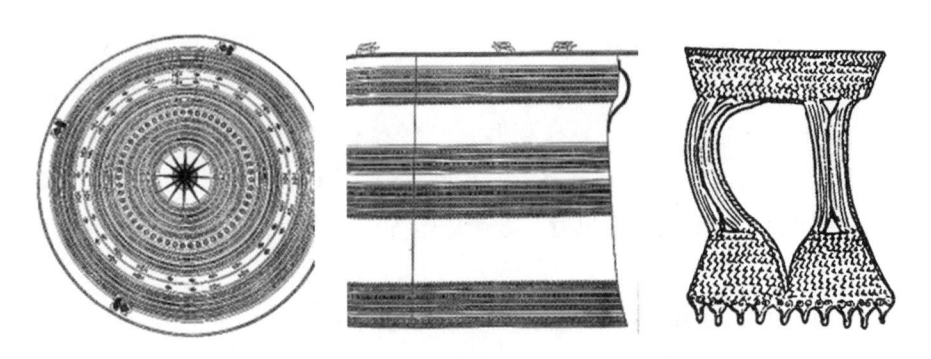

图 3—133　曼谷国家博物馆 1124 号铜鼓

（2）孔敬博物馆 1 面

编号为 631，佛历 2517 年（1974）发现。根据记录，这面鼓和编号为 NO.1123 的鼓是相同的，都藏于曼谷国家博物馆。失蜡法铸成。鼓面直径 69.3 厘米、通高 49 厘米，铜鼓完好。鼓胸较宽，鼓身较窄，鼓足外侈。鼓面装饰着 12 芒太阳纹，芒间装饰着花朵纹和圆圈纹（少见）。晕圈很多，纹带较细，装饰着梳纹、花朵纹、菱形纹，羽人纹（头上有羽毛装饰）等，鼓面边缘有四组高雕青蛙，每组有 3 只累蛙。鼓面边缘还有扭绳的装饰。鼓胸上有纹带，装饰着椭圆纹、梳纹、方形纹、波浪纹和圆圈纹。鼓耳形状像打结的绳子。鼓身上有一条明显的直线，约有 1 厘米宽，说明这个铜鼓是两个范合起来铸成的，这条线叫合范线。这面鼓和自 1926 年来一直在曼谷国家博物馆展出的 1124 号鼓相似。从鼓身到鼓足有多条平行线，构成很多装饰纹带。这些纹带上有方形纹、梳纹、花朵纹、椭圆纹、圆圈纹和"之"字纹。鼓足上也有平行线构成的纹带。在鼓的一侧，有 3 个高雕的海贝和 3 头小象，在接近鼓足的地方有 1 条高雕的昆虫。根据形制和装饰判断，此鼓为黑格尔Ⅲ型鼓，是东山文化中的晚期鼓，时间为公元 1—5 世纪，当时在铸造和装饰时，传统的观念起了很大的作用。目前藏于孔敬的国家博物馆(图 3—134)。

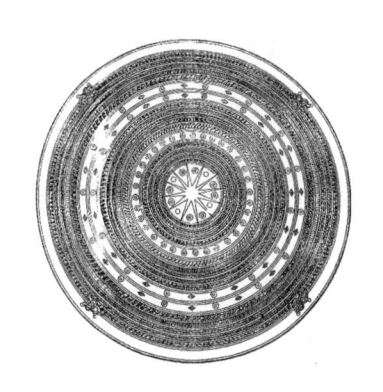

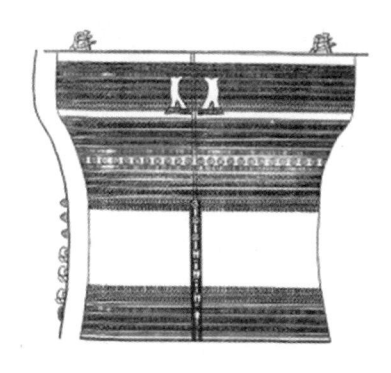

图 3—134　孔敬博物馆 631 号鼓

（3）乌汶府博物馆 1 面

编号为 39，佛历 2532 年（1989）发现。失蜡法铸成，鼓面和鼓身是分别铸造的。鼓耳是后来焊接上去的。鼓的直径是 33.4 厘米、通高 21.8 厘米。已经破损。鼓面有几个小洞。装饰在鼓面上的高浮雕青蛙已经不见，鼓足裂成几片，鼓身上的多数装饰都已经模糊。鼓胸较宽，鼓身较窄，鼓足较宽。鼓面中心的装饰已经模糊，由内而外的晕圈内装饰着梳纹、双圆圈纹，鼓面边缘有 4 只高浮雕青蛙，只剩下两只。鼓胸上有三个纹带，上下两个纹带是梳纹，中间的纹带是双圆圈纹。鼓胸和鼓身中间有 4 只耳朵，两侧各有两只。鼓身的 1/2 处素面，从 1/2 处开始有梳纹带和双圆圈纹带相间。鼓足上也有梳纹带和双圆圈纹带相间，与鼓身上的纹带连在一起。为黑格尔Ⅲ型鼓，时间是公元 1—5 世纪，是越南东山文化的晚期鼓，当时传统的风格依然在影响着铜鼓的铸造。根据铜鼓的形制和装饰看，其设计和先前的铜鼓相比，有所变化。尽管梳纹和双圆圈纹很明显，但鼓面中心没有太阳纹，此面鼓和编号为 152/2516 的鼓很相似，推测两面鼓的铸造时间相近，大约在 5 世纪（图 3—135）。

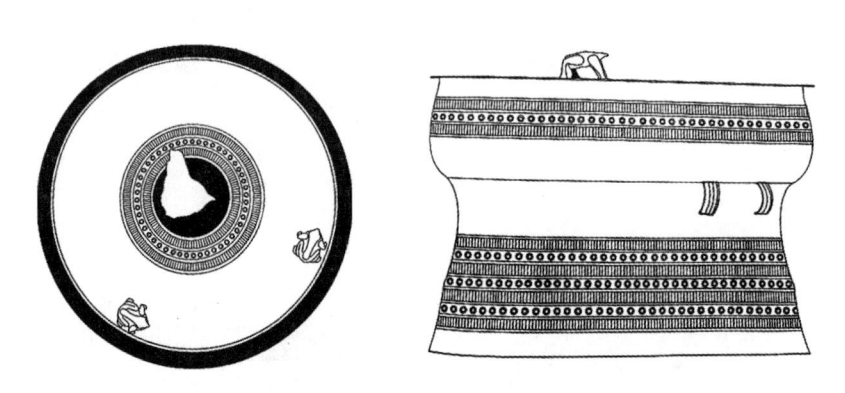

图 3—135　乌汶府博物馆 39 号鼓

（4）华富里府博物馆 1 面

编号 1125，此面铜鼓最初在曼谷国家博物馆展出，后被移交华富里府那莱大帝博物馆展出。失蜡法铸成。鼓面直径 67.8 厘米、通高 48 厘米。已破损，鼓面上有一些洞。鼓面边缘伸出，鼓身收束，鼓足部分有一个薄片伸出。鼓面中央装饰着 12 芒太阳纹，有一个小圆圈作为中心。芒间装饰着孔雀尾纹。在第 3、第 6、第 9 和第 20 芒上，有一些焊接点的痕迹，是铜鼓从模范中脱离时留下的。太阳纹的芒和 3 个圆圈相交。鼓面晕圈由内而外依次是锁链纹、梳纹、双圆圈圆点纹、花朵纹、羽人纹（头上有羽饰）、花朵纹（两圈）、方形纹、花纹和尾巴像鱼一样的鸟纹以及菱形纹相间、羽人纹、花朵纹（两圈）、方形纹。鼓面边缘有圆圈纹装饰，有四组高浮雕青蛙，每组有 3 只叠蛙。鼓身上有四条焊接线。鼓胸上装饰着一些纹带，由上而下是梳纹、花朵纹（两个纹带）、方形纹（像黑方糕一样的纹饰）、圆点圆圈纹、三角纹。鼓的两侧分别有两对鼓耳，鼓耳的上下两端装饰着螺旋纹，主体部分装饰着平行线纹，鼓耳的正下方装饰着 4 朵花（其中 3 朵是圆形的，1 朵是三角形的）。鼓身上的装饰分为两个部分，第一部分有四条纹带，由上而下是方形纹（像黑方糕一样的纹饰）、花朵纹（两圈）和梳纹。第二部分有五条纹带，依次是梳纹、花朵纹（两圈）、方形纹、圆点圆圈纹和三角纹。鼓足上有四条纹带，由上而下依次是三角纹和圆点圆圈纹、梳纹、花朵纹（两圈）、方形纹，最下面一条纹带之下的 6 条平行线。鼓面一侧有一条直线，上面有 2 只高浮雕海螺壳和 3 头小象。传统观念对这面铜鼓的铸造有很大的影响，其形制和纹饰与当地居民的纹饰有很好的结合。从它的外观看，与发现于越南的公元 1—5 世纪的铜鼓相似，故学者认为它是东山文化晚期的铜鼓。用大象和蚌壳来装饰铜鼓，是对于旧时铜鼓的改造。螺纹在鼓面上有四处。现藏于华富里府那莱大帝博物馆展出（图 3—136）。

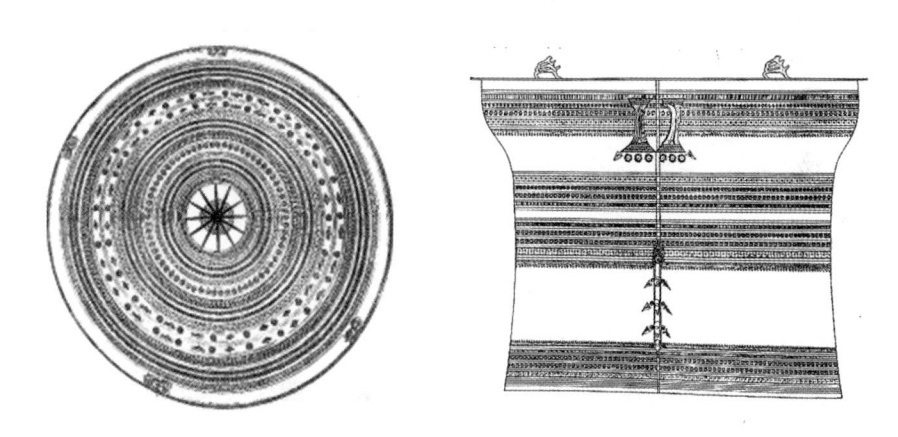

图 3—136 华富里博物馆 1125 号鼓

（5）华富里府博物馆 1 面

编号 771，佛历 2510 年（1967）发现，当年 10 月送到华富里博物馆。这面鼓和 1125 号鼓相像，失蜡法铸成。鼓面直径 65.8 厘米、高 48 厘米。已破损。鼓面装饰着高浮雕青蛙，有的已经不存。鼓破损成碎片，有3头高雕小象，1只海贝。但是两头小象塑像已经丢失，鼓面较低部分已破，装饰着12芒太阳纹，芒为浮雕，芒间有孔雀尾纹，芒的末端有4个同心圆圈。由内而外有很多晕圈，晕圈内有图案装饰，构成不同的纹带。每个晕圈都有三个同心圆圈分隔。有梳纹、花朵纹（两个晕圈）、锁链纹、鸟纹、羽人纹。鼓面边缘装饰着螺旋纹，有四组青蛙雕塑，有的是2只叠蛙，有的是3只叠蛙，在每组蛙之间有装饰着三朵花。鼓胸上有五个纹带，自上而下依次是锁链纹、圆点圆圈纹（两个纹带）、方形纹和"U"形纹。鼓耳上装饰着波浪纹。鼓身上装饰着波浪纹、方形纹。鼓身较薄，鼓身上的装饰图案没有鼓面上的图案清晰。可能铸造于公元1—5世纪，是东山文化晚期鼓。传统观念在这面鼓上的形制和装饰上影响较大。有趣的是，这面鼓上有一些特别的纹样，比如花朵纹。目前藏于华富里博物馆（图3—137）。

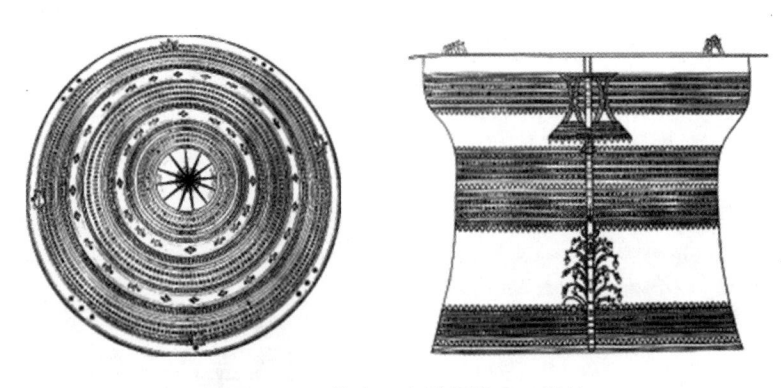

图3—137　华富里府博物馆771号鼓

(6) 清莱府博物馆1面

编号38，佛历2531年（1988）发现。失蜡法铸成。鼓面直径38厘米、通高22厘米。已经破损。鼓面上有裂痕，鼓足上有再次铸造的痕迹。鼓面伸出，较宽。鼓身较窄，鼓足外侈。鼓面中心装饰着6芒太阳纹，芒间装饰着孔雀尾纹，芒外有几个由双线分隔的晕圈，内有花纹，构成纹带。由内而外依次是梳纹、圆点圆圈纹（两条纹带）、羽人纹（两条纹带）、游鱼纹（两条纹带）、花朵纹和树叶纹（两种纹饰相间）、双锁链纹（黑色），在锁链纹之上有4只逆时针方向站立的高浮雕青蛙。鼓胸上有四条纹带，由上而下是梳纹、双圆圈圆点纹（两条）、双锁链纹。鼓身下半部分有八条纹带，依次装饰着双锁链纹、双圆圈圆点纹（两条）、梳纹、树叶纹、梳纹、双圆圈圆点纹（两条）、双锁链纹。鼓足上有垂直的破浪纹带，中间有双圆圈圆点纹，但打磨得很干净。这类鼓是在缅甸东部掸族铸造的。属于黑格尔Ⅲ型鼓，此类鼓很可能后来卖给了现在居住在泰国和柬埔寨的老族。目前藏于清莱府博物馆（图3—138）。

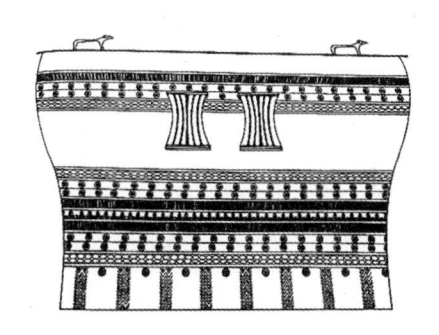

图3—138 清莱府博物馆38号鼓

（7）清莱府博物馆1面

编号39号，佛历2531年（1988）发现此鼓。失蜡法铸成。鼓面直径56厘米、通高23厘米。已破损，裂纹用铜线修补过，鼓足已经丢失。鼓面有12芒太阳纹，芒尖部分有三个同心圆圈，芒外有一些由三条线分隔的晕圈，内有花纹，构成纹带。由内向外依次是梳纹、圆点圆圈纹（两条纹带）、梳纹、逆时针方向飞翔的小鸟纹、六朵花瓣纹和菱形纹以及鱼纹相间、梳纹、圆点圆圈纹（两条纹带）、梳纹、六朵花瓣纹和菱形纹以及鱼纹相间、逆时针方向飞翔的小鸟纹、梳纹、双圆圈圆点纹、锁链纹。鼓面边缘装饰着四组逆时针方向排列的高浮雕青蛙，每组是3只叠蛙，蛙身上装饰着鱼骨纹。鼓胸和鼓身之间有两对鼓耳，鼓耳两端饰有波浪纹。鼓胸上有5条由三条线分隔的纹带，依次是锁链纹、双圆圈圆点纹、梳纹、双圆圈圆点纹、锁链纹。鼓身破损，只见有三条纹带，装饰着锁链纹、双圆圈圆点纹和梳纹。鼓足丢失。这面鼓在形制和装饰上和编号为 38/2531 的铜鼓相似，为黑格尔Ⅲ型鼓，时间约在公元前 200 年到公元 19 世纪（图 3—139）。

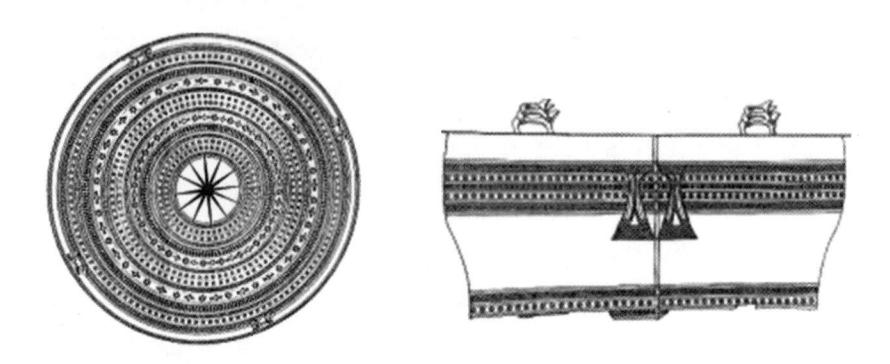

图 3—139　清莱府博物馆 39 号鼓

（8）清迈博物馆 1 面

编号 5 号，佛历 2516 年（1973）发现。失蜡法铸成。鼓面直径 48 厘米、通高 39 厘米。鼓面伸出，鼓身较窄，鼓足外侈。鼓面中心有 8 芒太阳纹，芒间有孔雀尾纹，芒尖处有 5 朵六瓣花朵纹。从内而外有多个双线分隔成的晕圈，依次是梳纹、锁链纹、羽人纹、鸟纹、方形纹、梳纹、双锁链纹、鸟纹和鱼纹以及花朵纹相间的（两条纹带）、方形纹、梳纹、锁链纹、鸟纹和鱼纹以及花朵纹相间、梳纹、方形纹。在靠近鼓面边缘的梳纹和方形纹带上，有 4 只高浮雕青蛙逆时针方向排列。鼓面最边缘有一圈箭头纹带。鼓身上装饰着一些纹带，从上而下依次是波浪纹、方形纹、锁链纹、梳纹、锁链纹、方形纹、双圆圈圆点纹、波浪纹。鼓身和鼓足上的纹带大致和鼓胸上的相似，多了一种像麦子一样的纹饰。鼓身一侧有高浮雕装饰，是 2 个海贝和一头小象。属于黑格尔Ⅲ型鼓，流传时间在公元前 2—19 世纪。目前藏于清迈博物馆（图 3—140）。

除了以上列举铜鼓外，还有 9 面铜鼓纹饰模糊不清，不能断定其类型。

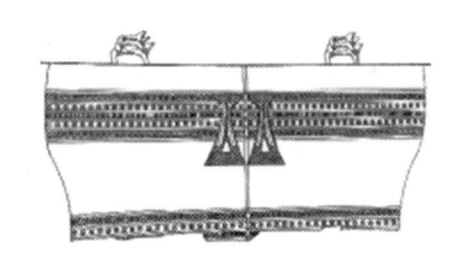

图 3—140　清迈博物馆 5 号鼓

五　泰国铜鼓的纹饰及内涵

泰国铜鼓鼓面、鼓身（包括鼓胸、鼓腰、鼓足）、鼓耳各部分大多装饰着纹饰，主要纹饰如下：

（一）鼓面

泰国铜鼓鼓面中央略微凸起的部分称为"光体"，往外延伸开来的条状称为"芒"，"光体"和"芒"共同构成了"星星纹"（中国学者称为太阳纹），芒数多为偶数，有 8 芒、10 芒、12 芒、14 芒、16 芒，最多的有 32 芒。芒间有孔雀尾纹（图 3—141），这种图案在早期鼓上比较大，在晚期鼓上逐渐变小甚至消失。有的芒间饰圆点和中间带圆点的棱角形状图案，也有的芒间饰折线三角纹或无任何图案。

星纹　　　　　　　孔雀尾纹
图 3—141　泰国铜鼓鼓面中心的星星纹和孔雀尾纹

泰国铜鼓的鼓面上，从中心到四周有或宽或窄的晕圈，晕圈内填充着各种纹饰和图案。第一个晕圈里常见的纹饰有（图 3—142）：

梳纹：一些短竖线，像梳齿一样排列在晕圈里，中国学者称为栉纹。

小花结：花朵状的图案排列在晕圈里，围绕在芒之外。

圆点：凸起的一个个大小相同的点位于晕圈的中央依次排开；带点圆圈，或者是多个同心圆的组合，即黑格尔提到过的"眼"状图案（中

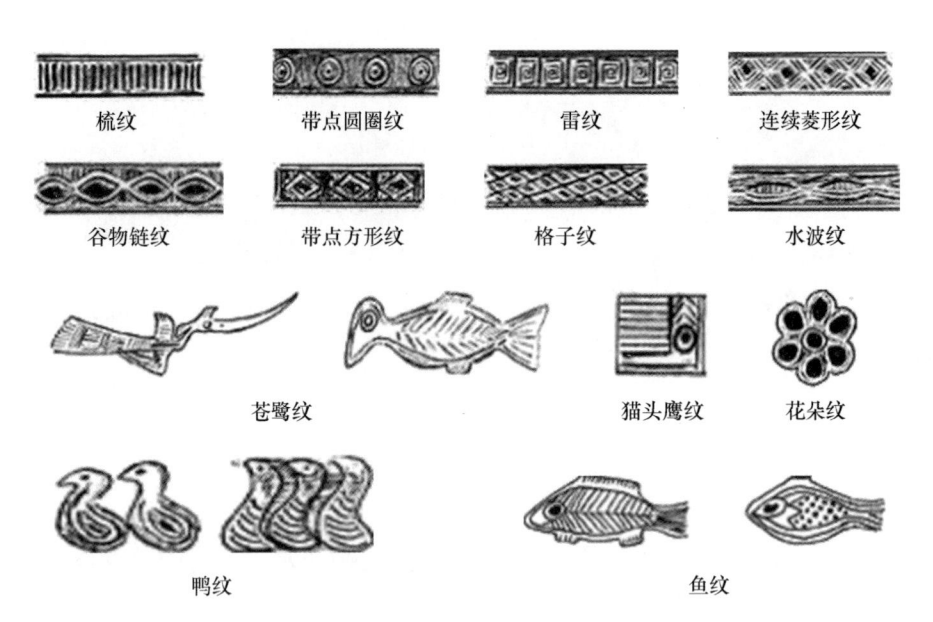

| 梳纹 | 带点圆圈纹 | 雷纹 | 连续菱形纹 |
| 谷物链纹 | 带点方形纹 | 格子纹 | 水波纹 |

苍鹭纹　　　　猫头鹰纹　　花朵纹

鸭纹　　　　　　　　　　鱼纹

图 3—142　泰国铜鼓上的常见花纹

国学者称为圆点圆圈纹；谷物链条状图案，由谷物组成链状图案。

第一晕圈以外的其他晕圈内，也饰有丰富花纹，常见的有：

菱形纹和雷纹：这种图案在中国的铜鼓里最为常见，呈"回"字形，连续出现填充晕圈；带点的方形图案、格子状图案、水波纹、波浪状的线条反复出现，排列在一起；

苍鹭纹：这些苍鹭多呈逆时针方向飞翔；

猫头鹰纹：猫头鹰由方形图案和眼状图案相互组合而成；还有花朵纹、鸭子纹和鱼纹。此外，鼓面边缘有青蛙雕塑，常见的有单蛙，或 2—4 只累蹲蛙，蛙的体型由下至上逐次变小。就蛙背的纹饰看，单蛙比叠蛙更精致，能清楚看到单蛙的蛙眼及背上纹饰，而叠蛙的纹饰较为粗糙（图 3—143）。

叠蛙　　　　　　　　　　单蛙

图 3—143　泰国铜鼓上的蛙饰

我们从目前发现的泰国铜鼓中统计出蛙鼓有 20 面，其中黑格尔Ⅰ型鼓（冷水冲型铜鼓）7 面，黑格尔Ⅲ型鼓（西盟型铜鼓）13 面。7 面黑格尔Ⅰ型鼓（冷水冲型铜鼓）都是单蛙鼓。13 面黑格尔Ⅲ型鼓（西盟型铜鼓）中，单蛙鼓 7 面，双蛙鼓 1 面，三蛙鼓 4 面，还有 1 面铜鼓上有累蛙两组（一组是三累蛙，另一组是二累蛙）。总的说来，蛙鼓约占泰国铜鼓总量的 1/3，其中单蛙鼓居多，共有 14 面，占总数的十分之七。列表3—6：

表 3—6　　　　　　　　　　泰国蛙鼓统计

鼓型	数量	蛙数
黑格尔Ⅰ型（冷水冲型铜鼓）	7	都是单蛙鼓
黑格尔Ⅲ型鼓（西盟型铜鼓）	13	单蛙鼓 7 面，双蛙鼓 1 面，三蛙鼓 4 面，1 面铜鼓上有累蛙两组（一组是三累蛙，另一组是二累蛙）

有的泰国铜鼓上的立体青蛙雕塑看上去明显比鼓体新，说明青蛙雕塑可能是后来铸上去的。为何出现这样的情况？相对于鼓体来说，立体青蛙雕塑的体型较小，容易受损，当一面铜鼓易主时，铜鼓上的青蛙雕塑可能已经破损或者丢失，因此新的持有者会重新铸上立蛙以保持铜鼓的完整，青蛙是铜鼓不可分割的一部分。

泰国铜鼓上装饰青蛙，反映了泰国使用铜鼓民族的图腾崇拜。所谓图腾崇拜，即人们将某种动物或植物视作本氏族的祖先，这种崇拜归根结底源于原始宗教信仰中对祖先的崇拜。

泰国人为何视青蛙为图腾？为何在铜鼓上铸造青蛙？泰国学者文穗·西沙瓦在《泰国的山民》中有记载：

　　关于腊佤人的祖先，有这样一个古老的传说：在卡城北面有一座高山，山上森林茂密，有一个青色的大湖，人们称之为青湖。湖中居住着一对魔蛙夫妇，雄的叫亚堂，雌的叫亚太。它们捕兽维生，后来移到湖西南的山洞居住。一天，亚堂抓到一个人，和亚太一起吃了这个人，把头骨挂起玩赏。后来亚太怀孕，生了九男九女，夫妇俩认为是人头骨带来了好运，于是把人头骨篮子挂在木柱上，加以崇拜。虽然亚堂、亚太有了人类的子女，但仍然要抓人来吃，因为他们觉得人肉比动物肉可口。后来这九对子女长大后，结成九对夫妻并生下子女，迁移到九个山谷里居住。亚堂、亚太老了，一天又捕捉人来吃，这人恰巧是其后代。九对子女商议说：我们的父母喜欢吃人肉，就连我们的子孙也不放过，将来恐怕我们也会被抓去吃掉。于是，九个儿子一起动手捕杀了亚堂、亚太，并食其肉。为了纪念始祖青蛙，腊佤人铸造了鼓面有青蛙图形的圆形铜鼓。腊佤人在祭台上也刻有青蛙图像，每到新年，他们成群结队地到河边，把制作的青蛙放到水里。

泰国铜鼓上的立体青蛙雕塑还与祈雨求丰收以及生殖崇拜有关。自然界中蛙鸣往往预示降雨，故泰国人常在抗旱祈雨的宗教活动中敲响青蛙锣（泰国人称铜鼓为"青蛙锣"）。另外，蛙鸣是为了求偶，青蛙的繁殖力强，用青蛙装饰铜鼓，寓意人丁兴旺。双蛙鼓就是两只青蛙累在一起交配，但有的泰国铜鼓上有三只青蛙叠在一起（图3—144），不知当作何解？

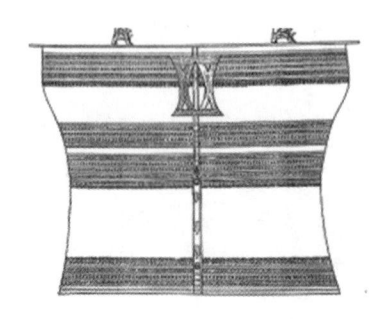

图3—144 泰国三累蛙铜鼓

除了青蛙，泰国铜鼓鼓面边缘的圆雕还有螺（图3—145）。螺是水中生物，离不开水，反映了泰国制造和使用铜鼓民族对水的依赖关系。

图 3—145　泰国铜鼓鼓面上的螺

（二）鼓身

泰国铜鼓鼓身上的图案和鼓面相同，通常是一条纹带绕于鼓腰或鼓足上。纹带上常见的图案是羽人纹和船纹，显然跟泰人傍水而居以及龙舟竞渡有关。

泰国黑格尔Ⅲ型鼓的鼓足上有树叶纹和树状植物（图 3—146），鼓身垂直接缝上（鼓身上有扁条状的垂直接缝，这是铜鼓在浇铸时留下来的印记）有螺、象（图 3—147）和昆虫等雕塑，其体型由上至下逐渐变小。现存泰国 13 面黑格尔Ⅲ型鼓上，有 3 面鼓的鼓身一侧有小象、螺、昆虫的立体雕塑（图 3—148），这种装饰组合，除老挝铜鼓外，在铜鼓文化圈内其他国家的铜鼓上比较罕见。值得注意的是，泰国有的晚期鼓鼓身被镀上了金。

图 3—146　树状植物雕塑　　　　图 3—147　小象雕塑

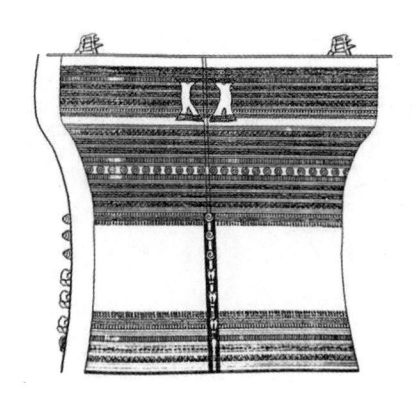

图3—148 鼓之一侧有小象、螺蛳和昆虫雕塑

（三）鼓耳

泰国铜鼓的胸和腰之际，铸有两对鼓耳，分圆茎和扁茎两种。圆茎鼓耳像粗麻绳，两根粗麻绳相互环绕，曼谷鼓鼓耳就属此类。扁茎鼓耳的种类较多，通常呈扁平宽大样式，鼓耳上方有褶皱状线条花纹，靠近鼓身的两端分别有方形开口，鼓耳联结鼓身的部分有辫纹、栉纹和人字形纹（图3—149）。泰国东北鼓比较特殊，无鼓耳。

图3—149 泰国铜鼓鼓耳

六 泰国铜鼓的功用及习俗

直到20世纪初，泰国北部山地的一些部落仍在使用铜鼓，现在泰缅边境的克伦族还在制造和使用铜鼓。铜鼓在泰国是皇家典礼仪式和为国王开道的乐器，是伴随死者下葬的明器，是祈求丰收和降雨的祭器，还是财富和地位的象征。

(一) 高贵权威的乐器

在古代泰国，铜鼓是象征高贵和权威的乐器，在皇家仪式和盛大的国家典礼上，都要敲奏铜鼓。曼谷王朝初期，铜鼓仍是宫廷仪式的重要乐器之一。直到现代，在泰国首都曼谷，通常在国王谒见的场合，人们往往和着嘹亮的喇叭声，敲击铜鼓通告国王的到来。国王举行春耕仪式时，也要敲击铜鼓。此外在神庙或寺院的各种重要的宗教仪式上，也常使用铜鼓，曼谷的御佛寺就有两面铜鼓。

曾有位德国学者拍到过泰国人敲打铜鼓的照片，只见他们将两根木棍横穿过鼓耳，由四个人抬着，一人跟在后面，边走边敲打铜鼓。[①] 或者将鼓耳固定在两根柱子上，用包着棉头的棒子敲击鼓心，发出声音（图3—150）。有的铜鼓上甚至镀了金，金光闪闪，装饰效果尤为强烈。

图3—150　绿玉佛寺佛殿中画的细部，表明皇家渡船在行进中使用铜鼓

(二) 葬礼中的祭器和明器

泰国铜鼓也常用于葬礼祭祀仪式上，泰国西部的格良族常在葬礼上敲打铜鼓招魂。他们相信人死后灵魂会变成鸟，铜鼓上的船纹和羽人纹，就是送归死者灵魂的载体，可以超度死者的灵魂。泰国人还在葬礼上把米饭和动物头等供品放在铜鼓中。

[①] 蒋廷瑜：《铜鼓》，人民出版社1985年版，第43页。

泰国有的民族希望死后能把象征财富和地位的铜鼓带入另一个世界，他们甚至将财物放在铜鼓中，悄悄埋在地下，认为这样做就能在死后把财物带走。有一些泰国铜鼓是从墓葬中出土的，说明这些铜鼓曾作为明器使用。

（三）祈求降雨和丰收的神器

泰国使用铜鼓的民族普遍持有"万物有灵"的观念，他们相信万事万物都有灵魂，认为铜鼓是具有一定灵性和神力的器物，铜鼓声能取悦山神，还能让击鼓者获得好运。

这些民族大多以农业维生，靠天吃饭，雨水对农业生产非常重要。干旱时节为了使种子发芽生长，人们就用"青蛙鼓"（frog drum）祈雨，他们认为蛙鸣预示着降雨，可保证雨量充沛，所以泰国人又称"青蛙鼓"为"雨鼓"（rain drum）。

由于人们认为铜鼓有求雨的神奇功能，故在播种和收获时把种子放在铜鼓中并敲打它，借铜鼓的"神力"保证来年种子生根发芽，茁壮成长。

他们还把铜鼓分成"雌鼓"和"雄鼓"，成对埋藏，祈愿获得丰产。如泰国翁巴洞的铜鼓就是成对埋藏，分为"雌鼓"和"雄鼓"。中国云南和广西的一些少数民族使用铜鼓时，也有公母之分。如广西瑶族的支系番瑶，每年农历五月二十九日过祝著节时，在堂屋左右两侧的梁上，悬挂一公一母两面铜鼓，母鼓居左，位置在上；公鼓居右，位置在下。使用时先击母鼓，后击公鼓，母鼓由女人敲，公鼓由男人敲。表示母亲为大，父亲次之。两鼓之间，是臆想的祖先密罗陀神位。打铜鼓是为了祈祷祖先密罗陀保佑。[①]

泰国人还在各种仪式中敲击铜鼓以求获得农业丰收：他们祈福时敲击铜鼓，在乐舞表演中敲击铜鼓，驱赶野兽时敲击铜鼓，捉拿水中生物时也敲击铜鼓。

清迈限隆县北部的民间，有一部分老人认为铜鼓能使水变成圣水神茶，可以治疗疾病。

---

① 姚舜安：《中国南方少数民族铜鼓演奏析》，《广西民族学院学报》1996年第1期。

（四）财富和地位的象征

在古代泰国，一个人如果没有铜鼓，不管他拥有多少财富都不能算富人，所以有钱人都会不惜重金购得一面铜鼓。泰国边境的克伦族中就有"一面铜鼓的价值超过多头大象"的说法，他们认为拥有铜鼓就拥有了健康、地位和安全。一旦农业减产和发生饥荒时，还可以轻松变卖铜鼓求得生存，所以他们把铜鼓视为最宝贵的财产。有的克伦族支系民族把铜鼓视为荣耀之物。

正是由于铜鼓象征着地位和财富，泰国有的村落如果拥有多面铜鼓，就会被其他村落嫉妒，引发争夺铜鼓的械斗。发生械斗时，人们快速敲击铜鼓，召集大众，以防备对手的进攻。

历史上泰国人还把铜鼓作为贡品和贵重礼物赠送给东南亚的大领主，或赏赐给有功之人，或作为结婚时交换的礼物。

现在泰国有的富人会收藏铜鼓作为摆设，还有的人在铜鼓上放置一块玻璃，作为桌子使用。

七 从泰国铜鼓看云南与泰国的铜鼓文化交流

泰国铜鼓和云南铜鼓的比较，主要是器形、装饰和功用方面的比较。

（一）泰国和云南的铜鼓比较

1. 器型和装饰的比较

目前泰国铜鼓主要有三种类型：即先黑格尔Ⅰ型鼓（万家坝型铜鼓）、黑格尔Ⅰ型鼓（石寨山型铜鼓和冷水冲型铜鼓）、黑格尔Ⅲ鼓（西盟型铜鼓）。这些类型的铜鼓云南都有，因此泰国与中国云南铜鼓的比较，就是这三种类型铜鼓的比较。

（1）中国云南和泰国的先黑格尔Ⅰ型鼓比较

泰国共发现过三面先黑格尔Ⅰ型鼓（万家坝型铜鼓），其中一面（曼谷鼓）1985年被日本购走，目前泰国仅存两面先黑格尔Ⅰ型鼓（克规鼓和泰国东北鼓）（图3—151）。

曼谷鼓：鼓面较小，中央装饰太阳纹，无芒；胸、腰、足部光素；胸部最大径偏上，腰内壁饰8条垂直线，其中一条底部为叉头形，另一条为分叉形；胸腰之际又两对有辫状形鼓耳；足部极短。面径32.5厘米、胸径42.3厘米、底径49.1厘米、通高33.3厘米。已经被学者证实用失

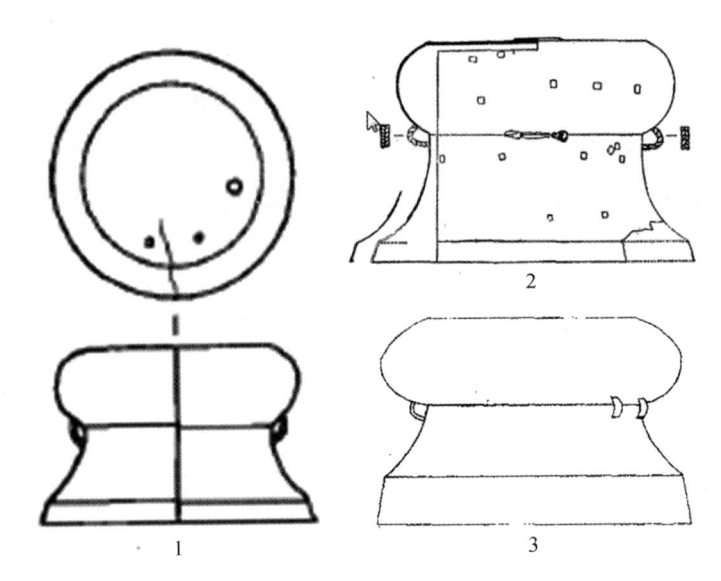

1. 越南上农鼓　2. 泰国曼谷鼓　3. 云南大海波鼓

图 3—151　越南、泰国、云南鼓

蜡法铸成。① 1985 年被日本东京出光美术社购藏，所以在日本又被称为"出光鼓"。

泰国东北鼓：亦称班清鼓。通体素面，没有装饰，亦无双耳，非常独特；胸部较低，腰部与鼓面衔接平滑，具体尺寸不详。推测出土于班青附近遗址，出土时鼓内有班清文化特有的彩陶圈足钵（豆）。该鼓原藏于泰国曼谷一古董店，现不知藏于何处。②

克规鼓：器残仅存鼓面，由于此鼓资料甚少，出土情况不明，尺寸不详。为目前所知万家坝型铜鼓地理分布位置之南限。③

此三面铜鼓，由于克规鼓尺寸不详，暂且不论；另两面鼓（泰国东北鼓和曼谷鼓），日本和中国学者进行过研究。

日本学者量博满教授曾于 1974 年在曼谷的古董店目睹过泰国东北鼓，

---

①　［日］今村启尔：《失蜡法铸造的先黑格尔 I 型铜鼓的发现》，《南方民族考古》1990 年第 1 期。

②　［日］量博满：《班清彩陶概观》，东京，1977 年。

③　［美］丘兹惠：《试论东南亚所见之万家坝式铜鼓》，载《铜鼓和青铜文化的再探索——中国南方及南亚地区古代铜鼓和青铜文化第三次国际学术讨论会论文集》，民族艺术杂志社 1997 年版。

颇有兴趣，于是对这面鼓潜心研究，并把其照片和有关资料送给另外一位日本学者新田荣治。新田荣治在其文章《云南、北越、泰国发现的先黑格尔Ⅰ型式铜鼓》中提到量博满认为此鼓出自泰国东北部，因为其鼓面内壁贴附着一片班清彩陶；并且两位学者都认为泰国东北鼓和中国云南祥云大波那鼓非常相似。[①] 至于此鼓的尺寸和照片，文章中并没有提及和展示。

由于这三面鼓都是传世品，只能把它们纳入中国同类型的铜鼓中来进行分式，从而推知其时代。李昆声和黄德荣先生在对先黑格尔Ⅰ型鼓进行分式时，因为泰国克规鼓已经残破，无法分式。而泰国东北鼓资料不详且无照片，只能根据日本学者所持"泰国东北鼓和云南祥云大波那鼓相似"的观点，将其归入Ⅲ式。至于曼谷鼓，两位先生认为泰国曼谷鼓胴部最大径在中部以上，鼓耳为绳瓣耳，万家坝型铜鼓鼓耳一般为扁耳，仅云南文物店的Ⅰ式3鼓为绳瓣耳，但Ⅰ式3鼓胸部最大径偏下，且腰内壁饰网状纹，因而泰国曼谷鼓应晚于Ⅰ式3鼓，估计为Ⅲ式鼓的可能性大，时代为战国早期。[②] 由于泰国东北鼓资料不详，这里不能做出判断，我们尊重几位前辈学者的观点。希望将来有机会目睹这面"神秘"的铜鼓。

日本学者今村启尔在其文章《失蜡法铸造的先黑格尔Ⅰ型铜鼓的发现》中，论证了曼谷鼓是由失蜡法铸成的，并认为曼谷鼓在时间上稍晚于东北鼓，因为曼谷鼓从纹饰和铸造技术上更进一步，比如曼谷鼓有耳，鼓身内壁上有叉状纹饰。[③] 在两面鼓时间早晚的判断上，今村启尔与李昆声、黄德荣两位先生的意见是一致的。

泰国先黑格尔Ⅰ型铜鼓目前虽然只发现了3面，但是其中两面（泰国东北鼓和曼谷鼓）具有重要的学术意义：

其一，泰国东北鼓和云南祥云大波那鼓有相似之处，它们都属于先黑格尔Ⅰ型鼓中的Ⅲ式鼓，年代为战国早期。说明泰国青铜文化与中国

[①] ［日］新田荣治：《云南、北越、泰国发现的先黑格尔Ⅰ式铜鼓》，彭南林译，《南亚东南亚研究》1986年第3期。

[②] 李昆声、黄德荣：《论万家坝型铜鼓》，《考古》1995年第5期。

[③] ［日］今村启尔、石应平：《失蜡法铸造的先黑格尔Ⅰ型铜鼓的发现》，载四川大学博物馆、中国古代铜鼓研究会编《南方民族考古》1990年第1期。

云南青铜文化在较早的时候就有联系。王大道先生1984年到日本，在与量博满先生讨论铜鼓的传播问题时，量博满曾出示过泰国东北鼓的照片，他们分析后认为东北鼓与云南祥云大波那、昌宁鼓极其相似，年代为公元前5—前4世纪，并得出一个共同看法：万家坝型铜鼓曾经过滇西，沿着澜沧江河谷传到泰国。①

其二，泰国东北鼓和曼谷鼓是非常独特的两面鼓，东北鼓无耳，曼谷鼓有双耳。一般来说先黑格尔Ⅰ型都有四个鼓耳，有的黑格尔Ⅰ、Ⅱ、Ⅲ、Ⅳ型鼓也都有四个鼓耳。② 这两面泰国鼓的鼓耳体现了地方特色。

其三，泰国曼谷鼓和越南上农鼓有相似之处：两面鼓都有双耳，并且鼓耳上都有辫状纹饰。其他所有先黑格尔Ⅰ型鼓的鼓耳上都没有纹饰。推测泰国鼓受到了越南鼓的影响。

以上是笔者在前辈学者研究的基础上得出的点滴之见，希望未来能够有更进一步的发现。

(2) 中国云南和泰国的黑格尔Ⅰ型鼓比较

截至2019年，泰国黑格尔Ⅰ型铜鼓共有46面，其中石寨山型铜鼓33面，冷水冲型铜鼓13面。目前云南有石寨山型铜鼓53面，冷水冲型铜鼓仅6面。由于两地冷水冲型铜鼓数量相对较少，我们把研究重点放在数量较多的石寨山型铜鼓上，所以中国云南与泰国黑格尔Ⅰ型鼓的比较，泰国黑格尔Ⅰ型鼓，仅指石寨山型铜鼓。

器型方面：就石寨山型铜鼓的器型来说，泰国鼓普遍比云南铜鼓大。

写实纹饰方面：两地石寨山型铜鼓都有飞鸟纹、羽人纹、船纹、牛纹等，但云南鼓上的羽人纹和船纹较写实，泰国鼓上的这两种纹饰高度图案化。可见泰国鼓的时间晚于云南鼓。云南鼓的牛纹装饰在鼓身的竖格内，泰国鼓的牛纹则装饰在鼓胸的船纹之间。泰国鼓鼓面上还有花朵纹、鸭纹和鱼纹，这些都是云南鼓上没有的纹饰。

几何纹饰方面：两地铜鼓鼓面上都有栉纹和斜线连接圆点圆圈纹；不同的是云南鼓上常见的是锯齿纹，泰国鼓上则较多的是雷纹、格子纹、

---

① 王大道：《云南铜鼓》，云南教育出版社1986年版，第87页。
② [日] 今村启尔、石应平：《失蜡法铸造的先黑格尔Ⅰ型铜鼓的发现》，载四川大学博物馆编《南方民族考古》1990年第1期。

方形纹、锁链纹等。泰国鼓上的几何纹饰比云南鼓丰富。

鼓身纹饰的布局也有差异，云南鼓鼓身上除了有几何纹带装饰外，鼓胸上装饰着写实或变形船纹（图3—152），鼓腰上装饰写实或变形羽人纹；泰国鼓一般在鼓胸和鼓腰上饰几何纹带，少数鼓上饰变形船纹和变形羽人纹，没有写实羽人纹。

图3—152 泰国黑格尔Ⅰ型鼓上的船纹

（3）云南和泰国黑格尔Ⅲ鼓的比较

云南和泰国黑格尔Ⅲ鼓的比较，就是两地西盟型铜鼓的比较。

器型方面，泰国黑格尔Ⅲ型鼓体型普遍比云南黑格尔Ⅲ鼓大。

纹饰方面，云南和泰国黑格尔Ⅲ型鼓鼓面都有青蛙圆雕，不同的是云南鼓鼓身一侧（从鼓腰到鼓足）的圆雕组合是树、螺和小象，而泰国鼓上相同部位的圆雕组合出现了树、小象和昆虫或者螺、昆虫。泰国部分黑格尔Ⅲ型鼓鼓面边缘装饰着田螺，云南此型铜鼓鼓面上常见的圆雕是青蛙，未见过田螺。另外，泰国有的黑格尔Ⅲ型鼓上镀上了金，以凸显装饰效果（图3—153），云南目前没有发现镀金铜鼓。

2. 铜鼓功用的比较

无论是在泰国还是云南，铜鼓都是财富和地位的象征，是祈雨的神器，是少数民族宗教仪式中的祭器以及各种节庆活动中的乐器，具有神圣意义。

在泰国，铜鼓与皇权紧密联系在一起，是皇家重要典礼中的祭器，

图 3—153　镀金的泰国铜鼓

是皇帝出行时开道的乐器；在中国，铜鼓只是南方少数民族中的礼器。

两地铜鼓的使用还与丧葬有关，都有把铜鼓作为明器埋入墓葬中的习俗，认为这样可以把象征财富的铜鼓带到另一个世界。泰国有的墓葬出土的铜鼓内有人骨和死者用过的珠子等。铜鼓里面有人骨，有可能是把铜鼓当作葬具。

泰国有的墓葬出土了铜鼓上的装饰物（如小象雕塑）或者铜鼓碎片，因为泰国人认为铜鼓非常珍贵，整面铜鼓随死者埋入土中比较浪费，所以只敲下铜鼓上的装饰物或铜鼓碎片埋入土中以象征整面铜鼓。

云南从墓葬出土的铜鼓应该都是明器，但云南出土的铜鼓都时比较完整，是把整面铜鼓埋入土中，至今没有出土过铜鼓碎片或者铜鼓上的雕塑；出土的铜鼓内也没有发现人骨，倒是有一些时人当作货币的海贝放在铜鼓中。① 这是云南与泰国铜鼓习俗的不同之处。

泰国使用铜鼓的民族会把铜鼓分成"雌鼓"和"雄鼓"成对埋藏，希望获得丰收。如泰国翁巴洞的铜鼓就是成对埋藏，分为"雌鼓"和"雄鼓"。云南也有相似的习俗，云南富宁县许多地方往往将铜鼓分为公鼓和母鼓，配对使用，公鼓小而音高，母鼓则大而音低；使用时将公鼓侧悬架上，母鼓侧放于地，两鼓相对，鼓手用一只木槌左右敲打两鼓面。② 云南万家坝型铜鼓也有成对埋藏情况，究其原因，乃是鼓分雌雄；比

---

① 云南晋宁石寨山出土的铜鼓中有作为货币使用的海贝。
② 王大道：《云南富宁、麻栗坡两县铜鼓的调查与研究》，载《中国铜鼓研究会第二次学术讨论会论文集》，文物出版社 1986 年版。

如广南Ⅰ号和Ⅱ号鼓，Ⅰ号鼓声音雄浑宏大，Ⅱ号鼓声音圆润悦耳；调查者将Ⅰ号鼓定为公鼓，Ⅱ号鼓定为母鼓，甚至将此两鼓称为"夫妻鼓"[①]。

(二) 泰国与云南的铜鼓文化交流

比较泰国和云南的铜鼓，两地铜鼓的器型相似，泰国铜鼓体型偏大；纹饰相似，两地铜鼓相同的主题纹饰有船纹和羽人舞蹈纹，但云南铜鼓纹饰有写实性，泰国铜鼓上纹饰趋于图案化，因此从器物发展的规律看，云南铜鼓的铸造时间应该早于泰国铜鼓。

很多泰国铜鼓和东山铜鼓有相似性，但又具有地方特色，可能是受到东山铜鼓的影响在当地铸造的。

因此，我们认为泰国铜鼓受到了东山铜鼓的影响，而东山铜鼓受到了云南铜鼓的影响，云南铜鼓和泰国铜鼓的文化交流是间接传播关系。

第四节　老挝的铜鼓文化

一　老挝铜鼓的研究状况

老挝，旧称"寮国"，位于中南半岛北部，北邻中国云南，南接柬埔寨，东接越南，西北达缅甸，西南毗连泰国，面积约23.7万平方千米，是东南亚唯一的内陆国家。

老挝是东南亚拥有铜鼓较多的国家之一。对老挝铜鼓的研究，是东南亚铜鼓研究中不可忽视的内容，同时有助于我们加深对老挝民族历史和文化的认识。长期以来，老挝铜鼓的调查和研究比较薄弱，关于老挝铜鼓研究的情况如下：

20世纪90年代，两位日本研究生曾到老挝调查研究铜鼓，但未见公开发表论文。1989年，汪宁生先生在著作《铜鼓与南方民族》中谈到老挝的克木族和拉棉人使用铜鼓的场合，还谈及老挝发现了几面铜鼓，但没有谈到这几面铜鼓的形制和纹饰。[②]

1999年，蒋廷瑜先生在专著《古代铜鼓通论》中，介绍了老挝发现的5面铜鼓，并谈到老挝至今仍在使用铜鼓的民族是克木族、拉麻人、

[①] 张国云同志提供。转引自李昆声、黄德荣《论万家坝型铜鼓》，《考古》1990年第5期。
[②] 汪宁生：《铜鼓与南方民族》，吉林教育出版社1989年版，第57页。

高人和富奈人。① 2007 年,梁志明先生在论文《东南亚的青铜时代文化与古代铜鼓综述》中认为关于老挝铜鼓的研究还很不深入。②

2007 年,韦丹芳和万辅彬先生发表论文《老挝克木族铜鼓考察》③。之后,韦丹芳女士撰写系列论文《老挝克木鼓的纹饰内涵与稻作文化》④《老挝克木族铜鼓铸造工艺初探》⑤《老挝克木鼓与相邻地区同类型铜鼓的研究》⑥,这些成果研究介绍了老挝克木族的铜鼓习俗、纹饰内涵以及铸造技术。

2008 年,李昆声和黄德荣先生在其著作《中国与东南亚的古代铜鼓》中,介绍了老挝乌汶鼓的形制和花纹,推断乌汶鼓属于黑格尔Ⅰ型鼓中的石寨山亚型,时间大约在西汉中期或公元前 1 世纪。⑦

2013 年,中国广西民族大学民族研究中心和老挝国家社会科学历史研究所合作,进行了一次规模最大、最全面系统的老挝铜鼓调查,对老挝所有馆藏铜鼓进行了测量和拍照;同时采用文化人类学的田野调查法记录了铜鼓的使用习俗和仪式,最终出版《中国—东南亚铜鼓·老挝卷》⑧,是迄今为止最全面地介绍老挝铜鼓的成果,该书用中文、英文和老挝文详细介绍了老挝馆藏铜鼓,图文并茂,为学术界研究老挝铜鼓提供了极大便利。

2018 年 7 月 26 日至 8 月 4 日,由广西民族大学李富强、卫彦雄,广西文物保护与考古研究所李珍、覃芳,广西日报社黄平强等 5 人组成的调查组,赴老挝万象、琅勃拉邦、南塔等地,对老挝克木人铜鼓文化进行了调查。回来后将调查结果成文《老挝克木人铜鼓文化考察》⑨,介绍了老挝克木人铜鼓的类型、使用铜鼓的习俗等,是研究老挝铜鼓文化的珍贵资料。

以上成果为老挝铜鼓的研究奠定了基础,本书正是在此基础上做进

---

① 蒋廷瑜:《古代铜鼓通论》,紫禁城出版社 1999 年版,第 39 页。
② 梁志明:《东南亚的青铜时代文化与古代铜鼓综述》,《南洋问题研究》2007 年第 4 期。
③ 韦丹芳、万辅彬:《老挝克木族铜鼓考察》,《广西民族研究》2007 年第 4 期。
④ 韦丹芳:《老挝克木鼓的纹饰内涵与稻作文化》,《广西民族大学学报》2009 年第 3 期。
⑤ 韦丹芳:《老挝克木族铜鼓铸造工艺初探》,《中国科技史杂志》2011 年第 3 期。
⑥ 韦丹芳:《老挝克木鼓与相邻地区同类型铜鼓的研究》,中国科技出版社 2019 年版。
⑦ 李昆声、黄德荣:《中国与东南亚的古代铜鼓》,云南美术出版社 2008 年版,第 274—276 页。
⑧ 李富强等:《中国—东南亚铜鼓·老挝卷》,广西人民出版社 2016 年版。
⑨ 李富强、卫彦雄等:《老挝克木人铜鼓文化考察》,《广西民族研究》2019 年第 4 期。

一步的探索。

二 老挝铜鼓概况

(一)老挝铜鼓的分布及数量

老挝究竟有多少面铜鼓?目前没有确切统计。但有一些关于老挝铜鼓数量的说法,比如老挝南塔省文化厅厅长通台先生估计,整个老挝目前传世铜鼓至少有600面,主要分布在克木族聚居的南塔省、琅勃拉邦和乌都姆塞省[①](图3—154)。宋·帕塞亚蒙坤先生在《老挝南塔省的克木族人与铜鼓》中说:"据2002年统计,南塔省铜鼓有200面。"[②] 韦丹芳和万辅彬先生2007年在老挝南塔省普哈县考察时,发现该县的11个村子就拥有铜鼓51面。[③] 这些说法只能说明老挝南塔省和琅勃拉邦的铜鼓较多,但具体数量还是一个未知数。

图3—154 老挝铜鼓分布示意图

(采自李富强等主编《中国—东南亚铜鼓·老挝卷》)

---

① 韦丹芳、万辅彬:《老挝克木族铜鼓考察》,《广西民族研究》2007年第4期。
② [老挝]宋·帕塞亚蒙坤:《老挝南塔省的克木族人与铜鼓(节选)》,韦经桃译,《中国古代铜鼓研究通讯》2003年第19期。
③ 韦丹芳、万辅彬:《老挝克木族铜鼓考察》,《广西民族研究》2007年第4期。

中国广西民族大学民族研究中心与老挝国家社会科学院历史研究所于2013年8月联合开展的老挝铜鼓调查，于2016年出版了《中国—东南亚铜鼓·老挝卷》，基本穷尽了老挝所有博物馆收藏的铜鼓，计有琅勃拉邦博物馆63面、沙湾拿吉博物馆6面、占巴塞博物馆3面、南塔博物馆3面、老挝国家博物馆6面，这81面铜鼓中，囊括了黑格尔铜鼓分类的所有类型。①

（二）老挝铜鼓的类型及典型代表

由于《中国—东南亚铜鼓·老挝卷》中囊括了目前老挝所有馆藏铜鼓，因此，我们对老挝铜鼓的研究主要基于该图册中的资料，现将图册中老挝馆藏铜鼓的情况统计列表3—7：

表3—7　　　　　　　　老挝馆藏铜鼓情况统计

类型	黑格尔Ⅰ型鼓	黑格尔Ⅱ型鼓	黑格尔Ⅲ型鼓	黑格尔Ⅳ型鼓
数量	6面	5面	69面	1面
出土和收藏地	在沙湾拿吉省出土4面，现存于沙湾拿吉博物馆（3面）和老挝博物馆（1面）。在占巴塞征集1面，现存占巴塞博物馆。在琅勃拉邦征集1面，现存琅勃拉邦博物馆。其中2面是石寨山型铜鼓，4面是冷水冲型铜鼓	在沙湾拿吉省出土4面，现存于沙湾拿吉博物馆（3面）和老挝博物馆（1面）。在占巴塞出土1面，现存占巴塞博物馆	在琅勃拉邦皇宫原藏39面，现存琅勃拉邦博物馆。在香通皇宫原藏23面，现存琅勃拉邦博物馆。从南塔省克木族家征集3面，现藏于南塔博物馆。在沙湾拿吉省出土3面，现存于老挝国家博物馆。在占巴塞皇宫旧藏1面，现存于占巴塞历史博物馆	在琅勃拉邦出土，现存于老挝国家历史博物馆
时间	因无出土的科学记录及伴出物，无从确定年代	不详	不详	不详

---

① 李富强等主编：《中国—东南亚铜鼓·老挝卷》，广西人民出版社2016年版，第41页。

续表

类型	黑格尔Ⅰ型鼓	黑格尔Ⅱ型鼓	黑格尔Ⅲ型鼓	黑格尔Ⅳ型鼓
数量	6面	5面	69面	1面
特征	鼓面边缘常有4只单蛙塑像，鼓胸和鼓身常有羽人划船纹和羽人舞蹈纹，有的还有牛、马、羊、鹿等纹饰	不详	器型和中国西盟型铜鼓相似。纹饰具有地方特色，常见大象、田螺、稻株、蝉、变色龙、鬼针草等立体雕塑	不详

从表3—7可看出，老挝馆藏铜鼓有以下几个特点：其一，老挝拥有各种类型的铜鼓，虽多寡不一，但种类齐全，共有四种类型，即黑格尔Ⅰ型铜鼓、黑格尔Ⅱ型铜鼓、黑格尔Ⅲ型铜鼓和黑格尔Ⅳ型铜鼓。其中黑格尔Ⅲ型铜鼓数量最多。其二，老挝北部的琅勃拉邦出土铜鼓最多，是老挝铜鼓的分布中心。其三，老挝馆藏铜鼓都没有科学记录和伴出物，无法确定其年代。

老挝铜鼓中最具有典型意义的鼓：

乌汶鼓：此鼓因发现于老挝乌汶而得名，又称"老挝Ⅰ号鼓""当得鼓"。[①]"纳尔逊鼓"[②]，属于黑格尔Ⅰ型鼓，1924年被法国远东学院收藏。高58厘米，胸径86.5厘米[③]，其鼓面有带回旋的"S"形螺纹、三角锯齿纹；鼓面主晕圈中有30只翔鹭，是老挝翔鹭纹数量最多的铜鼓。鼓之胸部饰有6只船纹，每船有9—11人；船的两端各有一条大鱼。乌汶鼓鼓腰的上半部有鹿纹12组，每组有鹿2只；鼓腰下半部饰12组羽人，每组2人（图3—155）。[④]

---

① 因为此面鼓在一块叫"当得"的稻田里发现，所以叫"当得鼓"。
② 此鼓最初为巴色的纳尔逊所拥有，所以又叫"纳尔逊鼓"。
③ [日] 松本信广：《古代印度支那稻作民宗教思想的研究——通过古代纹饰所见》，载《印度支那研究》，1965年。
④ 中国古代铜鼓研究会编：《中国古代铜鼓》，文物出版社1981年版，第237页。

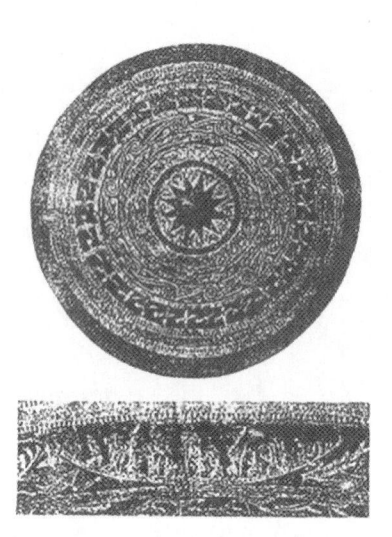

图 3—155　老挝乌汶鼓

（采自 A. J. B. Kempers，1988.）

丰沙湾鼓（Phonxavan）：此面鼓于 1974 年 8 月在沙湾拿吉省丰沙湾村湄公河岸挖出。属于黑格尔 I 型鼓。通高 56 厘米、胸径 71 厘米。鼓面小于鼓胸，鼓胸膨胀，鼓腰呈圆柱形，鼓足较高。

会华桑 1 号鼓：此鼓面径 97 厘米、通高 65 厘米，鼓面中央饰 12 芒太阳纹，主晕为一圈图案化翔鹭纹，其他晕圈内装饰着几何纹。

会华桑 2 号鼓：此鼓面径 78 厘米、通高 50 厘米，有相似的切线同心圆圈纹，可能是时间久远的缘故，图形比较模糊。

克木族鼓：即克木族制造和使用的铜鼓。鼓面平整，一般有 2—3 条弦构成的晕圈。每面铜鼓鼓面都有太阳纹，太阳纹外分布着各种动物纹。鼓面边沿每隔 90°或 120°角分立 1 蛙。鼓胸饰有虎纹。

（三）老挝铜鼓的纹饰[①]

老挝四种类型的馆藏铜鼓中，黑格尔 I 型鼓和黑格尔 III 型鼓的纹饰最具有特色。我们选取这两类铜鼓的纹饰进行比较。

1. 老挝黑格尔 I 型鼓纹饰

黑格尔分类中的 I 型鼓包括中国学者分类的石寨山型铜鼓和冷水冲

[①] 本节内容中的图片均采自李富强等主编《中国—东南亚铜鼓·老挝卷》，广西人民出版社 2016 年版。

型铜鼓。老挝现存6面黑格尔Ⅰ型鼓中，有2面石寨山型铜鼓和4面冷水冲型铜鼓，这些铜鼓上都装饰着变形羽人纹和船纹，但是趋于图案化。

老挝黑格尔Ⅰ型鼓中的C1号鼓（图3—156上），其器型和滇池区域的石寨山型铜鼓相似，鼓体矮扁，但其鼓面上有4只立体青蛙雕塑，应是石寨山型铜鼓向冷水冲型铜鼓过渡的类型，属于早期的冷水冲型铜鼓。鼓面纹饰很特别，主晕圈内有4组羽人纹，间夹对称分布的两座圆顶干栏式房屋和两座船形干栏式房屋[①]；圆顶干栏式房屋内可模糊见到放置着铜鼓等物（图3—156）。值得注意的是，此鼓鼓面上的干栏式房屋纹，是越南东山A型鼓的典型纹饰。由此可见，这面鼓融合了黑格尔Ⅰ型鼓中越南东山亚型（纹饰方面）和云南石寨山亚型（器型方面）的特点。

图3—156　上 老挝C1号鼓及鼓面　下 老挝S1号鼓

（采自李富强等主编《中国—东南亚铜鼓·老挝卷》）

老挝S1号鼓（图3—156下），鼓身第2晕内饰有羽人划船纹，船上有两头，船下侧有水牛和鱼，船尾立一羽人。[②] 这些纹饰是云南的石寨山

---

① 李富强主编：《中国—东南亚铜鼓·老挝卷》，广西人民出版社2016年版，第65页。
② 李富强主编：《中国—东南亚铜鼓·老挝卷》，广西人民出版社2016年版，第81页。

型铜鼓纹饰的典型特征，但是其鼓身截面是为圆柱形，和东山鼓的鼓身相似。

以上两面老挝黑格尔Ⅰ型鼓，兼具越南东山铜鼓和云南石寨山型铜鼓的特征，是黑格尔Ⅰ型鼓中东山亚型和石寨山亚型的结合体。

老挝丰沙湾鼓（Phonxavan）鼓面中央饰有12芒太阳纹，芒间饰重叠"V"形纹，还有几何纹和曲线纹。鼓胸有栉纹，中间有切线圆圈纹。鼓腰分成多格，格中有1只不明动物，可能是鸟；鼓胸和鼓腰上都装饰着东山铜鼓的标志性纹饰——栉纹，其纹饰和越南东山铜鼓中的富维鼓相似[①]，应该是在越南铸造后流传到老挝的，其时间略晚于乌汶鼓。[②]

2. 老挝黑格尔Ⅲ型鼓纹饰

黑格尔Ⅲ型鼓，即中国学者分类中的西盟型铜鼓。老挝黑格尔Ⅲ型鼓纹饰特征是：鼓面中央有太阳纹，芒间饰翎眼纹；鼓面晕圈内一般装饰着栉纹、水波纹、水鸟纹、变形羽人纹、谷粒纹、菱形凸点纹以及花、鸟、鱼纹组合，少数铜鼓上有"回"字纹；鼓面边缘有青蛙立体雕塑，有的是单蛙，有的是双累蹲蛙或三累蹲蛙（图3—157）。老挝有一面鼓鼓面上有4组三累蹲蛙，中间有4只头朝外蹲伏的狮子，比较罕见。

图3—157　左：单蛙　右：三累蹲蛙
（采自李富强等主编《中国—东南亚铜鼓·老挝卷》）

鼓身一侧自上而下装饰着下行的立体雕塑（图3—158），常见的是大

[①] 蒋廷瑜：《东山铜鼓在铜鼓发展史中的地位》，载《广西博物馆文集》第2辑，广西人民出版社2005年版。

[②] 李昆声、黄德荣：《中国与东南亚的古代铜鼓》，云南美术出版社2008年版，第276页。

象和田螺，有的铜鼓上只有田螺，有的仅见大象，有的两者都有；少数铜鼓鼓身装饰着三只下行大象，大象各背负一只田螺。

图3—158　左：老挝黑格尔Ⅲ型鼓鼓身一侧装饰的立体雕塑
**　　　　右：立体雕塑为三只田螺和三头大象**
（采自李富强等主编《中国—东南亚铜鼓·老挝卷》）

也有的老挝黑格尔Ⅲ型鼓（LP158·2号铜鼓）鼓身一侧的立体雕塑只有一只水鸟圆雕，比较独特，目前在东南亚黑格尔Ⅲ型鼓中只此一件（图3—159）。

图3—159　左：老挝LP158（2）号铜鼓
**　　　　右：老挝LP158（2）号铜鼓鼓身水鸟圆雕**
（采自李富强等主编《中国—东南亚铜鼓·老挝卷》）

值得注意的是，有一些铜鼓鼓身一侧装饰着一根稻株，株杆上有田螺、大象、乌龟、变色龙（蜥蜴）、蝉、老鼠、犀牛、奔马等，说明制造和使用铜鼓的民族是稻作民族，铜鼓上所铸动物都是他们稻作生活中常见的动物。鼓身上铸变色龙纹和铸青蛙纹饰一样，都是为了祈求降雨。此外，有一面鼓鼓身上有类似"鬼叫草"的植物纹饰；还有一面鼓鼓身上有水蕨菜纹，寓意人们击鼓让水蕨菜助逝者升天。

（四）老挝铜鼓的来源

关于老挝铜鼓的来源，目前没有明确的说法。据老挝国内外的考古工作者推测，老挝铜鼓文化的历史可追溯到公元前1000年，但是这一推论由于缺乏证据，有待进一步地深入研究。[①] 有学者认为生活在老挝南塔省和丰沙里省的高人、生活在北丰沙里的富奈人使用的铜鼓，是从泰国和缅甸购买的，形制与克木族的铜鼓略有不同[②]，此说法尚无令人信服的解释。

前文通过对老挝部分铜鼓的纹饰研究，我们发现老挝黑格尔Ⅰ型鼓中的C1号鼓、S1号鼓，融合了越南东山鼓和云南石寨山型铜鼓的特征；另外老挝乌汶鼓的纹饰和云南广南鼓相似。据此我们推测，这些铜鼓很有可能来自中国或者越南。

三 老挝使用铜鼓的民族及其习俗

现在老挝使用铜鼓的民族有老挝东部山区的克木族和拉棉人，丰沙里省靠近中国边境地区的倮倮族，老挝平原地区的老龙族，南塔省和丰沙里省的高人，丰沙里省的富奈人，南塔省的泰族，老挝北部及中部各省的苗族和瑶族。他们视铜鼓为神圣的器物，使用的铜鼓大多是黑格尔Ⅲ型鼓。

（一）克木族的铜鼓习俗

老挝的铜鼓文化在克木族人中世代相传代。

克木族是一个分布甚广的跨境民族，主要分布在中南半岛北部的越

---

① ［老挝］宋·帕塞亚蒙坤：《老挝南塔省的克木族人与铜鼓》，韦经桃译，《中国古代铜鼓研究通讯》2003年第19期。

② ［越南］叶廷花等：《老听人与铜鼓》，赵建国等译，载《老挝历史文化探讨》，越南社会科学出版社1978年版。

南、老挝、缅甸、柬埔寨、泰国和中国云南省中老边境一带。中南半岛各国的克木族总人口约 56 万人，大部分居住在老挝，约有 32 万人。缅甸、柬埔寨和泰国的克木族人口则比较少。1987 年云南省社会科学院召开云南克木人专题讨论会，与会者达成云南克木人与中南半岛的克木族为同一民族的意见。①

老挝克木族主要分布在上寮地区的 8 个省，即琅勃拉邦、丰沙里、川广、南塔、乌多姆塞、波乔、华潘和沙耶武里的山区，中寮地区的万象省也有少量分布。克木族属蒙古人种南亚类型，使用克木语，属南亚语系孟高棉语族。

克木族是较早居住在老挝的民族之一，大约在公元 1 世纪就来到了老挝。他们究竟从何地迁移而来？有人认为他们是从滇缅交界地区迁徙过来的，也有人认为他们是从越南北部迁徙到老挝北部的。据老挝克木族传说，他们的祖先最初从葫芦里出来，很早以前他们在勐奎（今琅勃拉邦）建立城堡，后来有一批人来占领了勐奎，克木族只有退到菩洪（今琅勃拉邦省象唤县勐如乡）居住。这个传说表明克木族认为他们是老挝的原住民。以上说法都没有明确说清楚克木族的具体来源。

老挝克木族一般居住在山区或森林深处，以游耕和狩猎为生。他们崇拜图腾，信仰鬼神和祖先。克木族擅长冶炼技术，在铸造铜鼓、打造金银首饰以及打制铁刀方面有较高造诣。

由于老挝克木族生活环境偏僻，经济发展缓慢，所以其铜鼓习俗未受到外来文化的冲击，得以较好地保护和传承下来，成为老挝铜鼓文化的"活化石"。铜鼓在老挝克木族生活中有以下功用：

1. 祭祀祖先的祭器

老挝克木族认为铜鼓最重要的功能是在节庆时祭祀祖先。在祭祀过程中，人们要不断地敲打铜鼓，让铜鼓声唤醒祖先的魂灵，提醒祖先护佑民族和家族吉祥平安、兴旺发达、诸事顺遂等。

老挝克木族祭祀祖先要敲打铜鼓的习俗，源于一个传说：

  以前，克木族从葫芦里钻出来后就遍及琅勃拉邦了。后来，另

---

① 方铁：《云南跨境民族的分布、来源及其特点》，《广西民族大学学报》2007 年第 5 期。

外一些民族也来到了琅勃拉邦，逐渐把克木族的地方都占完了，克木族最后只有现属于琅勃拉邦省香银县芒努乡的富洪一地。天神见此情况，非常同情克木族，便发给他们一把铁斧和一把铁刀，因为斧子和刀砍石头就像砍香蕉那样容易。天神还告诉他们，如果遇到灾难，可以敲打铜鼓，届时天神将会下凡相助。克木族用斧子和刀移山填河，修建城郭。他们还打算挖一条河，将湄公河的水引到富洪，不让水流到琅勃拉邦。听到这一消息，那些占领琅勃拉邦的人很害怕，他们的头人便想出一条与克木族结亲的计策，于是派自己的儿子娶了克木族头人的女儿，成为姻亲并取得岳父岳母的信任后，这个女婿便让克木族在石头上磨斧子和刀，以使其失灵，不能再砍石头。每当有猴子和老鹰来抓鸡时，女婿便唆使大家击鼓追赶。天神听到鼓声便下凡相助，却发现什么事也没有发生。这样重复多次后，天神大怒，以后任凭克木族敲打铜鼓也不再下凡相助。这个女婿做完这两件事后就逃回了琅勃拉邦，岳母疼爱女婿，便跑到琅勃拉邦想要把女婿找回来。克木族十分恨头人，认为是因为头人将女儿嫁给外人致使天物失灵。于是，他们将头人杀死，夺走了他的权力。头人的妻子从琅勃拉邦回到离富洪很近的华芒，听到丈夫被杀的噩耗后当即死去。克木族从那时起便失去了头人。[1]

传说不等于历史，但是传说折射出历史的影子或者能够使人从中窥见某种思维。从这则神话可以看出，在老挝克木族心目中，铜鼓是求得天神帮助的灵物，表达了老挝克木族内心深处的祈愿。

所以他们在遇到烦心事的时候，就会用铜鼓祭祀祖先，祈求得到祖先的护佑。如有人生病，就杀只鸡，把全村人召集到举行仪式的屋子里，用鸡毛和鸡血擦拭铜鼓，然后主人当众敲打铜鼓一个小时。他们认为之后一个月内，如果有外人来观看或敲打铜鼓，就是好事，可以把病痛带走（图3—160）。但并不是所有克木族人都能拥有铜鼓，在过去只有氏族首领才可以拥有铜鼓。

---

[1] ［越南］叶廷花：《老听人与铜鼓》，赵建国等译，载《老挝历史文化探讨》，越南社会科学出版社1978年版。

图3—160 克木族敲铜鼓祛病
（采自李富强等主编《中国—东南亚铜鼓·老挝卷》）

克木族铜鼓的收藏是一件非常隐秘的事，通常由氏族中德高望重老人来收藏。他们一般把铜鼓埋藏在人迹罕至或别人意想不到的地方，比如山洞、丛林和谷仓中（图3—161）。为了保证铜鼓的绝对安全，收藏者会守口如瓶，不会告诉任何人埋藏铜鼓的地点。但是这样会带来一个弊端，如果收藏者突然离世，那么这面铜鼓就等于在人间销声匿迹了。待很长时间后，后人才有可能在山里或田间偶然发现铜鼓。老挝人认为，铜鼓或其他金银珠宝的收藏者在去世前，如不告诉子孙财宝的收藏地点，从而使财宝失传的，死后将永远不得超生。[1] 这种观念会促使负责埋藏铜鼓的老人尽可能在去世前将铜鼓的埋藏地告知身边的人。

现在老挝克木族的铜鼓属乡长所有，平时他把铜鼓埋藏起来，等到盖新房、结婚及丧葬活动时才拿出来使用。克木族认为如果铜鼓作为明器让逝者在阴间使用，应该将铜鼓鼓面倒置或凿破；如果铜鼓在人间的各种活动中使用，则铜鼓鼓面应该向上放置。

2. 与神灵沟通的神器

老挝克木族在播种前和丰收后，都要敲击铜鼓举行祈求和庆祝仪式，

---

[1] ［老挝］宋·帕塞亚蒙坤：《老挝南塔省的克木族人与铜鼓》，韦经桃译，载中国古代铜鼓研究会编印《中国古代铜鼓研究通讯》2003年第19期。

图 3—161　左：老挝克木族收藏铜鼓的谷仓　右：收藏在谷仓中的铜鼓
（采自李富强等主编《中国—东南亚铜鼓·老挝卷》）

大家合着铜鼓声唱歌跳舞，唱词是："丰收了，我们就要把稻谷收进谷仓，请天神天将把稻谷看好，以免被虫子吃掉和被损害。"克木族村寨中如果有人去世，人们要敲击铜鼓禀报上天："有人要升天了。"可见在克木族社会中，铜鼓是沟通人神的神器（图3—162）。

图 3—162　克木族认为鼓身上的田螺和大象可以通鬼神
（采自李富强等主编《中国—东南亚铜鼓·老挝卷》）

3. 财富和吉祥的象征

老挝克木族把铜鼓视为财富和吉祥的象征。克木族的许多村寨联结起来成为一个组织，首领称为"大伞"，相当于乡长。通常只有当过"大伞"的人家才有铜鼓。① 在老挝克木族看来，一个家庭如果收藏着铜鼓，就一定会生活富足，耕种和渔猎都会获得丰收；如果碰到麻烦事，也会有人相助；家族会人丁兴旺，幸福吉祥。

克木族人认为铜鼓一经买卖，就会失去神性，所以他们一般不会出售铜鼓，以至于保存下来的铜鼓比较多。但仍有少数人悄悄贩卖铜鼓，很多老挝铜鼓通过走私渠道流落到欧美、日本等国家。目前老挝文物部门规定铜鼓的买卖只能限定在老挝境内。

在与老挝相邻的云南省西双版纳勐腊、景洪两县，居住着两千余克木人②。其中有一个叫曼暖演的克木村寨，是目前克木人中唯一还在使用铜鼓的村寨。寨中居民是20世纪初从老挝迁到中国的。20世纪初，这个村寨的先辈在老挝，村中有二三十户人家，由于从事刀耕火种农业，需要开始新一轮的迁徙，于是村寨中的一部分人家向中国境内迁徙，一部分人家留在老挝境内流动。为了日后便于相认，他们铸造了一对铜鼓，分为公鼓和母鼓，分别由分居两国的两部分人珍藏。现今暖演寨波金捧家藏的是母鼓，公鼓在老挝。③

（二）拉棉族的铜鼓习俗

老挝拉棉族，又称"拉蔑族""拉姆特族"或"拉勉特族"，属于孟—高棉语族，人口有16740人（1995）。拉棉族和克木族一样，是最早生活在老挝土地上的民族，主要居住在老挝西北部琅勃拉邦南塔河围绕的山区，克木族是他们最亲近的邻居，有的地方拉棉族和克木族同住在一个村庄里，相互联姻。

由于拉棉族和克木族比邻而居，所以他们的文化特征相似，两个民族的自称相同，都叫"寮刚"。拉棉族崇拜各种自然神和祖先神，常到森林中狩猎和采集，尚处于比较原始的生活状态。铜鼓在拉棉族中主要有两个作用：

---

① ［越南］叶廷花：《老听人与铜鼓》，赵建国等译，载《老挝历史文化探讨》，越南社会科学出版社1978年版。
② 西双版纳的克木人在中国未被列为单一民族。
③ 王国祥：《西双版纳雨林中的克木人》，云南教育出版社2009年版，第221—222页。

1. 身份和社会地位的象征

在老挝拉棉族中，一位村民如果拥有两面铜鼓和五六条牛，便可跻身富人阶层，被称为"Lem"；并获得一些特权，比如可在头上包丝巾，代表村庄接待来访客人，还可以多占种村边的土地等。每当有人购得铜鼓，便要杀牛祭祖，请全村人大吃一顿，之后大家就会认可他在村中的地位。

2. 乐器

现代老挝的拉棉族也把铜鼓当作一种乐器使用，每当节庆来临或者举行宗教仪式的时候，他们就用铜鼓与镲合奏。不过这种乐器在拉棉族心目中，是具有"神性"的乐器。

（三）倮倮族的铜鼓习俗

倮倮族是老挝的一个单一民族，它和云南彝族属于同一个跨境民族，约有2000人，主要分布在老挝的丰沙里省靠近中国边境的地区，以及南塔省的勐醒县、乌都姆塞省的北部。据黄兴球先生研究，老挝的倮倮族曾是中国境内彝族的一个支系，是从中国的云南省迁移过去的，时间大约是在18世纪。[1]

老挝倮倮族主要在丧事中使用铜鼓。当老人去世时，倮倮族就把埋藏在地里的铜鼓挖出来，办完丧事后又把铜鼓埋到地下。这件事只能由一家之长来做，因为只有家长才有管理铜鼓的权利。[2]

（四）老龙族的铜鼓习俗

老龙族是现代老挝的三大主体民族之一[3]，约有两百万人，占全国人口的73.56%，约为2/3。"老龙"意为"平原谷地的老挝人"。老龙族并不是老挝地区的土著民族，是后来才迁移去的。关于老龙族究竟什么时候进入老挝地区？从什么地方进入老挝？老龙族的族源如何？这一系列问题，众说纷纭，至今没有确切的说法。

龚明光先生在《老挝老龙族源出于哀牢夷考》中认为，老龙族是从

---

[1] 黄兴球：《中老跨境民族的区分及其跨境特征论》，《广西民族学院学报》2006年第3期。

[2] 黄兴球：《老挝族群论》，民族出版社2006年版，第37页。

[3] 现代老挝共有三大民族，即属于印度尼西亚族系老听族，属于汉藏族系的老宋族和属于泰老族系的老龙族。

中国南方，主要是云南地区迁移去的。① 老挝副总理富米·冯维希写道："泰老族系，一般称为老龙族……在民族大迁移的过程中，泰老族从中国南部的云南、贵州逐渐南迁到老挝来以后，就渐渐地把当地土著人老听族挤上山，自己定居在琅勃拉邦省至占巴塞省一带的湄公河两岸。"② 范宏贵先生认为，老挝的老龙族和泰族是后来迁徙过去的，他们与中国的壮族有历史文化上的渊源关系，比如老龙语与壮语南部方言语在农业方面的词汇有很多是相同或相似的，如田、稻、水牛、犁、大豆、甘蔗等都是相同的；在10世纪前后，老龙族与壮族还共同生活在一起，之后老龙族大量迁入老挝；老龙族迁入老挝并非一次完成，而是在不同时期、不同地点、经过不同路线迁入老挝的。③ 以上观点非常值得重视，通过对老龙族族源的探究，或许能找到老挝与中国云南铜鼓文化交流的重要线索。

老龙族很早就使用铜鼓，直到20世纪50年代，老挝欢度宋干节的时候，老龙族仍有敲击铜鼓的习俗。宋干节期间，要举行"宋干小姐选美活动"，活动中美女巡游时，人们敲击铜鼓做前导（图3—163）。

图3—163　老挝宋干节敲击铜鼓的前导

（采自李富强等主编《中国—东南亚铜鼓·老挝卷》）

---

① 龚明光：《老挝老龙族源出于哀牢夷考》，《广西民族学院学报》1984年第2期。
② 龚明光：《老挝老龙族源出于哀牢夷考》，《广西民族学院学报》1984年第2期。
③ 范宏贵：《壮族与老挝老龙族、泰族的渊源关系》，《广西民族学院学报》1997年第10期。

四 从老挝铜鼓看云南与老挝的铜鼓文化交流

我们主要从铜鼓的器形、装饰和习俗三个方面来对老挝和云南铜鼓进行比较。

(一) 老挝和云南的铜鼓比较

目前老挝铜鼓有四种类型：即黑格尔Ⅰ型鼓（等同于石寨山型铜鼓和冷水冲型铜鼓）、黑格尔Ⅱ型鼓（等同于北流型铜鼓和灵山型铜鼓）、黑格尔Ⅲ型鼓（等同于西盟型铜鼓）和黑格尔Ⅵ型鼓（等同于麻江型铜鼓）。这四种类型的铜鼓中，由于黑格尔Ⅰ型鼓和黑格尔Ⅲ型鼓在老挝和云南分布较多，具有可比性，因此我们选取这两种类型的铜鼓来进行比较。

1. 老挝和云南的黑格尔Ⅰ型鼓比较

从器型看，老挝黑格尔Ⅰ型鼓器型要比云南黑格尔Ⅰ型鼓高大。老挝黑格尔Ⅰ型鼓的面径在77—127厘米，鼓高在56—83厘米，其中器型最大的是S1号铜鼓，面径127厘米、残高83厘米。云南黑格尔Ⅰ型鼓面径在18.5—80.6厘米，鼓高在20—51厘米，其中器型最大的是1971年出土于云南陆良县小西营的一面冷水冲型鼓，面径80.6厘米、高51厘米。

比较两地黑格尔Ⅰ型鼓的纹饰，大多数鼓的鼓身上都有羽人舞蹈纹和船纹；但是云南鼓上的纹饰具有写实性，而老挝鼓上的纹饰趋于图案化，说明老挝鼓要比云南鼓产生的时间晚。

从老挝黑格尔Ⅰ型鼓的纹饰可以看出其受到云南铜鼓的影响，比如老挝乌汶鼓和云南广南鼓在纹饰上很接近，乌汶鼓鼓面饰有三角锯齿纹，鼓面主晕圈中有30只翔鹭，鼓胸部有6只船纹，船的两端各有一条大鱼，鼓腰上半部有12组鹿纹，每组有鹿2只，鼓腰下半部饰羽人12组，每组2人。老挝乌汶鼓上的三角锯齿纹、翔鹭纹、船纹、羽人纹和鹿纹，正是云南石寨山型铜鼓的典型纹饰。李昆声和黄德荣先生认为老挝乌汶鼓应该是在中国铸造后传入老挝的，是古代中老文化交流的实物见证。[①]

[①] 李昆声、黄德荣：《中国与东南亚的古代铜鼓》，云南美术出版社2008年版，第274—276页。

又如在老挝S1号鼓上,其鼓面主晕内饰有与云南石寨山型铜鼓相似的主题纹饰,如羽人划船纹和水牛纹;不同的是,云南石寨山型铜鼓上的船纹一般装饰在鼓胸上,从未见装饰在鼓面上。老挝S1号鼓鼓腰上装饰的四足动物种类较多,有牛、马、羊、鹿、虎、猪等,而云南石寨山型铜鼓上装饰的动物只有牛和鹿。老挝S1号鼓的纹饰说明其受到了云南石寨山型铜鼓的影响,但在纹饰布局上有所改变,将纹饰分布在铜鼓的其他部位上。

老挝铜鼓上的纹饰也表现出了强烈的地方特点,比如克木族铜鼓鼓面太阳纹外分布着各种动物纹,鼓胸上饰有虎纹,这在东南亚其他国家的铜鼓中是比较少见的,显示了其纹饰的地方性和独特性。另外,克木族在冶炼青铜方面有较高造诣。据此,我们认为老挝克木族铜鼓有很大可能是该民族自己铸造的。

总之,老挝铜鼓受到了中国云南铜鼓的影响,也受到越南东山铜鼓的影响,并融入了自身的地方特色。

2. 老挝和云南的黑格尔Ⅲ型鼓比较

从形制看,老挝黑格尔Ⅲ型鼓体型普遍比云南黑格尔Ⅲ鼓高大。纹饰方面,两地黑格尔Ⅲ型鼓既有相同之处,亦有不同之处。相同之处在于鼓面上都装饰着小鸟纹、鱼纹、团花纹、米粒纹和孔雀翎纹,鼓面边缘都有蛙饰。不同之处在于鼓身的装饰,云南黑格尔Ⅲ型鼓鼓身一侧常常竖列着下行的小象、螺蛳等动物的立体雕塑;有的鼓身下半部还饰以对称分开的八支树枝,枝间有两只大象和一条蛇的图像,栩栩如生。[①]

老挝黑格尔Ⅲ型鼓鼓身一侧的装饰比云南鼓丰富,除了小象、田螺外,还有水鸟、乌龟、变色龙、蝉、老鼠、犀牛、奔马等(图3—164)。此外,老挝鼓鼓身上还有植物如稻株、鬼叫草和水蕨菜。在鼓身装饰上,老挝黑格尔Ⅲ型比云南黑格尔Ⅲ型鼓纹饰丰富,内容广泛(图3—165)。

[①] 袁丙昌、李道勇:《克木人的乐器》,《乐器》1981年第5期。

图 3—164 老挝黑格尔Ⅲ型鼓鼓身雕塑
（采自李富强等主编《中国—东南亚铜鼓·老挝卷》）

左：水蕨菜纹　右：稻株纹
图 3—165 老挝铜鼓上的纹饰
（采自李富强等主编《中国—东南亚铜鼓·老挝卷》）

（二）老挝和云南的铜鼓功用比较

老挝和云南的铜鼓功用相似，都是重要仪式中的祭器和乐器，都作为与神灵沟通的神器，都是财富和吉祥的象征，都是身份和地位的表征。两地使用铜鼓的民族都视铜鼓为珍贵器物，平时不使用铜鼓时，都要把铜鼓小心珍藏起来。

云南克木人演奏时，将铜鼓吊在房梁上，用布槌或以头巾挽结敲击（图3—166）。铜鼓常常与铓、钹和象脚鼓等打击乐器合类，人们载歌载舞。

图3—166 云南克木人女孩敲击铜鼓（王国祥摄）

（采自王国祥《克木人乐器》）

老挝克木族在丧葬活动中使用铜鼓时，鼓面要倒置或凿破；如果在婚嫁活动上使用铜鼓，则鼓面要向上放置。老挝人认为，铜鼓一经买卖，就会失去神性。云南使用铜鼓的民族则没有这些观念和习俗。

第五节　印度尼西亚的铜鼓文化

一　印度尼西亚铜鼓的研究状况

印度尼西亚是铜鼓文化圈内的国家，位居东南亚海岛，地跨赤道，由太平洋和印度洋之间一万多个大小岛屿组成，陆地面积为190.4443万平方千米，素称"千岛之国"。

最早关注和研究印尼铜鼓的是西方学者。1687年，德国学者鲁菲乌斯（G. E. Rumphius）在其著作"D'Amboinsche Rarigeitkamer"中提及印尼塞鲁阿岛百姓相传此岛的山顶上有一面铜鼓，是雷鸣时从天降落下来的，被称为"雷蒂发"（Tifa Guntur），即雷鼓的意思。① 1730 年，印尼报道了该国具有东山文化特征的铜鼓和铜鼓碎片。1884 年，德国学者累斯顿枢密官迈尔（A. B. Meyer）在其著作《东印度群岛的古代文物》中探讨印尼巴达维亚（雅加达）的铜鼓。随着 20 世纪 30 年代越南东山地区考古活动的活跃，更多的西方学者报道了印尼铜鼓，著名学者有戈露波（1932）、胡普（1932）、海涅·革尔登（1933、1937）、劳文斯登（1956）。他们在文中所提到的印尼铜鼓主要是黑格尔Ⅰ型鼓，即在铜鼓的形制和纹饰上模仿了越南出土的铜鼓。由于对它们报道得最早，这些铜鼓被认为是印尼金属时代发展的标志。② 1902 年，弗朗茨·黑格尔（Franz Heger）的著作《东南亚的古代金属鼓》出版，书中收录了 12 面印尼铜鼓。③ 1979 年，美国考古学家史密斯（R. B. Smith）从见于著录的 137 面黑格尔早期鼓中统计出印尼铜鼓 26 面。1988 年美国学者坎普斯的著作《东南亚铜鼓：青铜世界及其余波》出版，书中著录了 69 面印尼铜鼓的实物照片、拓片、线图、考古来源和相关文献记录。④ 2010 年，徐菲阳在文章《印度尼西亚铜鼓初探》中阐述了印尼铜鼓的分布、音乐属性和型式。⑤ 2013 年，印尼学者胡斯努尔·霍蒂玛（Khusnul Hatimah）分析了印尼国家博物馆里的铜鼓，探讨了西努萨·登呷拉的铜鼓文化，认为铜鼓有辟邪的作用。⑥ 2015 年，印尼考古学家马龙·里里马斯（Marlon Ririmasse）对马鲁古铜鼓的发现地和铜鼓文化发表了独到的观点。⑦ 2018 年，印尼峇淡世界大学的唐根基（Herman）博士发表文章《印尼铜鼓的来历研究》，他通过实地调查，对全国范围内 100 余面铜鼓进行了分类统

---

① 唐根基：《印尼铜鼓的来历研究》，《国际文化与传播》2018 年第 1 期。
② 林嘉琳（Kateryn M. Linduff）：《印度尼西亚与大陆的关系：受庇护人，殖民地还是贸易伙伴？》，载《铜鼓和青铜文化的新探索——中国南方及东南亚地区古代铜鼓和青铜文化第二次国际学术讨论会论文集》，广西民族出版社 1993 年版。
③ ［奥］弗朗茨·黑格尔：《东南亚的古代金属鼓》，石钟健、黎广秀译，上海古籍出版社 2004 年版，第 37 页。
④ A. J. Bernet. Kempers, *The Kettledrums of Southeast Asia: A Bronze Age world and its aftermath*, Rotterdam: A. A. Balkema, 1988.
⑤ 徐菲阳：《印度尼西亚铜鼓初探》，《乐器》2010 年第 12 期。
⑥ Museum Nasional: Nekara Makalamau sebagai "Material Culture".
⑦ Marlon Ririmasse, "Material Culture Biographi: Diasphora of Bronze Kettledrums in The Moluccas Archipelago", BalaiArkeologi Yongyakarta, Yogyakarta, 16 – 06 – 2015.

计，并认为印尼铜鼓可能来自中国南方，或者因贸易交往而得到，也有可能是其他因素，印尼铜鼓是中国人将铜鼓带入印尼后在当地落地生根的。①

还有一些研究成果中提及印尼铜鼓，如林嘉琳（Kateryn M. Linduff）在论文《印度尼西亚与大陆的关系：受庇护人，殖民地还是贸易伙伴？》中，谈及了印尼青铜时代的考古发掘，认为印尼铜鼓有可能是贸易交往得来的。②李昆声和黄德荣先生在 2008 年出版的著作《中国与东南亚的铜鼓》中，记录了 8 面印尼铜鼓的资料③；2016 年他们把印尼展玉鼓归为黑格尔Ⅰ型鼓中的石寨山亚型。④

总的来说，以往关于印尼铜鼓的成果中描述性多于研究性，有些铜鼓资料仅出现在个别人类学者只言片语的文字记录中，目前印尼铜鼓文化的研究还处于起步阶段，西方学者早期对印尼铜鼓有一些关注，中国学者在这方面的研究尚不多见。

二　印度尼西亚铜鼓概况

东南亚海岛地区，主要是印尼群岛发现了一些古代铜鼓。从考古资料来看，印尼发现的所有青铜器（包括铜鼓）没有原始形态，也没有发现黄（红）铜器，青铜器几乎都是成熟期的形态，而且都是和铁器同时发现的，人们称为铜铁器时代。⑤

（一）印度尼西亚铜鼓的数量、类型和典型代表

印尼铜鼓历史悠久，称谓颇多，阿洛人称之为"莫科"（Moko），马鲁古人称之为"蒂发"（Tifa），巴厘人呼之为"贝静"（Pejeng），而最常用的名称是"纳伽拉"（Nekara）。⑥印尼铜鼓主要分布于苏门答腊岛、爪

---

① 唐根基：《印尼铜鼓的来历研究》，《国际文化与传播》2018 年第 1 期。
② 林嘉琳（Kateryn M. Linduff）：《印度尼西亚与大陆的关系：受庇护人，殖民地还是贸易伙伴？》，载《铜鼓和青铜文化的新探索——中国南方及东南亚地区古代铜鼓和青铜文化第二次国际学术讨论会论文集》，广西民族出版社 1993 年版。
③ 李昆声、黄德荣：《中国与东南亚的铜鼓》，云南美术出版社 2008 年版，第 255—256 页。
④ 李昆声、黄德荣：《论黑格尔Ⅰ型鼓》，《考古学报》2016 年第 2 期。
⑤ 王任叔：《印度尼西亚古代史》，中国社会科学出版社 1987 年版，第 167 页。
⑥ 唐根基：《印尼铜鼓的来历研究》，《文化与传播》2018 年第 1 期。

哇岛、加里曼丹岛、苏拉威西岛、东努萨·登呷拉群岛、西努萨·登呷拉群岛、马鲁古群岛、巴厘岛和巴布亚岛。

早在1682年，印尼铜鼓就被世人所知，当年荷兰人鲁姆菲乌斯（C. E. Eumofius）从印尼携一面铜鼓回到欧洲，赠予意大利的托斯卡纳公爵。1705年鲁姆菲乌斯撰文介绍了这面铜鼓。① 这面印尼巴厘岛上的异型铜鼓造型别致、纹饰精美，在当地被人们奉为神物，认为它能像月亮一样"发光"。②

20世纪50年代末，希克伦氏介绍印尼共有22面铜鼓，分布在爪哇的茂物、展玉、普里昂岸、北加浪岸、万由马木、三宝垄、克壮、特芒贡等地，苏门答腊克林季湖的Da naugadeng 植物园等地附近，蒂汶岛附近的Luang 岛、莱梯岛；卡伊群岛附近的Koer 岛，西里伯斯群岛中的沙莱叶岛，大多属于冷水冲型铜鼓，少数属于石寨山型铜鼓。仅爪哇的万丹发现过一具E型鼓，显系外地传入。③

1979年，武胜曾统计印尼铜鼓的数量：爪哇有9面，苏门答腊有4面，甘尼安有6面，罗地、塞卢、莱荻、塞拉卢各有1面，土瓦有2面，另一面出处不详，据说收藏于巴达维亚博物馆内，共26面。④

1988年，据坎普斯统计，当时所知印尼铜鼓共有69面，主要有三大类型：黑格尔Ⅰ型、黑格尔Ⅳ型和贝静型（Pejeng Type）⑤。其中黑格尔Ⅳ型鼓有5面，贝静型铜鼓有3面，无法确定类型的铜鼓有3面，黑格尔Ⅰ型鼓有58件（占印尼铜鼓总量的84%）。⑥

2018年，唐根基（Herman）博士统计，印度尼西亚共有105面铜鼓，黑格尔Ⅰ型鼓有83面（占印尼铜鼓总量的80%），黑格尔Ⅱ型鼓有2面，黑格尔Ⅳ型鼓有4面，贝静型鼓有10面，新型铜鼓有6面。⑦ 唐根

---

① Heekeren, H. R van, The bronze-Iron age of Indonesia, The Hague, Martinus Nijhoff.
② 汪宁生：《铜鼓与南方民族》，吉林教育出版社1989年版，第10页。
③ 汪宁生：《铜鼓与南方民族》，吉林教育出版社1989年版，第61页。
④ 武胜、梁志明译：《越南和东南亚东山鼓分布状况》，《考古学参考资料》（2），文物出版社1979年版。
⑤ 又叫"佩京型"铜鼓。
⑥ A. J. Bernet. Kempers, *The Kettledrums of Southeast Asia: A Bronze Age world and its aftermath*, Rotterdam: A. A. Balkema, 1988, p. 128.
⑦ 唐根基：《印尼铜鼓的来历研究》，《文化与传播》2018年第1期。

基博士文中描述的黑格尔Ⅰ型鼓中，有的鼓面上没有青蛙，等同于越南东山鼓中的A、B型铜鼓（即中国的石寨山型铜鼓）；有的鼓面上有青蛙，等同于越南东山鼓中的C型（即中国的冷水冲型铜鼓）。

印尼铜鼓有的出土于地下、有的自海中捞出、有的是世代相传、有的是当地人认为是"从天而降"，大多为非科学发掘品和传世品，难以明确判断其年代。这些铜鼓一部分收藏在欧洲或印尼各地的博物馆，少数仍留存于民间。有的铜鼓发现时已残缺不全或图像锈蚀不清，有图像资料可寻的铜鼓更是少见。此外，早期学者关于印尼铜鼓的记录，大多只有局部图。由是之故，印尼铜鼓的研究具有一定的难度，导致长期以来研究成果较少。

在以下研究中，我们将重点放在黑格尔Ⅰ型鼓、莫科型铜鼓和新型铜鼓上，因为印尼铜鼓中数量最多的是黑格尔Ⅰ型鼓，能从中观察到它与其他文化的联系；莫科鼓和新型铜鼓在东南亚地区独具特色，其来源值得关注。以下我们列举和分析这两类最具代表性的铜鼓。

1. 印度尼西亚黑格尔Ⅰ型鼓

萨拉亚鼓　此面鼓出土于东南亚的拉苏威西南端的萨拉亚岛，至今仍存放于该岛上，岛上居民对其无限膜拜，但那里没有任何人知道它的真正来历。鼓高92厘米、面径约114厘米、底径138厘米，鼓重约100公斤。[①] 此鼓鼓面有蛙饰，鼓身上有大象纹、椰树纹、小鸟纹、孔雀纹等，属于黑格尔Ⅰ型鼓，亦即越南学者东山铜鼓分类中的C型，中国学者分类中的冷水冲型。此面鼓的纹饰非常独特，在黑格尔Ⅰ型鼓中，只有这面鼓上饰有大象图案，体现了鲜明的地方特色（图3—167）。

桑马朗鼓　此面鼓藏于印尼巴达维亚的Genootschap。鼓面没有蛙饰，鼓胸膨大，鼓腰为柱体、鼓足呈锥形。有四只鼓耳，每对单耳相隔较远，鼓耳上装饰着辫纹。鼓体保存完好，鼓体和鼓面都很简陋。鼓高48厘米、面径59.7厘米、鼓足直径54.5厘米。[②]

[①] [奥] 弗朗茨·黑格尔：《东南亚的古代金属鼓》，石钟健、黎广秀译，上海古籍出版社2004年版，第36—39页。

[②] [奥] 弗朗茨·黑格尔：《东南亚的古代金属鼓》，石钟健、黎广秀译，上海古籍出版社2004年版，第73页。

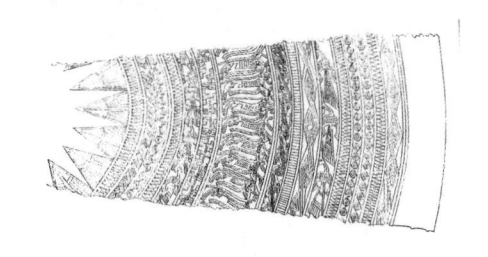

图3—167　上：萨拉亚鼓鼓身侧面图　下：萨拉亚鼓鼓面纹饰片段
（采自弗朗茨·黑格尔《东南亚古代金属鼓》）

北加浪（Pekalongan）**鼓**　发现于印尼中爪哇的北加浪海岸，高48.2厘米、面径63.9厘米，生锈很深，花纹不清。鼓面中央饰18芒太阳纹，芒外饰若干几何形纹、同心圆纹、圆点圆形纹、栉纹，主晕圈内饰有羽人马鞍形干栏式房屋纹，有4人在干栏式房屋前击打4面鼓，屋顶上有2只栖鸟，鼓胸饰船纹。此鼓形制和越南的沱江鼓相似，应属于东山型铜鼓。可惜目前没有找到此鼓的线图和照片，故附上与之相似的越南沱江鼓鼓面线图，以便于理解（图3—168）。

图3—168　沱江鼓

三宝垄鼓　包括三宝垄鼓Ⅰ号、Ⅱ号和Ⅲ号鼓3面鼓，1883年出土于三宝垄市南部（图3—169）。

图3—169 三宝垄Ⅰ号鼓

Ⅰ号鼓 鼓面中央饰12芒太阳纹，芒间填三角形纹、翎眼纹。芒外有12晕。依次饰线纹、雷纹、飞鸟纹和栉纹。腰部饰切线圆圈纹。高48.5厘米、胸径59.9厘米。

Ⅱ号鼓 已残。

Ⅲ号鼓 已残，仅余鼓面，面径64.5厘米。鼓面中央饰10芒太阳纹，芒外有10晕圈，依次分别饰栉纹、切线圆圈纹、菱形纹、飞鸟纹。腰部被同心圆纹、斜线纹分成数格。

迪延鼓 此鼓仅存鼓面的一部分，鼓面中央饰10芒太阳纹，没有主晕圈，只有飞鸟纹。

展玉鼓 1904年出土于西爪哇展玉地区的甘蓬巴巴甘，又名普里安加（Pniangan）或巴巴甘（Babakan）鼓，高47.5厘米、面径66厘米、足径75厘米。鼓胸部最大径偏上，腰部剖面呈梯形，足外侈，足径大于胸部。鼓面中央饰16芒太阳纹，芒间填斜线纹。鼓面纹饰模糊，有折线纹、锯齿纹、同心圆纹，第8晕为主晕，饰逆时针飞翔的鹭鸟纹。鼓胸上部与腰下部纹饰相向，均各饰3晕，第一、三晕饰锯齿纹，第二晕饰同心圆纹，胸下部有一条纹带，饰数只水鸟。腰上部被锯齿纹、同心圆纹带纵分成10格，格间各饰2只水鸟纹。胸腰附有4只叶脉纹扁耳。展玉鼓和越南的约丘鼓、鼎乡鼓、富川鼓相似（图3—170）。

图 3—170　展玉鼓

（采自坎普图斯《东南亚的铜鼓及其余波》）

苏门答腊鼓　1936 年出土于苏门答腊，仅存鼓面残片，纹饰有太阳纹、曲线纹和飞鸟纹。

2. 印度尼西亚莫科（Moko）鼓

莫科（Moko）鼓是印度尼西亚特有的一种铜鼓，其形制和中国、越南等地发现的铜鼓不同，器形修长，中间细，鼓身上、下两端稍粗，侧附 4 耳，纹饰与其他地区的铜鼓相似，风格独特。莫科鼓大概是古代就已经出现的铜鼓（具体时间目前无从考证），直到今天它仍然非常重要。

莫科鼓主要发现于印度尼西亚的东部地区，即巴厘、阿洛尔、阿多纳拉、佛洛勒斯和东爪哇等地，它是黑格尔Ⅰ型鼓在印尼的一种变体。宾达德根据莫科鼓的纹饰将其分为四种类型：莫科Ⅰ型鼓鼓面上有 8 芒凸起的星纹和若干波浪纹、花蒂、圆环和其他几何图案（图 3—171）。鼓的底面饰有房屋和高鼻梁、眼睛外凸、长耳垂上带有钱币形耳环的人脸图像，使人联想到至今仍流行于加里曼丹岛妇女之中的达雅克习俗[①]；从鼓面纹饰的相似性和有双鼓耳的长鼓身来看，表明它是在黑格尔Ⅰ型鼓的基础上创造出来的。其他莫科鼓的年代明显较晚，根据宾达德的分类，莫科Ⅱ型鼓中的纹饰源于印度教画像；莫科Ⅲ型鼓中的纹饰源于荷兰人和英国人的图案和人物造型；莫科Ⅳ型鼓中的纹饰则是第二次世界大战前描绘的人物和动物图案[②]（图 3—172）。

[①] 印度尼西亚加里曼丹岛的达雅克妇女，她们的耳垂被耳环拉得很长，甚至被撕裂。

[②] ［美］卡塞琳·林道夫：《论印度尼西亚的金属时代》，石应平译，载四川大学博物馆馆编《南方民族考古》，四川科学技术出版社 1991 年版。

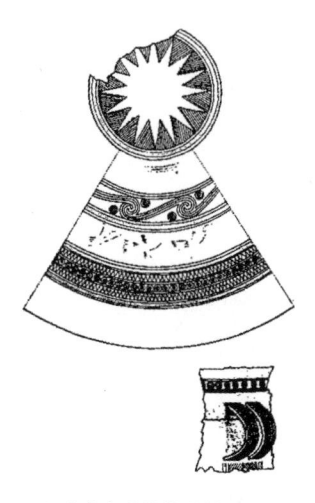

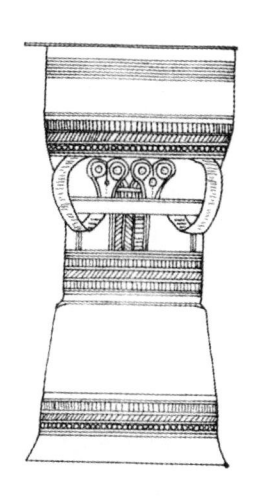

第三章　东南亚各国的铜鼓文化　/　283

1.爪哇发现的莫科鼓上的纹饰　　2.早期莫科鼓 藏于雅加达博物馆
　莫科鼓线图（均采自坎普斯《东南亚的铜鼓及其余波》）

3.莫科鼓照片

图3—171　印度尼西亚莫科鼓

（采自张翔《装饰、风格与源流——印度尼西亚古代工艺美术概览》）

　　1982年，在印尼阿洛尔岛的考古发掘中，在岛上的拉蒙岸发掘出了两面铜鼓，出土时一面黑格尔Ⅰ型鼓在上面，下面是一面倒置的莫科

Ⅰ型鼓，这表明它们有相似的形制和纹饰并都受到了人们的顶礼膜拜。①

最有名的莫科鼓收藏在位于印度尼西亚巴厘岛南面佩京村（Pejeng）的月亮神庙里，名曰"佩京之月铜鼓"（Pejengmoon），又被称为"佩京鼓"（也有的称"贝静鼓"，音译不同而已）或"巴厘鼓"，其铸造时间为公元前后，属于莫科Ⅰ型鼓（图3—173）。

图3—172 印尼莫科Ⅰ型鼓鼓面纹饰
（采自唐根基《印度尼西亚铜鼓的来历》）

图3—173 神庙里的佩京之月铜鼓

"佩京之月铜鼓"形如沙漏，鼓高186.5厘米、鼓面直径160厘米、鼓身直径110厘米，体量之大，仅次于中国广西的世界"铜鼓之王"②，是目前东南亚早期青铜时代最大的单铸铜鼓。其装饰比较复杂，铜鼓身上有环扣，表面有比较复杂的花纹，鼓面中央饰有8芒太阳纹，鼓身上的纹饰主要有圆圈纹、圆圈与短竖线组成的格子纹、五官硕大的人面纹，面部特征似东南亚人，头发散落于脑后（图3—174）。

---

① ［美］卡塞琳·林道夫：《论印度尼西亚的金属时代》，石应平译，载四川大学博物馆编《南方民族考古》，四川科学技术出版社1991年版。

② "铜鼓之王"：即收藏在广西民族博物馆的北流101号铜鼓，面径165厘米，稍大于印度尼西亚的"月亮鼓"。

图3—174　佩京之月铜鼓及鼓面局部纹饰

（采自坎普斯《东南亚的铜鼓及其余波》）

有学者认为"佩京之月铜鼓"属于黑格尔Ⅰ型铜鼓，因为两者有相似的纹饰。也有学者认为不能把它划入黑格尔分类的任何一个类型中，因其外形与细长型的莫科鼓相似，可合为一类，归为异型鼓。从"佩京之月铜鼓"的器形来看，目前多数学者把"佩京之月铜鼓"归为莫科Ⅰ型鼓。坎普斯认为莫科鼓和佩京鼓的器形可能来源于木质管状乐器。[①] 巴厘人传说"佩京之月铜鼓"是从天上掉下来的，是与月亮有关的冥界力量之源泉，受到巴厘人的崇拜，被视为"月神之车"，并且因其神圣禁止人们触摸它。

3. 印度尼西亚新型鼓

印度尼西亚还有一类新型铜鼓，通常鼓面边缘都有4只等距离排列的青铜雕塑，并且鼓面边缘出沿；鼓胸膨大，鼓身呈筒型，鼓腰和鼓足没有明显分段（图3—175）。值得注意的是，鼓足上有大象纹和树纹。其体型不同于印度尼西亚黑格尔Ⅰ型鼓，也不同于莫科鼓。目前印度尼西亚新型鼓共发现6面。

---

① A. J. Bernet. Kempers, *The Kettledrums of Southeast Asia: A Bronze Age World and its Aftermath*, Rotterdam: A. A. Balkema, 1988.

1. 藏于阿洛岛千面铜鼓博物馆的新型铜鼓 2. 藏于班达尔岛呷贝尔村吉利雅斯族屋的新型铜鼓

图 3—175　新型铜鼓

（采自唐根基《印度尼西亚铜鼓的来历研究》）

（二）印度尼西亚铜鼓的来源

关于印度尼西亚铜鼓的来源，学术界有很多的争论。有的学者认为发源于中国南方，有的学者认为铸造于越南北方，也有的研究者认为铸造于印度尼西亚等。印度尼西亚考古学家阿隆里马斯（Arlon Ririmasse）借用黑格尔的文章推断印度尼西亚铜鼓源于越南，但没有足够的资料证明此观点，其说服力不强。[①] 以下我们从印度尼西亚铜鼓的传说以及通过比较印度尼西亚铜鼓的形制和纹饰来探讨其来源。

1. 印度尼西亚传说认为印度尼西亚铜鼓与中国有关

唐根基（Herman）博士走访了几位铜鼓拥有者以及族长，他们都知道相似的铜鼓传说。比如，"此铜鼓是由前族长代代相传留下来的铜鼓，是属于民族的瑰宝和神物，是由祖先从印度国后面的国家漂洋过海带过来的铜鼓。他们认为印度国后面的国家是指中国"[②]。

印度尼西亚斯拉雅儿岛布吉族传说，一位叫纱威立雅丁的国王与家人曾拜访过中国，获中国帝王赠送的一面大铜鼓。回国时，他们将铜鼓带到了一个叫布达巴汶的地方，感动了当地人，于是大家尊称纱威立雅丁为"独马诺龙（Tumanurung）"，即"王"的意思，并将纱威立雅丁的长子拉·伽丽古拥举为布达巴汶的首位国王，纱威立雅丁国王遂将铜鼓

[①] 唐根基：《印尼铜鼓的来历研究》，《文化与传播》2018 年第 1 期。
[②] 唐根基：《印尼铜鼓的来历研究》，《文化与传播》2018 年第 1 期。

永久存于布达巴汶国。

斯拉雅儿岛还有一个传闻，古时该岛有一个叫"布达巴汶"的国家，一位中国王子曾拜访过此国，与布达巴汶国公主一见钟情。中国王子回国后向父王请求欲娶公主为妻，得到父王同意。于是他带着包括铜鼓在内的聘礼来到布达巴汶国迎娶公主。此铜鼓现收藏在该岛的马达拉郎村中，是和谐的象征。

从上述传说来看，一部分印度尼西亚人认为印度尼西亚铜鼓是中国人迁徙到印度尼西亚带来的民族之宝，或是印度尼西亚人拜访中国时得到的赐品，或者中国王子和印度尼西亚公主联姻的聘礼。不论哪一种铜鼓传说，都与中国有关系，表明在当地人心目中，印度尼西亚铜鼓来自中国。传说不见得就是事实，但是传说中有历史的影子，印度尼西亚铜鼓是否来源于中国？有待更多的证据和更深入的研究。

2. 印度尼西亚铜鼓有"舶来品"和"自制品"

王任叔认为："印尼在公元前5世纪到公元初的文化，较多地受到中南半岛的东山文化的影响"，"所有青铜器都是成熟期的形态，铜鼓在当时主要是靠输入的"[1]。

J. 史蒂芬·兰欣认为，公元1—10世纪，巴厘岛开始印度化，在此过程中越南东山铜鼓文化随之传播至巴厘岛，因为在整个印度尼西亚，这样类似的铜鼓有两百多件，"佩京之月铜鼓"就是证据之一，但具体如何传播？J. 史蒂芬·兰欣却并未详说。[2]

有的学者观察到印度尼西亚铜鼓、铜斧和某些装饰品的纹饰图案具有一些共同特点，如均饰有同心圆带纹、三角形纹、连续点状纹、旋涡纹、波状纹以及仿效（东南亚大陆）同类器物风格的鸟状纹等。部分器物上还有人物、动物、船舶和村寨的图案。这些器物广泛分布于小岛上，证明了整个印度尼西亚群岛同东南亚大陆进行地区间相互贸易的观点。[3]

越南学者何文瑨明确表示，在东南亚各国，除了越南，还未在其他

---

[1] 王任叔：《印度尼西亚古代史》上册，中国社会科学出版社1987年版，第178页。
[2] 梁志明：《东南亚的青铜时代文化与古代铜鼓综述》，《南洋问题研究》2007年第4期。
[3] [美]卡塞琳·林道夫：《论印度尼西亚的金属时代》，石应平译，载四川大学博物馆编《南方民族考古》，四川科学技术出版社1991年版。

地方找到可以铸造黑格尔Ⅰ型鼓的证据；东南亚不少铜鼓是从东山文化区——越南北部传播过去的。①

从以上争论可以看出，学者们认为印度尼西亚在铜铁时代受到中国铜鼓和东山铜鼓的影响，并且印度尼西亚有一部分包括铜鼓在内的青铜器上的纹饰和中国、东南亚大陆的风格相似，所以铜鼓是从大陆地区输入的，其方式很可能是靠贸易输入的。我们认为这种观点有一定道理，理由如下。

首先，印度尼西亚进入青铜时代的时间较晚。东南亚海岛地区青铜文化的出现晚于半岛地区。如前文所述当半岛地区进入青铜时代时，海岛地区尚处于新石器时代晚期，海岛地区在公元前500年以后才出现青铜器物，并且与铁器并存，史学家称为"早期金属时代"或"铜铁时代"。尼古拉斯·塔林在《剑桥东南亚史》中指出，根据对马来西亚、爪哇、菲律宾、帝汶岛和美拉尼西亚阿德默勒尔蒂群岛诸遗址年代的测定，马来半岛和东南亚海岛地区红铜器、青铜器和铁器一起出土似乎在公元前500—前200年。② 在这样的情况下，处于海岛地区的印度尼西亚自然会受到半岛青铜文化的影响。

其次，印度尼西亚铜矿较少。印度尼西亚并无著名的产铜点，只在爪哇、加里曼丹、苏门答腊、苏拉威西、帝汶和西伊里安发现少数铜矿，但这些不是古代印度尼西亚人所能利用的③，所以一些学者认为，印度尼西亚的铜鼓有可能是从外部输入的。青铜技术的产生和发展是与当地资源相适应的，是这一地区气候、地理和文化环境的反映。拥有较少铜矿的地区，犹如无米之炊，要出现发达的青铜文化是比较困难的。

最后，印度尼西亚的黑格尔Ⅰ型鼓和东山铜鼓的器型和纹饰相似（图3—176）。从器型和纹饰看，印度尼西亚的黑格尔Ⅰ型鼓，相当于

---

① ［越南］何文瑨：《东南亚铜鼓的记录》，载《铜鼓与青铜文化的再探索》，民族艺术出版社1997年版。
② ［新西兰］尼古拉斯·塔林等：《剑桥东南亚史》，贺圣达等译，云南人民出版社2003年版，第106页。
③ 梁志明：《东南亚的青铜时代文化与古代铜鼓综述》，《南洋问题研究》2007年第4期。

东山铜鼓中的 A、B、C 型，中国铜鼓中的石寨山型和冷水冲型。通过对目前印度尼西亚铜鼓资料的仔细观察比较，我们发现印度尼西亚铜鼓和中国铜鼓、东山铜鼓有相似性，比如都有太阳纹、云雷纹、蛙饰、翔鹭、船纹以及高脚屋、稻作农业生产的写实场景，很有可能是通过某种方式从云南或越南北部传播到印度尼西亚的，并非当地铸造，是"舶来品"。但究竟通过什么方式传入印度尼西亚，有待于发现更充分资料的来证明。

图 3—176　印度尼西亚的黑格尔 I 型鼓（展玉鼓）
和东山铜鼓（广昌鼓）的器型相似

值得注意的是，在发现"佩京之月铜鼓"不远的马努阿比地方，出土了 3 块制造莫科鼓的石范断片，万隆也发现了铸制铜鼓和铜器的石范和泥范的遗迹①，这些发现非常重要，证明了莫科鼓是在本地制造的。由此可知，印度尼西亚诸岛的铜鼓并非都是自外面输入的。

从印度尼西亚的莫科鼓和新型铜鼓来看，它们的器型和花纹风格是和黑格尔类型铜鼓有明显差异的。莫科鼓器型细长，和中国云南傣族的象脚鼓非常相像；而新型鼓的器型介于黑格尔类型和莫科鼓之间（图3—177），比黑格尔类型"瘦"，又比莫科型"胖"；并且鼓足上有大象的纹饰。这种风格独具的铜鼓在东南亚其他地区并未发现过，仅出现在印度尼西亚，体现了鲜明的地方特色。

---

① 王任叔：《印度尼西亚古代史》上册，中国社会科学出版社 1987 年版，第 183—190 页。

图 3—177 藏于印度尼西亚班达尔岛呷贝尔村吉利雅斯族屋的新型铜鼓

（采自唐根基《印度尼西亚铜鼓的来历研究》）

三　印度尼西亚铜鼓的功用及习俗

铜鼓在印度尼西亚民众生活中具有重要的地位，它与政治权力、社会地位、自然神力、死亡、丰饶有密切关系。

在印度尼西亚的铜铁时代，社会已进入父系家长制阶段，铜鼓和铜钺一样，成为父系氏族部落和部落联盟的标志，体现了印度尼西亚父权氏族部落的生活面貌。厄尔勒认为印度尼西亚铜鼓大多与政治权力中心和仪式相关。[1]

在印度尼西亚的很多地方，人们传说铜鼓是从天上掉下来的，是上天赐予人间的神圣之物，所以人们对其顶礼膜拜，比如"佩京之月"铜鼓就是典型的例子。此外，印度尼西亚铜鼓还作为联姻时男方送给女方的聘礼，可见他们把铜鼓当作了一种贵重的财富。印尼有的民族把铜鼓视为民族的"族宝"，是民族的保护神，为了表示敬重它，百姓将鼓分成两半，保存在不同的地方加以祭拜。[2]

在印度尼西亚的不同岛屿上，铜鼓的用途各有不同。在图班、塞兰、波各尔诸岛发现的小型鼓，据说是用作殉葬品。在萨拉亚尔岛、桑格昂

---

[1] ［美］蒂莫西·厄尔：《考古学和民族学视野中的酋邦》，沈辛成译，《南方文物》2009年第3期。

[2] 唐根基：《印尼铜鼓的来历研究》，《文化与传播》2018年第1期。

岛和阿洛尔岛，人们在干旱季节时将铜鼓翻转过来敲击，祈求降雨。在巴厘岛，寺庙经常在举行宗教仪式时把莫科鼓放在祭坛上，作为祭器使用。在阿多纳拉岛，人们把莫科鼓视为五谷丰登的象征，里面装着上天赐予的庄稼，在收获之前带给人们。在隆巴达岛，人们把莫科鼓视为祖先的传家宝而被祭奉。在阿洛尔岛，莫科鼓是新娘的嫁妆之一，否则婚姻会遭到厄运。在爪哇东北部巴拉望岸，1985年夏季考古人员从墓葬中出土了1面黑格尔Ⅰ型鼓，此鼓在一个瓮棺葬的墓地中用作盛装死者骨骸的容器。

可见，在印度尼西亚，铜鼓是权力和财富的象征，还被用作殉葬品、葬具、祭器、嫁妆和聘礼，其用途与铜鼓文化圈内其他国家是相似的，是铜鼓文化交流互鉴的结果。

四 印度尼西亚与云南的铜鼓文化交流

与越南、泰国铜鼓相比，目前印度尼西亚铜鼓的资料非常有限，缺乏照片和线图，使研究工作受到极大限制。所以，本书关于印度尼西亚和云南的铜鼓的比较，仅就现有资料展开讨论。

（一）印度尼西亚与云南的铜鼓比较

唐根基（Herman）博士的文章《印度尼西亚铜鼓的来历研究》中，收集了印度尼西亚103面铜鼓的资料，是目前收集印度尼西亚铜鼓资料最多的文章，文中有的铜鼓有具体的尺寸和纹饰描述，有的铜鼓仅述及收藏地点。据他的统计，截至2018年，印度尼西亚共有83面黑格尔Ⅰ型鼓，占印度尼西亚铜鼓总量的80%。

黑格尔Ⅰ型鼓，即东山铜鼓中的A、B、C型，中国学者分类中的石寨山型和冷水冲型。印度尼西亚的黑格尔Ⅰ型鼓，有的与云南铜鼓相似（属石寨山亚型），有的与越南铜鼓相似（属东山A、B型）。

与云南铜鼓相似的印度尼西亚铜鼓是展玉鼓、西加省铜鼓、达巴南铜鼓。

在器型上，印度尼西亚这三面鼓的腰部剖面与云南滇池地区的石寨山型相同，都是截头喇叭形（或称梯形）（图3—178）。在纹饰上，展玉鼓鼓面有三角锯齿纹，鼓胸上部与腰之下部第一、三晕圈为三角锯齿纹，第二晕圈装饰着同心圆纹。而鼓腰上部被由三角锯齿纹和同心圆纹组成的装饰带纵分为多格。这些装饰风格与滇池地区出土的石寨山型铜鼓非常相似。

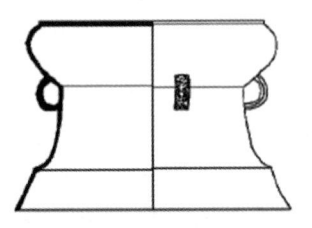

1. 云南李家山M68:285号鼓 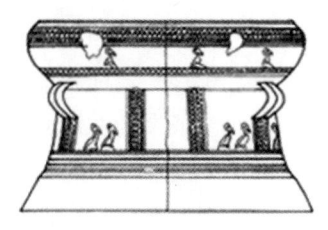　　2. 印度尼西亚展玉鼓

3. 存放于印度尼西亚西加省博物馆的铜鼓 　　4. 存放于印度尼西亚达巴南的铜鼓

图3—178　云南李家山M68：285号鼓和印度尼西亚展玉鼓、西加省铜鼓、达巴南铜鼓鼓腰剖面相似

此外，印度尼西亚展玉鼓鼓腰上被纵分成8格，各个格内装饰着1只大嘴长喙鸟，这和云南文山出土的石寨山型铜鼓古木鼓相同。古木鼓腰上也有8个格子，每格内站立着1只与展玉鼓鼓腰上相同形状的鸟（图3—179）。

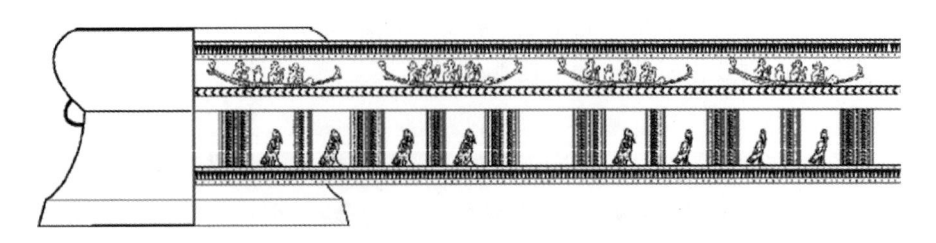

图3—179　云南文山古木鼓

展玉鼓的鼓足较高，这是其与云南鼓的不同之处。由于展玉鼓具有以上和云南石寨山型铜鼓相似的特征，李昆声和黄德荣先生将它划分为石寨山（亚）型铜鼓中的Ⅱ式。① 越南学者认为展玉鼓属于越南东山铜鼓之A型，与约丘鼓、鼎乡1号鼓、鼎乡Ⅱ号鼓、富川鼓相似。但不可否认的事实是，约丘鼓、鼎乡1号鼓、鼎乡2号鼓和富川鼓之鼓身上的纹饰，有着云南滇池地区出土的石寨山型铜鼓花纹的"DNA"，这些"DNA"是三角锯齿纹以及鼓腰上站立的瘤牛纹（图3—180）。

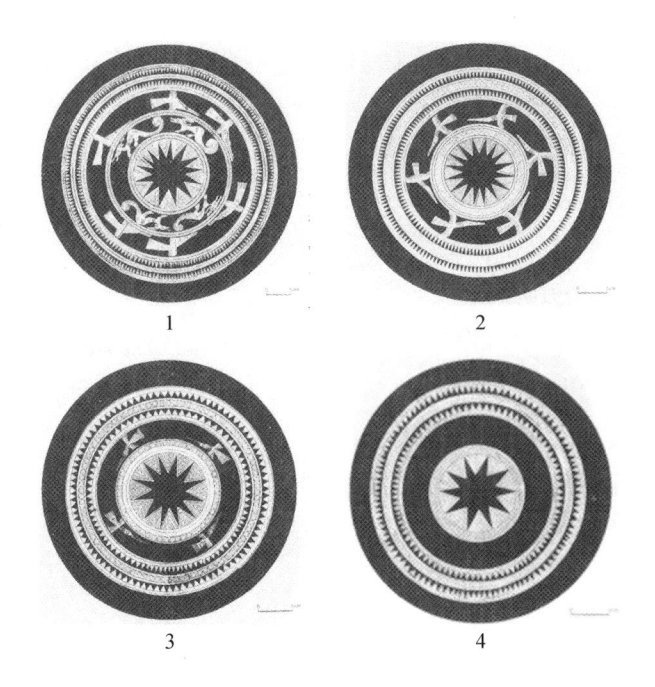

1. 富川鼓 2. 约丘鼓 3. 鼎乡Ⅰ号鼓 4. 鼎乡Ⅱ号鼓

图3—180　越南东山鼓鼓面上的三角锯齿纹

因此，印度尼西亚展玉鼓在分类上终归属于石寨山型铜鼓。它在器型和纹饰风格上和云南石寨山型铜鼓相近，应是受到云南石寨山型铜鼓的影响。说明云南石寨山型铜鼓不仅传播到中南半岛上的东南亚国家，而且传播到更南边的东南亚海岛国家印度尼西亚。

---

① 李昆声、黄德荣：《中国与东南亚的古代铜鼓》，云南美术出版社2008年版，第255页。

（二）印度尼西亚与云南的铜鼓习俗比较

如前所述，从古至今，印度尼西亚铜鼓主要有以下功用：政治权力的标志、财富的象征、殉葬品、祈求降雨的祭器、婚礼中的聘礼或嫁妆、民族的保护神、盛放死者骨骸的容器。印度尼西亚和云南的铜鼓习俗相比，有相同的地方，也有不同的地方。

1. 相同的铜鼓习俗

云南铜鼓也曾作为政治权力的标志，由于古代铜矿资源的稀缺性，导致权贵阶层才拥有铜鼓。云南考古发掘所得的万家坝型铜鼓和石寨山型铜鼓，都出土于贵族或部落首领大墓中，可见在古代云南，铜鼓也曾作为政治权力和财富的象征。

云南铜鼓同样具有殉葬品的功用，云南从墓葬中出土的古代铜鼓比较多，并且出土时大多是完整的，不像东南亚有的地区只是敲下铜鼓的一小块鼓面或者铜鼓上的一个雕塑动物来象征整面鼓；云南至今并未发现作为明器使用的小型鼓。

作为祭器，是铜鼓最本质的属性。不论是古代还是现代，云南使用铜鼓的民族都把铜鼓作为神圣的祭器，比如古滇国贮贝器盖上就有隆重的祭祀场面，一位女性主祭人身旁摆放着16面铜鼓，这些"列鼓"和古代中原的"列鼎"一样，是作为古滇国的祭器使用的。到了现代，铜鼓的功能发生了变迁，它在云南少数民族中的祭器功能逐渐被乐器功能所取代。

2. 不同的铜鼓习俗

云南和印度尼西亚使用铜鼓的民族在潜意识中都把铜鼓视为财富的象征。不同的是，印度尼西亚把象征着财富的铜鼓当作聘礼或嫁妆；而云南少数民族中，有钱人可以购得铜鼓，将其作为夸富示豪的工具，从而获得一种威望，让人们更尊重和服从自己。这是两者的不同之处。此外，迄今为止，云南还从未发现过将铜鼓作为葬具使用。

综上所述，我们认为印度尼西亚黑格尔Ⅰ型鼓既受到了越南东山铜鼓的影响，也受到了中国云南石寨山型铜鼓的影响，由于地域的关系，前者的影响更多更强烈，然而印度尼西亚佩玉鼓受到了中国云南石寨山型铜鼓的影响，也是不容忽视的事实。

结　　语

一　铜鼓、铜鼓文化和铜鼓文化圈的内涵

铜鼓是广泛流传于中国西南和东南亚地区的一种具有神秘色彩的民族文物，它是人类社会发展到一定历史阶段（青铜器时代）的产物，是青铜器的杰出代表之一，也是人类社会由游牧渔猎进入农耕时期的一个标志性器物，因而具有明显的时代性。同时，由于铜鼓仅流布于中国西南和东南亚的少数民族地区，所以它具有鲜明的民族性和地域性。作为民族器物，铜鼓凝聚着使用铜鼓民族的价值观念、风俗习惯、社会组织、经济形态、审美情趣以及宗教信仰等诸多历史和文化信息。

就其外形来说，铜鼓外形似鼓，由鼓面、鼓耳、鼓胸、鼓腰和鼓足五个部分组成，多数铜鼓全身装饰着几何性或写实性花纹。写实性花纹实质上是使用铜鼓民族的社会风俗画或宗教信仰图解。

铜鼓的用途大体上经历了从炊具到乐器、容器、神器、礼器、明器和葬具的发展过程，我们认为神器和礼器是铜鼓最基本最重要的功能，综观中国西南和东南亚地区的铜鼓使用习俗，人们在节日庆典、宗教仪式、婚丧嫁娶活动上乐于使用铜鼓，根本目的是让铜鼓与神沟通，护佑人们兴旺发达、平安吉祥。

铜鼓不仅仅是一种民族文物，更重要的是，它是中国南方和东南亚使用铜鼓民族的一种文化符号。它蕴含着深刻的文化内涵，反映了时代和民族的特征，传递着民族文化的基因，所以我们对铜鼓的研究要提高到铜鼓文化的高度来进行更加深入的研究。

铜鼓是文化载体，具有传播属性。铜鼓在云南产生后，便向四周传播。由于铜鼓的广泛传播，使得铜鼓文化发展为铜鼓文化圈。所谓铜鼓文化圈，是指制造和使用铜鼓的民族所形成的一个共同的文化圈。它以铜鼓为文化的核心，包括铜鼓的产生、制作、所代表的内涵以及对人们政治和精神所产生的影响，因而具有不同于其他文化圈的特征。

以往已经有学者提出了"铜鼓文化圈"概念，我们在前人研究的基础上，对于铜鼓文化圈的内涵提出以下看法：一是铜鼓文化圈是一个时空概念，有特定的时间和空间。其滥觞于春秋早期，至今已有两千余年。囊括了中国西南和东南亚的广大地区。铜鼓文化圈内的民族大多居于相对封闭的环境中，使铜鼓文化得以传承下来，成为民族文化的"活化石"。二是铜鼓文化圈是一个文化单元，包含着使用铜鼓民族共享的铜鼓文化和与铜鼓相关的风俗习惯。三是铜鼓文化圈内蕴含着丰富的铜矿资源并经历过一个发展的青铜文化时代，这是铜鼓文化产生必备条件。四是铜鼓文化圈在地理范围上是稻作文化圈的一部分，使用铜鼓的民族大多是稻作民族，铜鼓上的纹饰反映了稻作民族祈求丰收的愿望，铜鼓的使用和稻作文化习俗密不可分。

铜鼓文化圈的形成是由于中国西南和东南亚地区的众多少数民族有亲缘关系，并长期密切往来的结果。

二 云南是铜鼓发源地和铜鼓文化中心，云南铜鼓在传播中实现自身价值

有足够的证据可以证明，在整个铜鼓文化圈中，云南万家坝型铜鼓是目前世界上最古老的铜鼓。学术界从对万家坝型铜鼓的形制、纹饰、铸造水平、碳十四测年、铅同位素测定等多个角度来研究铜鼓的起源地，已取得了一致的意见，即云南是铜鼓的发祥地。

起源于滇西地区的万家坝型铜鼓传播至滇中地区后，产生了石寨山型铜鼓。不论从器形还是从纹饰看，石寨山型铜鼓都是万家坝型铜鼓的直接继承和发展。

云南万家坝型铜鼓和石寨山型铜鼓随着民族迁徙向外传播以后，启发中国西南和东南亚地区创造了其他类型的铜鼓，有的类型的铜鼓又传入云南，融入云南铜鼓家族，比如创造于广西境内的冷水冲型铜鼓传入云南陆良县，缅甸制作的西盟型铜鼓传入滇西南的佤族、傣族之中，成为云南铜鼓家族的一员。

三　蜀身毒道、滇越通道是云南早期铜鼓传播至东南亚的重要通道

云南铜鼓传播到东南亚，一种方式是从云南直接传播到东南亚；还有另一种方式是从云南传播到广西，再从广西传播到东南亚。本书重点关注的是从云南传播到东南亚的线路。

云南铜鼓直接传播到东南亚，主要有两条通道：一条是通过蜀身毒道（西南丝绸之路）传播到缅甸；另一条是通过滇越通道传播到越南。此外，茶马古道是蜀身毒道的发展和补充，它使干道和支道串联起来，形成叶脉式的网状连接。在上述通道沿线不断有古代铜鼓出土，并且在缅甸和越南也发现了云南早期铜鼓传播的实证。所以说蜀身毒道、滇越通道既是古代贸易之路，也是铜鼓文化传播之路，这两条通道在以往的铜鼓传播研究中，都有所忽略，为本书创新之处。

云南铜鼓传播到东南亚的主要方式是民族迁徙。民族的迁徙不仅是人口的移植，也是文化的移植。古代使用铜鼓的民族沿着蜀身毒道、滇越通道、茶马古道以及河谷地带迁徙到东南亚地区，同时也将铜鼓或铜鼓铸造技术传播到了东南亚地区。也有少部分民族从东南亚迁徙到云南，将铜鼓带到云南，如20世纪70年代一部分老挝克木族因刀耕火种的原因，携带着铜鼓迁徙到云南西双版纳。

文化的交流是双向的，总是先进文化带动后进文化，共同促进文化的发展与繁荣。

四　云南与东南亚部分国家的铜鼓文化比较

（一）云南与越南的铜鼓文化比较

越南是东南亚古代铜鼓的分布中心，它和中国的铜鼓文化有交流互鉴的关系，又深刻影响着东南亚其他地区的铜鼓，具有"承上启下"的作用。

本书对滇越两地的先黑格尔Ⅰ型鼓和黑格尔Ⅰ型鼓进行了细致比较。所比较的先黑格尔Ⅰ型鼓，即越南学者分类中的东山D型鼓，中国学者分类中的云南的万家坝型铜鼓。在前辈学者对该型鼓分式的基础上，我们对同型同式铜鼓进行了更为细致的比较，得出结论。

其一，云南万家坝型鼓与越南东山D型鼓相互影响，但主要是云南鼓对越南鼓的影响，影响方式体现为铜鼓铸造技术和矿料的传入；其二，云南文山铸造的万家坝型鼓，对越南东山 D 型鼓的影响较大，因为两地更为接近；其三，越南东山 D 型鼓是受到云南铜鼓技术的影响在当地铸造的，过去"无论越南还是文山地区出土的万家坝型铜鼓，都是从楚雄、大理等地传播过去的"观点似有商榷余地。

所比较的黑格尔 I 型鼓，为越南的东山 A、B 型鼓，云南石寨山型铜鼓。比较两地铜鼓的器型，越南鼓体型大于云南鼓，纹饰比云南鼓更繁缛，说明东山 A、B 型鼓的时代晚于石寨山型铜鼓。越南黑格尔 I 型鼓与云南石寨山型铜鼓纹饰显示出两者的亲缘关系和文化交流的迹象。相同的纹饰说明两地有相似的生态环境和人文环境。不同的纹饰显示出东山铜鼓的制造者在借用云南铜鼓纹饰的基础上，融入了地方特色，有所创新。

在铜鼓的功用方面，越南东山铜鼓有两个显著的特点，其一是越南铜鼓的主要功能是用于战争，以铜鼓作为号令三军的信物，抬高了铜鼓的地位，将其人格化和神化，使其成为战争之神，并立庙祀之。其二是越南有专门铸造的小铜鼓作为明器鼓使用。这两个特点也是越南鼓和云南鼓功用的最大区别。

（二）云南与缅甸的铜鼓文化比较

缅甸是黑格尔 III 型鼓（等同于中国学者分类中的西盟型铜鼓）的大本营，主要分布在云南西南部中缅边境以及缅甸东部掸邦高原与老挝、泰国交界的山区，是云南和东南亚的铜鼓文化交流中不可忽略的重要部分。

缅甸使用黑格尔 III 型鼓的民族主要是跨境民族佤族、克伦族和克耶族。云南使用西盟型铜鼓的民族主要是佤族，还有一部分傣族和澜沧江流域的一些少数民族。

目前发现的黑格尔 III 型鼓，几乎是传世鼓，没有墓葬出土的铜鼓。

缅甸和云南的黑格尔 III 鼓器型相似，纹饰大同小异，相同的是鼓面边缘有圆雕青蛙。鼓身一侧从腰部到足部通常有树、小象、螺蛳等雕塑。不同的是，缅甸黑格尔 III 型鼓上出现了孔雀圆雕，少数缅甸铜鼓上还有瓢虫、蜥蜴和飞鸟圆雕。云南黑格尔 III 型鼓上有牛纹，这是云南佤族以牛计富的习俗。这些区别与两地使用铜鼓民族生活中关系密切的动物有关。此外，两地黑格尔Ⅲ型鼓纹饰变化规律相似，铸造方法相同，都用失蜡法铸成。

在铜鼓的功用上，云南和缅甸铜鼓都用来传递信息、象征财富和威望、作为祭祀礼器和在重要场合作为乐器使用。不同之处在于，缅甸克伦族比云南佤族使用铜鼓的场合更广泛。但最大的差异是缅甸克伦族用铜鼓碎片陪葬。云南使用此型铜鼓的民族则没有这种习俗，目前发现的都是保存比较完整的传世鼓。总之，两地的铜鼓文化水乳交融，共通之处多于不同之处。

（三）云南与泰国的铜鼓文化比较

泰国是东南亚除越南之外的第二大铜鼓分布中心。

目前泰国有记录的铜鼓数量共有71面，其中《泰国的铜鼓》中记载的铜鼓有48面，通过实地调查和其他记载所获知的铜鼓有23面。主要有三种类型，即先黑格尔Ⅰ型鼓（等同于万家坝型铜鼓）、黑格尔Ⅰ型鼓（等同于石寨山型铜鼓和冷水冲型铜鼓）、黑格尔Ⅲ型鼓（等同于西盟型铜鼓），我们对泰国和云南的这三个类型的铜鼓进行比较分析。

就两地先黑格尔Ⅰ型鼓看，泰国铜鼓中的东北鼓无耳，曼谷鼓有双耳，具有地方特色。但是东北鼓与云南祥云大波那、昌宁鼓极其相似，推测云南万家坝型铜鼓曾从滇西，沿着澜沧江河谷传到泰国。曼谷鼓和越南上农鼓相似，两面鼓都有双耳且饰有辫状纹饰，推测泰国鼓受到越南鼓的影响。

通过比较两地的黑格尔Ⅰ型鼓，泰国鼓普遍比云南鼓的体型大。纹饰上，云南黑格尔Ⅰ型鼓较写实，泰国黑格尔Ⅰ型鼓则高度图案化。可见泰国鼓的时间晚于云南鼓。云南鼓的牛纹装饰在鼓身的竖格内，泰国鼓的牛纹则装饰在鼓胸的船纹之间。泰国鼓鼓面上还有花朵纹、鸭纹和鱼纹，云南鼓上则无这些纹饰。泰国鼓上的几何纹饰比云南鼓丰富。

比较两地黑格尔Ⅲ型鼓，泰国鼓比云南黑格尔Ⅲ型鼓的鼓身纹饰内容丰富，并且有的鼓镀上了金，云南从未发现过镀金的铜鼓。

铜鼓功用方面，云南和泰国都把铜鼓视为祈雨的神器，是少数民族重要仪式（包括节日庆典、宗教活动、婚丧仪式）中的祭器和乐器，还是财富和地位的象征。不同之处在于，虽然两地都有把铜鼓用作明器的习俗，泰国只埋葬铜鼓上的装饰物或铜鼓碎片，所以现存泰国铜鼓大多鼓面或鼓身上有孔；而云南鼓则整面埋入土中陪葬，所以出土的铜鼓大多完整无损。泰国把铜鼓与皇权联系在一起，无论是国王举行庆典仪式还是出巡开道，都要使用铜鼓，铜鼓在泰国皇室具有重要的地位；而在中国，铜鼓只是少数民族的祭器和礼器。

泰国铜鼓既受到云南铜鼓的影响，也受到了越南东山铜鼓的影响。而东山铜鼓受到了云南铜鼓的影响，云南铜鼓和泰国铜鼓既有直接传播关系，也有间接传播关系。

（四）云南与老挝的铜鼓文化比较

老挝是东南亚拥有铜鼓较多的国家之一，其北部的琅勃拉邦是老挝铜鼓的分布中心。

目前无法统计老挝铜鼓的确切数量，只能根据老挝81面馆藏铜鼓进行研究。老挝馆藏铜鼓共有四种类型，即黑格尔Ⅰ型、Ⅱ型、Ⅲ型和Ⅳ型铜鼓，其中黑格尔Ⅲ型铜鼓数量最多；这些馆藏铜鼓都没有科学记录和伴出物，无法确定其年代。

老挝使用铜鼓的民族主要是克木族、倮倮族、拉棉族和老龙族。

我们对老挝和云南的黑格尔Ⅰ型、Ⅲ型鼓进行比较。

两地黑格尔Ⅰ型鼓相比，老挝鼓器型普遍比云南鼓高大。两地黑格尔Ⅰ型鼓纹饰的鼓身上都有羽人舞蹈纹和船纹；但是云南鼓上的纹饰具有写实性，而老挝鼓上的纹饰趋于图案化，说明老挝鼓要比云南鼓产生的时间晚。老挝乌汶鼓和云南广南鼓纹饰非常相似，此鼓应是在中国铸造后传入老挝，是古代中老文化交流的实证。老挝S1号鼓鼓面上有云南石寨山型铜鼓相似的主题纹饰羽人划船纹和水牛纹，但这些纹饰一般装饰在云南石寨山型铜鼓上的鼓胸上。老挝鼓的纹饰特点说明其接受了云南石寨山型铜鼓的主题纹饰，但做了重新布局。

两地黑格尔Ⅲ型鼓相比，鼓面上都装饰着小鸟纹、鱼纹、团花纹、米粒纹和孔雀翎纹，鼓面边缘都有蛙饰。但老挝黑格尔Ⅲ型鼓鼓身一侧的装饰比云南鼓丰富。

老挝克木族有较高冶炼技术，且克木族铜鼓鼓胸上饰有虎纹，显示纹饰的地方性和独特性。我们认为老挝克木族铜鼓有很大可能是该民族自己铸造的。

云南和老挝的铜鼓功用相似，都是重要活动中的祭器和乐器，都是与神灵沟通的神器，都象征着财富、吉祥和地位。

老挝铜鼓受到中国云南铜鼓的影响，也受到越南东山铜鼓的影响，并融入了自身的地方特色。

（五）云南与印度尼西亚的铜鼓文化比较

印度尼西亚铜鼓中，我们重点研究的黑格尔Ⅰ型鼓，有的与云南铜鼓相似（属石寨山亚型），有的与越南铜鼓相似（属东山A、B型）。与云南铜鼓相似的印度尼西亚铜鼓如展玉鼓、西加省铜鼓、达巴南铜鼓。这三面鼓的腰部剖面与云南滇池地区的石寨山型相同，都是截头喇叭形（或称梯形）。展玉鼓鼓面纹饰风格与滇池地区出土的石寨山型铜鼓非常相似，属于石寨山型铜鼓。说明云南石寨山型铜鼓不仅传播到中南半岛上的东南亚国家，而且传播到更南边的东南亚海岛国家印度尼西亚。

印度尼西亚和云南的铜鼓功用相比，都是政治权力的标志和财富的象征，都用作殉葬品和祭器；不同的是，印度尼西亚还把铜鼓当作葬具、聘礼和嫁妆；而云南使用铜鼓的民族中，有钱人购得作为夸富示豪的工具，从而提升自己的社会地位。

我们认为印度尼西亚黑格尔Ⅰ型鼓既受到了越南东山铜鼓的影响，也受到了中国云南石寨山型铜鼓的影响，由于地域的关系，受前者的影响更多。

总之，越南是东南亚铜鼓的分布中心，东南亚铜鼓以越南东山铜鼓为代表，它受到云南万家坝型铜鼓的影响，与石寨山型铜鼓平行发展。但又具有自己的地方特色。东南亚其他国家如缅甸、泰国、老挝等国家的铜鼓，都或多或少受到云南铜鼓直接或间接的影响，并形成了各自的地方特点。

五　铜鼓和东南亚铜鼓文化比较研究的现实意义

云南与东南亚的铜鼓比较研究，具有非常重要的现实意义。虽然说铜鼓是一种历史遗物，铜鼓文化或许也将伴随着历史的进程而逐渐消失。但是铜鼓和铜鼓文化反映了中国和东南亚民族水乳交融的文化亲缘关系，它证明了中国文化与东南亚文化其实是你中有我，我中有你，不可分割的。对于增强中国与东南亚各国的友好关系、相互理解，实现道路相通、文化互鉴、互利共赢，具有重要的价值和现实意义。

参考文献

一 古籍

（汉）司马迁：《史记》。

（晋）虞喜：《志林》。

（唐）《隋书·地理志》。

（唐）刘恂：《岭表录异》。

（宋）李焘：《续资治通鉴长编》。

（南宋）王应麟：《玉海》。

（元）《宋史·南丹州蛮传》。

（明）朱国帧：《涌幢小品》卷四。

（清）屠述濂：《腾越州志》。

二 考古报告和资料

北京大学历史系考古专业碳14实验室：《碳14年代测定报告》续一，《文物》1978年第5期。

广西省文物管理委员会：《广西贵县汉墓的清理》，《考古学报》1957年第1期。

广西壮族自治区博物馆编：《古代铜鼓历史资料》，1980年。

广西壮族自治区博物馆：《广西铜鼓图录》，文物出版社1991年版。

广西壮族自治区文物工作队：《广西西林县普驮铜鼓墓葬》，《文物》1978年第9期。

云南省博物馆编：《云南省博物馆》（图录），文物出版社1991年版。

云南省博物馆筹备组：《剑川海门口古文化遗址清理简报》，《考古通讯》1958 年第 6 期。

云南省博物馆考古组：《云南晋宁石寨山古遗址及墓葬》，《考古学报》1956 年第 1 期。

云南省博物馆文物工作队等：《云南楚雄县万家坝古墓群发掘报告》，《考古学报》1983 年第 3 期。

云南省博物馆文物工作队等：《云南省楚雄县万家埧古墓群发掘简报》，《文物》1978 年第 10 期。

云南省博物馆：《云南江川李家山古墓群发掘报告》，《考古学报》1975 年第 2 期。

云南省博物馆：《云南晋宁石寨山古墓群发掘报告》，文物出版社 1959 年版。

云南省博物馆：《云南省江川李家山古墓群发掘简报》，《文物》1972 年第 8 期。

云南省文物工作队：《云南祥云大波那木椁铜棺墓清理报告》，《考古》1964 年第 12 期。

中国古代铜鼓研究会编印：《中国古代铜鼓研究通讯》1982—2019 年第 1—22 期。

中国社会科学院考古研究所实验室：《放射性碳素测定年代报告》，《考古》1972 年第 5 期。

中国科学院考古研究所实验室：《发射性碳素测定年代报告（四）》，《考古》1977 年第 3 期。

中国社会科学院考古研究所实验室：《放射性碳素测定年代报告（五）》，《考古》1978 年第 4 期。

三　论著

[新西兰] 查尔斯·海厄姆：《东南亚大陆早期文化——从最初的人类到吴哥》，云南省文物考古研究所译，文物出版社 2017 年版。

崔剑锋、吴小红：《铅同位素考古研究——以中国云南和越南出土的青铜器为例》，文物出版社 2008 年版。

邓碧河等：《老挝史》，越南社会科学出版社 1997 年版。

董晓京：《腾冲商帮》，云南人民出版社2013年版。

段立生：《行走的境界——段立生文化之旅》，广西人民出版社2018年版。

段立生等：《东南亚宗教嬗变对各国政治的影响》，泰国曼谷大通出版社2007年版。

段立生：《泰国通史》，上海社会科学院出版社2014年版。

段立生：《泰国文化艺术史》，商务印书馆2005年版。

范宏贵：《同根生的民族——壮泰各族渊源与文化》，世界图书出版社2014年版。

方国瑜：《云南古代民族史略》，云南人民出版社1977年版。

方国瑜：《中国西南历史地理考释》上册，中华书局1987年版。

冯汉骥：《冯汉骥考古学论文集》，文物出版社1985年版。

冯汉骥：《冯汉骥论考古学》，上海科学技术文献出版社2008年版。

［奥］弗朗茨·黑格尔：《东南亚古代金属鼓》，石钟健、黎广秀译，上海古籍出版社2004年版。

广西壮族自治区博物馆：《广西贵县罗泊湾汉墓》，文物出版社1988年版。

何平：《东南亚民族史》，云南大学出版社2012年版。

黄兴球：《老挝族群论》，民族出版社2006年版。

蒋廷瑜：《古代铜鼓通论》，紫禁城出版社1999年版。

蒋廷瑜：《铜鼓——南国奇葩》，天津科技出版社2001年版。

蒋廷瑜：《铜鼓》，人民出版社1985年版。

蒋廷瑜：《铜鼓史话》，文物出版社1982年版。

蒋廷瑜：《铜鼓艺术研究》，广西人民出版社1988年版。

李富强、王海玲主编：《中国—东南亚铜鼓·柬埔寨卷》（图录），广西人民出版社2018年版。

李富强主编：《中国—东南亚铜鼓·老挝卷》（图录），广西人民出版社2016年版。

李昆声、陈果：《中国云南与越南的青铜文明》，社会科学文献出版社2013年版。

李昆声、黄德荣：《中国与东南亚的古代铜鼓》，云南美术出版社2008

年版。

李昆声:《李昆声文物考古论集》,台湾逢甲大学出版社 2007 年版。

李昆声、李培聪、杨江林:《云南考古学通论》,云南大学出版社 2019 年版。

李昆声:《云南考古学论集》,云南人民出版社 1998 年版。

李昆声:《云南文物古迹》,云南人民出版社 1984 年版。

李昆声:《云南艺术史》,云南教育出版社 2001 年版。

李伟卿:《铜鼓及其纹饰》,云南科技出版社 2000 年版。

李晓岑:《中国铅同位素考古》,云南科技出版社 2000 年版。

刘小兵:《滇文化史》,云南人民出版社 1991 年版。

陆韧:《云南对外交通史》,云南民族出版社 1997 年版。

申旭、刘稚:《中国西南与东南亚的跨境民族》,云南民族出版社 1988 年版。

万辅彬、蒋廷瑜、韦丹芳、廖明君、蒋英、吴伟峰:《大器铜鼓——铜鼓文化的发展、传承与保护研究》,中国科学技术出版社 2013 年版。

万辅彬、蒋廷瑜、韦丹芳:《铜鼓》,中国社会科学出版社 2014 年版。

万辅彬、韦丹芳:《东南亚铜鼓研究》,中国科学技术出版社 2018 年版。

万辅彬:《中国古代铜鼓科学研究》,广西民族出版社 1992 年版。

汪宁生:《铜鼓与中国南方少数民族》,吉林教育出版社 1989 年版。

汪宁生:《汪宁生论著萃编》下卷,云南民族出版社 2001 年版。

王大道:《云南铜鼓》,云南教育出版社 1986 年版。

王任叔:《印度尼西亚古代史》,中国社会科学出版社 1987 年版。

韦丹芳:《老挝克木鼓与相邻地区同类型铜鼓研究》,中国科学技术出版社 2014 年版。

文山苗族壮族自治州文化局、黄德荣主编:《文山铜鼓暨民族历史文化国际学术研讨会论文集》,云南人民出版社 2004 年版。

许智范、肖明华:《南方文化与百越滇越文明》,江苏教育出版社 2005 年版。

云南省博物馆:《云南省博物馆铜鼓图录》,云南人民出版社 1959 年版。

云南省博物馆、中国古代铜鼓研究会编:《民族考古译文集》,1987 年版。

张增祺:《滇国与滇文化》,云南美术出版社 1997 年版。

张增祺：《滇文化》，文物出版社 2001 年版。

张增祺：《中国西南民族考古》，云南人民出版社 1990 年版。

中国古代铜鼓研究会编：《中国古代铜鼓》，文物出版社 1988 年版。

［越南］范明玄、阮文好、赖文德：《越南的东山铜鼓》（图录），越南社会科学出版社 1990 年版。

［越南］范明玄、阮文煊、郑生：《东山铜鼓》，程方译，越南社会科学出版社 1987 年版。

［越南］何文晋：《越南的东山文化》，越南社会科学出版社 1994 年版。

［越南］林氏美蓉：《铜器时代》，越南河内国家大学出版社 2004 年版。

［越南］陶维英：《越南古代史》，刘统文、子钺译，商务印书馆 1976 年版。

四　论文

蔡华：《魂兮归来——越南倮倮族灵魂观念与祭祀仪式的田野报告》，《西南民族大学学报》（人文社会科学版）2009 年总第 219 期。

陈晓倩、李昆声：《东南亚青铜时代文化百年研究综述》，《思想战线》2013 年第 1 期。

东方既晓：《西双版纳雨林中的克木人》，《版纳》2007 年第 3 期。

董晓京：《浅谈石寨山型铜鼓花纹》，载《声震神州——文山铜鼓暨民族历史文化国际学术研讨会论文集》，云南人民出版社 2005 年版。

董晓京：《石寨山型铜鼓花纹新解》，《思想战线》2007 年第 6 期。

董晓京：《铜鼓花纹：古滇人宗教绘画》，《中国社会科学报》2013 年 8 月 30 日第 A05 版。

段立生：《哀牢是傣系民族的先民》，载《泰国史散论》，广西人民出版社 1993 年版。

范宏贵：《敲铜鼓祭祖的克木族》，载《中国民族报》2004 年 6 月 11 日。

范宏贵：《泰国铜鼓见闻》，中国古代铜鼓研究会编印《中国古代铜鼓研究通讯》2001 年第 17 期。

郭锐：《佤族的鼓与鼓文化》，《云南民族大学学报》2007 年第 4 期。

胡振东：《云南型铜鼓的传播与濮人的变迁》，载《中国铜鼓研究会第二次学术讨论会论文集》，文物出版社 1986 年版。

黄兴球：《中老跨境民族的区分及其跨境特征论》，《广西民族学院学报》（哲学社会科学版）2006年第3期。

蒋廷瑜：《"百越古道"中的铜鼓路》，载《广西博物馆文集》2015年第十二辑。

蒋廷瑜：《东山铜鼓在铜鼓发展史中的地位》，载《广西博物馆文集》第二辑，广西人民出版社2005年版。

蒋廷瑜：《铜鼓是东盟古代文化的共同载体》，《广西民族学院学报》（哲学社会科学版）2005年第1期。

蒋廷瑜：《中国西南边境跨国民族使用铜鼓习俗的分析》，载《首届中国与东南亚民族论坛论文集》，民族出版社2005年版。

蒋志龙：《铜鼓·贮贝器·滇国》，《中华文化论坛》2002年第4期。

金正耀：《晚商中原青铜器矿料来源研究》，载《科学史论集》，中国科技大学出版社1987年版。

李富强、卫彦雄、吕洁：《老挝克木人铜鼓文化考察》，《广西民族研究》2019年第4期。

李昆声、黄德荣：《论黑格尔Ⅰ型铜鼓》，《考古学报》2016年第2期。

李昆声、黄德荣：《论万家坝型铜鼓》，《考古》1990年第5期。

李昆声、黄德荣：《中国古代铜鼓研究会在铜鼓研究中的主导地位》，中国古代铜鼓研究会编印《中国古代铜鼓研究通讯》2015年第19期。

李昆声：《释早期铜鼓鼍纹》，载《云南考古学论文集》，云南人民出版社1998年版。

李昆声：《亚洲稻作文化的起源》，《社会科学战线》1984年第4期。

李昆声：《云南文山在世界铜鼓起源研究中的地位》，载《声震神州——文山铜鼓暨民族历史文化国际学术研讨会论文集》，云南人民出版社2005年版。

李伟卿：《中国南方铜鼓的分类和断代》，《考古》1979年第1期。

李晓岑：《从铅同位素比值试析商周时期青铜器的矿料来源》，《文物与考古》2002年第2期。

梁燕理：《泰国北部程逸府出土铜鼓》，载中国古代铜鼓研究会编印《中国古代铜鼓研究通讯》2018年第22期。

梁燕理：《泰国黑格尔Ⅰ型铜鼓的分式及比较研究》，载中国古代铜鼓研究会编印《中国古代铜鼓研究通讯》2017年第21期。

梁燕理：《壮泰铜鼓文化比较研究》，《传承》2016年第5期。

梁志明：《东南亚的青铜时代文化与古代铜鼓综述》，《南洋问题研究》2007年第4期。

廖明君：《铜鼓艺术的文化多样性》，《中国美术研究》2013年第4期。

刘莉：《一部铜鼓研究的力作——评万辅彬、韦丹芳：〈东南亚铜鼓研究〉》，《广西民族大学学报》（自然科学版）2018年第2期。

吕蕴琪、李淳信：《腾冲县新发现二具铜鼓》，载中国古代铜鼓研究会编印《中国古代铜鼓研究通讯》1987年第5期。

木基元：《云南型铜鼓传播路线新探》，《云南民族学院学报》1990年第4期。

彭长林：《铜鼓文化圈的演变过程》，《广西民族研究》2016年第1期。

申旭：《论唐代以前西南地区民族向东南亚的迁徙》，《许昌师专学报》（社会科学版）1998年第1期。

唐根基：《印尼铜鼓的来历研究》，《文化与传播》2018年第1期。

童恩正：《论早期铜鼓》，《考古》1983年第3期。

万辅彬：《论田东发现万家坝型铜鼓的意义》，《广西民族学院学报》1997年第3期。

万辅彬、韦丹芳：《试论铜鼓文化圈》，《广西民族研究》2015年第1期。

汪宁生：《试论中国古代铜鼓》，《考古学报》1978年第2期。

汪宁生：《佤族铜鼓》，载《古代铜鼓学术讨论会论文集》，文物出版社1982年版。

王大道：《云南青铜文化及其与越南东山文化、泰国班清文化的关系》，《考古》1990年第6期。

王文魁（口述）、蒋廷瑜（记录）：《广西隆林彝族的铜鼓》，载中国古代铜鼓研究会编印《中国古代铜鼓研究通讯》1982年第2期。

韦丹芳：《老挝克木鼓的纹饰内涵与稻作文化》，《广西民族大学学报》（哲学社会科学版）2009年第3期。

韦丹芳：《老挝克木族铜鼓铸造工艺初探》，《中国科技史杂志》2011年第3期。

韦丹芳、万辅彬：《老挝克木族铜鼓考察》，《广西民族研究》（哲学社会科学版）2007 年第 4 期。

韦丹芳：《中缅、中老跨境民族传世铜鼓比较研究》，《贵州民族研究》2014 年第 4 期。

［美］维京尼亚·M. 地克罗克：《北宋时期在缅甸使用铜鼓的证据》，载《铜鼓和青铜文化的新探索——中国南方及东南亚地区古代铜鼓和青铜文化第二次国际学术讨论会论文集》，广西民族出版社 1993 年版。

吴华：《西盟型铜鼓与云南少数民族》，载《声震神州——文山铜鼓暨民族历史文化国际学术研讨会论文集》，云南人民出版社 2005 年版。

吴坤仪、孙淑云、张世铨、王大道：《中国古代铜鼓的制作技术》，《自然科学史研究》1985 年第 1 期。

吴钊：《揭开铜鼓神奇的奥秘——云南富宁板仑三寨彝族铜鼓的调查与研究》，《中国音乐学》2010 年第 3 期。

吴钊、李昆声等：《万家坝、石寨山铜鼓生律法倾向的初步研究》，载《中国铜鼓研究会第二次学术讨论会论文集》，文物出版社 1986 年版。

谢崇安：《上古滇系铜鼓对雒越铜鼓的造型与纹饰的影响》，《艺术考古》2016 年第 6 期。

徐昕、张煜璇：《此岸彼岸——丧葬礼仪中铜鼓的功能探析》，《广西民族研究》2019 年第 4 期。

杨复兴、吕蕴琪：《云南腾冲出土的古代铜鼓》，载中国古代铜鼓研究会编印《中国古代铜鼓研究通讯》1982 年第 2 期。

姚舜安：《布努瑶与铜鼓》，《中南民族学院学报》1986 年第 1 期。

姚舜安、滕成达：《泰国铜鼓述略》，《广西民族学院学报》1997 年第 3 期。

尹绍亭、尹仑：《生态与历史——从滇国青铜器动物图像看"滇人"对动物的认知与利用》，《云南民族大学学报》2011 年第 5 期。

尹天钰：《云南河口县发现一面铜鼓》，《考古》1995 年第 8 期。

玉腊：《勐腊克木人铜鼓简述》，《民族艺术研究》1998 年第 1 期。

云南省博物馆：《近年来云南出土铜鼓》，《考古》1981 年第 4 期。

云南省博物馆：《晋宁石寨山出土有关奴隶社会文物》，载《石寨山文化考古发掘报告集》（上册），科学出版社 2016 年版。

张翔：《装饰风格与源流：印度尼西亚古代工艺美术概论（上）》，《民艺》2019年第4期。

张增祺:《"万家坝型铜鼓"与"石寨山型铜鼓"的关系》,载《铜鼓和青铜文化的新探索——中国南方和东南亚地区古代铜鼓和青铜文化第二次学术讨论会论文集》,广西民族出版社1993年版。

张增祺:《云南石寨山文化与越南东山文化比较研究》,载《中国西南民族考古》,云南人民出版社1990年版。

赵橹:《东南亚铜鼓文化溯源》,《东南亚南亚研究》1990年第2期。

朱海鹰:《云南澜沧江流域失落的蛙文化》,《云南艺术学院学报》2003年第4期。

庄礼伦:《介绍泰国出土的几面古代铜鼓》,载中国古代铜鼓研究会编印《中国古代铜鼓研究通讯》1985年第4期。

[英] H. I. 马歇尔（Marshall）:《克伦铜鼓》,《缅甸研究会杂志》1929年第1期。

[美] R. M. Cooler:《克伦人对铜鼓的使用》,谢光茂译,载中国古代铜鼓研究会编印《中国古代铜鼓研究通讯》1999年第15期。

[美] R. M. Cooler:《克伦人对铜鼓的使用（续一）》,谢光茂译,载中国古代铜鼓研究会编印《中国古代铜鼓研究通讯》2000年第16期。

[法] 埃德蒙·索兰等:《印度支那半岛的史前文化》,载中国社会科学院考古研究所编《考古学参考资料》(2),文物出版社1979年版。

[越南] 范明玄:《关于老街1993年所发现之东山铜鼓介绍》,载《铜鼓和青铜文化的再探索——中国南方及东南亚地区古代铜鼓和青铜文化第三次国际学术讨论会论文集》,民族艺术杂志社1997年版。

[越南] 范明玄:《在中国发现的几只早期东山鼓》,《考古学》1981年第4期。

[瑞典] 高本汉:《早期东山文化的年代》,载《远东古物陈列馆集刊》14卷,1942年。赵嘉文译:载云南民族学院民族研究所考古民族学研究室编印《民族考古译丛》1979年第1辑。

[越南] 黄春征:《东山铜鼓的类型》,载《铜鼓和青铜文化研究》,贵州人民出版社2001年版。

[美] 卡尔·L. 赫特勒:《滇文化、铜鼓在东南亚岛屿及其在东南亚史前文化史中的意义》,载四川大学博物馆、中国古代铜鼓研究学会编《南

方民族考古》1989年第2辑。

［美］卡塞琳·林道夫：《论印度尼西亚的金属时代》，石应平译，《南方民族考古》1991年第1期。

［泰国］康玛差·贴怕猜：《关于洛坤府宝春县帕腊区元涛村出土铜鼓的调查研究报告》，载《艺术》1985年9月刊。

［日］量博满：《班清彩陶概观》，东京，1977年。

［丹麦］佩尔·索伦森：《泰国翁巴洞及其出土的五面铜鼓》，载《东南亚史前社会晚期》，吉隆坡，1979年。

［泰国］菩冲·占达维（Bhujiong Chandavij）、那他帕特拉·占达维（Nattapatra Chandavij）：《泰国史前金属时代的铜鼓和工具》，载《铜鼓和青铜文化的新探索——中国南方和东南亚地区古代铜鼓和青铜文化第二次学术讨论会论文集》，广西民族出版社1993年版。

［美］丘兹惠：《试论东南亚所见之万家坝式铜鼓》，载《铜鼓和青铜文化的再探索——中国南方及东南亚地区古代铜鼓和青铜文化第三次国际学术讨论会论文集》，民族艺术杂志社1997年版。

［越南］阮文好：《论东山文化青铜器的风格和特征》，载《声震神州——文山铜鼓暨民族历史文化国际学术研讨会论文集》，云南人民出版社2005年版。

［越南］阮文煊、黄荣：越南历史博物馆编印《越南发现的东山铜鼓》，1975年。

广西壮族自治区博物馆编：《铜鼓研究资料选译》（二），梁志明译，1979年。

［老挝］宋·帕塞亚蒙坤：《老挝南塔省的克木族人与铜鼓（节选）》，韦经桃译，载中国古代铜鼓研究会编印《中国古代铜鼓研究通讯》2003年第19期。

［泰国］提达·沙拉雅：《泰国铜鼓》，广西民族学院作的学术报告，1986年。

［泰国］汶穗·西沙瓦、李英才：《泰国的克木人》，《世界民族》1985年第3期。

［日］新田荣治、黄德荣：《东南亚早期铜鼓及其起源》，载中国古代铜鼓研究会编印《中国古代铜鼓研究通讯》2002年第18期。

[日] 新田荣治:《云南、北越、泰国发现的先黑格尔Ⅰ式鼓》,彭南林译,《东南亚南亚研究》1986 年第 3 期。

[越南] 叶廷花等著:《老听人与铜鼓》,赵建国译,载《老挝历史文化探讨 2》,越南社会科学出版社 1978 年版。

[越南] 叶廷花:《关于越南一些少数民族几种使用古代铜鼓的见解》,载《声震神州——文山铜鼓暨民族历史文化国际学术研讨会论文集》,云南人民出版社 2005 年版。

五 英文著作和文章

A. J. Bernet. Kempers, *The Kettledrums of Southeast Asia*: *A Bronze Age World and its Aftermath*, Rotterdam: A. A. Balkema, 1988.

Bunker, Emma C, "The Tien Culture and Some Aspect of Its Relationship to the Dong Son Cultrure", in N. Barnarded *Early Chinese Art and Its Possible in the Pacific Basin* 291 – 328. The Proceedings of Asymposium arranged by the Department of Art History and Archaeology. Columbia University, New York City, August 21 – 25, 1967.

Cooler R M. *The Karen Bronze Drums of Burma*. New York: E. J. Brill. 1995.

Dong Son, *Drum in Vietnams*. The Viet Nam Social Science Publishing house 1990.

Heekeren, H. R van, *The Bronze-Iron Age of Indonesia*, The Hague, Martinus Nijhoff.

Marlon Ririmasse, "Material Culture Biographi: Diasphora of Bronze Kettledrums in The Moluccas Archipelago", Balai Arkeologi Yongyakarta, Yogyakarta, 16 – 06 – 2015.

Pham Minh Huyen, Nguyen Van Han, Lai Van Toi, Dong Son Drums in Vietnam, The Vietnam Social Science Publishing House, Tokyo, 1990.

The Bronze Kettle Drums in Thailand. Published by Office of National Museums, The Fine Arts Department, 2003.

后　　记

书稿交到出版社，我终于吁了一口气。

与其说是此刻心中充满了完成任务的轻松和喜悦，倒不如说是充满了深深的感恩之情。

我要感恩祖国和人民对我的关心和培养，正像我的父母一样为我付出无尽的辛劳和奉献。

回想我由小学到中学、到大学、到硕士和博士研究生的求学历程，18年的光阴如同瞬间，我从一个不谙世事的小孩成长为一名大学教师，并能从事专业范围内的学术研究，我能不心怀感恩吗？我庆幸我能接受当代中国最完备的一整套教育，如同文艺界学艺的梨园子弟，科班出身，从小打下了童子功，才能有进行学术研究的基础。会说中文不一定能写文章，从语言到文字需要一个提高的过程。正如毛泽东所说："语言这种东西，不是随便就可以学好的，非下苦功夫不可。"我深深体会到，读书时代老师对我们的严格要求，是为了让我们打下比较扎实的基本功。读研究生期间的专业训练，使我获益良多。我体会到，写文章立意要高，挖掘要深，遣词造句，不可马虎。许多学术大家为我们做出了榜样，成为我毕生奋斗的目标，虽不能至，心向往之。

我要感谢中国社会科学出版社编辑吴丽平老师，为这本书的出版付出了辛勤的劳动，使之最终呈现于读者面前。如读者能耐着性子把本书读完，我将不胜感激！

董晓京

2020年9月29日